Igl

Gesetz über die Berufe in der medizinischen Technologie (MT-Berufe-Gesetz – MTBG)

Ausbildungs- und Prüfungsverordnung für Medizinische Technologinnen und Medizinische Technologen (MT-Ausbildungs- und Prüfungsverordnung – MTAPrV)

Gesetzes- und Verordnungsbegründungen – Erläuterungen

Gesetz über die Berufe in der medizinischen Technologie (MT-Berufe-Gesetz – MTBG) Ausbildungs- und Prüfungsverordnung für Medizinische Technologinnen und Medizinische Technologen (MT-Ausbildungs- und Prüfungs-verordnung – MTAPrV)

Gesetzes- und Verordnungsbegründungen – Erläuterungen

von

Prof. Dr. Gerhard Igl

2., neu bearbeitete Auflage

medhochzwei

Bibliografische Information der Deutschen Nationalbibliothek

Die Deutsche Nationalbibliothek verzeichnet diese Publikation in der Deutschen Nationalbibliografie; detaillierte bibliografische Daten sind im Internet über http://dnb.d-nb.de abrufbar.

Bei der Herstellung des Werkes haben wir uns zukunftsbewusst für umweltverträgliche und wiederverwertbare Materialien entschieden.

Der Inhalt ist auf elementar chlorfreiem Papier gedruckt.

ISBN 978-3-98800-071-2

www.medhochzwei-verlag.de

Satz: Reemers Publishing Services GmbH, Krefeld
Druck: ADverts printing house, Riga
Umschlaggestaltung: kreativmedia KONZEPTION & DESIGN, Hückelhoven
Titelbilder: © Mongkolchon Akesin/shutterstock.com # 1726134715,
© Micolas/shutterstock.com # 1528887848, © Doro Guzenda/shutterstock.com # 1776719255
und © WINDCOLORS/shutterstock.com # 46975393

Vorwort

Das Gesetz über die Berufe in der medizinischen Technologie (MT-Berufe-Gesetz – MTBG) ist als Art. 1 des Gesetzes zur Reform der technischen Assistenzberufe in der Medizin und zur Änderung weiterer Gesetze (MTA-Reform-Gesetz) vom 24. Februar 2021 (BGBl. I S. 274) am 1. Januar 2023 in Kraft getreten. Die Ausbildungs- und Prüfungsverordnung für Medizinische Technologinnen und Medizinische Technologen (MT-Ausbildungs- und Prüfungsverordnung – MTAPrV) vom 24. September 2021 (BGBl. I S. 4467) ist ebenfalls am 1. Januar 2023 in Kraft getreten. Das vorliegende Werk enthält neben dem Abdruck des MTBG auch die Begründungen zu den jeweiligen Vorschriften. Auf eigenständige Kommentierungen durch den Verfasser dieses Werkes ist bei denjenigen Vorschriften verzichtet worden, bei denen die Ausführungen in den Begründungen bereits zum Verständnis der Vorschriften hinreichen. Gleiches gilt für die MTAPrV. Das Werk versteht sich deshalb bis auf wenige Ausnahmen nicht als rechtliche Kommentierung des MTBG und der MTAPrV. Es bietet vielmehr eine systematische Aufbereitung der Begründungen. Damit soll den Nutzerinnen und Nutzern dieses Werkes eine Handreichung zum Verständnis der neuen Vorschriften des MTBG und der MTAPrV geboten werden.

Die 2. Auflage dieses Werkes (erstellt im Frühjahr 2024) enthält die zwischenzeitlichen Änderungen des MTBG und der MTAPrV. Die MTAPrV wurde durch Art. 15 der Heilberufe-Prüfungsrechtsmodernisierungsverordnung vom 7. Juni 2023 (BGBl. I 2023 Nr. 148) in mehreren Vorschriften geändert. Umfangreiche Änderungen wurden durch das Pflegestudiumstärkungsgesetz (PflStudStG) vom 12. Dezember 2023 (BGBl. I 2023 Nr. 359) vorgenommen, so durch Art. 7 für das MTBG und durch Art. 8 für die MTAPrV.

Dank gebührt auf Verlagsseite Frau *Annette Xandry* für das schnelle Ermöglichen einer zweiten Auflage des 2022 erstmals erschienenen Werkes. Frau *Melanie Christner* danke ich für ihre Geduld und Akribie bei der technischen Umsetzung des Manuskriptes.

Hamburg, im Juni 2024 *Gerhard Igl*

Inhaltsverzeichnis

C.
Verordnungstext

D.
Erläuterungen

Abkürzungsverzeichnis

a. a. O.	am angegebenen Ort
ABl.	Amtsblatt
Abs.	Absatz
Anm.	Anmerkung
Art.	Artikel
AufenthG	Aufenthaltsgesetz
Aufl.	Auflage
Az.	Aktenzeichen
BAG	Bundesarbeitsgericht
BAGE	Entscheidungen des Bundesarbeitsgerichts
BAnz.	Bundesanzeiger
BayVBl	Bayerische Verwaltungsblätter
BayVGH	Bayerischer Verwaltungsgerichtshof
BBiG	Berufsbildungsgesetz
BDSG	Bundesdatenschutzgesetz
Beschl.	Beschluss
BGB	Bürgerliches Gesetzbuch
BGBl.	Bundesgesetzblatt
BR-Drs.	Bundesrat Drucksache
BT-Drs.	Deutscher Bundestag Drucksache
BTHG	Bundesteilhabegesetz
BVerfG	Bundesverfassungsgericht
BVerfGE	Entscheidungen des Bundesverfassungsgerichts
BVerwG	Bundesverwaltungsgericht
BVerwGE	Entscheidungen des Bundesverwaltungsgerichts
BQFG	Berufsqualifikationsfeststellungsgesetz
DQR	Deutscher Qualifikationsrahmen
DSGVO	Datenschutz-Grundverordnung
EFZG	Entgeltfortzahlungsgesetz
EQR	Europäischer Qualifikationsrahmen
Erl.	Erläuterungen
et al.	et alii (= und andere)
etc.	et cetera (= und übrige)
EU	Europäische Union
Fn.	Fußnote
GBl.	Gesetzblatt; Gesetz- und Verordnungsblatt
GG	Grundgesetz
GKV	Gesetzliche Krankenversicherung
GMBl	Gemeinsames Ministerialblatt
GmS-OBG	Gemeinsamer Senat der obersten Gerichtshöfe des Bundes
Halbs.	Halbsatz
Hrsg.	Herausgeber

i. d. F.	in der Fassung
i. S. v.	im Sinne von
i. V. m.	in Verbindung mit
JArbSchG	Jugendarbeitsschutzgesetz
KrPflG	Krankenpflegegesetz
NJW	Neue Juristische Wochenschrift
NZA	Neue Zeitschrift für Arbeitsrecht
NZS	Neue Zeitschrift für Sozialrecht
MD	Medizinischer Dienst
MedR	Medizinrecht
MTBG	Gesetz über die Berufe in der medizinischen Technologie (MT-Berufe-Gesetz)
MTAPrV	Ausbildungs- und Prüfungsverordnung für Medizinische Technologinnen und Medizinische Technologen (MT-Ausbildungs- und Prüfungsverordnung)
Nr.	Nummer
PflR	PflegeRecht
PflStudStG	Pflegestudiumstärkungsgesetz
PTAG	Gesetz über den Beruf der pharmazeutisch-technischen Assistentin und des pharmazeutisch-technischen Assistenten (PTA-Berufsgesetz)
RL	Richtlinie
Rn.	Randnummer
S.	Satz; Seite
s.	siehe
SGB	Sozialgesetzbuch
SGB V	Sozialgesetzbuch – Fünftes Buch
StGB	Strafgesetzbuch
SvEV	Sozialversicherungsentgeltverordnung
u. a.	und andere
Urt.	Urteil
VG	Verwaltungsgericht
VGH	Verwaltungsgerichtshof
vgl.	vergleiche
VN-BRK	VN-Behindertenrechtskonvention
VwGO	Verwaltungsgerichtsordnung
VwVfG	Verwaltungsverfahrensgesetz
WHO	World Health Organization
z. B.	zum Beispiel

A.

Gesetzestext

Gesetz über die Berufe in der medizinischen Technologie (MT-Berufe-Gesetz – MTBG)[1]

vom 24.2.2021 (BGBl. I S. 274),
geändert durch Art. 7 G vom 12.12.2023 (BGBl. I Nr. 359)

Inhaltsübersicht

---

1 **Anm. d. Verlages:**
Die ursprüngliche Fassung dieses Gesetzes wurde verkündet als Art. 1 des Gesetzes zur Reform der technischen Assistenzberufe in der Medizin und zur Änderung weiterer Gesetze (MTA-Reform-Gesetz). § 69 ist am 4.3.2021 in Kraft getreten. Im Übrigen trat das Gesetz am 1.1.2023 in Kraft.

Teil 1
Erlaubnis zum Führen der Berufsbezeichnung

§ 1 Erlaubnis zum Führen der Berufsbezeichnung

(1) Wer die Berufsbezeichnung

1. „Medizinische Technologin für Laboratoriumsanalytik" oder „Medizinischer Technologe für Laboratoriumsanalytik",
2. „Medizinische Technologin für Radiologie" oder „Medizinischer Technologe für Radiologie",
3. „Medizinische Technologin für Funktionsdiagnostik" oder „Medizinischer Technologe für Funktionsdiagnostik" oder
4. „Medizinische Technologin für Veterinärmedizin" oder „Medizinischer Technologe für Veterinärmedizin"

führen will, bedarf der Erlaubnis.

(2) Die jeweilige Erlaubnis wird auf Antrag erteilt, wenn die antragstellende Person

1. die jeweils vorgeschriebene Ausbildung nach Teil 3 erfolgreich absolviert und die staatliche Prüfung nach § 25 bestanden hat,
2. sich nicht eines Verhaltens schuldig gemacht hat, aus dem sich ihre Unzuverlässigkeit zur Ausübung des Berufs ergibt,
3. nicht in gesundheitlicher Hinsicht zur Ausübung des Berufs ungeeignet ist und
4. über die Kenntnisse der deutschen Sprache verfügt, die für die Ausübung des Berufs erforderlich sind.

§ 2 Rücknahme der Erlaubnis

(1) Die Erlaubnis zum Führen der Berufsbezeichnung ist zurückzunehmen, wenn

1. bei ihrer Erteilung die Ausbildung in dem jeweiligen Beruf nicht abgeschlossen gewesen ist,
2. die Voraussetzungen für die Anerkennung der außerhalb des Geltungsbereichs dieses Gesetzes erworbenen Berufsqualifikation in dem jeweiligen Beruf nicht vorgelegen haben oder
3. die antragstellende Person sich bis zur Erteilung der Erlaubnis eines Verhaltens schuldig gemacht hat, aus dem sich ihre Unzuverlässigkeit zur Berufsausübung ergibt.

(2) Die Erlaubnis zum Führen der Berufsbezeichnung kann zurückgenommen werden, wenn bei ihrer Erteilung die antragstellende Person in gesundheitlicher Hinsicht nicht zur Berufsausübung geeignet gewesen ist.

(3) Im Übrigen bleiben die dem § 48 des Verwaltungsverfahrensgesetzes entsprechenden landesgesetzlichen Vorschriften unberührt.

§ 3 Widerruf der Erlaubnis

(1) Die Erlaubnis zum Führen der Berufsbezeichnung ist zu widerrufen, wenn bekannt wird, dass sich die Inhaberin oder der Inhaber einer Erlaubnis eines Verhaltens schuldig gemacht hat, aus dem sich die Unzuverlässigkeit zur Berufsausübung ergibt.

(2) Die Erlaubnis zum Führen der Berufsbezeichnung kann widerrufen werden, wenn die Inhaberin oder der Inhaber einer Erlaubnis in gesundheitlicher Hinsicht dauerhaft nicht mehr zur Berufsausübung geeignet ist.

(3) Im Übrigen bleiben die dem § 49 des Verwaltungsverfahrensgesetzes entsprechenden landesgesetzlichen Vorschriften unberührt.

§ 4 Ruhen der Erlaubnis

(1) Das Ruhen der Erlaubnis zum Führen der Berufsbezeichnung kann angeordnet werden, wenn

1. gegen die Inhaberin oder den Inhaber einer Erlaubnis ein Strafverfahren eingeleitet worden ist wegen des Verdachts einer Straftat, aus der sich die Unzuverlässigkeit zur Berufsausübung ergeben würde, oder
2. die Inhaberin oder der Inhaber der Erlaubnis in gesundheitlicher Hinsicht vorübergehend nicht mehr zur Ausübung des Berufs geeignet ist oder
3. sich erweist, dass die Inhaberin oder der Inhaber der Erlaubnis nicht über die Kenntnisse der deutschen Sprache verfügt, die für die Ausübung des Berufs in Deutschland erforderlich sind.

(2) Die Anordnung des Ruhens der Erlaubnis ist aufzuheben, sobald ihre Voraussetzungen nicht mehr vorliegen.

Teil 2
Vorbehaltene Tätigkeiten

§ 5 Vorbehaltene Tätigkeiten für Medizinische Technologinnen und Medizinische Technologen

(1) [1]Die folgenden Tätigkeiten dürfen auf dem Gebiet der Humanmedizin nur von Medizinischen Technologinnen für Laboratoriumsanalytik und Medizinischen Technologen für Laboratoriumsanalytik ausgeübt werden:

1. Durchführung biomedizinischer Analyseprozesse mittels biologischer, chemischer sowie physikalischer Methoden und Verfahren einschließlich Plausibilitätskontrolle, Validierung und Qualitätssicherung,

2. Vorbereitung und Aufbereitung von histologischen, zytologischen und weiteren morphologischen Präparaten zur Prüfung für die ärztliche Diagnostik einschließlich Plausibilitätskontrolle und Qualitätssicherung.

[2]Ausgenommen von den in Satz 1 genannten Tätigkeiten sind einfach zu handhabende quantitative und qualitative Laboranalysen sowie entsprechende Untersuchungen von Körperflüssigkeiten und Ausscheidungen.

(2) [1]Die folgenden Tätigkeiten dürfen auf dem Gebiet der Humanmedizin nur von Medizinischen Technologinnen für Radiologie und Medizinischen Technologen für Radiologie ausgeübt werden:

1. technische Durchführung und Beurteilung der Qualität der Ergebnisse der radiologischen Diagnostik und anderer bildgebender Verfahren einschließlich Qualitätssicherung sowie Verabreichung von Pharmaka für die bildgebenden Verfahren nach ärztlicher Anordnung,
2. technische Durchführung der Strahlentherapie sowie Mitwirkung bei der Erstellung des Bestrahlungsplanes und dessen Reproduktion an der Patientin oder am Patienten einschließlich Qualitätssicherung,
3. technische Durchführung der nuklearmedizinischen Diagnostik und Therapie einschließlich Qualitätssicherung sowie Verabreichung von Radiopharmaka für nuklearmedizinische Standarduntersuchungen nach ärztlicher Anordnung,
4. Durchführung physikalisch-technischer Aufgaben in der Dosimetrie und im Strahlenschutz in der radiologischen Diagnostik, in der Strahlentherapie und in der Nuklearmedizin sowie Auswertung und Beurteilung der Messergebnisse.

[2]Das Strahlenschutzgesetz und die auf dessen Grundlage erlassenen Rechtsverordnungen bleiben unberührt.

(3) [1]Die folgenden Tätigkeiten dürfen auf dem Gebiet der Humanmedizin nur von Medizinischen Technologinnen für Funktionsdiagnostik und Medizinischen Technologen für Funktionsdiagnostik ausgeübt werden:

1. Durchführung funktionsdiagnostischer Untersuchungen in der Kardiologie, in der Angiologie, in der Pneumologie, in der Hals-Nasen-Ohren-Heilkunde und in der Neurologie einschließlich Plausibilitätskontrolle und Qualitätssicherung,
2. Durchführung der Vorbefundung zu den jeweiligen funktionsdiagnostischen Untersuchungen.

[2]Ausgenommen von den in Satz 1 genannten Tätigkeiten sind einfache vor- oder nachbereitende Tätigkeiten und einfache Funktionsprüfungen.

(4) [1]Die folgenden Tätigkeiten dürfen auf dem Gebiet der Veterinärmedizin nur von Medizinischen Technologinnen für Veterinärmedizin und Medizinischen Technologen für Veterinärmedizin ausgeübt werden:

1. Durchführung biomedizinischer Analyseprozesse mittels biologischer, chemischer sowie physikalischer Methoden und Verfahren einschließlich Plausibilitätskontrolle, Validierung und Qualitätssicherung,
2. Durchführung von Untersuchungen in der Analytik von tierischen Lebensmitteln einschließlich Plausibilitätskontrolle, Validierung und Qualitätssicherung,

3. Vorbereitung und Aufbereitung von histologischen, zytologischen und weiteren morphologischen Präparaten für die tierärztliche Diagnostik einschließlich Plausibilitätskontrolle und Qualitätssicherung,
4. Durchführung von Untersuchungen in der Spermatologie einschließlich Plausibilitätskontrolle, Validierung und Qualitätssicherung.

[2]Ausgenommen von den in Satz 1 genannten Tätigkeiten sind einfach zu handhabende quantitative und qualitative Laboranalysen sowie entsprechende Untersuchungen von Körperflüssigkeiten und Ausscheidungen.

(5) Tätigkeiten, deren Ergebnisse der Erkennung einer Krankheit und der Beurteilung ihres Verlaufs dienen, dürfen von den in den Absätzen 1 bis 4 genannten Personen nur auf ärztliche, zahnärztliche oder tierärztliche Anforderung oder auf Anforderung einer Heilpraktikerin oder eines Heilpraktikers ausgeübt werden.

§ 6 Ausnahmen von den vorbehaltenen Tätigkeiten

(1) Die in § 5 Absatz 1 bis 4 den Medizinischen Technologinnen und Medizinischen Technologen vorbehaltenen Tätigkeiten können auch von folgenden Personen unter folgenden Voraussetzungen ausgeübt werden:

1. Personen, die aufgrund einer abgeschlossenen Hochschulausbildung über die erforderlichen Fachkenntnisse, Fähigkeiten und Fertigkeiten zur Ausübung der genannten Tätigkeiten verfügen, sowie Heilpraktikerinnen und Heilpraktiker,
2. Personen, die sich in einer die erforderlichen Voraussetzungen vermittelnden beruflichen Ausbildung befinden, soweit sie Arbeiten ausführen, die ihnen im Rahmen ihrer Ausbildung übertragen sind,
3. Personen mit einer staatlich geregelten, staatlich anerkannten oder staatlich überwachten abgeschlossenen Ausbildung, wenn sie eine der vorbehaltenen Tätigkeiten nach § 5 ausüben, sofern diese Tätigkeit Gegenstand ihrer Ausbildung und Prüfung war,
4. Personen mit einer Erlaubnis zur partiellen Berufsausübung nach § 53 im Umfang der Erlaubnis,
5. Personen mit einer abgeschlossenen sonstigen medizinischen Ausbildung, die, ohne nach den Nummern 1 bis 4 berechtigt zu sein, unter Aufsicht und Verantwortung einer der in Nummer 1 genannten Personen tätig werden.

(2) Personen mit einer Erlaubnis zum Führen der Berufsbezeichnung „Medizinische Technologin für Veterinärmedizin“ oder „Medizinischer Technologe für Veterinärmedizin“ können vorbehaltene Tätigkeiten nach § 5 Absatz 1 ausüben, wenn sie nach dem Erwerb der Erlaubnis während eines Zeitraumes von sechs Monaten unter Aufsicht einer der in Absatz 1 Nummer 1 genannten Personen oder unter Aufsicht einer Medizinischen Technologin für Laboratoriumsanalytik oder eines Medizinischen Technologen für Laboratoriumsanalytik auf diesem Gebiet tätig gewesen sind.

(3) Personen mit einer Erlaubnis zum Führen der Berufsbezeichnung „Medizinische Technologin für Laboratoriumsanalytik“ oder „Medizinischer Technologe für Laboratoriumsanalytik“ können vorbehaltene Tätigkeiten nach § 5 Absatz 4 ausüben, wenn sie nach dem Erwerb der Erlaubnis während eines Zeitraumes von sechs

Monaten unter Aufsicht einer der in Absatz 1 Nummer 1 genannten Personen oder unter Aufsicht einer Medizinischen Technologin für Veterinärmedizin oder eines Medizinischen Technologen für Veterinärmedizin auf diesem Gebiet tätig gewesen sind.

Teil 3
Ausbildung und Ausbildungsverhältnis

Abschnitt 1
Allgemeines

§ 7 Nichtanwendung des Berufsbildungsgesetzes

Auf die Ausbildung und das Ausbildungsverhältnis nach diesem Gesetz findet das Berufsbildungsgesetz keine Anwendung.

Abschnitt 2
Ziele der Ausbildung

§ 8 Allgemeines Ausbildungsziel

(1) [1]Die Ausbildung zur Medizinischen Technologin und zum Medizinischen Technologen vermittelt die für die selbstständige Berufsausübung in dem jeweiligen Beruf erforderlichen fachlichen und methodischen Kompetenzen einschließlich der zugrunde liegenden Lernkompetenzen sowie der Fähigkeit zum Wissenstransfer und zur Selbstreflexion. [2]Darüber hinaus vermittelt sie personale und soziale Kompetenzen.

(2) Die Vermittlung erfolgt entsprechend dem anerkannten Stand medizinischer, medizinisch-technischer und weiterer bezugswissenschaftlicher Erkenntnisse.

(3) Den Auszubildenden wird vermittelt, ihre persönliche und fachliche Weiterentwicklung als notwendig anzuerkennen und lebenslanges Lernen als Teil der eigenen beruflichen Biographie zu verstehen.

§ 9 Berufsspezifisches Ausbildungsziel für Medizinische Technologinnen für Laboratoriumsanalytik und Medizinische Technologen für Laboratoriumsanalytik

(1) Die Auszubildenden zur Medizinischen Technologin für Laboratoriumsanalytik und zum Medizinischen Technologen für Laboratoriumsanalytik sind zu befähigen, insbesondere die folgenden Aufgaben selbstständig wahrzunehmen:

1. biomedizinische Analyseprozesse mittels biologischer, chemischer sowie physikalischer Methoden und Verfahren einschließlich Präanalytik und Postanalytik zu planen, vorzubereiten und durchzuführen,
2. histologische, zytologische und weitere morphologische Präparate zur Prüfung für die ärztliche Diagnostik vorzubereiten und aufzubereiten,
3. die Qualität der jeweiligen Analyseprozesse und -ergebnisse sicherzustellen.

(2) Die Auszubildenden zur Medizinischen Technologin für Laboratoriumsanalytik und zum Medizinischen Technologen für Laboratoriumsanalytik sind weiterhin zu befähigen, insbesondere die folgenden übergreifenden fachlichen, methodischen, personalen und sozialen Kompetenzen anzuwenden:

1. personen- und situationsorientierte Kommunikation mit Patientinnen und Patienten sowie deren Angehörigen,
2. interdisziplinäre und interprofessionelle Zusammenarbeit und Kommunikation,
3. Erkennen von Notfällen und Einleiten der erforderlichen Maßnahmen,
4. Datenmanagement und Umgang mit weiteren digitalen Technologien,
5. medizinische und technische Fachexpertise für die durchzuführenden Analyseprozesse,
6. Umsetzung von Hygiene- und Sicherheitskonzepten,
7. Mitwirkung an der Entwicklung und Umsetzung multidisziplinärer Lösungen, die die Optimierung der Arbeitsabläufe ermöglichen und die Bedürfnisse der Patientinnen und Patienten berücksichtigen,
8. Analyse, Evaluation, Sicherung und Weiterentwicklung der Qualität des eigenen beruflichen Handelns,
9. Berücksichtigung von Aspekten der Patientensicherheit und der Wirtschaftlichkeit.

§ 10 Berufsspezifisches Ausbildungsziel für Medizinische Technologinnen für Radiologie und Medizinische Technologen für Radiologie

(1) Die Auszubildenden zur Medizinischen Technologin für Radiologie und zum Medizinischen Technologen für Radiologie sind zu befähigen, insbesondere die folgenden Aufgaben selbstständig wahrzunehmen:

1. radiologische Diagnostik und Behandlung mit ionisierender Strahlung und andere bildgebende Verfahren einschließlich der Verabreichung von Pharmaka nach ärztlicher Anordnung zu planen, vorzubereiten und technisch durchzuführen,
2. Strahlentherapie entsprechend dem jeweiligen individuellen Bestrahlungsplan vorzubereiten und technisch durchzuführen,
3. offene radioaktive Stoffe für die nuklearmedizinische Diagnostik nach ärztlicher Anordnung vorzubereiten und sie Patientinnen und Patienten zu verabreichen,
4. die jeweils erforderlichen Strahlenschutzmaßnahmen zu planen, vorzubereiten und technisch durchzuführen,
5. physikalisch-technische Aufgaben in der Dosimetrie auszuführen,
6. die Qualität der Durchführung und der Ergebnisse der jeweiligen Untersuchungs- und Behandlungsprozesse sicherzustellen.

(2) Die Auszubildenden zur Medizinischen Technologin für Radiologie und zum Medizinischen Technologen für Radiologie sind weiterhin zu befähigen, insbesondere die folgenden übergreifenden fachlichen, methodischen, personalen und sozialen Kompetenzen anzuwenden:

1. Einbeziehung der Lebenssituation und der Selbstbestimmung der Patientinnen und Patienten sowie deren Angehörigen in ihr Handeln,
2. personen- und situationsorientierte Kommunikation mit Patientinnen und Patienten sowie deren Angehörigen,

3. interdisziplinäre und interprofessionelle Zusammenarbeit und Kommunikation,
4. Erkennen von Notfällen und Einleiten der erforderlichen Maßnahmen,
5. Datenmanagement und Umgang mit weiteren digitalen Technologien,
6. medizinische und technische Fachexpertise für die durchzuführenden Maßnahmen,
7. Umsetzung von Hygiene- und Sicherheitskonzepten,
8. Mitwirkung an der Entwicklung und Umsetzung multidisziplinärer Lösungen, die die Optimierung der Arbeitsabläufe ermöglichen und die Bedürfnisse der Patientinnen und Patienten berücksichtigen,
9. Analyse, Evaluation, Sicherung und Weiterentwicklung der Qualität des eigenen beruflichen Handelns,
10. Berücksichtigung von Aspekten der Patientensicherheit und der Wirtschaftlichkeit.

§ 11 Berufsspezifisches Ausbildungsziel für Medizinische Technologinnen für Funktionsdiagnostik und Medizinische Technologen für Funktionsdiagnostik

(1) Die Auszubildenden zur Medizinischen Technologin für Funktionsdiagnostik und zum Medizinischen Technologen für Funktionsdiagnostik sind zu befähigen, insbesondere die folgenden Aufgaben selbstständig wahrzunehmen:

1. funktionsdiagnostische Untersuchungen in der Kardiologie, in der Angiologie, in der Pneumologie, in der Hals-Nasen-Ohren-Heilkunde und in der Neurologie bei Patientinnen und Patienten aller Altersstufen zu planen, vorzubereiten und durchzuführen,
2. während der jeweiligen Untersuchung eine Plausibilitätskontrolle durchzuführen und, soweit erforderlich, eine Vorbefundung und Anpassungen im Untersuchungsablauf vorzunehmen,
3. die Qualität der jeweiligen Untersuchungsprozesse und -ergebnisse sicherzustellen.

(2) Die Auszubildenden zur Medizinischen Technologin für Funktionsdiagnostik und zum Medizinischen Technologen für Funktionsdiagnostik sind weiterhin zu befähigen, insbesondere die folgenden übergreifenden fachlichen, methodischen, personalen und sozialen Kompetenzen anzuwenden:

1. Einbeziehung der Lebenssituation und der Selbstbestimmung der Patientinnen und Patienten sowie deren Angehörigen in ihr Handeln,
2. personen- und situationsorientierte Kommunikation mit Patientinnen und Patienten sowie deren Angehörigen,
3. interdisziplinäre und interprofessionelle Zusammenarbeit und Kommunikation,
4. Erkennen von Notfällen und Einleiten der erforderlichen Maßnahmen,
5. Datenmanagement und Umgang mit weiteren digitalen Technologien,
6. medizinische und technische Fachexpertise für die durchzuführenden Maßnahmen,
7. Umsetzung von Hygiene- und Sicherheitskonzepten,

8. Mitwirkung an der Entwicklung und Umsetzung multidisziplinärer Lösungen, die die Optimierung der Arbeitsabläufe ermöglichen und die Bedürfnisse der Patientinnen und Patienten berücksichtigen,
9. Analyse, Evaluation, Sicherung und Weiterentwicklung der Qualität des eigenen beruflichen Handelns,
10. Berücksichtigung von Aspekten der Patientensicherheit und der Wirtschaftlichkeit.

§ 12 Berufsspezifisches Ausbildungsziel für Medizinische Technologinnen für Veterinärmedizin und Medizinische Technologen für Veterinärmedizin

(1) [1]Die Auszubildenden zur Medizinischen Technologin für Veterinärmedizin und zum Medizinischen Technologen für Veterinärmedizin sind zu befähigen, insbesondere die folgenden Aufgaben selbstständig wahrzunehmen:

1. biomedizinische Analyseprozesse mittels biologischer, chemischer sowie physikalischer Methoden und Verfahren einschließlich Präanalytik und Postanalytik zu planen, vorzubereiten und durchzuführen,
2. Untersuchungen in der Analytik von tierischen Lebensmitteln,
3. histologische, zytologische und weitere morphologische Präparate zur Prüfung für die tierärztliche Diagnostik vorzubereiten und aufzubereiten,
4. die Qualität der jeweiligen Analyseprozesse und -ergebnisse sicherzustellen.

[2]Die in Satz 1 genannten Kompetenzen sind insbesondere in der Lebensmitteltechnologie und in der Spermatologie zu vermitteln.

(2) Die Auszubildenden zur Medizinischen Technologin für Veterinärmedizin und zum Medizinischen Technologen für Veterinärmedizin sind weiterhin zu befähigen, insbesondere die folgenden übergreifenden fachlichen, methodischen, personalen und sozialen Kompetenzen anzuwenden:

1. interdisziplinäre und interprofessionelle Zusammenarbeit und Kommunikation,
2. Erkennen von Notfällen und Einleiten der erforderlichen Maßnahmen,
3. Datenmanagement und Umgang mit weiteren digitalen Technologien,
4. medizinische und technische Fachexpertise für die durchzuführenden Analyseprozesse,
5. Umsetzung von Hygiene- und Sicherheitskonzepten,
6. Mitwirkung an der Entwicklung und Umsetzung multidisziplinärer Lösungen, die die Optimierung der Arbeitsabläufe ermöglichen,
7. Analyse, Evaluation, Sicherung und Weiterentwicklung der Qualität des eigenen beruflichen Handelns,
8. Berücksichtigung von Aspekten des Tierschutzes, des gesundheitlichen Verbraucherschutzes und der Wirtschaftlichkeit.

Abschnitt 3
Ausbildung

§ 13 Dauer und Struktur der Ausbildung

(1) Die Ausbildung kann in Vollzeit oder in Teilzeit absolviert werden.

(2) Sie dauert in Vollzeit drei Jahre und in Teilzeit höchstens fünf Jahre.

(3) Die Ausbildung besteht aus

1. theoretischem Unterricht,
2. praktischem Unterricht und
3. einer praktischen Ausbildung.

(4) [1]Die Ausbildung umfasst mindestens 4600 Stunden. [2]Sie verteilen sich je nach Beruf auf die Bestandteile der Ausbildung:

1. für die Ausbildung zur „Medizinischen Technologin für Laboratoriumsanalytik" oder zum „Medizinischen Technologen für Laboratoriumsanalytik" 2600 Stunden theoretischer und praktischer Unterricht sowie 2000 Stunden praktische Ausbildung;
2. für die Ausbildung zur „Medizinischen Technologin für Radiologie" oder zum „Medizinischen Technologen für Radiologie" 2600 Stunden theoretischer und praktischer Unterricht sowie 2000 Stunden praktische Ausbildung;
3. für die Ausbildung zur „Medizinischen Technologin für Funktionsdiagnostik" oder zum „Medizinischen Technologen für Funktionsdiagnostik" 2400 Stunden theoretischer und praktischer Unterricht sowie 2200 Stunden praktische Ausbildung;
4. für die Ausbildung zur „Medizinischen Technologin für Veterinärmedizin" oder zum „Medizinischen Technologen für Veterinärmedizin" 2600 Stunden theoretischer und praktischer Unterricht sowie 2000 Stunden praktische Ausbildung.

§ 14 Voraussetzungen für den Zugang zur Ausbildung

Die Ausbildung darf nur absolvieren, wer

1. mindestens einen der folgenden Abschlüsse besitzt:
   a) den mittleren Schulabschluss oder einen anderen gleichwertigen Schulabschluss oder
   b) einen Hauptschulabschluss oder eine gleichwertige Schulbildung und eine erfolgreich abgeschlossene Berufsausbildung in einem Beruf, für den eine reguläre Ausbildungsdauer von mindestens zwei Jahren vorgeschrieben ist,
2. sich nicht eines Verhaltens schuldig gemacht hat, aus dem sich die Unzuverlässigkeit zur Absolvierung der Ausbildung ergibt,
3. nicht in gesundheitlicher Hinsicht zur Absolvierung der Ausbildung ungeeignet ist und
4. über die Kenntnisse der deutschen Sprache verfügt, die für das Absolvieren der Ausbildung erforderlich sind.

§ 15 Anrechnung gleichwertiger Ausbildungen

(1) Die zuständige Behörde kann auf Antrag

1. eine erfolgreich abgeschlossene Ausbildung oder
2. erfolgreich abgeschlossene Teile einer Ausbildung

im Umfang ihrer Gleichwertigkeit auf die Dauer der Ausbildung anrechnen.

(2) Die Anrechnung kann die Ausbildung um bis zu zwei Drittel der Dauer der Ausbildung nach § 13 Absatz 2 verkürzen.

(3) Durch die Anrechnung darf nicht gefährdet werden, dass die auszubildende Person das allgemeine und berufsspezifische Ausbildungsziel erreicht.

§ 16 Anrechnung von Fehlzeiten

(1) [1]Auf die Dauer der Ausbildung werden angerechnet:

1. Urlaub, einschließlich Bildungsurlaub,
2. Fehlzeiten wegen Krankheit oder aus anderen, von der auszubildenden Person nicht zu vertretenden Gründen
   a) bis zu 10 Prozent der Stunden des theoretischen und praktischen Unterrichts sowie
   b) bis zu 10 Prozent der Stunden der praktischen Ausbildung und
3. Fehlzeiten aufgrund mutterschutzrechtlicher Beschäftigungsverbote.

[2]Die Anrechnung von Fehlzeiten aufgrund mutterschutzrechtlicher Beschäftigungsverbote und von Fehlzeiten nach Satz 1 Nummer 2 darf die Gesamtdauer von 18 Wochen nicht überschreiten.

(2) Auf Antrag der auszubildenden Person kann die zuständige Behörde auch über Absatz 1 hinausgehende Fehlzeiten berücksichtigen, wenn

1. eine besondere Härte vorliegt und
2. das Erreichen des allgemeinen und berufsspezifischen Ausbildungsziels durch die Anrechnung nicht gefährdet wird.

(3) Freistellungsansprüche nach dem Betriebsverfassungsgesetz, dem Bundespersonalvertretungsgesetz oder den Landespersonalvertretungsgesetzen bleiben unberührt.

§ 17 Verlängerung der Ausbildungsdauer

(1) Die auszubildende Person kann bei der zuständigen Behörde die Verlängerung der Ausbildungsdauer beantragen.

(2) Die Verlängerung um höchstens ein Jahr kann genehmigt werden, wenn

1. die Verlängerung erforderlich ist, um das allgemeine und berufsspezifische Ausbildungsziel zu erreichen und
2. eine Anrechnung der Fehlzeiten aufgrund ihres Umfangs nicht möglich ist.

(3) Besteht die auszubildende Person die staatliche Prüfung nicht oder kann die auszubildende Person die staatliche Prüfung ohne eigenes Verschulden nicht vor

Ablauf der Ausbildungszeit ablegen, so ist die Ausbildungsdauer bis zur nächstmöglichen Wiederholungsprüfung, höchstens jedoch um ein Jahr zu verlängern.

§ 18 Mindestanforderungen an Schulen

(1) Der theoretische und praktische Unterricht findet an staatlichen, staatlich genehmigten oder staatlich anerkannten Schulen statt.

(2) Die Schulen müssen folgende Mindestanforderungen nachweisen:

1. die hauptberufliche Leitung der Schule durch eine pädagogisch qualifizierte Person mit einer abgeschlossenen Hochschulausbildung auf Master- oder vergleichbarem Niveau;
2. hauptberufliche Lehrkräfte, die fachlich im medizinisch-technischen Bereich qualifiziert sind und über eine abgeschlossene pädagogische Hochschulausbildung mindestens auf Bachelor- oder vergleichbarem Niveau verfügen;
3. ein Verhältnis von mindestens einer hauptberuflichen Lehrkraft für den theoretischen und praktischen Unterricht zu 20 Ausbildungsplätzen;
4. das Vorhandensein der für die Ausbildung erforderlichen Räume und Einrichtungen sowie ausreichender Lehrmittel und Lernmittel.

(3) Die Länder können durch Landesrecht das Nähere zu den Mindestanforderungen bestimmen und weitere, auch darüber hinausgehende Anforderungen festlegen.

§ 19 Praktische Ausbildung

(1) [1]Die praktische Ausbildung wird durchgeführt in geeigneten

1. Krankenhäusern, die zur Versorgung nach § 108 des Fünften Buches Sozialgesetzbuch zugelassen sind, und
2. ambulanten Einrichtungen.

[2]Die Ausbildung in der veterinärmedizinischen Technologie kann darüber hinaus in hierfür geeigneten Einrichtungen stattfinden.

(2) [1]Die praktische Ausbildung darf nur in Krankenhäusern und Einrichtungen durchgeführt werden, die sicherstellen, dass während der praktischen Ausbildung in dem jeweiligen Beruf eine Anleitung der Auszubildenden durch eine praxisanleitende Person im Umfang von mindestens 15 Prozent der zu absolvierenden Stundenzahl erfolgt. [2]Abweichend von Satz 1 können die Länder bis zum 31. Dezember 2030 in dem jeweiligen Beruf einen geringeren Umfang für eine Anleitung der Auszubildenden durch eine praxisanleitende Person vorsehen, jedoch nicht unter 10 Prozent der zu absolvierenden Stundenzahl.

(3) Die Geeignetheit von Krankenhäusern und Einrichtungen für die Durchführung der praktischen Ausbildung bestimmt sich nach den jeweiligen landesrechtlichen Regelungen.

(4) Im Fall von Rechtsverstößen kann die zuständige Behörde einem Krankenhaus oder einer Einrichtung die Durchführung der praktischen Ausbildung untersagen.

§ 20 Praxisanleitung

Die praxisanleitende Person führt die Auszubildenden an die praktischen und berufsspezifischen Tätigkeiten in der medizinischen Technologie heran und begleitet den Lernprozess während der praktischen Ausbildung.

§ 21 Träger der praktischen Ausbildung

(1) [1]Eine nach § 19 geeignete Einrichtung ist der Träger der praktischen Ausbildung. [2]Der Träger der praktischen Ausbildung ist für die Durchführung der praktischen Ausbildung verantwortlich.

(2) Der Träger der praktischen Ausbildung hat die folgenden Aufgaben wahrzunehmen:

1. mit der auszubildenden Person einen Ausbildungsvertrag nach Abschnitt 4 dieses Teils abzuschließen,
2. einen Ausbildungsplan für die praktische Ausbildung zu erstellen,
3. soweit der Ausbildungsplan dies vorsieht, mit weiteren für die praktische Ausbildung geeigneten Einrichtungen eine Vereinbarung über die Durchführung von Teilen der praktischen Ausbildung zu schließen und
4. die Einhaltung des Ausbildungsplans in geeigneter Form sicherzustellen.

(3) In der Kooperationsvereinbarung nach § 22 Nummer 1 kann der Träger der praktischen Ausbildung die Schule

1. zum Abschluss des Ausbildungsvertrages bevollmächtigen und
2. mit der Wahrnehmung von weiteren in Absatz 2 benannten Aufgaben beauftragen.

§ 22 Aufgaben und Gesamtverantwortung der Schule

Die Schule

1. wirkt mit dem Träger der praktischen Ausbildung auf der Grundlage von Kooperationsvereinbarungen zusammen,
2. trägt die Gesamtverantwortung für die Koordination des theoretischen und praktischen Unterrichts mit der praktischen Ausbildung,
3. erstellt ein schulinternes Curriculum,
4. prüft, ob der Ausbildungsplan für die praktische Ausbildung den Anforderungen des schulinternen Curriculums entspricht und
5. unterstützt die praktische Ausbildung durch eine Praxisbegleitung in angemessenem Umfang.

§ 23 Praxisbegleitung

(1) Die Schule unterstützt die Auszubildenden während der praktischen Ausbildung fachlich und pädagogisch durch eine praxisbegleitende Person.

(2) Die an der praktischen Ausbildung beteiligten Einrichtungen unterstützen die Schulen bei der Durchführung der Praxisbegleitung.

§ 24 Schulinternes Curriculum und Ausbildungsplan

(1) Das schulinterne Curriculum nach § 22 Nummer 3 wird für den theoretischen und praktischen Unterricht erstellt.

(2) In dem Ausbildungsplan nach § 21 Absatz 2 Nummer 2 ist die praktische Ausbildung zeitlich und sachlich so zu gliedern, dass das allgemeine und das jeweilige berufsspezifische Ausbildungsziel erreicht werden können.

(3) Die Vorgaben dieses Gesetzes und der Ausbildungs- und Prüfungsverordnung nach § 69 sind bei Erstellung des schulinternen Curriculums und des Ausbildungsplans einzuhalten.

(4) Die Schule und der Träger der praktischen Ausbildung stimmen im gegenseitigen Einvernehmen das schulinterne Curriculum und den Ausbildungsplan ab.

(5) Die Länder können unter Beachtung der Vorgaben der Ausbildungs- und Prüfungsverordnung einen verbindlichen Lehrplan als Grundlage für die Erstellung der schulinternen Curricula der Schulen erlassen.

§ 25 Staatliche Prüfung

(1) Die Ausbildung schließt mit einer staatlichen Prüfung ab.

(2) Mit der staatlichen Prüfung wird überprüft, ob die auszubildende Person das allgemeine und berufsspezifische Ausbildungsziel erreicht hat.

Abschnitt 4
Ausbildungsverhältnis

§ 26 Ausbildungsvertrag

(1) Zwischen dem Träger der praktischen Ausbildung und der auszubildenden Person ist ein Ausbildungsvertrag nach den Vorschriften dieses Abschnitts zu schließen.

(2) [1]Der Abschluss und jedes Rechtsgeschäft zur Änderung des Ausbildungsvertrages bedürfen der Schriftform. [2]Die schriftliche Form kann nicht durch die elektronische Form ersetzt werden.

§ 27 Inhalt des Ausbildungsvertrages

(1) Der Ausbildungsvertrag muss mindestens folgende Regelungen enthalten:

1. die Bezeichnung des Berufs, zu dem nach den Vorschriften dieses Gesetzes ausgebildet wird,
2. den Beginn und die Dauer der Ausbildung,
3. den Ausbildungsplan für die praktische Ausbildung,
4. die Dauer der regelmäßigen täglichen oder wöchentlichen Arbeitszeit und
5. die Zahlungsmodalitäten und die Höhe der Ausbildungsvergütung einschließlich des Umfangs etwaiger Sachbezüge.

(2) Des Weiteren sollen folgende Angaben, Informationen und Hinweise im Vertrag enthalten sein oder dem Vertrag beigefügt werden:

1. die Dauer der Probezeit,
2. die Dauer des Urlaubs,
3. die Angabe der der Ausbildung zugrunde liegenden Ausbildungs- und Prüfungsverordnung nach § 69 in der jeweils geltenden Fassung,
4. die Voraussetzungen, unter denen der Ausbildungsvertrag gekündigt werden kann,
5. der Hinweis auf die Möglichkeit der Vertragsverlängerung nach § 37 Absatz 2,
6. ein in allgemeiner Form gehaltener Hinweis auf die dem Ausbildungsvertrag gegebenenfalls zugrunde liegenden tariflichen Bestimmungen, Betriebsvereinbarungen oder Dienstvereinbarungen und
7. ein in allgemeiner Form gehaltener Hinweis auf die Rechte als Arbeitnehmerin oder Arbeitnehmer des Trägers der praktischen Ausbildung nach § 5 des Betriebsverfassungsgesetzes oder nach § 4 des Bundespersonalvertretungsgesetzes.

§ 28 Wirksamkeit des Ausbildungsvertrages

Der Ausbildungsvertrag wird nur wirksam, wenn die Schule, mit der der Träger der praktischen Ausbildung eine Kooperationsvereinbarung geschlossen hat, dem Ausbildungsvertrag zustimmt.

§ 29 Vertragsschluss bei Minderjährigen

[1]Der Ausbildungsvertrag ist bei Minderjährigen gemeinsam von der minderjährigen Person und deren gesetzlichen Vertretern zu schließen. [2]Eine Vertragsurkunde ist der auszubildenden Person und deren gesetzlichen Vertretern auszuhändigen.

§ 30 Anwendbares Recht

Auf den Ausbildungsvertrag sind, soweit sich aus seinem Wesen und Zweck sowie aus diesem Gesetz nichts anderes ergibt, die für den Arbeitsvertrag geltenden Rechtsvorschriften und Rechtsgrundsätze anzuwenden.

§ 31 Pflichten des Trägers der praktischen Ausbildung

(1) Der Träger der praktischen Ausbildung ist insbesondere verpflichtet,

1. die praktische Ausbildung auf der Grundlage des Ausbildungsplans durchzuführen,
2. zu gewährleisten, dass die im Ausbildungsplan vorgesehenen Teile der praktischen Ausbildung durchgeführt werden können,
3. sicherzustellen, dass die auszubildende Person im nach § 19 Absatz 2 vorgesehenen Umfang während der praktischen Ausbildung von einer praxisanleitenden Person angeleitet wird,
4. der auszubildenden Person kostenlos die Ausbildungsmittel, insbesondere Fachbücher, Zugang zu Datenbanken, Instrumente und Apparate zur Verfügung zu

stellen, die für die Absolvierung der praktischen Ausbildung und für das Ablegen der staatlichen Prüfung erforderlich sind,
5. die auszubildende Person für die Teilnahme an Ausbildungsveranstaltungen der Schule und für die Teilnahme an Prüfungen freizustellen und
6. bei der Gestaltung der praktischen Ausbildung auf die erforderlichen Lern- und Vorbereitungszeiten Rücksicht zu nehmen.

(2) [1]Der auszubildenden Person dürfen nur Aufgaben übertragen werden, die dem Ausbildungszweck und dem Ausbildungsstand entsprechen. [2]Die übertragenen Aufgaben müssen den physischen und psychischen Kräften der auszubildenden Person angemessen sein.

(3) Im Fall von § 21 Absatz 2 Nummer 3 hat der Träger der praktischen Ausbildung die Erfüllung der Pflichten nach den Absätzen 1 und 2 bei den weiteren Einrichtungen der praktischen Ausbildung sicherzustellen.

§ 32 Arbeitnehmereigenschaft der auszubildenden Person

Auszubildende sind für die gesamte Dauer der Ausbildung Arbeitnehmer im Sinne von § 5 des Betriebsverfassungsgesetzes oder von § 4 des Bundespersonalvertretungsgesetzes des Trägers der praktischen Ausbildung.

§ 33 Pflichten der auszubildenden Person

(1) Die auszubildende Person hat sich zu bemühen, das Ausbildungsziel zu erreichen.

(2) Die auszubildende Person ist insbesondere verpflichtet,

1. an den vorgeschriebenen Ausbildungsveranstaltungen der Schule teilzunehmen,
2. die ihr im Rahmen der praktischen Ausbildung übertragenen Aufgaben sorgfältig auszuführen,
3. die Bestimmungen über die Schweigepflicht, die für Beschäftigte in Einrichtungen der praktischen Ausbildung gelten, einzuhalten,
4. die Rechte der Patientinnen und Patienten zu wahren und
5. einen schriftlichen oder elektronischen Ausbildungsnachweis zu führen.

§ 34 Ausbildungsvergütung

(1) Der Träger der praktischen Ausbildung hat der auszubildenden Person für die Dauer des Ausbildungsverhältnisses eine angemessene monatliche Ausbildungsvergütung zu zahlen.

(2) [1]Sachbezüge können in Höhe der Werte, die durch Rechtsverordnung nach § 17 Absatz 1 Satz 1 Nummer 4 des Vierten Buches Sozialgesetzbuch bestimmt sind, angerechnet werden. [2]Der Wert der Sachbezüge darf 75 Prozent der Bruttovergütung nicht überschreiten. [3]Die Anrechnung von Sachbezügen ist nur zulässig, soweit dies im Ausbildungsvertrag vereinbart ist. [4]Kann die auszubildende Person aus berechtigtem Grund Sachbezüge nicht abnehmen, so sind diese nach den Sachbezugswerten abzugelten.

§ 35 Überstunden

[1]Eine über die vereinbarte regelmäßige tägliche oder wöchentliche Ausbildungszeit hinausgehende Beschäftigung ist nur ausnahmsweise zulässig. [2]Sie ist gesondert zu vergüten oder in Freizeit auszugleichen.

§ 36 Probezeit

(1) Die ersten sechs Monate des Ausbildungsverhältnisses sind die Probezeit.

(2) Die Dauer der Probezeit kann davon abweichen, sofern sich aus tarifvertraglichen Regelungen eine andere Dauer ergibt.

§ 37 Ende des Ausbildungsverhältnisses

(1) [1]Das Ausbildungsverhältnis endet mit Ablauf der Ausbildungszeit. [2]Der Zeitpunkt der Beendigung ist unabhängig vom Zeitpunkt der staatlichen Prüfung.

(2) Besteht die auszubildende Person die staatliche Prüfung nicht oder kann die auszubildende Person die staatliche Prüfung ohne eigenes Verschulden nicht vor Ablauf der Ausbildungszeit ablegen, so verlängert sich das Ausbildungsverhältnis auf Antrag gegenüber dem Träger der praktischen Ausbildung bis zur nächstmöglichen Durchführung der Prüfung, höchstens jedoch um ein Jahr.

§ 38 Beendigung des Ausbildungsvertrages durch Kündigung

(1) Während der Probezeit kann der Ausbildungsvertrag von jedem Vertragspartner jederzeit ohne Einhaltung einer Kündigungsfrist gekündigt werden.

(2) Außerhalb der Probezeit kann der Ausbildungsvertrag nur gekündigt werden

1. von jedem Vertragspartner ohne Kündigungsfrist bei Vorliegen eines wichtigen Grundes,
2. von der auszubildenden Person mit einer Kündigungsfrist von vier Wochen zum Monatsende.

§ 39 Wirksamkeit der Kündigung

(1) Die Kündigung muss schriftlich erfolgen.

(2) Bei einer Kündigung durch den Träger der praktischen Ausbildung ist zuvor das Benehmen mit der Schule herzustellen.

(3) Bei Kündigung aus wichtigem Grund nach § 38 Absatz 2 Nummer 1 ist der Kündigungsgrund anzugeben.

(4) [1]Eine Kündigung aus wichtigem Grund ist unwirksam, wenn die ihr zugrunde liegenden Tatsachen der kündigungsberechtigten Person länger als zwei Wochen bekannt sind. [2]Ist ein vorgesehenes Güteverfahren vor einer außergerichtlichen Stelle eingeleitet, so wird bis zu dessen Beendigung der Lauf der Frist nach Satz 1 gehemmt.

§ 40 Beschäftigung im Anschluss an das Ausbildungsverhältnis

Wird die auszubildende Person im Anschluss an das Ausbildungsverhältnis beschäftigt, ohne dass hierüber ausdrücklich etwas vereinbart worden ist, so gilt ein Arbeitsverhältnis auf unbestimmte Zeit als begründet.

§ 41 Nichtigkeit von Vereinbarungen

(1) Eine Vereinbarung, die zu Ungunsten der auszubildenden Person von den §§ 26 bis 40 abweicht, ist nichtig.

(2) [1]Nichtig ist zudem eine Vereinbarung, die die auszubildende Person für die Zeit nach der Beendigung des Ausbildungsverhältnisses in der Ausübung der beruflichen Tätigkeit beschränkt. [2]Wirksam ist eine innerhalb der letzten drei Monate des Ausbildungsverhältnisses getroffene Vereinbarung darüber, dass die auszubildende Person nach Beendigung des Ausbildungsverhältnisses ein Arbeitsverhältnis mit dem Träger der praktischen Ausbildung eingeht.

(3) Nichtig ist auch eine Vereinbarung über

1. die Verpflichtung der auszubildenden Person, für die Ausbildung eine Entschädigung, ein Schulgeld oder vergleichbare Geldleistungen zu zahlen,
2. Vertragsstrafen,
3. den Ausschluss oder die Beschränkung von Schadensersatzansprüchen und
4. die Festsetzung der Höhe eines Schadensersatzes in Pauschalbeträgen.

Teil 4
Anerkennung von Berufsqualifikationen

Abschnitt 1
Allgemeine Vorschriften

§ 42 Begriffsbestimmungen

(1) [1]Mitgliedstaat im Sinne dieses Gesetzes ist ein Mitgliedstaat der Europäischen Union. [2]Andere Mitgliedstaaten sind alle Mitgliedstaaten außer der Bundesrepublik Deutschland.

(2) [1]Vertragsstaat im Sinne dieses Gesetzes ist ein Vertragsstaat des Abkommens über den Europäischen Wirtschaftsraum. [2]Andere Vertragsstaaten sind alle Vertragsstaaten außer der Bundesrepublik Deutschland.

(3) Drittstaat im Sinne dieses Gesetzes ist ein Staat, der weder Mitgliedstaat noch Vertragsstaat ist.

(4) Gleichgestellter Staat im Sinne dieses Gesetzes ist ein Drittstaat, für den sich hinsichtlich der Anerkennung von Berufsqualifikationen nach dem Recht der Europäischen Union eine Gleichstellung mit einem Mitgliedstaat ergibt.

(5) Herkunftsstaat im Sinne dieses Gesetzes ist der andere Mitgliedstaat, der andere Vertragsstaat oder der gleichgestellte Staat, in dem die Berufsqualifikation erworben worden ist.

(6) Aufnahmestaat im Sinne dieses Gesetzes ist der andere Mitgliedstaat, der andere Vertragsstaat oder der gleichgestellte Staat, in dem eine Person niedergelassen ist oder Dienstleistungen erbringt.

§ 43 Nichtanwendung des Berufsqualifikationsfeststellungsgesetzes

Das Berufsqualifikationsfeststellungsgesetz findet mit Ausnahme des § 17 des Berufsqualifikationsfeststellungsgesetzes keine Anwendung.

§ 44 Prüfungsreihenfolge

Beantragt eine Person, die außerhalb des Geltungsbereichs dieses Gesetzes eine Ausbildung absolviert hat, eine Erlaubnis nach § 1, ist die Voraussetzung nach § 1 Absatz 2 Nummer 1 vor den Voraussetzungen nach § 1 Absatz 2 Nummer 2 bis 4 zu prüfen.

§ 45 Bescheid über die Feststellung der Gleichwertigkeit der Berufsqualifikation

Auf Antrag ist der antragstellenden Person ein gesonderter Bescheid über die Feststellung der Gleichwertigkeit ihrer Berufsqualifikation zu erteilen.

Abschnitt 2
Besondere Vorschriften

§ 46 Anerkennung von außerhalb des Geltungsbereichs dieses Gesetzes erworbenen Berufsqualifikationen

(1) Eine außerhalb des Geltungsbereichs dieses Gesetzes erworbene Berufsqualifikation erfüllt die Voraussetzung nach § 1 Absatz 2 Nummer 1, wenn diese Berufsqualifikation anerkannt wird.

(2) Eine Berufsqualifikation wird anerkannt, wenn

1. sie mit einer der in diesem Gesetz geregelten Berufsqualifikationen gleichwertig ist oder
2. die antragstellende Person die erforderliche Anpassungsmaßnahme erfolgreich absolviert hat.

(3) Eine Berufsqualifikation ist mit einer der in diesem Gesetz geregelten Berufsqualifikationen gleichwertig, wenn

1. sie sich nicht wesentlich unterscheidet von der jeweiligen in diesem Gesetz geregelten Berufsqualifikation
   a) „Medizinische Technologin für Laboratoriumsanalytik“ oder „Medizinischer Technologe für Laboratoriumsanalytik“,
   b) „Medizinische Technologin für Radiologie“ oder „Medizinischer Technologe für Radiologie“,

c) „Medizinische Technologin für Funktionsdiagnostik" oder „Medizinischer Technologe für Funktionsdiagnostik" oder
d) „Medizinische Technologin für Veterinärmedizin" oder „Medizinischer Technologe für Veterinärmedizin"

oder

2. wesentliche Unterschiede vollständig durch den Nachweis von Kenntnissen, Fähigkeiten und Kompetenzen nach § 48 ausgeglichen werden.

§ 47 Wesentliche Unterschiede

(1) Die Berufsqualifikation der antragstellenden Person unterscheidet sich wesentlich, wenn

1. das von der antragstellenden Person absolvierte Studium oder die Ausbildung hinsichtlich der beruflichen Tätigkeit Themenbereiche oder berufspraktische Bestandteile umfasst, die sich inhaltlich wesentlich von denen unterscheiden, die nach diesem Gesetz und nach der Ausbildungs- und Prüfungsverordnung nach § 69 für den jeweiligen Beruf vorgeschrieben sind, oder
2. eine Tätigkeit oder mehrere Tätigkeiten desjenigen Berufs, für den die Anerkennung angestrebt wird, nicht Bestandteil des im Herkunftsstaat der antragstellenden Person entsprechend reglementierten Berufs ist oder sind und wenn die Ausbildung zu diesem Beruf nach diesem Gesetz und nach der Ausbildungs- und Prüfungsverordnung nach § 69 Themenbereiche oder berufspraktische Bestandteile umfasst, die sich inhaltlich wesentlich von denen unterscheiden, die von der Berufsqualifikation der antragstellenden Person abgedeckt sind.

(2) Die inhaltlichen wesentlichen Abweichungen nach Absatz 1 Nummer 1 und 2 müssen sich auf Themenbereiche oder berufspraktische Bestandteile beziehen, deren Kenntnisse, Fähigkeiten und Kompetenzen eine wesentliche Voraussetzung für die Ausübung des jeweiligen Berufs im Geltungsbereich dieses Gesetzes sind.

§ 48 Ausgleich wesentlicher Unterschiede durch Berufserfahrung oder lebenslanges Lernen

(1) [1]Wesentliche Unterschiede nach § 47 können ganz oder teilweise ausgeglichen werden durch Kenntnisse, Fähigkeiten und Kompetenzen, welche die antragstellende Person erworben hat

1. durch ihre Berufserfahrung im Rahmen der tatsächlichen und rechtmäßigen Ausübung desjenigen Berufs, für den die Anerkennung angestrebt wird, in Vollzeit oder Teilzeit oder
2. durch lebenslanges Lernen.

[2]Die nach Satz 1 Nummer 2 erworbenen Kenntnisse, Fähigkeiten und Kompetenzen werden nur anerkannt, wenn sie von einer dafür im jeweiligen Staat zuständigen Stelle formal als gültig anerkannt worden sind.

(2) Nicht entscheidend ist, in welchem Staat die Kenntnisse, Fähigkeiten und Kompetenzen erworben worden sind.

§ 49 Anpassungsmaßnahmen

(1) Ist die Berufsqualifikation der antragstellenden Person nicht mit derjenigen in diesem Gesetz geregelten Berufsqualifikationen, deren Anerkennung angestrebt wird, gleichwertig, ist für eine Anerkennung eine Anpassungsmaßnahme nach § 50 oder § 51 durchzuführen.

(2) Dies gilt auch für den Fall, dass die Gleichwertigkeit der Berufsqualifikation der antragstellenden Person nur mit unangemessenem zeitlichem oder sachlichem Aufwand festgestellt werden kann, weil die erforderlichen Unterlagen und Nachweise aus Gründen, die die antragstellende Person nicht zu vertreten hat, nicht vorgelegt werden können.

§ 50 Eignungsprüfung oder Anpassungslehrgang

(1) Die antragstellende Person hat als Anpassungsmaßnahme eine Eignungsprüfung, die sich auf die festgestellten wesentlichen Unterschiede erstreckt, oder einen höchstens dreijährigen Anpassungslehrgang zu absolvieren, wenn sie

1. einen Ausbildungsnachweis vorlegt, der in einem anderen Mitgliedstaat, in einem anderen Vertragsstaat oder in einem gleichgestellten Staat erforderlich ist, um in dessen Hoheitsgebiet die Erlaubnis zur Aufnahme und Ausübung eines Berufs zu erhalten, der einem der in diesem Gesetz geregelten Berufe entspricht,
2. ein Jahr lang Vollzeit oder während einer entsprechenden Gesamtdauer in Teilzeit einen der in diesem Gesetz geregelten Berufe in den vergangenen zehn Jahren in einem anderen Mitgliedstaat, in einem anderen Vertragsstaat oder in einem gleichgestellten Staat, in dem dieser Beruf nicht reglementiert ist, ausgeübt hat und einen oder mehrere Ausbildungsnachweise aus einem anderen Mitgliedstaat, einem anderen Vertragsstaat oder einem gleichgestellten Staat, in dem dieser Beruf nicht reglementiert ist, vorlegt,
3. einen Ausbildungsnachweis vorlegt,
   a) der in einem Drittstaat, der kein gleichgestellter Staat ist, erworben worden ist,
   b) der bereits in einem anderen Mitgliedstaat, in einem anderen Vertragsstaat oder in einem gleichgestellten Staat anerkannt worden ist und
   c) dem eine Bescheinigung beigefügt ist, dass die antragstellende Person im Hoheitsgebiet des den Ausbildungsnachweis anerkennenden Staates drei Jahre in dem Beruf, für den die Anerkennung angestrebt wird, tätig war,
4. Ausbildungsnachweise oder eine Gesamtheit von Ausbildungsnachweisen vorlegt, die
   a) von einer zuständigen Behörde in einem anderen Mitgliedstaat, in einem anderen Vertragsstaat oder in einem gleichgestellten Staat ausgestellt worden sind,
   b) den erfolgreichen Abschluss einer in einem anderen Mitgliedstaat, in einem anderen Vertragsstaat oder in einem gleichgestellten Staat auf Vollzeitbasis oder Teilzeitbasis im Rahmen formaler oder nichtformaler Ausbildungsprogramme erworbenen Ausbildung bescheinigen und
   c) von diesem Staat als gleichwertig anerkannt werden und in Bezug auf die Aufnahme oder Ausübung des Berufs, für den die Anerkennung angestrebt wird, dieselben Rechte verleihen oder auf die Ausübung dieses Berufs vorbereiten,

   oder

5. Ausbildungsnachweise oder eine Gesamtheit von Ausbildungsnachweisen vorlegt, die
   a) von einer zuständigen Behörde in einem anderen Mitgliedstaat, in einem anderen Vertragsstaat oder in einem gleichgestellten Staat ausgestellt worden sind,
   b) den erfolgreichen Abschluss einer in einem anderen Mitgliedstaat, in einem anderen Vertragsstaat oder in einem gleichgestellten Staat auf Vollzeitbasis oder Teilzeitbasis im Rahmen formaler oder nichtformaler Ausbildungsprogramme erworbenen Ausbildung bescheinigen und
   c) zwar nicht den Erfordernissen der Rechts- oder Verwaltungsvorschriften des Herkunftsstaates für die Aufnahme oder Ausübung des Berufs, für den die Anerkennung angestrebt wird, entsprechen, jedoch erworbene Rechte gemäß diesen Vorschriften verleihen.

(2) Die antragstellende Person hat die Wahl zwischen dem Absolvieren einer Eignungsprüfung und eines Anpassungslehrgangs.

(3) Legt die antragstellende Person einen Ausbildungsnachweis vor, der dem Niveau entspricht, das genannt ist in Artikel 11 Buchstabe a der Richtlinie 2005/36/EG des Europäischen Parlaments und des Rates vom 7. September 2005 über die Anerkennung von Berufsqualifikationen (ABl. L 255 vom 30.9.2005, S. 22; L 271 vom 16.10.2007, S. 18; L 93 vom 4.4.2008, S. 28; L 33 vom 3.2.2009, S. 49; L 305 vom 24.10.2014, S. 115), die zuletzt durch den Delegierten Beschluss (EU) 2020/548 (ABl. L 131 vom 24.4.2020, S. 1) geändert worden ist, in der jeweils geltenden Fassung, hat sie abweichend von Absatz 2 die Eignungsprüfung zu absolvieren.

§ 51 Kenntnisprüfung oder Anpassungslehrgang

(1) Wenn die antragstellende Person eine Berufsqualifikation vorlegt, die in einem Drittstaat, der kein gleichgestellter Staat ist, erworben worden ist und nicht bereits in einem anderen Mitgliedstaat, in einem anderen Vertragsstaat oder in einem gleichgestellten Staat anerkannt worden ist, hat sie bei Feststellung eines wesentlichen Unterschiedes folgende Maßnahme als Anpassungsmaßnahme zu absolvieren:

1. eine Kenntnisprüfung, die sich auf den Inhalt der staatlichen Prüfung erstreckt, oder
2. einen höchstens dreijährigen Anpassungslehrgang, der mit einer Prüfung über den Inhalt des Anpassungslehrgangs abschließt.

(2) Die antragstellende Person kann zwischen der Kenntnisprüfung und dem Anpassungslehrgang wählen.

§ 52 Europäischer Berufsausweis

Für den Fall einer Einführung eines Europäischen Berufsausweises für den Beruf

1. „Medizinische Technologin für Laboratoriumsanalytik“ oder „Medizinischer Technologe für Laboratoriumsanalytik“,
2. „Medizinische Technologin für Radiologie“ oder „Medizinischer Technologe für Radiologie“,

3. „Medizinische Technologin für Funktionsdiagnostik" oder „Medizinischer Technologe für Funktionsdiagnostik" oder
4. „Medizinische Technologin für Veterinärmedizin" oder „Medizinischer Technologe für Veterinärmedizin"

gelten für den jeweiligen Beruf die Regelungen über die Anerkennung von Berufsqualifikationen dieses Teils entsprechend.

Abschnitt 3
Partielle Berufsausübung

§ 53 Erlaubnis zur partiellen Berufsausübung

(1) Eine Erlaubnis zur partiellen Berufsausübung ist auf Antrag zu erteilen, wenn

1. die antragstellende Person ohne Einschränkung qualifiziert ist, in einem anderen Mitgliedstaat, in einem anderen Vertragsstaat oder in einem gleichgestellten Staat eine berufliche Tätigkeit im Bereich eines der in diesem Gesetz geregelten Berufe auszuüben, für den eine Erlaubnis zur partiellen Berufsausübung angestrebt wird,
2. die Unterschiede zwischen der in einem anderen Mitgliedstaat, in einem anderen Vertragsstaat oder in einem gleichgestellten Staat rechtmäßig ausgeübten beruflichen Tätigkeit und den Tätigkeiten, die unter denjenigen in diesem Gesetz geregelten Beruf, für den eine Erlaubnis zur partiellen Berufsausübung angestrebt wird, fallen, so wesentlich sind, dass die Anwendung von Anpassungsmaßnahmen nach § 50 der Anforderung an die antragstellende Person gleichkäme, die vollständige Ausbildung nach diesem Gesetz zu durchlaufen,
3. die rechtmäßig ausgeübte berufliche Tätigkeit nach Nummer 1 eine oder mehrere der jeweils vorbehaltenen Tätigkeiten nach § 5 umfasst und
4. die antragstellende Person
   a) sich nicht eines Verhaltens schuldig gemacht hat, aus dem sich ihre Unzuverlässigkeit zur Ausübung des Berufs ergibt,
   b) nicht in gesundheitlicher Hinsicht zur Ausübung des Berufs ungeeignet ist und
   c) über die Kenntnisse der deutschen Sprache verfügt, die für die Ausübung des Berufs erforderlich sind.

(2) Eine Erlaubnis nach Absatz 1 darf nicht erteilt werden, wenn der Patientenschutz oder der Schutz der öffentlichen Gesundheit der Erteilung entgegensteht.

(3) Eine Erlaubnis zur partiellen Berufsausübung ist auf die Tätigkeiten zu beschränken, in denen die antragstellende Person eine Qualifikation nach Absatz 1 Nummer 1 und 3 nachgewiesen hat.

(4) Die berufliche Tätigkeit wird unter der Berufsbezeichnung des Staates, in dem die Qualifikation nach Absatz 1 Nummer 1 erworben wurde, ausgeübt mit dem Hinweis auf

1. den Namen dieses Staates und
2. die Tätigkeit, auf die die Erlaubnis zur partiellen Berufsausübung beschränkt ist.

(5) [1]Personen mit einer Erlaubnis zur partiellen Berufsausübung haben im Umfang dieser Erlaubnis die gleichen Rechte und Pflichten wie eine Person mit einer Erlaubnis zum Führen der Berufsbezeichnung nach § 1 Absatz 1 Nummer 1, 2, 3 oder 4. [2]Sie dürfen insbesondere eine oder mehrere vorbehaltene Tätigkeiten nach § 5 ausüben, wenn diese in den Umfang der Erlaubnis zur partiellen Berufsausübung fallen.

(6) Die §§ 2 bis 4 gelten für die Erlaubnis zur partiellen Berufsausübung entsprechend.

Teil 5
Erbringen von Dienstleistungen

Abschnitt 1
Erbringung von Dienstleistungen im Geltungsbereich dieses Gesetzes

§ 54 Dienstleistungserbringung

(1) Eine Staatsangehörige oder ein Staatsangehöriger eines anderen Mitgliedstaates, eines anderen Vertragsstaates oder eines gleichgestellten Staates darf als dienstleistungserbringende Person im Rahmen vorübergehender und gelegentlicher Dienstleistungen im Sinne des Artikels 57 des Vertrages über die Arbeitsweise der Europäischen Union (ABl. C 326 vom 26.10.2012, S. 47) einen der in diesem Gesetz geregelten Berufe ausüben, wenn sie oder er zur Dienstleistung in dem jeweiligen Beruf berechtigt ist.

(2) [1]Den vorübergehenden und gelegentlichen Charakter der Dienstleistungserbringung beurteilt die zuständige Behörde im Einzelfall. [2]In die Beurteilung bezieht sie Dauer, Häufigkeit, regelmäßige Wiederkehr und Kontinuität der Dienstleistungserbringung mit ein.

§ 55 Meldung der Dienstleistungserbringung

(1) Wer beabsichtigt, als dienstleistungserbringende Person im Geltungsbereich dieses Gesetzes tätig zu werden, ist verpflichtet, dies der in Deutschland zuständigen Behörde vorab schriftlich zu melden.

(2) Bei der erstmaligen Meldung sind folgende Dokumente vorzulegen:

1. ein Nachweis der Staatsangehörigkeit,
2. ein Nachweis der Berufsqualifikation,
3. eine Bescheinigung über eine zum Zeitpunkt der Vorlage bestehende rechtmäßige Niederlassung in einem anderen Mitgliedstaat, in einem anderen Vertragsstaat oder in einem gleichgestellten Staat
   a) für die Tätigkeit in einem reglementierten Beruf, der einem in diesem Gesetz geregelten Beruf entspricht, oder
   b) für die Tätigkeit in einem Beruf, der einem in diesem Gesetz geregelten Beruf entspricht und der nicht reglementiert ist, sowie zusätzlich ein Nachweis in

beliebiger Form, dass die Tätigkeit in dem Beruf während der vorhergehenden zehn Jahre mindestens ein Jahr lang in einem oder in mehreren Mitgliedstaaten, Vertragsstaaten oder gleichgestellten Staaten rechtmäßig ausgeübt worden ist,
4. eine Erklärung, dass die meldende Person über die Kenntnisse der deutschen Sprache verfügt, die zur Ausübung des Berufs erforderlich sind,
5. eine Bescheinigung, aus der sich ergibt, dass
   a) die Ausübung dieses Berufs der meldenden Person nicht, auch nicht vorübergehend, untersagt ist und
   b) keine Vorstrafen der meldenden Person vorliegen.

(3) Beabsichtigt die meldende Person nach Ablauf eines Jahres nach der letzten Meldung erneut, vorübergehend und gelegentlich Dienstleistungen im Geltungsbereich dieses Gesetzes zu erbringen, ist die Meldung zu erneuern.

§ 56 Berechtigung zur Dienstleistungserbringung

Zur Dienstleistungserbringung ist nur berechtigt, wer

1. über eine zur Dienstleistungserbringung berechtigende Berufsqualifikation verfügt,
2. in einem anderen Mitgliedstaat, in einem anderen Vertragsstaat oder in einem gleichgestellten Staat rechtmäßig niedergelassen ist und
   a) die Ausübung des Berufs, der dem Beruf, in dem die Dienstleistungserbringung angestrebt wird, entspricht, in diesem anderen Mitgliedstaat, in diesem anderen Vertragsstaat oder in diesem gleichgestellten Staat reglementiert ist oder
   b) die Ausübung des Berufs oder die Ausbildung zu dem Beruf, der dem Beruf, in dem die Dienstleistungserbringung angestrebt wird, entspricht, in diesem anderen Mitgliedstaat, in diesem anderen Vertragsstaat oder in diesem gleichgestellten Staat nicht reglementiert ist und die meldende Person den Beruf während der vorhergehenden zehn Jahre mindestens ein Jahr lang in einem oder in mehreren Mitgliedstaaten, Vertragsstaaten oder gleichgestellten Staaten rechtmäßig ausgeübt hat,
3. sich nicht eines Verhaltens schuldig gemacht hat, aus dem sich die Unzuverlässigkeit zur Ausübung des Berufs ergibt,
4. in gesundheitlicher Hinsicht zur Ausübung des Berufs geeignet ist und
5. über die Kenntnisse der deutschen Sprache verfügt, die zur Ausübung des Berufs erforderlich sind.

§ 57 Zur Dienstleistungserbringung berechtigende Berufsqualifikation

(1) Zur Dienstleistungserbringung berechtigen folgende Berufsqualifikationen:

1. eine abgeschlossene Ausbildung nach diesem Gesetz oder
2. eine Berufsqualifikation, die
   a) in einem anderen Mitgliedstaat, in einem anderen Vertragsstaat oder in einem gleichgestellten Staat erworben worden ist,

b) in dem Staat, in dem sie erworben worden ist, erforderlich ist für den unmittelbaren Zugang zu einem Beruf, der einem der in diesem Gesetz geregelten Berufe entspricht, und
c) entweder
   aa) nach § 46 Absatz 3, § 47 und § 48 mit einer der in diesem Gesetz geregelten Berufsqualifikationen, in dem die Dienstleistungserbringung angestrebt wird, gleichwertig ist oder
   bb) wesentliche Unterschiede nur in einem Umfang aufweist, der nicht zu einer Gefährdung der öffentlichen Gesundheit führt.

(2) Weist eine Berufsqualifikation wesentliche Unterschiede in einem Umfang auf, der zu einer Gefährdung der öffentlichen Gesundheit führt, so kann die meldende Person zum Erwerb einer zur Dienstleistung berechtigenden Berufsqualifikation eine Eignungsprüfung ablegen, die sich auf diese wesentlichen Unterschiede erstreckt.

(3) Die meldende Person kann auch dann eine Eignungsprüfung ablegen, wenn die Gleichwertigkeit ihrer Berufsqualifikation nur mit einem unangemessenen zeitlichen oder sachlichen Aufwand festgestellt werden kann, da die meldende Person die erforderlichen Unterlagen oder Nachweise aus Gründen, die sie nicht zu verantworten hat, nicht vorlegen kann.

(4) Ist die Eignungsprüfung bestanden worden, so berechtigt die Berufsqualifikation der meldenden Person zur Dienstleistungserbringung.

§ 58 Entscheidung über die Berechtigung zur Dienstleistungserbringung

(1) Die zuständige Behörde überprüft, ob die meldende Person berechtigt ist, in Deutschland die Tätigkeit in einem der in diesem Gesetz geregelten Berufe als dienstleistungserbringende Person vorübergehend und gelegentlich auszuüben.

(2) Soweit es für die Überprüfung der Voraussetzung nach § 57 Absatz 1 Nummer 2 Buchstabe c erforderlich ist, kann die zuständige Behörde bei der zuständigen Behörde des Staates, in dem die meldende Person niedergelassen ist, Informationen über den Ausbildungsgang der meldenden Person anfordern.

§ 59 Rechte und Pflichten der dienstleistungserbringenden Person

(1) Ist eine Person berechtigt, einen der in diesem Gesetz geregelten Berufe als dienstleistungserbringende Person vorübergehend und gelegentlich auszuüben, so hat sie beim Erbringen der Dienstleistung in Deutschland die gleichen Rechte und Pflichten wie Personen mit einer entsprechenden Erlaubnis zum Führen der Berufsbezeichnung nach § 1 Absatz 1 Nummer 1, 2, 3 oder 4.

(2) Die dienstleistungserbringende Person darf je nach ausgeübter Tätigkeit die jeweilige Berufsbezeichnung nach § 1 Absatz 1 Nummer 1, 2, 3 oder 4 führen, auch wenn sie nicht die entsprechende Erlaubnis zum Führen der Berufsbezeichnung nach § 1 Absatz 1 Nummer 1, 2, 3 oder 4 besitzt.

(3) Die dienstleistungserbringende Person ist verpflichtet, der zuständigen Behörde unverzüglich zu melden:

1. jede Änderung der Staatsangehörigkeit,
2. den Verlust der rechtmäßigen Niederlassung für den Beruf, in dem die Dienstleistung erbracht wird, in einem anderen Mitgliedstaat, in einem anderen Vertragsstaat oder in einem gleichgestellten Staat,
3. die Tatsache, dass ihr die Ausübung dieses Berufs untersagt ist, auch bei vorübergehender Untersagung,
4. die Tatsache, dass bei ihr eine Vorstrafe vorliegt, oder
5. die Tatsache, dass sie in gesundheitlicher Hinsicht nicht mehr geeignet ist zur Ausübung dieses Berufs.

(4) Mit der Meldung nach Absatz 3 hat die dienstleistungserbringende Person der zuständigen Behörde die entsprechenden Nachweise, Bescheinigungen und Erklärungen vorzulegen.

§ 59a Dienstleistungserbringung im Rahmen einer partiellen Berufsausübung

(1) [1]Für die Erbringung von vorübergehenden und gelegentlichen Dienstleistungen im Sinne des Artikels 57 des Vertrages über die Arbeitsweise der Europäischen Union im Rahmen einer partiellen Berufsausübung bedarf es einer Genehmigung durch die zuständige Behörde. [2]Die Genehmigung wird auf Antrag erteilt, wenn:

1. die antragstellende Person eine Staatsangehörige oder ein Staatsangehöriger eines Mitgliedstaates, eines Vertragsstaates oder eines gleichgestellten Staates ist,
2. die antragstellende Person in einem anderen Mitgliedstaat, in einem anderen Vertragsstaat oder einem gleichgestellten Staat zur Ausübung des Berufs, dessen Tätigkeit der Tätigkeit in einem der in diesem Gesetz geregelten Berufe nur partiell entspricht, rechtmäßig niedergelassen ist und
   a) dieser Beruf in diesem Mitgliedstaat, in diesem Vertragsstaat oder in diesem gleichgestellten Staat reglementiert ist oder
   b) dieser Beruf in diesem Mitgliedstaat, in diesem Vertragsstaat oder in diesem gleichgestellten Staat nicht reglementiert ist und die antragstellende Person diesen Beruf während der vorhergehenden zehn Jahre mindestens ein Jahr lang in einem oder in mehreren Mitgliedstaaten, Vertragsstaaten oder gleichgestellten Staaten rechtmäßig ausgeübt hat,
3. die Voraussetzungen nach § 53 Absatz 1 Nummer 1 bis 4 vorliegen.

(2) [1]Personen mit einer Genehmigung zur Dienstleistungserbringung im Rahmen einer partiellen Berufsausübung haben beim Erbringen der Dienstleistung in Deutschland im Umfang dieser Genehmigung die gleichen Rechte und Pflichten wie eine Person mit einer Erlaubnis zum Führen der Berufsbezeichnung nach § 1 Absatz 1 Nummer 1, 2, 3 oder 4. [2]Sie dürfen insbesondere eine oder mehrere vorbehaltene Tätigkeiten nach § 5 ausüben, soweit sie in den Umfang der Genehmigung zur Dienstleistungserbringung im Rahmen einer partiellen Berufsausübung fallen.

(3) Die §§ 2 bis 4, 53 Absatz 2, 3 und 4, § 54 Absatz 2, die §§ 55, 59 Absatz 3 und 4, § 63 Absatz 1 bis 3, die §§ 64 bis 67 und 68 Absatz 1 und 2 gelten entsprechend.

Abschnitt 2
Dienstleistungserbringung in anderen Mitgliedstaaten, in anderen Vertragsstaaten oder in gleichgestellten Staaten

§ 60 Bescheinigung der zuständigen Behörde

(1) Üben deutsche Staatsangehörige oder Staatsangehörige eines anderen Mitgliedstaates, eines anderen Vertragsstaates oder eines gleichgestellten Staates einen der in diesem Gesetz geregelten Berufe in Deutschland aufgrund einer Erlaubnis nach § 1 Absatz 1 Nummer 1, 2, 3 oder 4 aus, so wird ihnen auf Antrag eine Bescheinigung von der zuständigen Behörde ausgestellt, damit sie die Möglichkeit haben, in einem anderen Mitgliedstaat, in einem anderen Vertragsstaat oder in einem gleichgestellten Staat ihren Beruf als dienstleistungserbringende Person im Sinne des Artikels 57 des Vertrages über die Arbeitsweise der Europäischen Union vorübergehend und gelegentlich auszuüben.

(2) Die Bescheinigung hat zu enthalten:

1. die Bestätigung, dass die antragstellende Person rechtmäßig niedergelassen ist
   a) als „Medizinische Technologin für Laboratoriumsanalytik“ oder „Medizinischer Technologe für Laboratoriumsanalytik“,
   b) als „Medizinische Technologin für Radiologie“ oder „Medizinischer Technologe für Radiologie“,
   c) als „Medizinische Technologin für Funktionsdiagnostik“ oder „Medizinischer Technologe für Funktionsdiagnostik“ oder
   d) als „Medizinische Technologin für Veterinärmedizin“ oder „Medizinischer Technologe für Veterinärmedizin“,
2. dass der antragstellenden Person die Ausübung dieses Berufs nicht, auch nicht vorübergehend, untersagt ist und
3. dass die antragstellende Person über die berufliche Qualifikation verfügt, die für die Berufsausübung erforderlich ist.

Teil 6
Zuständigkeiten und Aufgaben der Behörden

§ 61 Zuständige Behörde

(1) Die Länder bestimmen die zur Durchführung dieses Gesetzes zuständigen Behörden.

(2) Die Entscheidung nach § 1 Absatz 2 trifft die zuständige Behörde des Landes, in dem die antragstellende Person die staatliche Prüfung abgelegt hat.

(3) Die Entscheidung nach § 1 Absatz 2 in Verbindung mit Teil 4 trifft die zuständige Behörde des Landes, in dem einer der in diesem Gesetz geregelten Berufe ausgeübt werden soll.

(4) Die Aufgaben nach Teil 4 Abschnitt 3 nimmt die zuständige Behörde des Landes wahr, in dem die berufliche Tätigkeit ausgeübt werden soll.

(5) [1]Die Aufgaben nach Teil 5 Abschnitt 1 nimmt die zuständige Behörde des Landes wahr, in dem die Dienstleistung erbracht werden soll oder erbracht worden ist. [2]Die Aufgaben nach Teil 5 Abschnitt 2 nimmt die zuständige Behörde des Landes wahr, in dem die antragstellende Person einen der in diesem Gesetz geregelten Berufe ausübt.

§ 62 Gemeinsame Einrichtungen

Die Länder können vereinbaren, dass die Aufgaben nach Teil 4 von einem anderen Land oder einer gemeinsamen Einrichtung wahrgenommen werden.

§ 63 Unterrichtungs- und Überprüfungspflichten

(1) Die zuständige Behörde des Landes, in dem eine Person einen in diesem Gesetz geregelten Beruf vollständig oder partiell ausübt oder zuletzt ausgeübt hat, unterrichtet die zuständigen Behörden des Herkunftsstaates, wenn

1. sich diese Person eines Verhaltens schuldig gemacht hat, welches sich auf die Ausübung eines der in diesem Gesetz geregelten Berufe auswirken kann,
2. die Erlaubnis nach diesem Gesetz zurückgenommen oder widerrufen worden ist oder das Ruhen der Erlaubnis nach diesem Gesetz angeordnet worden ist,
3. dieser Person die Ausübung eines der in diesem Gesetz geregelten Berufe untersagt worden ist oder
4. in Bezug auf diese Person Tatsachen vorliegen, die eine der in den Nummern 1 bis 3 genannten Sanktionen oder Maßnahmen rechtfertigen.

(2) Erhält die zuständige Behörde eines Landes Auskünfte von der zuständigen Behörde eines Aufnahmestaates, die sich auf die vollständige oder partielle Ausübung eines der in diesem Gesetz geregelten Berufe durch eine Person im Geltungsbereich dieses Gesetzes auswirken könnten, so hat sie

1. die Richtigkeit der ihr übermittelten Auskünfte zu überprüfen,
2. zu entscheiden, ob und in welchem Umfang weitere Überprüfungen durchzuführen sind, und
3. die zuständige Behörde des Aufnahmestaates zu unterrichten über die Konsequenzen, die aus den übermittelten Auskünften zu ziehen sind.

(3) Für die Unterrichtung nach den Absätzen 1 und 2 ist das Binnenmarkt-Informationssystem zu verwenden, das eingerichtet worden ist durch die Verordnung (EU) Nr. 1024/2012 des Europäischen Parlaments und des Rates vom 25. Oktober 2012 über die Verwaltungszusammenarbeit mit Hilfe des Binnenmarkt-Informationssystems und zur Aufhebung der Entscheidung 2008/49/EG der Kommission (ABl. L 316 vom 14.11.2012, S. 1).

(4) [1]Die Länder teilen dem Bundesministerium für Gesundheit mit, welche Behörden zuständig sind für

1. die Anerkennung von Berufsqualifikationen nach Teil 4,
2. die Entscheidung nach Teil 4 Abschnitt 3,
3. die Entgegennahme der Meldung über eine Dienstleistungserbringung nach § 55,

3a. die Entscheidungen nach Teil 5 oder
4. sonstige Entscheidungen, die im Zusammenhang mit der Richtlinie 2005/36/EG stehen.

[2]Das Bundesministerium für Gesundheit unterrichtet die anderen Mitgliedstaaten, die anderen Vertragsstaaten, die gleichgestellten Staaten und die Europäische Kommission unverzüglich über die Benennung dieser Behörden.

(5) [1]Die für die Entscheidungen nach diesem Gesetz zuständigen Behörden und Stellen übermitteln dem Bundesministerium für Gesundheit statistische Aufstellungen über die getroffenen Entscheidungen, die für den nach Artikel 60 Absatz 1 der Richtlinie 2005/36/EG erforderlichen Bericht benötigt werden. [2]Das Bundesministerium für Gesundheit leitet die ihm übermittelten statistischen Aufstellungen an die Europäische Kommission weiter.

§ 64 Warnmitteilung durch die zuständige Behörde

(1) Die zuständige Behörde eines Landes übermittelt den zuständigen Behörden der anderen Mitgliedstaaten, der anderen Vertragsstaaten und der gleichgestellten Staaten eine Warnmitteilung, wenn eine der folgenden Entscheidungen getroffen worden ist:

1. der Widerruf, die Rücknahme oder die Anordnung des Ruhens der Erlaubnis, sofern sie sofort vollziehbar oder unanfechtbar ist,
2. das durch unanfechtbare gerichtliche Entscheidung getroffene Verbot der Ausübung eines der in diesem Gesetz geregelten Berufe oder
3. das durch gerichtliche Entscheidung getroffene vorläufige Berufsverbot.

(2) Die Warnmitteilung enthält folgende Angaben:

1. die zur Identifizierung der betroffenen Person erforderlichen Angaben, insbesondere Name, Vorname, Geburtsdatum und Geburtsort,
2. den Beruf der betroffenen Person,
3. Angaben über die Behörde oder das Gericht, die oder das die Entscheidung getroffen hat,
4. den Umfang der Entscheidung und
5. den Zeitraum, in dem die Entscheidung gilt.

(3) Die Warnmitteilung erfolgt unverzüglich, spätestens jedoch drei Tage

1. nach Eintritt der Unanfechtbarkeit einer Entscheidung nach Absatz 1 Nummer 1 oder 2 oder
2. nach Bekanntgabe einer Entscheidung nach Absatz 1 Nummer 3.

(4) Für die Warnmitteilung ist das Binnenmarkt-Informationssystem zu verwenden.

(5) [1]Gleichzeitig mit der Warnmitteilung unterrichtet die Behörde, die die Warnmitteilung getätigt hat, die betroffene Person schriftlich über die Warnmitteilung und deren Inhalt. [2]Der Unterrichtung hat sie eine Rechtsbehelfsbelehrung beizufügen. [3]Wird ein Rechtsbehelf gegen die Warnmitteilung eingelegt, ergänzt die Behörde, die die Warnmitteilung getätigt hat, die Warnmitteilung um einen entsprechenden Hinweis.

§ 65 Unterrichtung über Änderungen

(1) Die zuständige Behörde, die die Warnmitteilung getätigt hat, unterrichtet die zuständigen Behörden der anderen Mitgliedstaaten, der anderen Vertragsstaaten und der gleichgestellten Staaten über

1. die Aufhebung einer in § 64 Absatz 1 genannten Entscheidung und das Datum der Aufhebung,
2. die Änderung des Zeitraumes, für den eine in § 64 Absatz 1 genannte Entscheidung gilt.

(2) Für die Unterrichtung ist das Binnenmarkt-Informationssystem zu verwenden.

§ 66 Löschung einer Warnmitteilung

Die zuständige Behörde, die die Warnmitteilung getätigt hat, löscht die Warnmitteilung im Binnenmarkt-Informationssystem unverzüglich, spätestens jedoch drei Tage nach Aufhebung der in § 64 Absatz 1 genannten Entscheidung.

§ 67 Unterrichtung über gefälschte Berufsqualifikationsnachweise

(1) Wird gerichtlich festgestellt, dass eine Person bei ihrem Antrag auf Erteilung der Erlaubnis nach § 1 Absatz 1 gefälschte Berufsqualifikationsnachweise vorgelegt hat, unterrichtet die zuständige Behörde die zuständigen Stellen der anderen Mitgliedstaaten, der anderen Vertragsstaaten und der gleichgestellten Staaten über

1. die Identität dieser Person, insbesondere über deren
   a) Namen und Vornamen,
   b) Geburtsdatum,
   c) Geburtsort und
2. den Umstand, dass diese Person gefälschte Berufsqualifikationsnachweise vorgelegt hat.

(2) [1]Die Unterrichtung über die Fälschung erfolgt unverzüglich, spätestens jedoch drei Tage nach Unanfechtbarkeit der Feststellung. [2]Für die Unterrichtung über die Fälschung ist das Binnenmarkt-Informationssystem zu verwenden.

(3) [1]Gleichzeitig mit der Unterrichtung über die Fälschung unterrichtet die Behörde, die die Unterrichtung über die Fälschung vorgenommen hat, die betroffene Person schriftlich über die Unterrichtung über die Fälschung und deren Inhalt. [2]Der Unterrichtung hat sie eine Rechtsbehelfsbelehrung beizufügen. [3]Wird ein Rechtsbehelf gegen die Unterrichtung über die Fälschung eingelegt, so ergänzt die Stelle, die die Unterrichtung über die Fälschung getätigt hat, die Unterrichtung über die Fälschung um einen entsprechenden Hinweis.

§ 68 Verwaltungszusammenarbeit bei Dienstleistungserbringung

(1) Übt eine dienstleistungserbringende Person im Geltungsbereich dieses Gesetzes einen der in diesem Gesetz geregelten Berufe vollständig oder partiell aus oder führt sie eine der Berufsbezeichnungen nach § 1 Absatz 1, ohne dass die Voraussetzungen nach Teil 5 vorliegen, unterrichtet die zuständige Behörde unverzüglich die zustän-

dige Behörde des Staates, in dem die dienstleistungserbringende Person niedergelassen ist, über den Verstoß.

(2) Hat die zuständige Behörde berechtigte Zweifel an den von der dienstleistungserbringenden Person vorgelegten Dokumenten, so ist sie berechtigt, von der zuständigen Behörde des Staates, in dem die dienstleistungserbringende Person niedergelassen ist, folgende Informationen anzufordern:

1. Informationen darüber, ob die Niederlassung der dienstleistungserbringenden Person in diesem Staat rechtmäßig ist, und
2. Informationen darüber, ob gegen die dienstleistungserbringende Person berufsbezogene disziplinarische oder strafrechtliche Sanktionen vorliegen.

(3) Soweit es für die Überprüfung der Voraussetzung nach § 57 Absatz 1 Nummer 2 Buchstabe c erforderlich ist, kann die zuständige Behörde bei der zuständigen Behörde des Staates, in dem die dienstleistungserbringende Person niedergelassen ist, Informationen über den Ausbildungsgang der dienstleistungserbringenden Person anfordern.

(4) Auf Anforderung der zuständigen Behörden eines anderen Mitgliedstaates, eines anderen Vertragsstaates oder eines gleichgestellten Staates übermitteln die zuständigen Behörden nach Artikel 56 der Richtlinie 2005/36/EG der anfordernden Behörde

1. Informationen darüber, ob die Niederlassung der dienstleistungserbringenden Person in einem der in diesem Gesetz geregelten Berufe in der Bundesrepublik Deutschland rechtmäßig ist,
2. Informationen über die gute Führung der dienstleistungserbringenden Person,
3. Informationen darüber, ob berufsbezogene disziplinarische oder strafrechtliche Sanktionen vorliegen, und
4. Informationen über die Ausbildungsgänge der in diesem Gesetz geregelten Berufe.

Teil 7
Verordnungsermächtigung

§ 69 Ermächtigung zum Erlass einer Ausbildungs- und Prüfungsverordnung

(1) Das Bundesministerium für Gesundheit wird ermächtigt, in einer Ausbildungs- und Prüfungsverordnung, die der Zustimmung des Bundesrates bedarf, Folgendes zu regeln:

1. die Mindestanforderungen an die Ausbildungen nach Teil 3 einschließlich der praktischen Ausbildung,
2. das Nähere über die staatliche Prüfung nach § 25, insbesondere bundeseinheitliche Rahmenvorgaben für die inhaltliche Ausgestaltung und für die Durchführung der Prüfung,
3. die Urkunden für die Erlaubnis zum Führen der Berufsbezeichnung nach § 1 Absatz 1,

4. für Inhaberinnen und Inhaber von Ausbildungsnachweisen, die eine Erlaubnis nach § 1 Absatz 1 in Verbindung mit Teil 4 dieses Gesetzes beantragen,
   a) die Fristen für die Erteilung der Erlaubnis,
   b) das Verfahren bei der Prüfung der Voraussetzungen des § 1 Absatz 2 Nummer 2 und 3, insbesondere die von der antragstellenden Person vorzulegenden Nachweise und die Ermittlung durch die zuständige Behörde entsprechend Artikel 50 Absatz 1 bis 3a in Verbindung mit Anhang VII der Richtlinie 2005/36/EG,
   c) die Pflicht von Inhabern anerkannter Berufsqualifikationen, nach Maßgabe des Artikels 52 Absatz 1 der Richtlinie 2005/36/EG die Berufsbezeichnung des Aufnahmestaates zu führen und deren etwaige Abkürzung zu verwenden,
   d) die Regelungen zur Durchführung und zum Inhalt der Anpassungsmaßnahmen nach den §§ 50 und 51 dieses Gesetzes,
   e) das Verfahren bei der Ausstellung eines Europäischen Berufsausweises nach § 52,
5. das Verfahren und das Nähere zu den Voraussetzungen der Dienstleistungserbringung,
6. für Berufsangehörige, die einen Antrag nach § 53 oder nach § 59a stellen,
   a) das Verfahren und das Nähere zu den jeweiligen Voraussetzungen partiellen Berufsausübung, insbesondere
      aa) die Fristen für die Erteilung der Erlaubnis zur partiellen Berufsausübung nach § 53,
      bb) das Verfahren bei der Prüfung der Voraussetzungen des § 53, insbesondere die von der antragstellenden Person vorzulegenden Nachweise und die Ermittlung durch die zuständige Behörde entsprechend Artikel 50 Absatz 1 bis 3a in Verbindung mit Anhang VII der Richtlinie 2005/36/EG,
      cc) die Urkunde für die Erlaubnis zur partiellen Berufsausübung nach § 53 und
   b) das Verfahren und das Nähere zu den Voraussetzungen der Dienstleistungserbringung im Rahmen einer partiellen Berufsausübung.

(2) [1]Abweichungen durch Landesrecht von den Regelungen des Verwaltungsverfahrens in der nach Absatz 1 erlassenen Rechtsverordnung sind ausgeschlossen. [2]Abweichend von Satz 1 können die Länder Abweichungen von den durch Rechtsverordnung im Fall des § 81a des Aufenthaltsgesetzes erlassenen Fristenregelungen vorsehen.

Teil 8
Bußgeldvorschriften

§ 70 Bußgeldvorschriften

(1) Ordnungswidrig handelt, wer

1. ohne Erlaubnis nach § 1 Absatz 1 eine dort genannte Berufsbezeichnung führt oder
2. einer vollziehbaren Anordnung nach § 4 Absatz 1 zuwiderhandelt.

(2) Die Ordnungswidrigkeit kann mit einer Geldbuße bis zu dreitausend Euro geahndet werden.

Teil 9
Übergangs- und Schlussvorschriften

§ 71 Fortgelten der Erlaubnis zum Führen der Berufsbezeichnung

[1]Eine Erlaubnis zum Führen der jeweiligen Berufsbezeichnung nach dem Gesetz über technische Assistenten in der Medizin in der bis zum 31. Dezember 2022 geltenden Fassung bleibt durch dieses Gesetz unberührt. [2]Sie gilt als Erlaubnis nach § 1 Absatz 1 für den jeweiligen Beruf. [3]Dies gilt auch für eine Erlaubnis, die vor Wirksamwerden des Beitritts nach den Vorschriften der Deutschen Demokratischen Republik erteilt wurde.

§ 72 Fortgelten der Bestätigung zur partiellen Berufsausübung

[1]Eine Bestätigung zur partiellen Berufsausübung, die nach § 2 Absatz 3b des Gesetzes über technische Assistenten in der Medizin in der bis zum 31. Dezember 2022 geltenden Fassung erteilt worden ist, bleibt wirksam. [2]Sie gilt als Erlaubnis nach § 53 und erlaubt das Ausüben einer vorbehaltenen Tätigkeit nach § 5 im bisherigen Umfang.

§ 73 Abschluss begonnener Ausbildungen

(1) Eine Ausbildung in einem Beruf der technischen Assistenten in der Medizin, die vor dem 31. Dezember 2022 begonnen wurde, kann bis zum 31. Dezember 2026 auf der Grundlage der Vorschriften des Gesetzes über technische Assistenten in der Medizin in der bis zum 31. Dezember 2022 geltenden Fassung abgeschlossen werden.

(2) [1]Wer die Ausbildung erfolgreich abgeschlossen hat und die weiteren Voraussetzungen des § 2 Absatz 1 des Gesetzes über technische Assistenten in der Medizin in der bis zum 31. Dezember 2022 geltenden Fassung erfüllt, erhält auf Antrag die Erlaubnis zum Führen der Berufsbezeichnung nach § 1 Absatz 1 des Gesetzes über technische Assistenten in der Medizin in der bis zum 31. Dezember 2022 geltenden Fassung. [2]Diese Erlaubnis gilt als Erlaubnis nach § 1 Absatz 1.

(3) Für die Finanzierung der Ausbildung nach Absatz 1 gilt § 2 des Krankenhausfinanzierungsgesetzes in der bis zum 31. Dezember 2022 geltenden Fassung.

§ 74 Weitergeltung der staatlichen Anerkennung von Schulen und Bestandsschutz

(1) Schulen, die nach den Vorgaben des Gesetzes über technische Assistenten in der Medizin in der bis zum 31. Dezember 2022 geltenden Fassung staatlich anerkannt sind, gelten weiterhin als staatlich anerkannt, wenn die Anerkennung nicht zurückgenommen oder nach Absatz 2 widerrufen wird.

(2) Die staatliche Anerkennung ist zu widerrufen, wenn die Mindestanforderungen in § 18 Absatz 2 bis zum 31. Dezember 2033 nicht nachgewiesen werden.

(3) Die Mindestanforderungen an Schulen in § 18 Absatz 2 gelten für Personen als erfüllt,

1. die am 31. Dezember 2022 rechtmäßig eine Schule für technische Assistenten in der Medizin leiten,
2. die am 31. Dezember 2022 rechtmäßig an einer Schule für technische Assistenten in der Medizin unterrichten oder
3. die am 31. Dezember 2022 über die Voraussetzungen und erforderlichen Qualifikationen für die Leitung oder die Tätigkeit als Lehrkraft verfügen.

§ 75 Übergangsvorschrift für die Anerkennung ausländischer Berufsqualifikationen

Die Entscheidung über einen Antrag auf Anerkennung einer außerhalb dieses Gesetzes erworbenen Berufsqualifikation kann bis zum 31. Dezember 2026 auf Grundlage der Vorschriften des Gesetzes über technische Assistenten in der Medizin in der bis zum 31. Dezember 2022 geltenden Fassung getroffen werden.

§ 76 Finanzierung von Ausbildungskosten; Kooperationsvereinbarungen

(1) Als mit Krankenhäusern notwendigerweise verbundene Ausbildungsstätten im Sinne des § 2 Nummer 1a des Krankenhausfinanzierungsgesetzes gelten auch Schulen, die

1. Ausbildungen in den in diesem Gesetz geregelten Berufen der Humanmedizin durchführen und
2. mit Krankenhäusern Kooperationsvereinbarungen über die Durchführung der praktischen Ausbildung nach diesem Gesetz abgeschlossen haben.

Kooperationsvereinbarungen nach Satz 1 Nummer 2 bedürfen der Schriftform.

(2) Die Kooperationsvereinbarung nach Absatz 1 Satz 1 Nummer 2 hat insbesondere Folgendes zu enthalten:

1. Angaben zur Anzahl der zur Verfügung stehenden Ausbildungsplätze der Schule,
2. Angaben zur voraussichtlichen Anzahl an Ausbildungsplätzen, die das Krankenhaus bei der Schule pro Ausbildungsgang in Anspruch nehmen wird,
3. Angaben zu den Ausbildungskosten der Schule, insbesondere zu Personalmitteln, Sachmitteln, Lehr- oder Lernmitteln, Kosten der Praxisbegleitung und Betriebskosten des Schulgebäudes, soweit diese für die Ausbildung nach diesem Gesetz und in dem vereinbarten Umfang an Ausbildungsplätzen voraussichtlich anfallen, und
4. Vorgaben zur Weiterleitung der Ausbildungskosten, die für die Schule im krankenhausindividuellen Ausbildungsbudget nach § 17a Absatz 3 Satz 1 des Krankenhausfinanzierungsgesetzes enthalten sind, durch das Krankenhaus an die Schule.

(3) Rechtzeitig vor dem Beginn der Verhandlungen des krankenhausindividuellen Ausbildungsbudgets nach § 17a Absatz 3 Satz 1 des Krankenhausfinanzierungsgesetzes hat die Schule dem Krankenhaus diejenigen Nachweise und Begründungen

vorzulegen, die das Krankenhaus für die Geltendmachung der Ausbildungskosten der Schule im Rahmen der Verhandlungen benötigt.

(4) Im Rahmen der Verhandlungen des krankenhausindividuellen Ausbildungsbudgets nach § 17a Absatz 3 Satz 1 des Krankenhausfinanzierungsgesetzes hat die Schule dem Krankenhaus zusätzliche Auskünfte zu erteilen, soweit

1. das Krankenhaus diese Auskünfte für die Geltendmachung der Ausbildungskosten der Schule im Rahmen der Verhandlungen benötigt und
2. der dafür von der Schule zu betreibende Aufwand und der Nutzen für die Verhandlungen durch das Krankenhaus nicht außer Verhältnis stehen.

B.

Erläuterungen

Gesetz über die Berufe in der medizinischen Technologie (MT-Berufe-Gesetz – MTBG)[1]

vom 24.2.2021 (BGBl. I S. 274),
geändert durch Art. 7 G vom 12.12.2023 (BGBl. I Nr. 359)

Teil 1
Erlaubnis zum Führen der Berufsbezeichnung

§ 1 Erlaubnis zum Führen der Berufsbezeichnung

(1) Wer die Berufsbezeichnung

1. **„Medizinische Technologin für Laboratoriumsanalytik" oder „Medizinischer Technologe für Laboratoriumsanalytik",**
2. **„Medizinische Technologin für Radiologie" oder „Medizinischer Technologe für Radiologie",**
3. **„Medizinische Technologin für Funktionsdiagnostik" oder „Medizinischer Technologe für Funktionsdiagnostik" oder**
4. **„Medizinische Technologin für Veterinärmedizin" oder „Medizinischer Technologe für Veterinärmedizin"**

führen will, bedarf der Erlaubnis.

(2) Die jeweilige Erlaubnis wird auf Antrag erteilt, wenn die antragstellende Person

1. **die jeweils vorgeschriebene Ausbildung nach Teil 3 erfolgreich absolviert und die staatliche Prüfung nach § 25 bestanden hat,**
2. **sich nicht eines Verhaltens schuldig gemacht hat, aus dem sich ihre Unzuverlässigkeit zur Ausübung des Berufs ergibt,**
3. **nicht in gesundheitlicher Hinsicht zur Ausübung des Berufs ungeeignet ist und**
4. **über die Kenntnisse der deutschen Sprache verfügt, die für die Ausübung des Berufs erforderlich sind.**

---

1 **Anm. d. Verlages:**
Die ursprüngliche Fassung dieses Gesetzes wurde verkündet als Art. 1 des Gesetzes zur Reform der technischen Assistenzberufe in der Medizin und zur Änderung weiterer Gesetze (MTA-Reform-Gesetz). § 69 ist am 4.3.2021 in Kraft getreten. Im Übrigen trat das Gesetz am 1.1.2023 in Kraft.

Erläuterungen

Übersicht

I. Allgemeines

1. Regelungsinhalt

1 Die Vorschrift regelt die **Erlaubnis zum Führen der Berufsbezeichnung (Abs. 1)**. Die **Voraussetzungen** hierfür sind in **Abs. 2** geregelt.

2 Mit dem MTBG sind die bisherigen Berufsbezeichnungen der Medizinisch-technischen Assistentin und des Medizinisch-technischen Assistenten durch **neue Berufsbezeichnungen** ersetzt worden. In der Gesetzesbegründung (BT-Drs. 19/24447, S. 54) zu § 1 MTBG wird hierzu Folgendes ausgeführt:

„Die bisherige Berufsbezeichnung der Medizinisch-technischen Assistentin und des Medizinisch-technischen Assistenten wird ersetzt durch die Berufsbezeichnung Medizinische Technologin und Medizinischer Technologe. Die Änderung der Berufsbezeichnung vollzieht das geänderte Verständnis von der Zusammenarbeit zwischen Ärztinnen und Ärzten und weiteren Gesundheitsfachberufen sprachlich nach. Der Begriff der Assistentin oder des Assistenten ist im medizinischen Bereich eine durchaus gebräuchliche Bezeichnung. Die historische Entwicklung der Berufsbezeichnung im medizinisch-technischen Bereich zeigt, dass der Begriff der Assistentin vor allem auch das Über- Unterordnungsverhältnis ausdrücken sollte und ein geschlechterspezifisches Rollenverständnis. So wurde im Jahr 1958 nur die weibliche Berufsbezeichnung medizinisch-technische Assistentin unter Erlaubnisvorbehalt gestellt. Im Jahr 1971 wurden verschiedene Berufe und auch die männliche Berufsbezeichnung vom Erlaubnisvorbehalt umfasst.“

3 **Abs. 2** zählt die Voraussetzungen für die Erlaubniserteilung auf. Es handelt sich grundsätzlich um die Voraussetzungen, die auch bei den anderen Heilberufen gelten. Bei der **Ausbildungsvoraussetzung (Abs. 2 Nr. 1)** kommt es auf das Absolvieren der jeweils vorgeschriebenen Ausbildung und auf das Bestehen der staatlichen Prüfung an. Ist eine Berufsqualifikation außerhalb des Geltungsbereichs des Gesetzes erworben worden, gelten die Anerkennungsvoraussetzungen nach Teil 4 des Gesetzes. In **Abs. 2 Nr. 2** wird die **Zuverlässigkeit** zur Ausübung des Berufs verlangt. **Abs. 2 Nr. 3**

betrifft die **gesundheitliche Eignung, Abs. 2 Nr. 4** die für die Berufsausübung **erforderlichen Kenntnisse der deutschen Sprache**.

2. Unionsrecht

a) Umsetzung der Berufsqualifikationsrichtlinie

Das MTBG dient der Umsetzung der Richtlinie 2005/36/EG des Europäischen Parlaments und des Rates vom 7. September 2005 über die Anerkennung von Berufsqualifikationen.[1] 4

b) Berücksichtigung der Verhältnismäßigkeitsrichtlinie

Beim Schutz der Berufsbezeichnung ist **unionsrechtlich** auch die **Richtlinie (EU) 2018/958 des Europäischen Parlaments und des Rates über eine Verhältnismäßigkeitsprüfung vor Erlass neuer Berufsreglementierungen**[2] zu beachten. Diese Richtlinie betrifft auch die Reglementierung der Heilberufe. Die Richtlinie ist, anders als ein deutsches Gesetz oder eine Verordnung, nicht direkt anwendbar, sondern bedarf der Umsetzung durch die Mitgliedstaaten. Hierzu liegt ein Gesetz zur Umsetzung der Verhältnismäßigkeitsrichtlinie (Richtlinie (EU) 2018/958) im Bereich öffentlich-rechtlicher Körperschaften vom 19. Juni 2020 vor.[3] Dieses Gesetz betrifft aber nur die Rechtsetzung, zu der öffentlich-rechtliche Körperschaften (Kammern) oder sonstige juristische Personen des öffentlichen Rechts auf Grund von Bundesrecht eine Befugnis haben. Weiter wird die Richtlinie auf Bundesebene umgesetzt durch eine Änderung der Gemeinsamen Geschäftsordnung der Bundesministerien (GGO)[4] (§ 42a GGO: Gesetzesvorlagen mit Regelungen zur Aufnahme oder Ausübung eines Berufs). 5

Regelungen zu einer „geschützten Berufsbezeichnung" stellen eine Beschränkung bei der Aufnahme oder Ausübung eines Berufs im Sinne des Art. 2 Abs. 1 Richtlinie (EU) 2018/958 dar. In Art. 3 Abs. 2 Buchst. a dieser Richtlinie findet sich eine **Definition der „geschützten Berufsbezeichnung"**: 6

„‚geschützte Berufsbezeichnung' bezeichnet eine Form der Reglementierung eines Berufs, bei der die Verwendung einer Bezeichnung bei der Ausübung einer beruflichen Tätigkeit oder einer Gruppe von beruflichen Tätigkeiten aufgrund von Rechts- und Verwaltungsvorschriften unmittelbar oder mittelbar dem Besitz einer bestimmten Berufsqualifikation unterliegt und bei einer missbräuchlichen Verwendung dieser Bezeichnung Sanktionen verhängt werden."

Bei der gemäß Art. 7 der Richtlinie anzustellenden **Verhältnismäßigkeitsprüfung** gilt für Heilberufe eine besondere Vorschrift, wonach bei der Reglementierung von 7

1 ABl. L 255 v. 30.9.2005, S. 22; L 271 v. 16.10.2007, S. 18; L 93 v. 4.4.2008, S. 28; L 33 v. 3.2.2009, S. 49; L 305 v. 24.10.2014, S. 115; L 131 v. 24.4.2020, S. 1, zuletzt geändert durch den Delegierten Beschluss (EU) 2021/2183, ABl. L 444 v. 10.12.2021, S. 16.

2 ABl. L 173 vom 9.7.2018, S. 25.

3 BGBl. I S. 1403.

4 Gemeinsame Geschäftsordnung der Bundesministerien (GGO). Online: http://www.verwaltungsvorschriften-im-internet.de/bsvwvbund_21072009_O11313012.htm [abgerufen am 21.9.2021].

Gesundheitsberufen mit Auswirkungen auf die Patientensicherheit die Mitgliedstaaten das Ziel der Sicherstellung eines hohen Gesundheitsschutzniveaus berücksichtigen (Art. 7 Abs. 5 Richtlinie (EU) 2018/958). Diese Voraussetzung ist beim Schutz der Berufsbezeichnung erfüllt. Die Übereinstimmung des Gesetzes mit der Verhältnismäßigkeitsrichtlinie wurde ausweislich der Gesetzesbegründung (BT-Drs. 19/24447, S. 51) festgestellt.

II. Erläuterungen

1. Abs. 1: Führen der Berufsbezeichnung

8 Das Führen der Berufsbezeichnung „Medizinische Technologin für Laboratoriumsanalytik" oder „Medizinischer Technologe für Laboratoriumsanalytik", „Medizinische Technologin für Radiologie" oder „Medizinischer Technologe für Radiologie", „Medizinische Technologin für Funktionsdiagnostik" oder „Medizinischer Technologe für Funktionsdiagnostik" oder „Medizinische Technologin für Veterinärmedizin" oder „Medizinischer Technologe für Veterinärmedizin" bedarf einer Erlaubnis.

9 Die Erlaubnis wird auf **Antrag** erteilt **(Abs. 2)**. Bei Vorliegen der in den in **Abs. 2 Nrn. 1 bis 4** genannten Anforderungen besteht ein **Rechtsanspruch** auf Erteilung der Erlaubnis. Die Erlaubnis wird von der zuständigen Behörde (§ 61 MTBG) erteilt. Die Erteilung der Erlaubnis ist ein begünstigender Verwaltungsakt.

10 Die Voraussetzungen für die **Erteilung der Erlaubnis** sind in Abs. 2, für die **Rücknahme** in § 2 MTBG, für den **Widerruf** in § 3 MTBG und für das **Ruhen der Erlaubnis** in § 4 MTBG geregelt. Das Führen der Berufsbezeichnung ohne Erlaubnis ist mit Bußgeld bewehrt (§ 70 Abs. 1 Nr. 1 und 2 MTBG) (s. dazu unten → Rn. 28 und → Erl. zu § 70 MTBG).

11 Der **Schutz der Berufsbezeichnung** stellt eine Beschränkung der Berufsfreiheit dar (Art. 12 Abs. 1 GG). Das Bundesverfassungsgericht hat hier entsprechende Anforderungen gestellt, die vom Gesetzgeber erfüllt worden sind. Anders als in der Gesetzesbegründung zum Pflegeberufegesetz wird in der Gesetzesbegründung zum MTBG auf diese verfassungsrechtliche Thematik nicht eingegangen (BT-Drs. 19/24447, S. 54 f.) Aus diesem Grund sollen hier die entsprechenden Ausführungen aus dem Gesetzentwurf zum Pflegeberufegesetz zitiert werden, da sie für die Berufsbezeichnung nach dem MTBG ebenso gelten (BT-Drs. 18/7823, S. 62):

„Regelungen, die die Verwendung einer Berufsbezeichnung unter einen Erlaubnisvorbehalt stellen, sind subjektive Berufszulassungsbeschränkungen oder diesen zumindest gleichwertig (BVerwGE 59, 213, 218f). […]

Den Anforderungen für eine subjektive Zulassungsvoraussetzung ist Genüge getan, da die Regelung zum Schutz wichtiger Gemeinschaftsgüter geeignet, erforderlich sowie den Betroffenen zumutbar ist. Bei dem zu schützenden, wichtigen Gemeinschaftsgut handelt es sich um die Gesundheit der Bevölkerung sowie um das Anliegen, die Versorgungssicherheit in der Pflege sowie die Qualität der pflegerischen Versorgung durch einen attraktiven und zukunftsfähigen Pflegeberuf zu verbessern und sicherzustellen, dessen Ausbildung die veränderten und sich weiter verändernden Versorgungs- und Pflegebe-

darfe berücksichtigt. Der Schutz der Berufsbezeichnung, die ausschließlich nach vorangegangener Ausbildung und bestandener Prüfung erteilt werden kann, ist geeignet die Gesundheit der Bevölkerung zu schützen, da hierdurch sichergestellt wird, dass Angehörige des Pflegeberufs bestimmte Kenntnisse und Fähigkeiten aufweisen und zu pflegende Menschen sowie Arbeitgeber dies erkennen können. Der Schutz der Berufsbezeichnung stellt darüber hinaus im System der Heilberufe – zu denen der Pflegeberuf zählt (vgl. BVerfGE vom 24.10.2002, 2 BvF 1/01) – das am wenigsten beeinträchtigende Mittel zum Schutz der Gesundheit der Bevölkerung dar und bewährt sich bei einer Vielzahl berufsrechtlicher Regelungen im Bereich der Gesundheitsfachberufe über Jahrzehnte. Die zur Erlaubniserteilung zum Führen der Berufsbezeichnung vorgeschriebenen Kenntnisse und Fähigkeiten stehen darüber hinaus nicht außer Verhältnis zu dem zu schützenden Gemeinschaftsgut; der vorgeschriebene formale Ausbildungsgang mit staatlicher Abschlussprüfung beschwert den Berufsbewerber nicht übermäßig, (vgl. BVerfGE 13, 97, 107).“

Abs. 1 schützt dem Wortlaut nach nur die entsprechenden Berufsbezeichnungen 12
und versteht sich deshalb als **Erlaubnis zum Führen der Berufsbezeichnung**. Anders als es explizit in § 3 Abs. 1 HebG geregelt ist, wonach den Hebammenberuf nur ausüben darf, wer die Berufsbezeichnung „Hebamme“ führen darf, findet sich im MTBG keine entsprechende Regelung zur **Berufsausübung**. Zur **partiellen Berufsausübung** s. unten → Rn. 30 sowie die → Erl. zu § 71 MTBG.

Die Erlaubnis zum Führen der Berufsbezeichnung ist als **Zulassung zum Beruf** zu 13
verstehen. In der Gesetzesbegründung (BT-Drs. 19/24447, S. 50) findet sich hierzu folgende Aussage:

„Die Berufe in der medizinischen Technologie erfüllen die Anforderungen des Begriffs der ‚anderen Heilberufe‘ im Sinne des Artikels 74 Absatz 1 Nummer 19 GG.

Die Ausbildung in den vier Berufen der medizinischen Technologie vermittelt die erforderlichen Kompetenzen für die Wahrnehmung der dem jeweiligen Beruf vorbehaltenen Tätigkeiten im Bereich der Diagnostik und Therapie. Es wird mit dem MT-Berufe-Gesetz nicht nur die entsprechende Berufsbezeichnung für jeden Beruf geschützt, sondern im Zusammenspiel mit den weiteren Normen die Zulassung zur beruflichen Tätigkeit geregelt.“

2. Abs. 2 Nr. 1: Ausbildungsvoraussetzungen

Die antragstellende Person muss nachweisen, dass sie die in Teil 3 des MTBG 14
geregelte **Ausbildung erfolgreich absolviert** und **die staatliche Prüfung nach § 25 MTBG bestanden** hat. Diese Regelung bezieht sich nur auf Ausbildungen im Geltungsbereich dieses Gesetzes.

Für **Ausbildungen** beziehungsweise Berufsqualifikationen im Sinne der Richtlinie 15
2005/36/EG **außerhalb des Geltungsbereichs dieses Gesetzes** müssen die Vorgaben in Teil 4 des MTBG erfüllen. Bei vorübergehender und gelegentlicher **Dienstleistungserbringung** sind die Vorschriften zum **Führen der Berufsbezeichnung ohne Erlaubnis** heranzuziehen (§ 59 MTBG, s. → Erl. zu § 59 Abs. 2 MTBG).

3. Abs. 2 Nr. 2: Zuverlässigkeit

16 Die antragstellende Person darf sich nicht eines Verhaltens schuldig gemacht haben, aus dem sich die Unzuverlässigkeit zur Ausübung des Berufs ergibt. Dies kann über die **Vorlage eines erweiterten Führungszeugnisses** nachgewiesen werden (Gesetzesbegründung, BT-Drs. 19/24447, S. 54). Zum erweiterten Führungszeugnis s. § 30a BZRG; zum Europäischen Führungszeugnis s. § 30b BZRG. Bei Eintragungen, die vom Verwertungsverbot erfasst werden (§ 51 BZRG), ist § 52 Abs. 1 Nr. 4 BZRG zu beachten.

17 Zu den **Nachweisen der Zuverlässigkeit** durch Inhaberinnen und Inhaber von Berufsqualifikationen aus einem anderen Mitgliedstaat, einem anderen Vertragsstaat oder einem gleichgestellten Staat s. §§ 96, 98 MTAPrV.

18 Der Begriff **„Unzuverlässigkeit“** bzw. **„Zuverlässigkeit“** ist ein unbestimmter Rechtsbegriff, der verwaltungsgerichtlich voll nachprüfbar ist. Entscheidend für die Beurteilung der persönlichen Zuverlässigkeit ist, ob der Antragsteller ausreichende Gewähr für eine ordnungsgemäße Berufsausübung bietet (vgl. hierzu BVerwGE 4, 250; 10, 338; 13, 326; 25, 201; 137, 1).

19 Der Ausschluss unzuverlässiger Erlaubnisbewerber bzw. -inhaber hat präventiven Charakter und dient der Abwehr von Gefahren für das Gemeinwohl. Abs. 2 Nr. 2 setzt daher eine strafgerichtliche Verurteilung nicht voraus; **„schuldig gemacht“** im Sinn dieser Vorschrift bedeutet nicht „strafrechtlich schuldig gemacht“.

20 Auch ein **einmaliges Fehlverhalten** kann die Prognose rechtfertigen, dass jemand seine beruflichen Pflichten in Zukunft nicht zuverlässig erfüllen werde (BayVGH, Beschl. v. 9.3.2010, 21 ZB 09.3222, juris, Rn. 8).

21 Das Bundesverwaltungsgericht hat im Zusammenhang der **Prognose der Zuverlässigkeit** beim Heilberuf des Logopäden ausgeführt, dass mit der Zulässigkeitsprüfung neben dem Zweck der Vermeidung konkreter Gefahren durch Pflichtverletzungen, wenn auch nicht mit ausschlaggebendem Gewicht, so doch zusätzlich, auch der weitergreifende berufsrechtliche Aspekt des Schutzes des Vertrauens der Bevölkerung in die Integrität der Personen verfolgt werde, denen die staatliche Erlaubnis zum Führen der Berufsbezeichnung Logopäde verliehen ist (BVerwG, Urt. v. 28.4.2010, 3 C 22/09, Rn. 19 ff. BVerwGE 137, 1 = NJW 2010, 2901 = MedR 2010, 793). Diese Ausführungen können insgesamt für die Heilberufe, also auch für die im MTBG geregelten Berufe, gelten.

22 Maßgeblich für die **Prognose der Zuverlässigkeit** sind die jeweilige Situation des Heilberufsangehörigen zum Zeitpunkt des Abschlusses des Verwaltungsverfahrens sowie sein vor allem durch die Art, die Schwere und die Zahl der Verstöße gegen die Berufspflichten manifest gewordener Charakter. Ausschlaggebend für die Prognose der Zuverlässigkeit ist somit die **Würdigung der gesamten Persönlichkeit und ihrer Lebensumstände auf der Grundlage der Sachlage im Zeitpunkt des Abschlusses des Verwaltungsverfahrens**. Insoweit gilt hier nichts anderes als im Berufsrecht der Ärzte und der Angehörigen anderer Heilberufe (BVerwG, Urt. v. 28.4.2010, 3 C 22/09, juris, Rn. 10). S. für **weitere Beispiele aus der Rechtsprechung** → Erl. zu § 3 MTBG, Rn. 5 ff.

4. Abs. 2 Nr. 3: Gesundheitliche Eignung

In der Gesetzesbegründung (BT-Drs. 19/24447, S. 54 f.) wird zur Voraussetzung der gesundheitlichen Eignung Folgendes ausgeführt: 23

„Darüber hinaus darf die antragstellende Person nicht in gesundheitlicher Hinsicht zur Ausübung des jeweiligen Berufs ungeeignet sein. Diese Formulierung statuiert das Erfordernis der gesundheitlichen Eignung für den Beruf, das im Hinblick auf den Schutz der Patientinnen und Patienten erforderlich ist. Die Formulierung berücksichtigt die Vorgaben der VN-Behindertenrechtskonvention. Die entsprechende Beweisführung wird erleichtert. Insbesondere kann die erforderliche gesundheitliche Eignung durch die Vorlage einer ärztlichen Bescheinigung nachgewiesen werden. Die Versagung einer Erlaubnis sollte nur dann erfolgen, wenn eine Berufsausübung aufgrund der gesundheitlichen Begebenheiten auch in weniger belastenden Tätigkeitsfeldern nicht möglich erscheint."

Zu den **Nachweisen der der gesundheitlichen Eignung** durch Inhaberinnen und Inhaber von Berufsqualifikationen aus einem anderen Mitgliedstaat, einem anderen Vertragsstaat oder einem gleichgestellten Staat s. §§ 97, 98 MTAPrV. 24

5. Abs. 2 Nr. 4: Sprachkenntnisse

In der Gesetzesbegründung (BT-Drs. 19/24447, S. 55) wird zu dieser Voraussetzung Folgendes ausgeführt: 25

„Des Weiteren muss die antragstellende Person über die zur Ausübung des jeweiligen Berufs erforderlichen Kenntnisse der deutschen Sprache verfügen. Die Kommunikation mit Patientinnen und Patienten, mit Kolleginnen und Kollegen und auch interprofessionell mit Angehörigen anderer Berufsgruppen ist Teil der beruflichen Tätigkeit. Missverständnisse, die durch unzureichende Kenntnisse der deutschen Sprache entstehen, können fatale Folgen nach sich ziehen. Die zu fordernden Sprachkenntnisse sollten sich am Sprachniveau B 2 des Gemeinsamen Europäischen Referenzrahmens für Sprachen orientieren und können über ein Sprachzertifikat nachgewiesen werden."

Das Sprachniveau B2 des Gemeinsamen Europäischen Referenzrahmens für Sprachen wird wie folgt definiert (http://www.europaeischer-referenzrahmen.de/): 26

„B2 – Selbständige Sprachverwendung

Kann die Hauptinhalte komplexer Texte zu konkreten und abstrakten Themen verstehen; versteht im eigenen Spezialgebiet auch Fachdiskussionen. Kann sich so spontan und fließend verständigen, dass ein normales Gespräch mit Muttersprachlern ohne größere Anstrengung auf beiden Seiten gut möglich ist. Kann sich zu einem breiten Themenspektrum klar und detailliert ausdrücken, einen Standpunkt zu einer aktuellen Frage erläutern und die Vor- und Nachteile verschiedener Möglichkeiten angeben."

III. Rechtsschutz

Die Erteilung der Erlaubnis stellt sich als begünstigender Verwaltungsakt dar. Wird eine Erlaubnis beantragt, aber nicht erteilt, kann der Antragsteller Widerspruch (§ 68 27

Abs. 2 Verwaltungsgerichtsordnung – VwGO) und Verpflichtungsklage (§ 42 Abs. 1 VwGO) erheben. Bei Vorliegen der Voraussetzungen kann auch eine einstweilige Anordnung in Form der Regelungsanordnung beantragt werden (§ 123 Abs. 1 Satz 2 VwGO).

IV. Bußgeldbewehrung

28 Das Führen der in § 1 Abs. 1 Nrn. 1 bis 4 MTBG genannten Berufsbezeichnungen ohne Erlaubnis stellt eine Ordnungswidrigkeit dar (§ 70 Abs. 1 Nr. 1 MTBG), die mit einem Bußgeld bis zu 3 000 EUR geahndet werden kann (§ 70 Abs. 2 MTBG). S. die → Erl. zu § 70 MTBG.

V. Fortgeltung der Erlaubnis zum Führen der Berufsbezeichnung

29 § 71 MTBG regelt die Fortgeltung der Erlaubnis zum Führen der Berufsbezeichnung und zur Weiterführung eines begonnen Anerkennungsverfahrens. S. die → Erl. zu § 71 MTBG.

VI. Partielle Berufsausübung

30 Zur Erlaubnis zur partiellen Berufsausübung s. § 53 MTBG. S. die → Erl. zu § 53 MTBG.

VII. Korrespondierende Vorschriften der MTAPrV

31 § 58 MTAPrV regelt die **Ausstellung der Erlaubnisurkunde**. S. hierzu auch Anlage 8 MTAPrV.

§ 2 Rücknahme der Erlaubnis

(1) Die Erlaubnis zum Führen der Berufsbezeichnung ist zurückzunehmen, wenn

1. **bei ihrer Erteilung die Ausbildung in dem jeweiligen Beruf nicht abgeschlossen gewesen ist,**
2. **die Voraussetzungen für die Anerkennung der außerhalb des Geltungsbereichs dieses Gesetzes erworbenen Berufsqualifikation in dem jeweiligen Beruf nicht vorgelegen haben oder**
3. **die antragstellende Person sich bis zur Erteilung der Erlaubnis eines Verhaltens schuldig gemacht hat, aus dem sich ihre Unzuverlässigkeit zur Berufsausübung ergibt.**

(2) Die Erlaubnis zum Führen der Berufsbezeichnung kann zurückgenommen werden, wenn bei ihrer Erteilung die antragstellende Person in gesundheitlicher Hinsicht nicht zur Berufsausübung geeignet gewesen ist.

(3) Im Übrigen bleiben die dem § 48 des Verwaltungsverfahrensgesetzes entsprechenden landesgesetzlichen Vorschriften unberührt.

Erläuterungen

Für die Rücknahme von rechtswidrigen Verwaltungsakten existieren allgemeine Normen im Verwaltungsverfahrensgesetz (§ 48 VwVfG) sowie in den entsprechenden landesgesetzlichen Vorschriften. Die Sonderregelung in § 2 zur Rücknahme der Erlaubnis zum Führen der Berufsbezeichnung wird mit dem besonderen Interesse am Patientenschutz begründet (Gesetzesbegründung, BT-Drs. 19/24447, S. 55). 1

Abs. 1: Wenn zum Zeitpunkt der Erteilung der Erlaubnis eine der Voraussetzungen nach § 1 Abs. 2 Nr. 1 MTBG (Absolvieren der Ausbildung und Bestehen der staatlichen Prüfung) oder § 1 Abs. 2 Nr. 2 MTBG (Zuverlässigkeit) nicht vorgelegen hat, ist die Erlaubnis zurückzunehmen **(Abs. 1 Nr. 1 und Nr. 3)**. In **Abs. 1 Nr. 2** wird auf einen weiteren Rücknahmetatbestand hingewiesen: Das fehlende Vorliegen der Voraussetzungen für die Anerkennung der außerhalb des Geltungsbereichs des MTBG erworbenen Berufsqualifikation in dem jeweiligen Beruf. Damit wird auf die in § 46 MTBG genannten Voraussetzungen hingewiesen. 2

In der Gesetzesbegründung (BT-Drs. 19/24447, S. 55) heißt es, dass eine bereits erteilte Erlaubnis mit Wirkung für die Vergangenheit zurückgenommen werden muss. Allerdings enthält der Wortlaut der Vorschrift keinen Hinweis darauf, dass die Erlaubnis nur mit Wirkung für die Vergangenheit zurückzunehmen ist. § 48 Abs. 1 Satz 1 VwVfG bestimmt ausdrücklich, dass eine Rücknahme für die Zukunft wie für die Vergangenheit möglich ist. Eine Einschränkung dieser Vorschrift ist im Wortlaut des § 2 Abs. 1 MTBG nicht gegeben (s. hierzu auch unten → Rn. 5). 3

Abs. 2: Hat die Voraussetzung des **§ 1 Abs. 2 Nr. 3 MTBG** (gesundheitliche Eignung) zum Zeitpunkt der Erteilung der Erlaubnis nicht vorgelegen, steht es im Ermessen der zuständigen Landesbehörde, ob die Erlaubnis zurückgenommen wird. 4

Abs. 3: Im Übrigen gelten die landesgesetzlichen Vorschriften, die dem § 48 VwVfG entsprechen. 5

§ 3 Widerruf der Erlaubnis

(1) Die Erlaubnis zum Führen der Berufsbezeichnung ist zu widerrufen, wenn bekannt wird, dass sich die Inhaberin oder der Inhaber einer Erlaubnis eines Verhaltens schuldig gemacht hat, aus dem sich die Unzuverlässigkeit zur Berufsausübung ergibt.

(2) Die Erlaubnis zum Führen der Berufsbezeichnung kann widerrufen werden, wenn die Inhaberin oder der Inhaber einer Erlaubnis in gesundheitlicher Hinsicht dauerhaft nicht mehr zur Berufsausübung geeignet ist.

(3) Im Übrigen bleiben die dem § 49 des Verwaltungsverfahrensgesetzes entsprechenden landesgesetzlichen Vorschriften unberührt.

Erläuterungen

1 Für den Widerruf von begünstigenden Verwaltungsakten existieren allgemeine Normen im Verwaltungsverfahrensgesetz (§ 49 VwVfG) sowie in den entsprechenden landesgesetzlichen Vorschriften. Der Widerruf betrifft hier einen rechtmäßigen begünstigenden Verwaltungsakt.

2 **Abs. 1:** Die zuständige Landesbehörde hat die Erlaubnis zu widerrufen, wenn sich die Person nachträglich eines Verhaltens schuldig gemacht hat, aus dem sich die **Unzuverlässigkeit** zur Berufsausübung ergibt. Die Erlaubnis ist mit Wirkung für die Zukunft zu widerrufen (Gesetzesbegründung, BT-Drs. 19/24447, S. 55). Zur Rechtsprechung s. unten → Rn. 5 ff.

3 **Abs. 2:** Die zuständige Landesbehörde kann die Erlaubnis mit Wirkung für die Zukunft widerrufen, wenn die Person nachträglich **in gesundheitlicher Hinsicht** dauerhaft nicht mehr zur Ausübung des Berufs geeignet ist. Die Entscheidung steht im pflichtgemäßen Ermessen der Behörde.

4 **Abs. 3:** Im Übrigen gelten die die dem § 49 VwVfG entsprechenden landesgesetzlichen Vorschriften.

5 **Rechtsprechung zum Widerruf der Erlaubnis zum Führen der Berufsbezeichnung wegen Unzuverlässigkeit:**

Die nachfolgende zitierte Rechtsprechung ist zu Vorschriften nach dem AltPflG, dem KrPflG (→ Rn. 6 bis 11) und zur bisherigen Vorschrift zum Widerruf der Erlaubnis nach § 3 Abs. 2 HebG a. F. (→ Rn. 12 bis 18) ergangen. Obergerichtliche Rechtsprechung zur Unzuverlässigkeitsthematik existiert für die bisherigen MTA-Berufe – soweit ersichtlich – nicht. Das mag darauf zurückzuführen sein, dass der Aspekt der Patientennähe und das dadurch bedingte besondere Vertrauensverhältnis zu Patientinnen und Patienten bei den MTA- und jetzt bei den MT-Berufen nicht so im Vordergrund steht wie etwa bei den Hebammen und bei den Pflege- und Therapieberufen. Daraus ist umgekehrt aber nicht zu schließen, dass die MTA- und MT-Berufe keinen Patientenkontakt hätten und nur technologische Aufgaben durchführen. Deshalb kann die vorliegende Rechtsprechung zum Begriff der Unzuverlässigkeit in den Grundsätzen auch für die Interpretation der Widerrufsvorschrift in § 3 MTBG herangezogen werden.

Einem Krankenpfleger, der wegen des **Besitzes kinderpornographischer Bilder** verurteilt worden ist, kann wegen Unzuverlässigkeit die Erlaubnis widerrufen werden, denn es kann nicht mehr verantwortet werden, ihm die Pflege von Kindern anzuvertrauen (OVG Lüneburg, Beschl. v. 27.5.2009, 8 ME 62/09, Rn. 7, juris). 6

Zum zulässigen **„berufsrechtlichen Überhang"** im Hinblick auf eine strafrechtliche Entscheidung ausführlich VG Aachen (Urt. v. 2.2.2009, 5 K 404/08, Rn. 31 ff., juris, abgedruckt in PflR 2009, 469 mit Anm. *Roßbruch*) sowie OVG Nordrhein-Westfalen (Beschl. v. 29.6.2009, 13 A 596/09, juris, Rn. 12). Das – grundsätzlich zeitlich befristete – Berufsverbot des § 70 StGB ist eine tat- und täterbezogene Maßregel der Besserung und Sicherung zur Verhinderung einer Wiederholung einer der abgeurteilten Tat vergleichbaren Straftat und soll die Allgemeinheit vor weiterer Gefährdung schützen. Die berufsrechtliche Einschätzung einer Person als zuverlässig oder unzuverlässig zur Ausübung eines bestimmten Berufs ist hingegen auch auf die Einhaltung der beruflichen Pflichten und auf die Wahrung des Ansehens des Berufsstandes gerichtet und dient deshalb auch dazu, den Berufsstand vor unzuverlässigen Berufsausübenden zu schützen. Diese übergreifenden berufsrechtlichen Aspekte werden vom strafrechtlichen Berufsverbot nicht erfasst – „Überhang" – und schließen weitergehende berufsrechtliche Maßnahmen nicht aus. 7

Das VG Karlsruhe (Urt. v. 14.1.2010, 6 K 1545/08, juris; abgedruckt in PflR 2010, 338 mit Anm. *Roßbruch*) hat in Hinblick auf die für eine **Prognoseentscheidung** notwendigen Anhaltspunkte bei **Vorliegen einer Straftat** ausgeführt, dass es darauf ankomme, ob die betreffende Person in ihren spezifischen Berufspflichten der Altenpflege oder in der Funktion der Pflegedienstleitung versagt habe. Fehlende organisatorische Fähigkeiten bei der Pflegedienstleitung könnten nicht zur Unzuverlässigkeit als Altenpfleger führen, weil diese Fähigkeiten nicht zu den Kardinalpflichten eines Altenpflegers gehören (VG Karlsruhe, a. a. O., Rn. 29). Außerdem sind Ausschlussgründe nach der Heimpersonalverordnung nicht geeignet, den Widerruf der Erlaubnis nach § 2 Abs. 2 Satz 2 AltPflG zu rechtfertigen (a. a. O., Rn. 31). Ein Schluss auf die Unzuverlässigkeit kann auch aus einer Anklageschrift der Staatsanwaltschaft gezogen werden (VG Oldenburg, Beschl. v. 12.7.2016, 7 B 3175/16, juris). 8

Der Widerruf einer Erlaubnis setzt ein Verhalten voraus, das nach Art, Schwere und Zahl von Verstößen gegen Berufspflichten die zu begründende **Prognose** rechtfertigt, der Betroffene biete aufgrund der begangenen Verfehlungen nicht die Gewähr, in Zukunft die berufsspezifischen Vorschriften und Pflichten zu beachten. Dabei sind die gesamte Persönlichkeit des Betroffenen und seine Lebensumstände im Zeitpunkt des Abschlusses des Verwaltungsverfahrens zu würdigen Der BayVGH (Urt. v. 2.3.2010, 21 B 08.3008, Rn. 22, juris, abgedruckt in PflR 2010, 572 mit Anm. *Roßbruch*) hat in einer von ihm selbst als Grenzfall bezeichneten Angelegenheit einen Altenpfleger, der am 1. Oktober 2000 die Erlaubnis zum Führen der Berufsbezeichnung „Altenpfleger" erhalten hat, und der schon vorher seit Oktober 1987 in der Altenpflege gearbeitet hat, auch das Verhalten des Betroffenen vor dem 1. Oktober 2000 berücksichtigt. Im konkreten Fall ging es um erhebliche Pflichtverletzungen in den Jahren 2004 und 2006. Neben dem beanstandungsfreien Verhalten des Betroffenen in den Jahren der Tätigkeit in der Altenpflege hat der BayVGH auch die 9 allgemein angespannte Personalsituation in der Altenpflege in die Betrachtung einbezogen und deshalb eine daraus resultierende individuelle Überlastungssituation zugunsten des Betroffenen berücksichtigt (BayGH, a. a. O., Rn. 25).

10 **Misshandlungen und Verletzungen des Persönlichkeitsrechts** gegenüber schutzbedürftigen Personen, die einem Altenpfleger anvertraut sind, rechtfertigen in der Regel dessen Beurteilung als unzuverlässig (VG Stuttgart, Urt. v. 19.7.2011, 4 K 766/11, juris; Ebenso VG München, Beschl. v. 2.8.2016, M 16 S 16.2504, juris, PflR 2016, 797, bei strafrechtlichen Verurteilungen wegen Körperverletzungen. In dem Beschluss ging es um die sofortige Vollziehung des Widerrufs der Erlaubnis zur Führung der Berufsbezeichnung und die Wiederherstellung der aufschiebenden Wirkung i. S. d. § 80 Abs. 5 Satz 1 VwGO).

11 Zur **Verletzung des Vertrauensverhältnisses durch Unterschlagung** zulasten einer Patientin und durch nicht vereinbarungsgemäße Tilgung eines von einer Patientin aufgenommen Darlehens s. OVG Lüneburg (Beschl. v. 17.6.2013, 8 LA 155/12, juris). Das OVG Lüneburg geht hier ausführlich auf die gesetzlich nicht beschriebenen Berufspflichten ein, deren Verletzung einen Widerruf der Erlaubnis rechtfertigen (a. a. O., Rn. 10 ff.). Nutzt ein Krankenpfleger oder eine Krankenschwester ein bestehendes Vertrauensverhältnis zum Nachteil eines zu pflegenden Menschen aus oder verletzt dieses in erheblicher Weise, liegt hierin regelmäßig ein schwerer Verstoß gegen eine wesentliche Berufspflicht, der zum Widerruf der Erlaubnis führt. Das Gericht beruft sich auf den Aufgabenkanon der Krankenpfleger/Krankenschwestern, wonach bei Ausübung dieses Berufs offensichtlich mehr erwartet wird als die bloße eigenverantwortliche und fachkundige Erbringung gesundheits- und krankenpflegerischer Leistungen. Der zu pflegende Mensch soll von dem Krankenpfleger nicht als bloßes Objekt pflegerischer Leistungen behandelt werden. Gefordert ist vielmehr ein individueller, die subjektive Pflege- und Lebenssituation, die Lebensphase und die konkreten Möglichkeiten der Selbstständigkeit und Selbstbestimmung des Patienten berücksichtigender Umgang. Der Krankenpfleger soll den Patienten bei der individuellen Auseinandersetzung mit der Krankheit beraten und in gesundheits- und pflegerelevanten Fragen anleiten und unterstützen. Die Erfüllung dieser Aufgaben durch den Krankenpfleger setzt nahezu zwingend ein Vertrauensverhältnis zum Patienten voraus. Krankenpflegekräfte haben mit den engsten Kontakt zum Patienten; diese Beziehung bestimmt maßgeblich das Pflegeergebnis mit (a. a. O., Rn. 12).

12 Widerruf einer Erlaubnis zum Führen der Berufsbezeichnung wegen **fortgesetzten Abrechnungsbetruges gegenüber den Krankenkassen** (OVG Lüneburg v. 25.2.2011, 8 LA 330/10, juris.de): Eine Erlaubnisinhaberin ist als unzuverlässig anzusehen, wenn sie keine ausreichende Gewähr dafür bietet, in Zukunft ihren Beruf ordnungsgemäß unter Beachtung aller in Betracht kommenden Vorschriften und Berufspflichten, insbesondere ohne Straftaten zu begehen, ausüben wird, und sich dadurch Gefahren für die Allgemeinheit oder die von ihm behandelten Patienten ergeben. Im vorliegenden Fall hat das OVG trotz eines verhältnismäßig geringen Schadens in Höhe von 1 674 EUR vor allem darauf abgestellt, dass die Hebamme über einen Zeitraum von zweieinviertel Jahren hinweg in neun Fällen vorsätzlich fehlerhaft zulasten der Krankenkassen Leistungen abgerechnet habe und dass bereits früher ein Ermittlungsverfahren wegen des Verdachts des Abrechnungsbetruges

eingeleitet worden war, das dann gegen Schadenswiedergutmachung nach § 153a StPO eingestellt wurde. Einer Wiedererlangung der beruflichen Zuverlässigkeit steht ein weiteres Ermittlungsverfahren entgegen. Das OVG ist der Ansicht, dass angesichts des erneut im Raum stehenden Betrugsverdachtes von der Wiedererlangung der beruflichen Zuverlässigkeit nicht ausgegangen werden könne (a. a. O., Rn. 17).

Das OVG Lüneburg (Beschl. v. 4.3.2014, 8 LA 138/13, juris, Rn. 17 ff.) rechnet zu den 13 Berufspflichten einer Hebamme nicht nur die Pflichten im Rahmen der Geburtshilfe, die sich nach dem Landesrecht bestimmen, sondern auch die Pflichten im Rahmen ihrer Stellung als Leistungserbringerin für die Hebammenhilfe im Sinne der gesetzlichen Krankenversicherung. Dazu gehöre auch die korrekte Vornahme der Abrechnungen der Leistungen gegenüber der Krankenkasse. Die Gefährdung der finanziellen Basis der gesetzlichen Krankenkassen durch betrügerische oder leichtfertige Falschabrechnungen in großem Umfang. Nichts anderes gelte für die fehlerhafte Abrechnung erbrachter Leistungen gegenüber einem privat versicherten Patienten. Der **strafrechtlich geahndete fortgesetzte Abrechnungsbetrug** stelle damit einen schwerwiegenden Verstoß gegen wesentliche Berufspflichten einer Hebamme dar. Dies rechtfertige die Prognose, sie biete nicht die Gewähr, in Zukunft alle in Betracht kommenden, insbesondere die berufsspezifischen Vorschriften und Pflichten zu beachten. Daran ändere auch eine Strafaussetzung zur Bewährung nichts.

Bei **wiederholten Verstößen gegen gesetzliche Auskunfts- und Anzeigepflichten** 14 ist Unzuverlässigkeit anzunehmen. Die (landesrechtlich geregelten) Auskunfts- und Anzeigepflichten sind wesentliche Berufspflichten der Hebamme (OVG Lüneburg, Beschl. v. 18.1.2017, 8 LA 162/16, juris, PflR 2017, 471).

Zum Widerruf der Erlaubnis zum Führen der Berufsbezeichnung bei **schwerem** 15 **sexuellem Missbrauch von Kindern** VG Augsburg (Beschl. v. 4.2.2019, Au 8 K 18.1974).

Zum **Sofortvollzug eines Widerrufs** (§ 80 Abs. 3 Satz 1 VwGO) einer Erlaubnis zum 16 Führen der Berufsbezeichnung „Hebamme" hat das OVG Lüneburg (Urt. v. 10.5.2012, 8 ME 59/12, juris.de) ausgeführt, dass die Anordnung der sofortigen Vollziehung eines in der Hauptsache angefochtenen Widerrufs der Anerkennung als Hebamme ein selbstständiges vorläufiges Verbot zur Ausübung des Berufes der Hebamme bewirkt, das in seinen Wirkungen über diejenigen des in der Hauptsache angefochtenen Verwaltungsaktes hinausgeht und damit schwerwiegend in das Grundrecht der Antragstellerin aus Art 12 Abs. 1 GG (Berufsfreiheit) eingreift. Ein solcher Eingriff ist nur gerechtfertigt, wenn der Sofortvollzug schon vor Rechtskraft des Hauptsacheverfahrens als Präventivmaßnahme zur Abwehr konkreter Gefahren für wichtige Gemeinschaftsgüter erforderlich ist und unter strikter Beachtung des Grundsatzes der Verhältnismäßigkeit erfolgt. In der Sache ging es um ein Abrechnungsfehlverhalten, das mit rechtskräftigem Strafbefehl geahndet wurde. Die Hebamme hat auch glaubhaft gemacht, den Schaden der Krankenkassen auszugleichen und hat für die weiteren Abrechnungen Dritte eingeschaltet. Erneute Verstöße gegen Berufspflichten sind nicht bekannt geworden. Das OVG konnte unter Berücksichtigung dieser Umstände nicht feststellen, dass ohne die Anordnung des Sofortvollzugs eine konkrete Gefahr für ein wichtiges Gemeinschaftsgut durch einen erneuten Abrechnungsbetrug seitens der Antragstellerin schon während der Dauer des Hauptsacheverfahrens bestehe (a. a. O., Rn. 8). Andere Straftaten straßenverkehrsrechtlicher Art berühren jedenfalls nicht das Gemeinschaftsgut der Volksgesundheit (a. a. O., Rn. 9). Mit dieser Entscheidung setzt das OVG Lüneburg ein deutliches Signal für eine grundrechtssensible Behandlung im Verfahren des vorläufigen Rechtsschutzes und beruft sich dabei auf eine gefestigte Rechtsprechung des Bundesverfassungsgerichts (a. a. O., Rn. 4).

17 Für einen **Antrag auf Wiederherstellung der aufschiebenden Wirkung der Klage gegen den Widerruf der Erlaubnis** zum Führen der Berufsbezeichnung Hebamme fehlt das Rechtsschutzbedürfnis, wenn ein **lebenslanges Berufsverbot aufgrund eines rechtskräftigen Urteils** gemäß § 70 Abs. 1 i. V. m. Abs. 4 StGB verhängt worden ist (VG Gelsenkirchen, Gerichtsbescheid v. 8.5.2017, 7 K 2993/16, juris, VG Gelsenkirchen, Beschl. v. 2.9.2016, 7 L 1115/16).

18 Bei der gerichtlichen Überprüfung eines Widerrufs der Erlaubnis, die Berufsbezeichnung „Hebamme" zu führen, ist nach Ansicht des VG Göttingen (Urt. v. 29.4.2015, 1 A 43/14, juris) für die **Prognose der Zuverlässigkeit der Hebamme** im Hinblick auf das Gewicht des Eingriffs in die Freiheit der Berufswahl auf den Zeitpunkt der letzten verwaltungsgerichtlichen Tatsachenentscheidung abzustellen. Damit weicht das Gericht von der Rechtsprechung des Bundesverwaltungsgerichts (Urt. v. 28.4.2010, 3 C 22/09, BVerwGE 137, 1, Berufsbezeichnung „Logopäde", und OVG Lüneburg, Beschl. v. 4.3.2014, 8 LA 138/13 und v. 25.2.2011, 8 LA 330/10) ab, wonach für die Prognoseentscheidung die Verhältnisse im Zeitpunkt der letzten behördlichen Entscheidung ausschlaggebend sind. Das VG Göttingen führt als Grund vor allem die möglichen Unklarheiten bei der Wiedererteilung der Erlaubnis an. So sei nicht klar, wie lange die Bewährungszeit für die Wiedererteilung der Erlaubnis laufe (VG Göttingen, a. a. O., Rn. 24). Angesichts dieser Unsicherheiten könne ein Abstellen auf die Sach- und Rechtslage im Zeitpunkt der letzten Behördenentscheidung wegen der Bedeutung des berührten Grundrechts und des Grundsatzes der Verhältnismäßigkeit im Berufsrecht der Hebammen nicht allein mit der Möglichkeit der Durchführung eines Wiedererteilungsverfahrens begründet werden. Sonstige Möglichkeiten, den Grundrechtseingriff abzumildern, bestünden nicht. Außerdem habe der Gesetzgeber selbst dem Grundsatz der Verhältnismäßigkeit im Rahmen des § 8 der Bundesärzteordnung Rechnung getragen. Nach dieser Regelung kann einem Arzt, der einen Antrag auf Wiedererteilung der Approbation gestellt hat, unter Zurückstellung der Entscheidung über diesen Antrag zunächst eine widerrufliche und befristete Erlaubnis zur Ausübung des ärztlichen Berufs bis zu einer Dauer von zwei Jahren erteilt werden, die auf bestimmte Tätigkeiten und Beschäftigungsstellen beschränkt werden kann. Durch die Erteilung einer solchen Erlaubnis wird der im Entzug der Approbation liegende Eingriff in die Berufsfreiheit weitgehend abgemildert, weil der betroffene Arzt seinen Beruf weiter ausüben kann. Eine vergleichbare Regelung existiert im Hebammengesetz nicht. Wenn jedoch der Gesetzgeber der Bundesärzteordnung es zur Wahrung des Grundsatzes der Verhältnismäßigkeit für notwendig gehalten hat, einen entsprechenden Ausgleich zu schaffen, so muss ein solcher Ausgleich in einer vergleichbaren Rechtsmaterie in ähnlicher Weise erreicht werden. Dies wird für das Hebammenrecht dadurch ermöglicht, dass Veränderungen bis zum Zeitpunkt der mündlichen Verhandlung berücksichtigt werden (VG Göttingen, a. a. O., Rn. 26).

In einem Verfahren des vorläufigen Rechtsschutzes anlässlich des Widerrufs einer Erlaubnis nach § 3 Abs. 2 Satz 1 PflBG hat sich das VG Düsseldorf (Beschl. v. 3.11.2020, 7 L 1984/20, juris, Rn. 27 ff.) mit der Frage auseinanderzusetzen, ob bei einem **Widerruf wegen Unzuverlässigkeit** es genügt, sich auf die Verurteilung wegen fahrlässiger Tötung gemäß § 222 StGB zu stützen. Das Gericht hat das verneint und festgestellt, dass aus der strafgerichtlichen Feststellung einer Sorgfaltsverpflichtung nicht automatisch die berufsrechtliche Unzuverlässigkeit folge (a. a. O., Rn. 32 ff.). 19

§ 4 Ruhen der Erlaubnis

(1) Das Ruhen der Erlaubnis zum Führen der Berufsbezeichnung kann angeordnet werden, wenn

1. **gegen die Inhaberin oder den Inhaber einer Erlaubnis ein Strafverfahren eingeleitet worden ist wegen des Verdachts einer Straftat, aus der sich die Unzuverlässigkeit zur Berufsausübung ergeben würde, oder**
2. **die Inhaberin oder der Inhaber der Erlaubnis in gesundheitlicher Hinsicht vorübergehend nicht mehr zur Ausübung des Berufs geeignet ist oder**
3. **sich erweist, dass die Inhaberin oder der Inhaber der Erlaubnis nicht über die Kenntnisse der deutschen Sprache verfügt, die für die Ausübung des Berufs in Deutschland erforderlich sind.**

(2) Die Anordnung des Ruhens der Erlaubnis ist aufzuheben, sobald ihre Voraussetzungen nicht mehr vorliegen.

Erläuterungen

1 **Abs. 1:** Die Vorschrift regelt das Ruhen der Erlaubnis. Die Anordnung des Ruhens der Erlaubnis liegt in dem Ermessen der zuständigen Landesbehörde. Voraussetzung ist, dass einer der in dieser Vorschrift in den in Abs. 1 Nrn. 1 bis 3 genannten Gründe vorliegt. Ruht die Erlaubnis, darf die Berufsbezeichnung nicht geführt werden und der Beruf nicht ausgeübt werden (Gesetzesbegründung, BT-Drs. 19/24447, S. 55 f.).

2 Die Vorschrift zielt auf das hohe Schutzgut des Patientenschutzes. Die Anordnung des Ruhens der Erlaubnis beeinträchtigt die Erlaubnisinhaberin oder den Erlaubnisinhaber geringer als ein Widerruf der Erlaubnis. Die zuständige Behörde hat im Rahmen ihrer Ermessensausübung den erforderlichen Schutz von Patientinnen und Patienten mit dem Interesse der Berufsträgerin oder des Berufsträgers an der Berufsausübung sorgfältig abzuwägen. Nach der **Rechtsprechung des BVerwG** (Urt. v. 10.9.2020, 3 C 13/19, juris, Rn. 25) genügt die hohe Wahrscheinlichkeit einer strafgerichtlichen Verurteilung wegen Straftaten, aus denen sich die Unzuverlässigkeit oder Unwürdigkeit zur Ausübung des ärztlichen Berufs ergeben kann, nicht, um die Anordnung des Ruhens der ärztlichen Approbation zu rechtfertigen. Das Ruhen der ärztlichen Approbation darf nur angeordnet werden, wenn dies zur Abwehr einer konkreten, bereits vor dem rechtskräftigen Abschluss des Strafverfahrens drohenden Gefahr für ein wichtiges Gemeinschaftsgut erforderlich und verhältnismäßig ist. Diese **Anforderungen der Rechtsprechung** für die Anordnung des Ruhens der ärztlichen Approbation gelten auch für die **Ruhensanordnung** nach § 4 Abs. 1 Nr. 1.

3 **Abs. 2:** Die Anordnung des Ruhens der Erlaubnis ist aufzuheben, sobald der Grund für das Ruhen der Erlaubnis wegfällt.

4 Das **Zuwiderhandeln gegen eine vollziehbare Anordnung nach § 4 Abs. 1 Nr. 1 MTBG** stellt eine **Ordnungswidrigkeit** dar (§ 70 Abs. 1 Nr. 2 MTBG). S. hierzu die → Erl. zu § 70 Abs. 1 Nr. 2 MTBG, Rn. 8.

Teil 2
Vorbehaltene Tätigkeiten

§ 5 Vorbehaltene Tätigkeiten für Medizinische Technologinnen und Medizinische Technologen

(1) [1]Die folgenden Tätigkeiten dürfen auf dem Gebiet der Humanmedizin nur von Medizinischen Technologinnen für Laboratoriumsanalytik und Medizinischen Technologen für Laboratoriumsanalytik ausgeübt werden:

1. Durchführung biomedizinischer Analyseprozesse mittels biologischer, chemischer sowie physikalischer Methoden und Verfahren einschließlich Plausibilitätskontrolle, Validierung und Qualitätssicherung,
2. Vorbereitung und Aufbereitung von histologischen, zytologischen und weiteren morphologischen Präparaten zur Prüfung für die ärztliche Diagnostik einschließlich Plausibilitätskontrolle und Qualitätssicherung.

[2]Ausgenommen von den in Satz 1 genannten Tätigkeiten sind einfach zu handhabende quantitative und qualitative Laboranalysen sowie entsprechende Untersuchungen von Körperflüssigkeiten und Ausscheidungen.

(2) [1]Die folgenden Tätigkeiten dürfen auf dem Gebiet der Humanmedizin nur von Medizinischen Technologinnen für Radiologie und Medizinischen Technologen für Radiologie ausgeübt werden:

1. technische Durchführung und Beurteilung der Qualität der Ergebnisse der radiologischen Diagnostik und anderer bildgebender Verfahren einschließlich Qualitätssicherung sowie Verabreichung von Pharmaka für die bildgebenden Verfahren nach ärztlicher Anordnung,
2. technische Durchführung der Strahlentherapie sowie Mitwirkung bei der Erstellung des Bestrahlungsplanes und dessen Reproduktion an der Patientin oder am Patienten einschließlich Qualitätssicherung,
3. technische Durchführung der nuklearmedizinischen Diagnostik und Therapie einschließlich Qualitätssicherung sowie Verabreichung von Radiopharmaka für nuklearmedizinische Standarduntersuchungen nach ärztlicher Anordnung,
4. Durchführung physikalisch-technischer Aufgaben in der Dosimetrie und im Strahlenschutz in der radiologischen Diagnostik, in der Strahlentherapie und in der Nuklearmedizin sowie Auswertung und Beurteilung der Messergebnisse.

[2]Das Strahlenschutzgesetz und die auf dessen Grundlage erlassenen Rechtsverordnungen bleiben unberührt.

(3) [1]Die folgenden Tätigkeiten dürfen auf dem Gebiet der Humanmedizin nur von Medizinischen Technologinnen für Funktionsdiagnostik und Medizinischen Technologen für Funktionsdiagnostik ausgeübt werden:

1. Durchführung funktionsdiagnostischer Untersuchungen in der Kardiologie, in der Angiologie, in der Pneumologie, in der Hals-Nasen-Ohren-Heil-

kunde und in der Neurologie einschließlich Plausibilitätskontrolle und Qualitätssicherung,
2. Durchführung der Vorbefundung zu den jeweiligen funktionsdiagnostischen Untersuchungen.

[2]Ausgenommen von den in Satz 1 genannten Tätigkeiten sind einfache vor- oder nachbereitende Tätigkeiten und einfache Funktionsprüfungen.

(4) [1]Die folgenden Tätigkeiten dürfen auf dem Gebiet der Veterinärmedizin nur von Medizinischen Technologinnen für Veterinärmedizin und Medizinischen Technologen für Veterinärmedizin ausgeübt werden:

1. **Durchführung biomedizinischer Analyseprozesse mittels biologischer, chemischer sowie physikalischer Methoden und Verfahren einschließlich Plausibilitätskontrolle, Validierung und Qualitätssicherung,**
2. **Durchführung von Untersuchungen in der Analytik von tierischen Lebensmitteln einschließlich Plausibilitätskontrolle, Validierung und Qualitätssicherung,**
3. **Vorbereitung und Aufbereitung von histologischen, zytologischen und weiteren morphologischen Präparaten für die tierärztliche Diagnostik einschließlich Plausibilitätskontrolle und Qualitätssicherung,**
4. **Durchführung von Untersuchungen in der Spermatologie einschließlich Plausibilitätskontrolle, Validierung und Qualitätssicherung.**

[2]Ausgenommen von den in Satz 1 genannten Tätigkeiten sind einfach zu handhabende quantitative und qualitative Laboranalysen sowie entsprechende Untersuchungen von Körperflüssigkeiten und Ausscheidungen.

(5) Tätigkeiten, deren Ergebnisse der Erkennung einer Krankheit und der Beurteilung ihres Verlaufs dienen, dürfen von den in den Absätzen 1 bis 4 genannten Personen nur auf ärztliche, zahnärztliche oder tierärztliche Anforderung oder auf Anforderung einer Heilpraktikerin oder eines Heilpraktikers ausgeübt werden.

Erläuterungen

Übersicht

I. Allgemeines

1. Regelungsinhalt und Zweck der Vorschrift

1 Die Vorschrift regelt für die Medizinischen Technologinnen und Medizinischen Technologen die beruflichen Tätigkeiten, die dem jeweiligen Beruf vorbehalten sind. Dies dient der Qualitätssicherung der Aufgabenwahrnehmung im medizinisch-technischen Bereich. Die Vorschrift folgt dem Regelungsansatz in § 9 des bisherigen MTA-Gesetzes. Dabei wurde die Ausgestaltung der vorbehaltenen Tätigkeiten an den medizinisch-technischen Fortschritt angepasst (Gesetzesbegründung, BT-Drs. 19/24447, S. 56).

2. Zu dem Begriff und den Arten der vorbehaltenen Tätigkeiten

2 Der **Begriff der vorbehaltenen Tätigkeiten** bedeutet, dass bestimmte Tätigkeiten nur von Angehörigen bestimmter Heilberufe durchgeführt werden dürfen. In der heilberuferechtlichen Terminologie wurde der Begriff der **vorbehaltenen Tätigkeiten** längere Zeit nur in zwei Heilberufsgesetzen verwendet (vgl. § 4 HebG a. F.; §§ 9, 10 MTAG), bis dann für die Pflegefachberufe mit dem Pflegeberufegesetz (PflBG) vorbehaltene Tätigkeiten geschaffen worden sind, die auch gegenüber Ärzten gelten (§ 4 PflBG). Für die Ärzte ergibt sich der Vorbehalt der Ausübung der gesamten Heilkunde indirekt aus § 1 Abs. 1 Heilpraktikergesetz, eine Vorschrift, die auch die Heilkundeausübung durch Heilpraktiker regelt, sowie aus § 2 Abs. 5 Bundesärzteordnung (BÄO).

3 Im Verhältnis zwischen Ärzten, Heilpraktikern und den Medizinischen Technologinnen und Medizinischen Technologen stellen die in § 5 Abs. 1 bis 4 MTBG formulierten **Vorbehaltstätigkeiten keinen absoluten Vorbehalt** dar, da in den Ausnahmevorschriften die vorbehaltenen Tätigkeiten auch für andere Personen geöffnet werden (§ 6 MTBG, s. die → Erl. zu § 6 MTBG). Zu den verschiedenen Ausprägungen der vorbehaltenen Tätigkeiten s. *Igl*, 2008, S. 115; *Igl*, 2010, S. 22 ff.

4 Anders als in der Vorschrift des § 4 PflBG, deren Überschrift zwar den Begriff der **vorbehaltenen Tätigkeiten** enthält, wo im Text der Vorschrift jedoch der Begriff **Aufgaben** verwendet wird, wird in § 5 MTBG nur von **Tätigkeiten** gesprochen. Das ist insofern inkonsequent, als in den spezifischen Ausbildungszielen jeweils von Aufgaben gesprochen wird (§§ 9 Abs. 1, 10 Abs. 1, 11 Abs. 1, 12 Abs. 1 MTBG). Die dortige Formulierung der Ausbildungsziele orientiert sich aber wiederum teils wörtlich an den Formulierungen der vorbehaltenen Tätigkeiten in § 5 Abs. 1 bis 4 MTBG. Im Vergleich dazu wird in § 4 Abs. 2 PflBG bei der Formulierung der vorbehaltenen Aufgaben direkt auf bestimmte Ausbildungsziele Bezug genommen.

3. Verfassungsrechtliche Anforderungen

5 Werden einer Berufsgruppe bestimmte Tätigkeiten vorbehalten in dem Sinn, dass nur die Angehörigen dieses Berufs diese Tätigkeiten ausüben dürfen, werden Angehörige anderer Berufe jedenfalls dann in ihrer Berufsausübung eingeschränkt, wenn sie bei vergleichbarer Qualifikation wegen des Vorbehalts diese Tätigkeiten nicht ausüben dürfen. Damit ist die verfassungsrechtlich garantierte Berufsausübungsfreiheit berührt (Art. 12 Abs. 1 Satz 1 GG). Allerdings kann die Berufsaus-

übung durch oder aufgrund eines Gesetzes geregelt werden (Art. 12 Abs. 1 Satz 2 GG). Dies ist möglich zum Schutz von kranken und pflegebedürftigen Personen, um der aus Art. 2 Abs. 1 Satz 1 GG resultierenden objektiven Schutzpflicht des Staates gerecht zu werden, wobei der Gesetzgeber die Verhältnismäßigkeit zu wahren hat. Die Aufwertung eines Berufsstandes hingegen ist kein verfassungsrechtliches Schutzgut. S. dazu *Kluth,* MedR 2010, S. 372 ff., 377.

6 Das **Bundesverfassungsgericht** hat im **Altenpflegeurteil** (Urt. v. 24.10.2002, 2 BvF 1/01, Rn. 251 = BVerfGE 106, 52, 125 f.) die verfassungsrechtlichen Anforderungen an die Einräumung vorbehaltener Tätigkeiten für Angehörige eines bestimmten Heilberufs klar formuliert: Vorbehaltene Tätigkeiten dürfen nicht das gesamte berufliche Betätigungsfeld ausmachen, sondern nur einen eng abgrenzbaren Bereich, der genau definiert werden kann.

7 Unter dem Blickwinkel dieser Festlegung des BVerfG ist die Frage der **Verfassungsmäßigkeit des § 5 MTBG** eindeutig zu bejahen, denn die dort aufgeführten Tätigkeiten sind eng abgrenzbar und können genau definiert werden.

8 Da die **Einräumung von vorbehaltenen Tätigkeiten Regelungen zur Berufsausübung** darstellen, sind grundsätzlich die Länder für die Schaffung entsprechender Regelungen zuständig, während dem Bund nur für die „Zulassung zu ärztlichen und anderen Heilberufen" eine konkurrierende Gesetzgebungskompetenz nach Art. 74 Abs. 1 Nr. 19 GG zusteht. Aus Gründen des Sachzusammenhangs mit dem Regelungskomplex der Berufszulassung wird hier jedoch ausnahmsweise eine Gesetzgebungszuständigkeit des Bundes angenommen.

4. Unionsrechtliche Anforderungen

9 Gemäß der Richtlinie (EU) 2018/958 des Europäischen Parlaments und des Rates vom 28. Juni 2018 über eine Verhältnismäßigkeitsprüfung vor Erlass neuer Berufsreglementierungen (ABl. L 173 v. 9.7.2018, S. 25–34, in Kraft ab 29.7.2018) wird die **Einführung einer vorbehaltenen Tätigkeit** einer **Verhältnismäßigkeitsprüfung** unterworfen. Danach werden die vorbehaltenen Tätigkeiten wie folgt definiert (Art. 3 Buchst. b der Richtlinie):

> *b) „vorbehaltene Tätigkeiten" bedeutet eine Form der Reglementierung eines Berufs, bei der der Zugang zu einer beruflichen Tätigkeit oder einer Gruppe von beruflichen Tätigkeiten aufgrund von Rechts- und Verwaltungsvorschriften unmittelbar oder mittelbar Angehörigen eines reglementierten Berufs, die Inhaber einer bestimmten Berufsqualifikation sind, vorbehalten wird, und zwar auch dann, wenn diese Tätigkeit mit anderen reglementierten Berufen geteilt wird.*

Bei den jeweiligen vorbehaltenen Tätigkeiten nach § 5 Abs. 1 bis 4 MTBG handelt es sich um eine „vorbehaltene Tätigkeit" i. S. d. Art. 3 Buchst. b der Richtlinie (EU) 2018/958. Die Einführung solcher vorbehaltenen Tätigkeiten muss gemäß Art. 6 der Richtlinie gerechtfertigt sein und ist einer Verhältnismäßigkeitsprüfung zu unterwerfen (Art. 7 der Richtlinie). Gemäß Art. 6 Abs. 2 der Richtlinie zählen Gründe der öffentlichen Gesundheit zu den Rechtfertigungsgründen für die Einführung einer geschützten Berufsbezeichnung. Bei der Reglementierung von Gesundheitsberufen, die Auswirkungen auf die Patientensicherheit haben, ist im Rahmen der Verhältnismäßigkeitsprüfung das Ziel der Sicherstellung eines hohen Gesundheitsschutzniveaus zu berücksichtigen (Art. 7 Abs. 5 der Richtlinie).

Die Einführung vorbehaltener Tätigkeiten ist in der Richtlinie unter mehreren Gesichtspunkten von Interesse. So soll im Rahmen der **Verhältnismäßigkeitsprüfung** der **Rückgriff auf ein gelinderes Mittel** geprüft werden (Art. 7 Abs. 2 Unterabs. 1 Buchst. e der Richtlinie): 10

e) die Möglichkeit des Rückgriffs auf gelindere Mittel zur Erreichung des im Allgemeininteresse liegenden Ziels; für die Zwecke dieses Buchstabens, wenn die Vorschriften nur durch den Verbraucherschutz gerechtfertigt sind und sich die identifizierten Risiken auf das Verhältnis zwischen dem Berufsangehörigen und dem Verbraucher beschränken und sich deshalb nicht negativ auf Dritte auswirken, prüfen die Mitgliedstaaten insbesondere, ob das Ziel durch Maßnahmen erreicht werden kann, die gelinder sind, als die Tätigkeiten vorzubehalten;

Besonders von Interesse ist die **Kombination mit anderen die Berufszulassung reglementierenden Vorschriften,** hier der Einführung einer geschützten Berufsbezeichnung, wie es in § 1 MTBG (s. → Erl. zu § 1 MTBG) der Fall ist (Art. 7 Abs. 2 Unterabs. 1 Buchst. f der Richtlinie): 11

f) die Wirkung der neuen oder geänderten Vorschriften, wenn sie mit anderen Vorschriften, die den Zugang zu reglementierten Berufen oder deren Ausübung beschränken, kombiniert werden, und insbesondere, wie die neuen oder geänderten Vorschriften kombiniert mit anderen Anforderungen zum Erreichen desselben im Allgemeininteresse liegenden Ziels beitragen und ob sie hierfür notwendig sind.

Bei der Einführung vorbehaltener Tätigkeiten ist auch zu fragen, ob und warum diese **Tätigkeiten mit anderen Berufen geteilt oder nicht geteilt** werden können (Art. 7 Abs. 2 Unterabs. 2 Buchst. d der Richtlinie). 12

Die **Übereinstimmung des MTBG mit der Verhältnismäßigkeitsrichtlinie** wurde ausweislich der Gesetzesbegründung (BT-Drs. 19/24447, S. 51) festgestellt. 13

5. Fehlende Bußgeldbewehrung

Verstöße gegen § 5 MTBG stellen keine Ordnungswidrigkeit dar (§ 70 Abs. 1 MTBG, s. die → Erl. zu § 70 MTBG). Dies ist insofern erstaunlich, als sowohl im PflBG wie im HebG Verstöße gegen die Vorschriften zur Durchführung vorbehaltener Tätigkeiten als Ordnungswidrigkeit mit Bußgeld bis zu 10 000 EUR (§ 57 Abs. 1 Nr. 2 und 3, Abs. 2 PflBG) bzw. bis zu 3 000 EUR (§ 72 Abs. 1 Nr. 1, Abs. 2 HebG) bewehrt sind. 14

II. Erläuterungen

1. Abs. 1: Humanmedizin – Laboratoriumsanalytik

In der Gesetzesbegründung (BT-Drs. 19/24447, S. 56) wird zu der Vorschrift Folgendes ausgeführt: 15

„Die Vorschrift regelt konkrete Tätigkeiten auf dem Gebiet der Humanmedizin, die nur von Medizinischen Technologinnen für Laboratoriumsanalytik und Medizinischen Technologen für Laboratoriumsanalytik, also von Personen mit einer Erlaub-

nis zum Führen der Berufsbezeichnung nach § 1 Absatz 1 Nummer 1, ausgeführt werden dürfen. Diese umfassen nach Satz 1 Nummer 1 die Durchführung biomedizinischer Analyseprozesse mittels biologischer, chemischer sowie physikalischer Methoden und Verfahren. Biologische Methoden und Verfahren umfassen insbesondere immun- und molekularbiologische Methoden und Verfahren sowie die in § 9 Absatz 1 Nummer 1 des bisherigen MTA-Gesetzes genannten Methoden und Verfahren der Mikrobiologie und Parasitologie und auch die Virologie. Nach Satz 1 Nummer 2 umfassen die vorbehaltenen Tätigkeiten der Medizinischen Technologinnen für Laboratoriumsanalytik und Medizinischen Technologen für Laboratoriumsanalytik auch die Vorbereitung von histologischen, zytologischen und weiteren morphologischen Präparaten zur Prüfung für die ärztliche Diagnostik. Dies umfasst auch morphologische Präparate digitaler Art.

Nach Satz 2 gilt die Vorschrift nicht für einfach zu handhabende qualitative und quantitative Laboranalysen sowie entsprechende Untersuchungen von Körperflüssigkeiten, wie beispielsweise Blut, und Ausscheidungen."

16 Im Gesetzgebungsverfahren wurde aufgrund des Beschlusses des Ausschusses für Gesundheit die Tätigkeitsbeschreibung in **Abs. 1 Satz 1 Nr. 2** ergänzt um den Begriff die „Aufbereitung" (BT-Drs. 19/26249, S. 15, 88).

17 Das diesen vorbehaltenen Tätigkeiten entsprechende **Ausbildungsziel** ist in § 9 Abs. 1 Satz 1 Nr. 1 und 2 MTBG geregelt.

2. Abs. 2: Humanmedizin – Radiologie

18 In der Gesetzesbegründung (BT-Drs. 19/24447, S. 56) wird zu der Vorschrift Folgendes ausgeführt:

„Die Vorschrift regelt konkrete Tätigkeiten auf dem Gebiet der Humanmedizin, die nur von Medizinischen Technologinnen für Radiologie und Medizinischen Technologen für Radiologie, also von Personen mit einer Erlaubnis zum Führen der Berufsbezeichnung nach § 1 Absatz 1 Nummer 2, ausgeführt werden dürfen. Diese umfassen im Wesentlichen die technische Durchführung von Maßnahmen auf den Gebieten der radiologischen Diagnostik und anderer bildgebender Verfahren, der Strahlentherapie sowie der nuklearmedizinischen Diagnostik und Therapie. Umfasst ist außerdem die Durchführung physikalisch-technischer Aufgaben in der Dosimetrie und im Strahlenschutz.

Die Verabreichung von Pharmaka nach Satz 1 Nummer 1 und von Radiopharmaka nach Satz 1 Nummer 3 ist nur nach ärztlicher Anordnung zulässig. Die Verabreichung von Radiopharmaka ist nur für nuklearmedizinische Standarduntersuchungen von den vorbehaltenen Tätigkeiten umfasst. Nicht umfasst ist die Verabreichung von Radiopharmaka in der nuklearmedizinischen Therapie.

Die Regelungen des Strahlenschutzgesetzes und der Strahlenschutzverordnung zum Beispiel zur erforderlichen Fachkunde im Strahlenschutz, zur Berechtigung bei der technischen Durchführung bei der Anwendung ionisierender Strahlung und radioaktiver Stoffe am Menschen sowie zu bestimmten Beschäftigungsverboten für Personen unter 18 Jahren bleiben nach Satz 2 unberührt."

Im Gesetzgebungsverfahren wurde in Abs. 2 Satz 2 aufgrund des Beschlusses des Ausschusses für Gesundheit der bisherige Verweis auf die Strahlenschutzverordnung erweitert auf die Rechtsverordnungen, die aufgrund des Strahlenschutzgesetzes erlassen sind (BT-Drs. 19/26249, S. 16, 88). Damit wird ein Anliegen des Bundesrates umgesetzt (Nr. 3 der Stellungnahme vom 6.11.2020 – BR-Drs. 562/20 (Beschluss)). 19

Das diesen vorbehaltenen Tätigkeiten entsprechende **Ausbildungsziel** ist in § 10 Abs. 1 Satz 1 Nr. 1 bis 5 MTBG geregelt. 20

3. Abs. 3: Humanmedizin – Funktionsdiagnostik

In der Gesetzesbegründung (BT-Drs. 19/24447, S. 56 f.) wird zu der Vorschrift Folgendes ausgeführt: 21

„Die Vorschrift regelt konkrete Tätigkeiten auf dem Gebiet der Humanmedizin, die nur von Medizinischen Technologinnen für Funktionsdiagnostik und Medizinischen Technologen für Funktionsdiagnostik, also von Personen mit einer Erlaubnis zum Führen der Berufsbezeichnung nach § 1 Absatz 1 Nummer 3, ausgeführt werden dürfen. Dies sind die Durchführung funktionsdiagnostischer Untersuchungen auf den genannten Gebieten und die Durchführung der Vorbefundungen zu den jeweiligen Untersuchungen.

Nach Satz 2 gilt die Vorschrift nicht für einfache vor- und nachbereitende Tätigkeiten und einfache Funktionsprüfungen. Einfache Funktionsprüfungen sind solche, bei denen nur ein geringes Gefährdungspotenzial für Patientinnen und Patienten besteht.“

Das diesen vorbehaltenen Tätigkeiten entsprechende **Ausbildungsziel** ist in § 11 Abs. 1 Satz 1 Nr. 1 und 2 MTBG geregelt. 22

4. Abs. 4: Veterinärmedizin

In der Gesetzesbegründung (BT-Drs. 19/24447, S. 57) wird zu der Vorschrift Folgendes ausgeführt: 23

„Die Vorschrift regelt konkrete Tätigkeiten, die nur von Medizinischen Technologinnen für Veterinärmedizin und Medizinische Technologen für Veterinärmedizin also von Personen mit einer Erlaubnis zum Führen der Berufsbezeichnung nach § 1 Absatz 1 Nummer 4, ausgeführt werden dürfen. In Abgrenzung zu Absatz 1, der sich auf Tätigkeiten auf dem Gebiet der Humanmedizin bezieht, umfasst Absatz 4 Tätigkeiten auf dem Gebiet der Veterinärmedizin. Die Vorschrift umfasst die in Absatz 1 geregelten Tätigkeiten und zusätzlich die Durchführung von Untersuchungen in der Analytik von tierischen Lebensmitteln und der Spermatologie.

Nach Satz 2 gilt die Vorschrift nicht für einfach zu handhabende qualitative und quantitative Laboranalysen sowie entsprechende Untersuchungen von Körperflüssigkeiten, wie beispielsweise Blut, und Ausscheidungen.“

Im Gesetzgebungsverfahren wurde aufgrund des Beschlusses des Ausschusses für Gesundheit die Tätigkeitsbeschreibung in Abs. 4 Satz 1 Nr. 3 ergänzt um den Begriff die „Aufbereitung“. Weiter wurde nach dem Wort „Präparaten“ eingefügt „für die tierärztliche Diagnostik (BT-Drs. 19/26249, S. 15, 88). 24

25 Das diesen vorbehaltenen Tätigkeiten entsprechende **Ausbildungsziel** ist in § 12 Abs. 1 Satz 1 Nr. 1 bis 3 MTBG geregelt.

5. Abs. 5: Anforderungsvorbehalt

26 In der Gesetzesbegründung (BT-Drs. 19/24447, S. 57) wird zu der Vorschrift Folgendes ausgeführt:

„Die Vorschrift bezieht sich auf den fachlich qualifizierten Personenkreis, der selbständig Heilkunde ausüben darf. Tätigkeiten, deren Ergebnisse der Erkennung einer Krankheit und der Beurteilung ihres Verlaufs dienen, dürfen von Medizinischen Technologinnen und Medizinischen Technologen nur auf Anforderung einer der genannten Personen ausgeführt werden."

27 Im Gesetzgebungsverfahren wurde aufgrund des Beschlusses des Ausschusses für Gesundheit die schon nach dem geltenden Recht ermöglichte Anordnung durch Heilpraktikerinnen und Heilpraktikern eingefügt (BT-Drs. 19/26249, S. 17, 89).

28 Die Vorschrift entspricht dem bisherigen § 9 Abs. 3 MTAG. Die Gesetzesbegründung (BT-Drs. 12/3165, S. 14) zu dieser Vorschrift lautet:

„Der rein deklaratorische Absatz 3 unterstreicht im Hinblick auf den Ausnahmecharakter der vorbehaltenen Tätigkeiten die Bedeutung der Berufe der technischen Assistenten in der Medizin als Helfer des Arztes."

29 Mit § 5 Abs. 5 MTAG wird im Ergebnis klargestellt, dass die mit einer Diagnose und Verlaufsbeurteilung einer Krankheit zusammenhängenden Tätigkeiten in der Humanmedizin Ärzten, Zahnärzten und Heilpraktikern sowie in der Veterinärmedizin Tierärzten vorbehalten sind.

III. Literaturhinweise

30 *Igl, Gerhard:* Öffentlich-rechtliche Grundlagen für das Berufsfeld Pflege in Hinblick auf vorbehaltene Aufgabenbereiche. Göttingen 1998 (unter Mitarbeit von Felix Welti).

Igl, Gerhard: Weitere öffentlich-rechtliche Regulierung der Pflegeberufe und ihrer Tätigkeit – Voraussetzungen und Anforderungen. München 2008.

Igl, Gerhard: Öffentlich-rechtliche Regulierung nichtärztlicher Gesundheitsfachberufe und ihrer Tätigkeit auf den Gebieten der Diätetik, der Medizintechnik, der Orthoptik und der Pharmazie. München 2010.

Igl, Gerhard/Welti, Felix: Öffentlich-rechtliche Grundlagen für die Entwicklung vorbehaltener Aufgabenbereiche im Berufsfeld Pflege. In: VSSR (Vierteljahresschrift für Sozialrecht) 1999, S. 21–55.

Kluth, Winfried: Verlangt der demografische Wandel eine neue Zuordnung der ärztlichen und sonstigen Gesundheitsdienstleistungen? – Eine Problemskizze. In: MedR (Zeitschrift für Medizinrecht) 2010, S. 372–378.

§ 6 Ausnahmen von den vorbehaltenen Tätigkeiten

(1) Die in § 5 Absatz 1 bis 4 den Medizinischen Technologinnen und Medizinischen Technologen vorbehaltenen Tätigkeiten können auch von folgenden Personen unter folgenden Voraussetzungen ausgeübt werden:

1. **Personen, die aufgrund einer abgeschlossenen Hochschulausbildung über die erforderlichen Fachkenntnisse, Fähigkeiten und Fertigkeiten zur Ausübung der genannten Tätigkeiten verfügen, sowie Heilpraktikerinnen und Heilpraktiker,**
2. **Personen, die sich in einer die erforderlichen Voraussetzungen vermittelnden beruflichen Ausbildung befinden, soweit sie Arbeiten ausführen, die ihnen im Rahmen ihrer Ausbildung übertragen sind,**
3. **Personen mit einer staatlich geregelten, staatlich anerkannten oder staatlich überwachten abgeschlossenen Ausbildung, wenn sie eine der vorbehaltenen Tätigkeiten nach § 5 ausüben, sofern diese Tätigkeit Gegenstand ihrer Ausbildung und Prüfung war,**
4. **Personen mit einer Erlaubnis zur partiellen Berufsausübung nach § 53 im Umfang der Erlaubnis,**
5. **Personen mit einer abgeschlossenen sonstigen medizinischen Ausbildung, die, ohne nach den Nummern 1 bis 4 berechtigt zu sein, unter Aufsicht und Verantwortung einer der in Nummer 1 genannten Personen tätig werden.**

(2) Personen mit einer Erlaubnis zum Führen der Berufsbezeichnung „Medizinische Technologin für Veterinärmedizin“ oder „Medizinischer Technologe für Veterinärmedizin“ können vorbehaltene Tätigkeiten nach § 5 Absatz 1 ausüben, wenn sie nach dem Erwerb der Erlaubnis während eines Zeitraumes von sechs Monaten unter Aufsicht einer der in Absatz 1 Nummer 1 genannten Personen oder unter Aufsicht einer Medizinischen Technologin für Laboratoriumsanalytik oder eines Medizinischen Technologen für Laboratoriumsanalytik auf diesem Gebiet tätig gewesen sind.

(3) Personen mit einer Erlaubnis zum Führen der Berufsbezeichnung „Medizinische Technologin für Laboratoriumsanalytik“ oder „Medizinischer Technologe für Laboratoriumsanalytik“ können vorbehaltene Tätigkeiten nach § 5 Absatz 4 ausüben, wenn sie nach dem Erwerb der Erlaubnis während eines Zeitraumes von sechs Monaten unter Aufsicht einer der in Absatz 1 Nummer 1 genannten Personen oder unter Aufsicht einer Medizinischen Technologin für Veterinärmedizin oder eines Medizinischen Technologen für Veterinärmedizin auf diesem Gebiet tätig gewesen sind.

Erläuterungen

Übersicht

I. Regelungsinhalt und Zweck der Vorschrift

1 Die Vorschrift regelt für die Medizinischen Technologinnen und Medizinischen Technologen die beruflichen Tätigkeiten, die dem jeweiligen Beruf vorbehalten sind. Dies dient der Qualitätssicherung der Aufgabenwahrnehmung im medizinisch-technischen Bereich. Die Vorschrift folgt dem Regelungsansatz in § 9 des bisherigen MTA-Gesetzes. Dabei wurde die Ausgestaltung der vorbehaltenen Tätigkeiten an den medizinisch-technischen Fortschritt angepasst (Gesetzesbegründung, BT-Drs. 19/24447, S. 56).

II. Erläuterungen

1. Abs. 1: Ausnahmen für andere Personen

2 In der Gesetzesbegründung (BT-Drs. 19/24447, S. 57) wird zu der Vorschrift Folgendes ausgeführt:

„Auch diese Vorschrift entspricht dem MTA-Gesetz in wesentlichen Teilen inhaltlich. Sie enthält Regelungen zu Personen, die auf der Grundlage ihrer Ausbildung und Qualifizierung – teilweise unter zusätzlichen Voraussetzungen – die nach § 5 den Medizinischen Technologinnen und Medizinischen Technologen vorbehaltenen Tätigkeiten ebenfalls übernehmen dürfen.

Nummer 1 bezieht sich auf Personen, die aufgrund einer abgeschlossenen Hochschulausbildung mindestens auf Bachelor-Niveau über die erforderlichen Fachkenntnisse, Fähigkeiten und Fertigkeiten zur Ausübung der jeweiligen Tätigkeit verfügen. Dies schließt Ärztinnen und Ärzte, Zahnärztinnen und Zahnärzte sowie Tierärztinnen und Tierärzte ein.

Nummer 2 bezieht sich auf Personen, die sich in einer Ausbildung befinden, die die Voraussetzungen für die Wahrnehmung der vorbehaltenen Tätigkeiten vermittelt. Zusätzliche Anforderung ist hier, dass diese Personen Arbeiten ausführen, die ihnen im Rahmen ihrer Ausbildung übertragen sind.

Nummer 3 ermöglicht Personen mit einer staatlich geregelten, staatlich anerkannten oder staatlich überwachten abgeschlossenen Ausbildung die Ausübung vorbehaltener Tätigkeiten, die Gegenstand ihrer Ausbildung und Prüfung waren.

Nach Nummer 4 können auch Personen mit einer Erlaubnis zur partiellen Berufsausübung nach § 53 vorbehaltene Tätigkeiten ausüben, die Gegenstand ihrer Ausbildung waren und die von der Erlaubnis zur partiellen Berufsausübung umfasst sind.

Nummer 5 folgt § 10 Nummer 6 des bisherigen MTA-Gesetzes. Sie öffnet die Ausübung vorbehaltener Tätigkeiten für alle Personen mit einer medizinischen Ausbildung, soweit diese Personen unter Aufsicht und Verantwortung einer der in Nummer 1 genannten Personen tätig werden.“

3 Im Gesetzgebungsverfahren wurde aufgrund des Beschlusses des Ausschusses für Gesundheit in **Abs. 1 Nr. 1** der Personenkreis um die Heilpraktiker und Heilpraktikerinnen erweitert, was der schon bisher geltenden Rechtslage entspricht. Der Einbezug dieser Berufsangehörigen war im Gesetzgebungsverfahren sehr umstritten, s. Protokoll-Nr. 19/124 der 124. Sitzung des Ausschusses für Gesundheit, S. 7, 11 und 14.

Weiter wurde in **Abs. 1 Nr. 4** auf die im Gesetzentwurf (BT-Drs. 19/24447, S. 14) enthaltene Konkretisierung der betreffenden vorbehaltenen Tätigkeiten verzichtet, weil die vorbehaltenen Tätigkeiten im Umfang der behördlichen Erlaubnis ausgeübt werden können. Damit wurde ein Anliegen des Bundesrates (Nr. 5 der Stellungnahme vom 6.11.2020 – BR-Drs. 562/20 (Beschluss)) umgesetzt (BT-Drs. 19/26249, S. 17, 89). 4

2. Abs. 2: Ausnahmen für MT für Veterinärmedizin

In der Gesetzesbegründung (BT-Drs. 19/24447, S. 57) wird zu der Vorschrift Folgendes ausgeführt: 5

„Absatz 2 eröffnet für Medizinische Technologinnen für Veterinärmedizin und Medizinische Technologen für Veterinärmedizin die Möglichkeit, die den Medizinischen Technologinnen für Laboratoriumsanalytik und Medizinischen Technologen für Laboratoriumsanalytik vorbehaltenen Tätigkeiten auszuüben. Voraussetzung ist, dass sie nach dem Erwerb der Erlaubnis zum Führen der Berufsbezeichnung sechs Monate auf diesem Gebiet tätig waren. Diese Tätigkeit muss unter Aufsicht einer in Absatz 1 Nummer 1 genannten Person oder einer Medizinischen Technologin für Laboratoriumsanalytik oder eines Medizinischen Technologen für Laboratoriumsanalytik ausgeübt werden."

3. Abs. 3: Ausnahmen für MT für Laboratoriumsanalytik

In der Gesetzesbegründung (BT-Drs. 19/24447, S. 58) wird zu der Vorschrift Folgendes ausgeführt: 6

„Absatz 3 eröffnet für Medizinische Technologinnen für Laboratoriumsanalytik und Medizinische Technologen für Laboratoriumsanalytik die Möglichkeit, die den Medizinischen Technologinnen für Veterinärmedizin und Medizinische Technologen für Veterinärmedizin vorbehaltenen Tätigkeiten auszuüben. Voraussetzung ist, dass sie nach dem Erwerb der Erlaubnis zum Führen der Berufsbezeichnung sechs Monate auf diesem Gebiet tätig waren. Diese Tätigkeit muss unter Aufsicht einer in Absatz 1 Nummer 1 genannten Person oder einer Medizinischen Technologin für Veterinärmedizin oder eines Medizinischen Technologen für Veterinärmedizin ausgeübt werden."

Teil 3
Ausbildung und Ausbildungsverhältnis

Abschnitt 1
Allgemeines

§ 7 Nichtanwendung des Berufsbildungsgesetzes

Auf die Ausbildung und das Ausbildungsverhältnis nach diesem Gesetz findet das Berufsbildungsgesetz keine Anwendung.

Erläuterungen

1 In der Vorschrift wird klargestellt, dass das Berufsbildungsgesetz (BBiG) nicht auf Ausbildungen und das Ausbildungsverhältnis nach dem MTBG anzuwenden ist. Anders als bei den entsprechenden Vorschriften der anderen reglementierten Gesundheitsfachberufe wird in dieser Vorschrift nicht nur die Nichtanwendbarkeit des BBiG für die Ausbildung, sondern explizit auch für das Ausbildungsverhältnis postuliert. Für das Ausbildungsverhältnis finden sich die entsprechenden Vorschriften in §§ 26 bis 41 MTBG.

Abschnitt 2
Ziele der Ausbildung

§ 8 Allgemeines Ausbildungsziel

(1) [1]Die Ausbildung zur Medizinischen Technologin und zum Medizinischen Technologen vermittelt die für die selbstständige Berufsausübung in dem jeweiligen Beruf erforderlichen fachlichen und methodischen Kompetenzen einschließlich der zugrunde liegenden Lernkompetenzen sowie der Fähigkeit zum Wissenstransfer und zur Selbstreflexion. [2]Darüber hinaus vermittelt sie personale und soziale Kompetenzen.

(2) Die Vermittlung erfolgt entsprechend dem anerkannten Stand medizinischer, medizinisch-technischer und weiterer bezugswissenschaftlicher Erkenntnisse.

(3) Den Auszubildenden wird vermittelt, ihre persönliche und fachliche Weiterentwicklung als notwendig anzuerkennen und lebenslanges Lernen als Teil der eigenen beruflichen Biographie zu verstehen.

Erläuterungen

Übersicht

I. Erläuterungen

In der Gesetzesbegründung (BT-Drs. 19/24447, S. 58) wird zu **Abschnitt 2 (Ziele der Ausbildung)** ausgeführt: 1

„Dieser Abschnitt regelt das Ziel der Ausbildungen zur Medizinischen Technologin oder zum Medizinischen Technologen. Das Ausbildungsziel beschreibt den staatlichen Ausbildungsauftrag. Schulen, Träger der praktischen Ausbildung und gegebenenfalls weitere an der Ausbildung beteiligte Einrichtungen sind verpflichtet, den Ausbildungsauftrag nach den Vorgaben des Gesetzes und der Ausbildungs- und Prüfungsverordnung nach § 69 zu erfüllen. Das Ausbildungsziel wurde im Vergleich zum Ausbildungsziel in § 3 MTA-Gesetz weiterentwickelt. Dabei wurde berücksichtigt, dass sich die Qualifikationen, die für die Ausübung der Berufe in der medizinischen Technologie erforderlich sind, durch den medizinisch-technischen Fortschritt verändert haben. Das Ausbildungsziel wurde entsprechend dem aktuellen Stand der pädagogischen Wissenschaften kompetenzorientiert ausgestaltet. Überfachliche Qualifikationen der Personal-, Sozial- und Methodenkompetenz erhalten ein stärkeres Gewicht.

Dieser Abschnitt besteht aus einem allgemeines [sic] Ausbildungsziel, das für alle Berufe in der medizinischen Technologie gilt und die jeweiligen berufsspezifischen Ausbildungsziele."

In der Gesetzesbegründung (BT-Drs. 19/24447, S. 58) wird zu **§ 8** insgesamt ausgeführt: 2

„Die Vorschrift regelt das allgemeine Ausbildungsziel für alle Berufe in der medizinischen Technologie.

Die nach Absatz 1 in der Ausbildung zu entwickelnden fachlichen und methodischen Kompetenzen sollen die Auszubildenden befähigen, die vielfältigen Aufgaben einer Medizinischen Technologin oder eines Medizinischen Technologen sicher zu beherrschen und selbständig zu übernehmen. Zu den erforderlichen Kompetenzen gehören auch fachliche und methodische Kompetenzen einschließlich Lernkompetenzen sowie der Fähigkeit zum Wissenstransfer und zur Selbstreflexion. Der zentrale Verweis auf personale und soziale Kompetenzen macht deutlich, dass diese in der Ausbildung ein stärkeres Gewicht erhalten. Die Auszubildenden sind auch darauf vorzubereiten, die besonderen Belange von Patientinnen und Patienten mit Behinderungen bedarfsgerecht zu berücksichtigen.

Die Ausbildungsinhalte haben dem anerkannten Stand medizinischer, medizinisch-technischer und weiterer bezugswissenschaftlicher Erkenntnisse, beispielsweise aus den Naturwissenschaften, zu entsprechen (Absatz 2).

Die Auszubildenden sind zudem zu befähigen, sich im Sinne des lebenslangen Lernens persönlich und fachlich fortzubilden und weiterzuentwickeln (Absatz 3).“

II. Korrespondierende Vorschriften der MTAPrV

3 In der MTAPrV werden in Teil 1 Inhalt und Ziele der Ausbildung benannt (§§ 1 bis 5 MTAPrV). Diese werden in den Anlagen 1 bis 4 konkretisiert.

§ 9 Berufsspezifisches Ausbildungsziel für Medizinische Technologinnen für Laboratoriumsanalytik und Medizinische Technologen für Laboratoriumsanalytik

(1) Die Auszubildenden zur Medizinischen Technologin für Laboratoriumsanalytik und zum Medizinischen Technologen für Laboratoriumsanalytik sind zu befähigen, insbesondere die folgenden Aufgaben selbstständig wahrzunehmen:

1. **biomedizinische Analyseprozesse mittels biologischer, chemischer sowie physikalischer Methoden und Verfahren einschließlich Präanalytik und Postanalytik zu planen, vorzubereiten und durchzuführen,**
2. **histologische, zytologische und weitere morphologische Präparate zur Prüfung für die ärztliche Diagnostik vorzubereiten und aufzubereiten,**
3. **die Qualität der jeweiligen Analyseprozesse und -ergebnisse sicherzustellen.**

(2) Die Auszubildenden zur Medizinischen Technologin für Laboratoriumsanalytik und zum Medizinischen Technologen für Laboratoriumsanalytik sind weiterhin zu befähigen, insbesondere die folgenden übergreifenden fachlichen, methodischen, personalen und sozialen Kompetenzen anzuwenden:

1. **personen- und situationsorientierte Kommunikation mit Patientinnen und Patienten sowie deren Angehörigen,**
2. **interdisziplinäre und interprofessionelle Zusammenarbeit und Kommunikation,**
3. **Erkennen von Notfällen und Einleiten der erforderlichen Maßnahmen,**
4. **Datenmanagement und Umgang mit weiteren digitalen Technologien,**
5. **medizinische und technische Fachexpertise für die durchzuführenden Analyseprozesse,**
6. **Umsetzung von Hygiene- und Sicherheitskonzepten,**
7. **Mitwirkung an der Entwicklung und Umsetzung multidisziplinärer Lösungen, die die Optimierung der Arbeitsabläufe ermöglichen und die Bedürfnisse der Patientinnen und Patienten berücksichtigen,**
8. **Analyse, Evaluation, Sicherung und Weiterentwicklung der Qualität des eigenen beruflichen Handelns,**
9. **Berücksichtigung von Aspekten der Patientensicherheit und der Wirtschaftlichkeit.**

Erläuterungen

Übersicht

I. Erläuterungen

In der Gesetzesbegründung (BT-Drs. 19/24447, S. 58) wird zu § 9 MTBG allgemein ausgeführt: 1

„Die Vorschrift regelt das berufsspezifische Ausbildungsziel für die Auszubildenden zur Medizinischen Technologin für Laboratoriumsanalytik und zum Medizinischen Technologen für Laboratoriumsanalytik. Sie gilt für diese Berufsgruppe neben dem

allgemeinen Ausbildungsziel in § 8 und enthält nicht-abschließende Aufzählungen der spezifischen Fähigkeiten, die in der Ausbildung zu entwickeln sind, um den Beruf auszuüben. Auf Grundlage dieser Aufzählungen werden die zu erwerbenden Kompetenzen in der Ausbildungs- und Prüfungsverordnung nach § 69 weiter konkretisiert."

2 In der Gesetzesbegründung (BT-Drs. 19/24447, S. 59) wird zu **Abs. 1** ausgeführt:

„Es werden die Kernaufgaben der Medizinischen Technologinnen für Laboratoriumsanalytik und der Medizinischen Technologen für Laboratoriumsanalytik beschrieben. Dazu gehört die Planung, Vorbereitung und Durchführung biomedizinischer Analyseprozesse mittels verschiedener Methoden und Verfahren einschließlich der Präanalytik und der Postanalytik. Präanalytik umfasst beispielsweise auch Blutabnahmen. Wichtiger Bestandteil der Arbeit ist außerdem die Sicherstellung der Qualität der jeweiligen Analyseprozesse und Analyseergebnisse.

Die Medizinischen Technologinnen für Laboratoriumsanalytik und Medizinischen Technologen für Laboratoriumsanalytik nehmen die ihnen übertragenen Aufgaben selbständig wahr. Das bedeutet, dass sie die Verantwortung für die Aufgabenwahrnehmung tragen. Der Aufgaben- und Verantwortungsbereich wird dabei von der Anforderung einer Ärztin oder eines Arztes oder einer sonstigen Person begrenzt."

3 Im Gesetzgebungsverfahren wurde aufgrund des Beschlusses des Ausschusses für Gesundheit die Beschreibung des Ausbildungsziels in **Abs. 1 Satz 1 Nr. 2** ergänzt um „aufbereiten" (BT-Drs. 19/26249, S. 20, 88).

4 In der Gesetzesbegründung (BT-Drs. 19/24447, S. 59) wird zu **Abs. 2** ausgeführt:

„Absatz 2 enthält übergreifende fachliche, methodische, personale und soziale Kompetenzen, die den Auszubildenden im Rahmen der Ausbildung vermittelt werden sollen. Diese Kompetenzen sind auf die besonderen Anforderungen des Berufs der Medizinischen Technologinnen für Laboratoriumsanalytik und der Medizinischen Technologen für Laboratoriumsanalytik zugeschnitten.

Dazu gehören kommunikative Fähigkeiten zum Umgang mit Patientinnen und Patienten sowie deren Angehörigen und die interdisziplinäre und interprofessionelle Zusammenarbeit und Kommunikation (Nummer 1 und 2). Die Kommunikation mit Patientinnen und Patienten hat personen- und situationsorientiert zu erfolgen und insbesondere die besonderen Belange von Menschen mit Behinderungen zu berücksichtigen.

Nummer 3 bezieht sich auf technische Notfälle ebenso wie auf medizinische Notfälle bei Patientinnen und Patienten.

Von besonderer Bedeutung für den Beruf der Medizinischen Technologin für Laboratoriumsanalytik und des Medizinischen Technologen für Laboratoriumsanalytik sind digitale Kompetenzen. Die Berufsangehörigen müssen dabei medizinisch-technische und IT-Fähigkeiten miteinander verknüpfen können. Anwendungsbereiche sind hierbei Datenmanagement und Umgang mit weiteren digitalen Technologien (Nummer 4).

Medizinische Technologinnen für Laboratoriumsanalytik und Medizinische Technologen für Laboratoriumsanalytik müssen über die medizinisch-technische Fachexpertise zur Wahrnehmung der in Absatz 1 beschriebenen Aufgaben verfügen (Nummer 5) sowie Hygiene- und Sicherheitskonzepte umsetzen (Nummer 6).

Darüber hinaus wirken sie an multidisziplinären Lösungen zur Optimierung der Arbeitsabläufe mit, die die Bedürfnisse der Patientinnen und Patienten berücksichtigen (Nummer 7), sichern die Qualität des eigenen beruflichen Handelns (Nummer 8) und berücksichtigen Aspekte der Patientensicherheit und der Wirtschaftlichkeit (Nummer 9).“

II. Korrespondierende Vorschriften der MTAPrV

In der MTAPrV werden in Teil 1 Inhalt und Ziele der Ausbildung benannt (§§ 1 bis 5 MTAPrV). Diese werden in der Anlage 1 für die Laboratoriumsanalytik konkretisiert. 5

§ 10 Berufsspezifisches Ausbildungsziel für Medizinische Technologinnen für Radiologie und Medizinische Technologen für Radiologie

(1) Die Auszubildenden zur Medizinischen Technologin für Radiologie und zum Medizinischen Technologen für Radiologie sind zu befähigen, insbesondere die folgenden Aufgaben selbstständig wahrzunehmen:

1. radiologische Diagnostik und Behandlung mit ionisierender Strahlung und andere bildgebende Verfahren einschließlich der Verabreichung von Pharmaka nach ärztlicher Anordnung zu planen, vorzubereiten und technisch durchzuführen,
2. Strahlentherapie entsprechend dem jeweiligen individuellen Bestrahlungsplan vorzubereiten und technisch durchzuführen,
3. offene radioaktive Stoffe für die nuklearmedizinische Diagnostik nach ärztlicher Anordnung vorzubereiten und sie Patientinnen und Patienten zu verabreichen,
4. die jeweils erforderlichen Strahlenschutzmaßnahmen zu planen, vorzubereiten und technisch durchzuführen,
5. physikalisch-technische Aufgaben in der Dosimetrie auszuführen,
6. die Qualität der Durchführung und der Ergebnisse der jeweiligen Untersuchungs- und Behandlungsprozesse sicherzustellen.

(2) Die Auszubildenden zur Medizinischen Technologin für Radiologie und zum Medizinischen Technologen für Radiologie sind weiterhin zu befähigen, insbesondere die folgenden übergreifenden fachlichen, methodischen, personalen und sozialen Kompetenzen anzuwenden:

1. Einbeziehung der Lebenssituation und der Selbstbestimmung der Patientinnen und Patienten sowie deren Angehörigen in ihr Handeln,
2. personen- und situationsorientierte Kommunikation mit Patientinnen und Patienten sowie deren Angehörigen,
3. interdisziplinäre und interprofessionelle Zusammenarbeit und Kommunikation,
4. Erkennen von Notfällen und Einleiten der erforderlichen Maßnahmen,
5. Datenmanagement und Umgang mit weiteren digitalen Technologien,
6. medizinische und technische Fachexpertise für die durchzuführenden Maßnahmen,
7. Umsetzung von Hygiene- und Sicherheitskonzepten,
8. Mitwirkung an der Entwicklung und Umsetzung multidisziplinärer Lösungen, die die Optimierung der Arbeitsabläufe ermöglichen und die Bedürfnisse der Patientinnen und Patienten berücksichtigen,
9. Analyse, Evaluation, Sicherung und Weiterentwicklung der Qualität des eigenen beruflichen Handelns,
10. Berücksichtigung von Aspekten der Patientensicherheit und der Wirtschaftlichkeit.

Erläuterungen

Übersicht

I. Erläuterungen

In der Gesetzesbegründung (BT-Drs. 19/24447, S. 59) wird zu § 10 MTBG allgemein ausgeführt: 1

„Die Vorschrift regelt das berufsspezifische Ausbildungsziel für die Auszubildenden zur Medizinischen Technologin für Radiologie und zum Medizinischen Technologen für Radiologie. Sie gilt für diese Berufsgruppe neben dem allgemeinen Ausbildungsziel in § 8 und enthält nicht-abschließende Aufzählungen der spezifischen Fähigkeiten, die in der Ausbildung zu entwickeln sind, um den Beruf auszuüben. Auf Grundlage dieser Aufzählungen werden die zu erwerbenden Kompetenzen in der Ausbildungs- und Prüfungsverordnung nach § 69 weiter konkretisiert."

In der Gesetzesbegründung (BT-Drs. 19/24447, S. 59 f.) wird zu **Abs. 1** ausgeführt: 2

„In Absatz 1 werden die Kernaufgaben der Medizinischen Technologinnen für Radiologie und der Medizinischen Technologen für Radiologie beschrieben. Diese Aufgaben beziehen sich auf radiologische Untersuchungen und Behandlungen, Strahlentherapie sowie nuklearmedizinische Diagnostik und Therapie. Aufgabe der Berufsgruppe ist auch, die jeweils erforderlichen Strahlenschutzmaßnahmen zu planen, vorzubereiten und durchzuführen und physikalisch-technische Aufgaben in der Dosimetrie auszuführen. Wichtiger Bestandteil der Arbeit ist außerdem die Sicherstellung der Qualität der Durchführung und der Ergebnisse der jeweiligen Untersuchungs- und Behandlungsprozesse. Zu den Aufgaben gehören – jeweils auf Grundlage einer ärztlichen Anordnung – die erforderliche Verabreichung von Pharmaka für bildgebende Verfahren und die Anwendung offener radioaktiver Stoffe an Patientinnen und Patienten.

Die Medizinischen Technologinnen für Radiologie und Medizinischen Technologen für Radiologie nehmen die ihnen übertragenen Aufgaben selbständig wahr. Das bedeutet, dass sie die Verantwortung für die Aufgabenwahrnehmung tragen. Der Aufgaben- und Verantwortungsbereich wird dabei von der Anforderung einer Ärztin oder eines Arztes oder einer sonstigen entsprechend qualifizierten Person begrenzt."

In der Gesetzesbegründung (BT-Drs. 19/24447, S. 60) wird zu **Abs. 2** ausgeführt: 3

„Absatz 2 enthält übergreifende fachliche, methodische, personale und soziale Kompetenzen, die den Auszubildenden im Rahmen der Ausbildung vermittelt werden sollen. Diese Kompetenzen sind auf die besonderen Anforderungen des Berufs der Medizinischen Technologinnen für Radiologie und der Medizinischen Technologen für Radiologie zugeschnitten.

Nach Nummer 1 gehört dazu, dass die Medizinischen Technologinnen für Radiologie und die Medizinischen Technologen für Radiologie die Lebenssituation und die

Selbstbestimmung der Patientinnen und Patienten in ihr Handeln einbeziehen. Dies ist von besonderer Bedeutung, da die Berufsgruppe mit schwer erkrankten Patientinnen und Patienten in belastenden Situationen in Kontakt tritt.

Zu den erforderlichen Kompetenzen gehören auch kommunikative Fähigkeiten zum Umgang mit Patientinnen und Patienten sowie deren Angehörigen und die interdisziplinäre und interprofessionelle Zusammenarbeit und Kommunikation (Nummer 2 und 3). Die Kommunikation mit Patientinnen und Patienten hat personen- und situationsorientiert zu erfolgen und insbesondere die besonderen Belange von Menschen mit Behinderungen zu berücksichtigen.

Nummer 4 bezieht sich auf technische Notfälle ebenso wie auf medizinische Notfälle bei Patientinnen und Patienten.

Für den Beruf der Medizinischen Technologin für Radiologie und des Medizinischen Technologen für Radiologie sind digitale Kompetenzen besonders wichtig. Die Berufsangehörigen müssen dabei medizinisch-technische und IT-Fähigkeiten miteinander verknüpfen können. Anwendungsbereiche sind hierbei Datenmanagement und Umgang mit weiteren digitalen Technologien (Nummer 5).

Medizinische Technologinnen für Radiologie und Medizinische Technologen für Radiologie müssen über die medizinisch-technische Fachexpertise zur Wahrnehmung der in Absatz 1 beschriebenen Aufgaben verfügen (Nummer 6) sowie Hygiene- und Sicherheitskonzepte umsetzen (Nummer 7).

Darüber hinaus wirken sie an multidisziplinären Lösungen zur Optimierung der Arbeitsabläufe mit, die die Bedürfnisse der Patientinnen und Patienten berücksichtigen (Nummer 8), sichern die Qualität des eigenen beruflichen Handelns (Nummer 9) und berücksichtigen Aspekte der Patientensicherheit und der Wirtschaftlichkeit (Nummer 10).“

II. Korrespondierende Vorschriften der MTAPrV

4 In der MTAPrV werden in Teil 1 Inhalt und Ziele der Ausbildung benannt (§§ 1 bis 5 MTAPrV). Diese werden in der Anlage 2 für die Radiologie konkretisiert.

§ 11 Berufsspezifisches Ausbildungsziel für Medizinische Technologinnen für Funktionsdiagnostik und Medizinische Technologen für Funktionsdiagnostik

(1) Die Auszubildenden zur Medizinischen Technologin für Funktionsdiagnostik und zum Medizinischen Technologen für Funktionsdiagnostik sind zu befähigen, insbesondere die folgenden Aufgaben selbstständig wahrzunehmen:

1. funktionsdiagnostische Untersuchungen in der Kardiologie, in der Angiologie, in der Pneumologie, in der Hals-Nasen-Ohren-Heilkunde und in der Neurologie bei Patientinnen und Patienten aller Altersstufen zu planen, vorzubereiten und durchzuführen,
2. während der jeweiligen Untersuchung eine Plausibilitätskontrolle durchzuführen und, soweit erforderlich, eine Vorbefundung und Anpassungen im Untersuchungsablauf vorzunehmen,
3. die Qualität der jeweiligen Untersuchungsprozesse und -ergebnisse sicherzustellen.

(2) Die Auszubildenden zur Medizinischen Technologin für Funktionsdiagnostik und zum Medizinischen Technologen für Funktionsdiagnostik sind weiterhin zu befähigen, insbesondere die folgenden übergreifenden fachlichen, methodischen, personalen und sozialen Kompetenzen anzuwenden:

1. Einbeziehung der Lebenssituation und der Selbstbestimmung der Patientinnen und Patienten sowie deren Angehörigen in ihr Handeln,
2. personen- und situationsorientierte Kommunikation mit Patientinnen und Patienten sowie deren Angehörigen,
3. interdisziplinäre und interprofessionelle Zusammenarbeit und Kommunikation,
4. Erkennen von Notfällen und Einleiten der erforderlichen Maßnahmen,
5. Datenmanagement und Umgang mit weiteren digitalen Technologien,
6. medizinische und technische Fachexpertise für die durchzuführenden Maßnahmen,
7. Umsetzung von Hygiene- und Sicherheitskonzepten,
8. Mitwirkung an der Entwicklung und Umsetzung multidisziplinärer Lösungen, die die Optimierung der Arbeitsabläufe ermöglichen und die Bedürfnisse der Patientinnen und Patienten berücksichtigen,
9. Analyse, Evaluation, Sicherung und Weiterentwicklung der Qualität des eigenen beruflichen Handelns,
10. Berücksichtigung von Aspekten der Patientensicherheit und der Wirtschaftlichkeit.

Erläuterungen

Übersicht

I. Erläuterungen

1 In der Gesetzesbegründung (BT-Drs. 19/24447, S. 60) wird zu § 11 MTBG allgemein ausgeführt:

„Die Vorschrift regelt das berufsspezifische Ausbildungsziel für die Auszubildenden zur Medizinischen Technologin für Funktionsdiagnostik und zum Medizinischen Technologen für Funktionsdiagnostik. Sie gilt für diese Berufsgruppe neben dem allgemeinen Ausbildungsziel in § 8 und enthält nicht-abschließende Aufzählungen der spezifischen Fähigkeiten, die in der Ausbildung zu entwickeln sind, um den Beruf auszuüben. Auf Grundlage dieser Aufzählungen werden die zu erwerbenden Kompetenzen in der Ausbildungs- und Prüfungsverordnung nach § 69 weiter konkretisiert."

2 In der Gesetzesbegründung (BT-Drs. 19/24447, S. 60 f.) wird zu **Abs. 1** ausgeführt:

„In Absatz 1 werden die Kernaufgaben der Medizinischen Technologinnen für Funktionsdiagnostik und der Medizinischen Technologen für Funktionsdiagnostik beschrieben. Diese umfassen die Planung, Vorbereitung und Durchführung von funktionsdiagnostischen Untersuchungen in der Kardiologie, in der Angiologie, in der Pneumologie, in der Hals-Nasen-Ohren-Heilkunde und in der Neurologie bei Patientinnen und Patienten aller Altersgruppen. Charakteristisch für die Tätigkeiten der Medizinischen Technologinnen für Funktionsdiagnostik und der Medizinischen Technologen für Funktionsdiagnostik ist, dass während der jeweiligen Untersuchung eine Plausibilitätskontrolle und soweit erforderlich eine Vorbefundung sowie Anpassungen im Untersuchungsablauf vorzunehmen sind.

Die Medizinischen Technologinnen für Funktionsdiagnostik und Medizinischen Technologen für Funktionsdiagnostik nehmen die ihnen übertragenen Aufgaben selbständig wahr. Das bedeutet, dass sie die Verantwortung für die Aufgabenwahrnehmung tragen. Der Aufgaben- und Verantwortungsbereich wird dabei von der Anforderung einer Ärztin oder eines Arztes oder einer sonstigen Person begrenzt."

3 In der Gesetzesbegründung (BT-Drs. 19/24447, S. 61) wird zu **Abs. 2** ausgeführt:

„Absatz 2 enthält übergreifende fachliche, methodische, personale und soziale Kompetenzen, die den Auszubildenden im Rahmen der Ausbildung vermittelt werden sollen. Diese Kompetenzen sind auf die besonderen Anforderungen des Berufs der Medizinischen Technologinnen für Funktionsdiagnostik und der Medizinischen Technologen für Funktionsdiagnostik zugeschnitten.

Nach Nummer 1 gehört dazu, dass die Medizinischen Technologinnen für Funktionsdiagnostik und die Medizinischen Technologen für Funktionsdiagnostik die Lebenssituation und die Selbstbestimmung der Patientinnen und Patienten in ihr Handeln einbeziehen. Dies ist von besonderer Bedeutung, da die Berufsgruppe Untersuchungen durchführt, die für Patientinnen und Patienten belastend sein können.

Zu den erforderlichen Kompetenzen gehören auch kommunikative Fähigkeiten zum Umgang mit Patientinnen und Patienten sowie deren Angehörigen und die interdisziplinäre und interprofessionelle Zusammenarbeit und Kommunikation (Nummer 2 und 3). Die Kommunikation mit Patientinnen und Patienten hat personen-

und situationsorientiert zu erfolgen und insbesondere die besonderen Belange von Menschen mit Behinderungen zu berücksichtigen.

Nummer 4 bezieht sich auf technische Notfälle ebenso wie auf medizinische Notfälle bei Patientinnen und Patienten.

Für den Beruf der Medizinischen Technologin für Funktionsdiagnostik und des Medizinischen Technologen für Funktionsdiagnostik sind auch digitale Kompetenzen zu erwerben. Die Berufsangehörigen müssen dabei medizinisch-technische und IT-Fähigkeiten miteinander verknüpfen können. Anwendungsbereiche sind hierbei Datenmanagement und Umgang mit weiteren digitalen Technologien (Nummer 5).

Medizinische Technologinnen für Funktionsdiagnostik und Medizinische Technologen für Funktionsdiagnostik müssen über die medizinisch-technische Fachexpertise zur Wahrnehmung für die durchzuführenden Maßnahmen verfügen (Nummer 6) sowie Hygiene- und Sicherheitskonzepte umsetzen (Nummer 7).

Darüber hinaus wirken sie an multidisziplinären Lösungen zur Optimierung der Arbeitsabläufe mit, die die Bedürfnisse der Patientinnen und Patienten berücksichtigen (Nummer 8), sichern die Qualität des eigenen beruflichen Handelns (Nummer 9) und berücksichtigen Aspekte der Patientensicherheit und der Wirtschaftlichkeit (Nummer 10).“

II. Korrespondierende Vorschriften der MTAPrV

In der MTAPrV werden in Teil 1 Inhalt und Ziele der Ausbildung benannt (§§ 1 bis 5 4
MTAPrV). Diese werden in der Anlage 3 für die Funktionsdiagnostik konkretisiert.

§ 12 Berufsspezifisches Ausbildungsziel für Medizinische Technologinnen für Veterinärmedizin und Medizinische Technologen für Veterinärmedizin

(1) [1]Die Auszubildenden zur Medizinischen Technologin für Veterinärmedizin und zum Medizinischen Technologen für Veterinärmedizin sind zu befähigen, insbesondere die folgenden Aufgaben selbstständig wahrzunehmen:

1. **biomedizinische Analyseprozesse mittels biologischer, chemischer sowie physikalischer Methoden und Verfahren einschließlich Präanalytik und Postanalytik zu planen, vorzubereiten und durchzuführen,**
2. **Untersuchungen in der Analytik von tierischen Lebensmitteln,**
3. **histologische, zytologische und weitere morphologische Präparate zur Prüfung für die tierärztliche Diagnostik vorzubereiten und aufzubereiten,**
4. **die Qualität der jeweiligen Analyseprozesse und -ergebnisse sicherzustellen.**

[2]Die in Satz 1 genannten Kompetenzen sind insbesondere in der Lebensmitteltechnologie und in der Spermatologie zu vermitteln.

(2) Die Auszubildenden zur Medizinischen Technologin für Veterinärmedizin und zum Medizinischen Technologen für Veterinärmedizin sind weiterhin zu befähigen, insbesondere die folgenden übergreifenden fachlichen, methodischen, personalen und sozialen Kompetenzen anzuwenden:

1. **interdisziplinäre und interprofessionelle Zusammenarbeit und Kommunikation,**
2. **Erkennen von Notfällen und Einleiten der erforderlichen Maßnahmen,**
3. **Datenmanagement und Umgang mit weiteren digitalen Technologien,**
4. **medizinische und technische Fachexpertise für die durchzuführenden Analyseprozesse,**
5. **Umsetzung von Hygiene- und Sicherheitskonzepten,**
6. **Mitwirkung an der Entwicklung und Umsetzung multidisziplinärer Lösungen, die die Optimierung der Arbeitsabläufe ermöglichen,**
7. **Analyse, Evaluation, Sicherung und Weiterentwicklung der Qualität des eigenen beruflichen Handelns,**
8. **Berücksichtigung von Aspekten des Tierschutzes, des gesundheitlichen Verbraucherschutzes und der Wirtschaftlichkeit.**

Erläuterungen

Übersicht

I. Erläuterungen

1 In der Gesetzesbegründung (BT-Drs. 19/24447, S. 61) wird zu § 12 MTBG allgemein ausgeführt:

„Die Vorschrift regelt das berufsspezifische Ausbildungsziel für die Auszubildenden zur Medizinischen Technologin für Veterinärmedizin und zum Medizinischen Technolo-

gen für Veterinärmedizin. Sie gilt für diese Berufsgruppe neben dem allgemeinen Ausbildungsziel in § 8 und enthält nicht-abschließende Aufzählungen der spezifischen Fähigkeiten, die in der Ausbildung zu entwickeln sind, um den Beruf auszuüben. Auf Grundlage dieser Aufzählungen werden die zu erwerbenden Kompetenzen in der Ausbildungs- und Prüfungsverordnung nach § 69 weiter konkretisiert."

In der Gesetzesbegründung (BT-Drs. 19/24447, S. 61 f.) wird zu **Abs. 1** ausgeführt: 2

„Es werden die Kernaufgaben der Medizinischen Technologinnen für Veterinärmedizin und der Medizinischen Technologen für Veterinärmedizin beschrieben. Dazu gehört die Planung, Vorbereitung und Durchführung biomedizinischer Analyseprozesse mittels verschiedener Methoden und Verfahren einschließlich der Präanalytik und der Postanalytik. Wichtiger Bestandteil der Arbeit ist außerdem die Sicherstellung der Qualität der jeweiligen Analyseprozesse und Analyseergebnisse. In Abgrenzung zu den Medizinischen Technologinnen für Laboratoriumsanalytik und den Medizinischen Technologen für Laboratoriumsanalytik führen Medizinischen Technologinnen für Veterinärmedizin und Medizinischen Technologen für Veterinärmedizin auch Untersuchungen in der Analytik von tierischen Lebensmitteln durch. Den Auszubildenden sind die für die Berufsausübung erforderlichen Kompetenzen insbesondere in der Lebensmitteltechnologie und in der Spermatologie zu vermitteln.

Die Medizinischen Technologinnen für Veterinärmedizin und Medizinischen Technologen für Veterinärmedizin nehmen die ihnen übertragenen Aufgaben selbständig wahr. Das bedeutet, dass sie die Verantwortung für die Aufgabenwahrnehmung tragen. Der Aufgaben- und Verantwortungsbereich wird dabei von der Anforderung einer Tierärztin oder eines Tierarztes oder einer sonstigen Person begrenzt."

Im Gesetzgebungsverfahren wurde aufgrund des Beschlusses des Ausschusses für Gesundheit die Beschreibung des Ausbildungsziels in **Abs. 1 Satz 1 Nr. 3** „für die *tierärztliche* Diagnostik vorzubereiten *und aufzubereiten*" klargestellt. Weiter wurde in **Abs. 1 der Satz 2** angefügt (BT-Drs. 19/26249, S. 24, 88 f.). 3

In der Gesetzesbegründung (BT-Drs. 19/24447, S. 62) wird zu **Abs. 2** ausgeführt: 4

„Absatz 2 enthält übergreifende fachliche, methodische, personale und soziale Kompetenzen, die den Auszubildenden im Rahmen der Ausbildung vermittelt werden sollen. Diese Kompetenzen sind auf die besonderen Anforderungen des Berufs der Medizinischen Technologinnen für Veterinärmedizin und der Medizinischen Technologen für Veterinärmedizin zugeschnitten.

Dazu gehört die interdisziplinäre und interprofessionelle Zusammenarbeit und Kommunikation (Nummer 1) und das Erkennen von Notfällen und Einleiten der erforderlichen Maßnahmen (Nummer 2).

Von besonderer Bedeutung für den Beruf der Medizinischen Technologin für Veterinärmedizin und des Medizinischen Technologen für Veterinärmedizin sind digitale Kompetenzen. Die Berufsangehörigen müssen dabei medizinisch-technische und IT-Fähigkeiten miteinander verknüpfen können. Anwendungsbereiche sind hierbei Datenmanagement und Umgang mit weiteren digitalen Technologien (Nummer 3).

Medizinische Technologinnen für Veterinärmedizin und Medizinische Technologen für Veterinärmedizin müssen über die medizinisch-technische Fachexpertise zur Wahrnehmung der in Absatz 1 beschriebenen Aufgaben verfügen (Nummer 4) sowie Hygiene- und Sicherheitskonzepte umsetzen (Nummer 5).

Darüber hinaus wirken sie an multidisziplinären Lösungen zur Optimierung der Arbeitsabläufe mit (Nummer 6), sichern die Qualität des eigenen beruflichen Handelns (Nummer 7) und berücksichtigen Aspekte der Wirtschaftlichkeit (Nummer 8).“

II. Korrespondierende Vorschriften der MTAPrV

5 In der MTAPrV werden in Teil 1 Inhalt und Ziele der Ausbildung benannt (§§ 1 bis 5 MTAPrV). Diese werden in der Anlage 4 für die Veterinärmedizin konkretisiert.

Abschnitt 3
Ausbildung

§ 13 Dauer und Struktur der Ausbildung

(1) Die Ausbildung kann in Vollzeit oder in Teilzeit absolviert werden.

(2) Sie dauert in Vollzeit drei Jahre und in Teilzeit höchstens fünf Jahre.

(3) Die Ausbildung besteht aus

1. theoretischem Unterricht,
2. praktischem Unterricht und
3. einer praktischen Ausbildung.

(4) [1]Die Ausbildung umfasst mindestens 4600 Stunden. [2]Sie verteilen sich je nach Beruf auf die Bestandteile der Ausbildung:

1. für die Ausbildung zur „Medizinischen Technologin für Laboratoriumsanalytik" oder zum „Medizinischen Technologen für Laboratoriumsanalytik" 2600 Stunden theoretischer und praktischer Unterricht sowie 2000 Stunden praktische Ausbildung;
2. für die Ausbildung zur „Medizinischen Technologin für Radiologie" oder zum „Medizinischen Technologen für Radiologie" 2600 Stunden theoretischer und praktischer Unterricht sowie 2000 Stunden praktische Ausbildung;
3. für die Ausbildung zur „Medizinischen Technologin für Funktionsdiagnostik" oder zum „Medizinischen Technologen für Funktionsdiagnostik" 2400 Stunden theoretischer und praktischer Unterricht sowie 2200 Stunden praktische Ausbildung;
4. für die Ausbildung zur „Medizinischen Technologin für Veterinärmedizin" oder zum „Medizinischen Technologen für Veterinärmedizin" 2600 Stunden theoretischer und praktischer Unterricht sowie 2000 Stunden praktische Ausbildung.

Erläuterungen

Übersicht

I. Erläuterungen

In der Gesetzesbegründung (BT-Drs. 19/24447, S. 62) wird zu **Abs. 1** ausgeführt: 1

„Die Möglichkeit, die Ausbildung in Vollzeit oder in Teilzeit zu absolvieren, wird mit dieser Vorschrift geschaffen. Dies wird den unterschiedlichen Lebenswirklichkeiten der auszubildenden Personen gerecht und macht so die Ausbildung auch für Personen attraktiv, für die beispielsweise aufgrund von familiären Verpflichtungen eine Ausbildung ausschließlich in Vollzeit nicht möglich ist."

2 In der Gesetzesbegründung (BT-Drs. 19/24447, S. 62) wird zu **Abs. 2** ausgeführt:

„Die Dauer der Ausbildung ist in Vollzeit auf drei Jahre und in Teilzeit auf fünf Jahre begrenzt. Eine Beschränkung der Höchstdauer der Teilzeitausbildung ist erforderlich, weil sowohl die auszubildende Person als auch die Schule und der Träger der praktischen Ausbildung zu Beginn der Ausbildung eine zeitliche Perspektive für den Abschluss der Ausbildung benötigen. Der Zeitraum von fünf Jahren ist dabei angemessen und entspricht auch den Vorgaben in anderen Berufsgesetzen, wie beispielsweise im Pflegeberufegesetz oder im Notfallsanitätergesetz."

3 In der Gesetzesbegründung (BT-Drs. 19/24447, S. 62) wird zu **Abs. 3** ausgeführt:

„Dieser Absatz benennt die Bestandteile der Ausbildung. Sie besteht aus theoretischem Unterricht, aus praktischem Unterricht und einer praktischen Ausbildung."

4 In der Gesetzesbegründung (BT-Drs. 19/24447, S. 62) wird zu **Abs. 4** ausgeführt:

„Die Mindeststundenzahl der Ausbildung in allen Berufen beträgt 4600 Stunden. Die Verteilung der Stunden auf die Teile der Ausbildung variiert aufgrund der unterschiedlichen Inhalte je nach Beruf und wird festgelegt."

II. Korrespondierende Vorschriften der MTAPrV

5 In der MTAPrV werden in § 2 die Gliederung der Ausbildung, in § 3 der theoretische und praktische Unterricht mit Verweis auf Anlage 5, in § 4 die praktische Ausbildung mit Verweis auf Anlage 6 und in § 5 das interprofessionelle Praktikum mit Verweis auf Anlage 6 geregelt.

§ 14 Voraussetzungen für den Zugang zur Ausbildung

Die Ausbildung darf nur absolvieren, wer

1. **mindestens einen der folgenden Abschlüsse besitzt:**
   a) **den mittleren Schulabschluss oder einen anderen gleichwertigen Schulabschluss oder**
   b) **einen Hauptschulabschluss oder eine gleichwertige Schulbildung und eine erfolgreich abgeschlossene Berufsausbildung in einem Beruf, für den eine reguläre Ausbildungsdauer von mindestens zwei Jahren vorgeschrieben ist,**
2. **sich nicht eines Verhaltens schuldig gemacht hat, aus dem sich die Unzuverlässigkeit zur Absolvierung der Ausbildung ergibt,**
3. **nicht in gesundheitlicher Hinsicht zur Absolvierung der Ausbildung ungeeignet ist und**
4. **über die Kenntnisse der deutschen Sprache verfügt, die für das Absolvieren der Ausbildung erforderlich sind.**

Erläuterungen

In der Gesetzesbegründung (BT-Drs. 19/24447, S. 63) wird zu **Nr. 1** ausgeführt: 1

„Der Zugang zur Ausbildung steht wie bisher Personen offen, die entweder einen mittleren Schulabschluss oder einen als gleichwertig anerkannten Abschluss erworben haben und dies nachweisen. Darüber hinaus haben oder Personen Zugang zur Ausbildung, die einen Hauptschulabschluss oder einen als gleichwertig anerkannten Abschluss erworben haben und über eine abgeschlossene, mindestens zweijährige Berufsausbildung verfügen."

In der Gesetzesbegründung (BT-Drs. 19/24447, S. 63) wird zu den **Nrn. 2 bis 4** ausgeführt: 2

„Zusätzlich zu der schulischen Qualifikation der an einer Ausbildung interessierten Person nach Nummer 1 müssen weitere Voraussetzungen bereits für den Zugang zur Ausbildung in dem jeweiligen Beruf vorliegen. Danach darf die an einer Ausbildung interessierte Person nicht in gesundheitlicher Hinsicht zur Absolvierung der Ausbildung ungeeignet oder unzuverlässig sein und muss über die für das Absolvieren der Ausbildung erforderlichen Kenntnisse der deutschen Sprache verfügen. Die für die Ausbildung geforderten Sprachkenntnisse sind auf einem niedrigeren Niveau anzusetzen als die für die Ausübung des Berufs nach § 1 Absatz 2 Nummer 4 geforderten Kenntnisse. Es ist zu erwarten, dass sich die Sprachkenntnisse im Laufe der Ausbildung verbessern.

Als Nachweis, dass keine gesundheitlichen Aspekte der Ausbildung entgegenstehen, kann eine ärztliche Untersuchung dienen. Die Zuverlässigkeit kann über die Vorlage eines Führungszeugnisses und die Kenntnisse der deutschen Sprache über ein Sprachzertifikat nachgewiesen werden.

So wird bereits vor Beginn der Ausbildung sichergestellt, dass die auszubildende Person die Voraussetzungen mitbringt, die für die Ausübung des Berufs in der medizinischen Technologie zusätzlich zu den fachlichen Anforderungen erforderlich sind. Dies ist aus Gründen der Patientensicherheit erforderlich, da die auszubildende Person während der praktischen Ausbildung Patientenkontakt haben wird."

§ 15 Anrechnung gleichwertiger Ausbildungen

(1) Die zuständige Behörde kann auf Antrag

1. eine erfolgreich abgeschlossene Ausbildung oder
2. erfolgreich abgeschlossene Teile einer Ausbildung

im Umfang ihrer Gleichwertigkeit auf die Dauer der Ausbildung anrechnen.

(2) Die Anrechnung kann die Ausbildung um bis zu zwei Drittel der Dauer der Ausbildung nach § 13 Absatz 2 verkürzen.

(3) Durch die Anrechnung darf nicht gefährdet werden, dass die auszubildende Person das allgemeine und berufsspezifische Ausbildungsziel erreicht.

Erläuterungen

1 In der Gesetzesbegründung (BT-Drs. 19/24447, S. 63) wird zu der Vorschrift allgemein ausgeführt:

„Diese Vorschrift ermöglicht es unterschiedliche berufliche Bildungsbiographien von auszubildenden Personen bei der Dauer der Ausbildung in dem jeweiligen Beruf zu berücksichtigen. Die horizontale Durchlässigkeit zu anderen Ausbildungen wird eröffnet. Der Begriff der Ausbildung ist weit zu verstehen und umfasst duale, praxisintegrierende, berufsfachschulische und hochschulische Ausbildungen. Beispielhaft sei hier die Ausbildung zur Medizinischen Fachangestellten oder zum Medizinischen Fachangestellten genannt.“

2 In der Gesetzesbegründung (BT-Drs. 19/24447, S. 63) wird zu **Abs. 1** ausgeführt:

„Die Prüfung, ob eine Anrechnung erfolgen kann und der Umfang der Anrechnung erfolgt durch die zuständige Behörde. Die auszubildende Person hat die Anrechnung zu beantragen und die für die Prüfung erforderlichen Unterlagen vorzulegen. Die nachfolgenden Nummern führen die Arten und Abschnitte der anrechenbaren Ausbildungen auf.“

3 In der Gesetzesbegründung (BT-Drs. 19/24447, S. 63) wird zu **Abs. 1 Nr. 1** ausgeführt:

„Anrechenbar kann eine erfolgreich abgeschlossene andere Ausbildung sein, soweit sie hinsichtlich der vermittelten Inhalte mit der Ausbildung auf der Grundlage dieses Gesetzes gleichwertig ist. Erfasst werden hierbei andere abgeschlossene duale, praxisintegrierende, berufsfachschulische und hochschulische Ausbildungen.“

4 In der Gesetzesbegründung (BT-Drs. 19/24447, S. 63) wird zu **Abs. 1 Nr. 2** ausgeführt:

„Erfolgreich abgeschlossene Teile einer Ausbildung können anrechenbar sein, soweit die vermittelten Inhalte mit den Inhalten der Ausbildung auf der Grundlage dieses Gesetzes gleichwertig sind. Ausbildungsteile von dualen, praxisintegrierenden, berufsfachschulischen und hochschulischen Ausbildungen werden erfasst. Teile einer Ausbildung nach diesem Gesetz in einem Beruf können auf die Ausbildung in einem anderen Beruf angerechnet werden. Dies soll den Wechsel zwischen den Berufen erleichtern.“

In der Gesetzesbegründung (BT-Drs. 19/24447, S. 63) wird zu **Abs. 2** ausgeführt: 5

„Die maximal mögliche Verkürzung der Ausbildung um zwei Drittel der normierten Ausbildungsdauer wird in diesem Absatz geregelt. Ein Drittel der Ausbildung ist zu absolvieren, wenn der Anrechnungsspielraum vollständig ausgeschöpft wird."

In der Gesetzesbegründung (BT-Drs. 19/24447, S. 64) wird zu **Abs. 3** ausgeführt: 6

„Das Erreichen des jeweiligen Ausbildungsziels muss bei der Verkürzung der Ausbildung durch die Anrechnung anderer gleichwertiger Ausbildungen stets gewährleistet bleiben."

§ 16 Anrechnung von Fehlzeiten

(1) [1]Auf die Dauer der Ausbildung werden angerechnet:

1. Urlaub, einschließlich Bildungsurlaub,
2. Fehlzeiten wegen Krankheit oder aus anderen, von der auszubildenden Person nicht zu vertretenden Gründen
   a) bis zu 10 Prozent der Stunden des theoretischen und praktischen Unterrichts sowie
   b) bis zu 10 Prozent der Stunden der praktischen Ausbildung und
3. Fehlzeiten aufgrund mutterschutzrechtlicher Beschäftigungsverbote.

[2]Die Anrechnung von Fehlzeiten aufgrund mutterschutzrechtlicher Beschäftigungsverbote und von Fehlzeiten nach Satz 1 Nummer 2 darf die Gesamtdauer von 18 Wochen nicht überschreiten.

(2) Auf Antrag der auszubildenden Person kann die zuständige Behörde auch über Absatz 1 hinausgehende Fehlzeiten berücksichtigen, wenn

1. eine besondere Härte vorliegt und
2. das Erreichen des allgemeinen und berufsspezifischen Ausbildungsziels durch die Anrechnung nicht gefährdet wird.

(3) Freistellungsansprüche nach dem Betriebsverfassungsgesetz, dem Bundespersonalvertretungsgesetz oder den Landespersonalvertretungsgesetzen bleiben unberührt.

Erläuterungen

1 In der Gesetzesbegründung (BT-Drs. 19/24447, S. 64) wird zu der Vorschrift allgemein ausgeführt:

„Diese Vorschrift regelt die Anrechnung von Abwesenheitszeiten während der Ausbildung und deren maximale Dauer. Abwesenheitszeiten, die über die maximale Dauer hinausgehen gefährden grundsätzlich das Ziel der Ausbildung und sind im Interesse der Qualität der Ausbildung nicht vertretbar.“

2 In der Gesetzesbegründung (BT-Drs. 19/24447, S. 64) wird zu **Abs. 1** ausgeführt:

„Dieser Absatz zählt Gründe für Abwesenheiten und Fehlzeiten auf, die auf die Dauer der Ausbildung angerechnet werden.“

3 In der Gesetzesbegründung (BT-Drs. 19/24447, S. 64) wird zu **Abs. 1 Nr. 1** ausgeführt:

„Angerechnet werden nach Nummer 1 Urlaubszeiten aufgrund von gesetzlichen oder tarifvertraglichen Regelungen und Zeiten des Bildungsurlaubes aufgrund landesrechtlicher Regelungen. Ebenfalls angerechnet werden Ferien, die den Schulferien entsprechen können. Die Elternzeit ist kein anrechenbarer Urlaub im Sinne der Nummer 1.“

In der Gesetzesbegründung (BT-Drs. 19/24447, S. 64) wird zu **Abs. 1 Nr. 2** ausgeführt: 4

„Der Umfang der anrechenbaren Fehlzeiten, die aufgrund einer Erkrankung oder aus anderen von der auszubildenden Person nicht zu vertretenden Gründen entstehen, wird durch Nummer 2 auf 10 Prozent der Stunden des theoretischen und praktischen Unterrichtes und 10 Prozent der praktischen Ausbildung begrenzt."

In der Gesetzesbegründung (BT-Drs. 19/24447, S. 64) wird zu **Abs. 1 Nr. 3** ausgeführt: 5

„Fehlzeiten aufgrund von im Mutterschutzgesetz verankerten Beschäftigungsverboten werden auf die Dauer der Ausbildung angerechnet. Die mutterschutzrechtlichen Beschäftigungsverbote umfassen zum einen die Schutzfristen nach § 3 Absatz 2 und § 6 Absatz 1 Mutterschutzgesetz sowie die übrigen Beschäftigungsverbote nach § 3 Absatz 1 und §§ 4, 6 Mutterschutzgesetz. Fehlzeiten aufgrund von Nummer 2 und 3 dürfen kombiniert 18 Wochen nicht überschreiten."

In der Gesetzesbegründung (BT-Drs. 19/24447, S. 64) wird zu **Abs. 2** ausgeführt: 6

„Auf Antrag kann die zuständige Behörde weitergehende Fehlzeiten berücksichtigen, wenn eine besondere Härte vorliegt und das Ausbildungsziel trotz der Fehlzeiten erreicht werden kann. Bei der Ermessensentscheidung sind alle Umstände des Einzelfalls in die Abwägung mit einzubeziehen, ob eine Anrechnung gerechtfertigt erscheint und das Erreichen des Ausbildungsziels dadurch nicht gefährdet wird. Ist eine Anrechnung nicht möglich, kann die auszubildende Person bei der zuständigen Behörde die Verlängerung der Ausbildungszeit nach § 17 beantragen."

In der Gesetzesbegründung (BT-Drs. 19/24447, S. 64) wird zu **Abs. 3** ausgeführt: 7

„Absatz 3 stellt klar, dass die gesetzlich geregelten Freistellungsansprüche nach dem Betriebsverfassungsgesetz, dem Bundespersonalvertretungsgesetz oder den Landespersonalvertretungsgesetzen nicht als Fehlzeiten im Sinne dieses Paragrafen gelten."

§ 17 Verlängerung der Ausbildungsdauer

(1) Die auszubildende Person kann bei der zuständigen Behörde die Verlängerung der Ausbildungsdauer beantragen.

(2) Die Verlängerung um höchstens ein Jahr kann genehmigt werden, wenn

1. die Verlängerung erforderlich ist, um das allgemeine und berufsspezifische Ausbildungsziel zu erreichen und
2. eine Anrechnung der Fehlzeiten aufgrund ihres Umfangs nicht möglich ist.

(3) Besteht die auszubildende Person die staatliche Prüfung nicht oder kann die auszubildende Person die staatliche Prüfung ohne eigenes Verschulden nicht vor Ablauf der Ausbildungszeit ablegen, so ist die Ausbildungsdauer bis zur nächstmöglichen Wiederholungsprüfung, höchstens jedoch um ein Jahr zu verlängern.

Erläuterungen

1 In der Gesetzesbegründung (BT-Drs. 19/24447, S. 64) wird zu der Vorschrift allgemein ausgeführt:

„Die Dauer der Ausbildung wird in § 13 Absatz 2 geregelt. Die Dauer der Ausbildung ist so konzipiert, dass in Voll- oder Teilzeit das Ausbildungsziel erreicht werden kann. In besonders gelagerten Einzelfällen genügt die vorgesehene Dauer der Ausbildung nicht für die auszubildende Person, um das Ausbildungsziel zu erreichen. Ist dies während der Ausbildung bereits absehbar, kann die auszubildende Person eine Verlängerung der Ausbildung bei der zuständigen Behörde beantragen. Die hier geregelte Verlängerung stellt keine Teilzeitregelung im Sinne des § 13 Absatz 2 dar.“

2 In der Gesetzesbegründung (BT-Drs. 19/24447, S. 65) wird zu **Abs. 1** und **Abs. 2** ausgeführt:

„Eine Verlängerung der Ausbildungsdauer um höchstens ein Jahr kann genehmigt werden, wenn diese erforderlich ist, um das Ausbildungsziel zu erreichen und eine Anrechnung der Fehlzeiten nach § 16 Absatz 1 und Absatz 2 aufgrund des Umfanges der Fehlzeiten nicht möglich ist. Eine Berücksichtigung weiterer Fehlzeiten aufgrund einer besonderen Härte ist von der zuständigen Behörde vorrangig zu prüfen. Das begrenzende Prüfkriterium im Falle des § 17 Absatz 2 ist das Erreichen des Ausbildungsziels.“

3 In der Gesetzesbegründung (BT-Drs. 19/24447, S. 65) wird zu **Abs. 3** ausgeführt:

„Neben der in Absatz 2 vorgesehenen Ermessensentscheidung der zuständigen Behörde über eine Verlängerung der Ausbildung aufgrund des Antrages der auszubildenden Person, normiert Absatz 3 die Rechtsfolge im Falle des Nichtbestehens der staatlichen Prüfung. Das Nichtbestehen der staatlichen Prüfung führt zur Verlängerung der Ausbildungsdauer bis zur nächstmöglichen Wiederholungsprüfung.“

§ 18 Mindestanforderungen an Schulen

(1) Der theoretische und praktische Unterricht findet an staatlichen, staatlich genehmigten oder staatlich anerkannten Schulen statt.

(2) Die Schulen müssen folgende Mindestanforderungen nachweisen:

1. **die hauptberufliche Leitung der Schule durch eine pädagogisch qualifizierte Person mit einer abgeschlossenen Hochschulausbildung auf Master- oder vergleichbarem Niveau;**
2. **hauptberufliche Lehrkräfte, die fachlich im medizinisch-technischen Bereich qualifiziert sind und über eine abgeschlossene pädagogische Hochschulausbildung mindestens auf Bachelor- oder vergleichbarem Niveau verfügen;**
3. **ein Verhältnis von mindestens einer hauptberuflichen Lehrkraft für den theoretischen und praktischen Unterricht zu 20 Ausbildungsplätzen;**
4. **das Vorhandensein der für die Ausbildung erforderlichen Räume und Einrichtungen sowie ausreichender Lehrmittel und Lernmittel.**

(3) Die Länder können durch Landesrecht das Nähere zu den Mindestanforderungen bestimmen und weitere, auch darüber hinausgehende Anforderungen festlegen.

Erläuterungen

In der Gesetzesbegründung (BT-Drs. 19/24447, S. 65) wird zu der Vorschrift allgemein ausgeführt: 1

„Die theoretische Ausbildung durch theoretischen und praktischen Unterricht in den vier Berufen der medizinischen Technologie findet an Schulen statt, die je nach Landesrecht unterschiedlich verfasst sind und die aufgeführten Mindestanforderungen nachweisen müssen. Die Mindestanforderungen dienen der Sicherung der Ausbildungsqualität. Für Schulleitungen und Lehrkräfte, die bereits an bestehenden Schulen tätig sind, werden in Teil 9 Übergangsvorschriften und Bestandsschutzregelungen getroffen."

In der Gesetzesbegründung (BT-Drs. 19/24447, S. 65) wird zu **Abs. 1** ausgeführt: 2

„Die Schulen, an denen der theoretische und praktische Unterricht stattfindet, können je nach landesrechtlichen Vorgaben staatlich organisiert sein oder die Voraussetzungen für eine staatliche Genehmigung oder eine staatliche Anerkennung erfüllen."

Zur **Weitergeltung der staatlichen Anerkennung** s. § 74 Abs. 1 und 2 MTBG. 3

In der Gesetzesbegründung (BT-Drs. 19/24447, S. 65) wird zu **Abs. 2** allgemein ausgeführt: 4

„Die in Absatz 2 aufgeführten Mindestanforderungen betreffen die Qualifikation der Leitung der Schule, die Qualifikation der Lehrkräfte, das Schüler-Lehrer-Verhältnis sowie die räumliche und materielle Ausstattung."

5 In der Gesetzesbegründung (BT-Drs. 19/24447, S. 65) wird zu **Abs. 2 Nr. 1** ausgeführt:

„Die hauptberufliche Leitung der Schule muss pädagogisch qualifiziert für die Tätigkeit sein. Als pädagogische Qualifikation ist eine abgeschlossene Hochschulausbildung auf Master- oder einem vergleichbaren Niveau erforderlich. Eine ergänzende fachliche Qualifikation beispielsweise durch eine Ausbildung in einem medizinisch-technischen Gesundheitsfachberuf, wie in einem der Berufe der technischen Assistenz in der Medizin oder eine Ausbildung in einem Gesundheitsberuf, wie Ärztinnen und Ärzte, Medizinphysikerinnen und Medizinphysikers sowie weitere vergleichbare Professionen, kann von den Ländern nach Absatz 3 als ergänzende Voraussetzung vorgesehen werden."

6 Zum **Bestandsschutz für Schulleitungen** s. § 74 Abs. 3 Nr. 1 und 3 MTBG.

7 In der Gesetzesbegründung (BT-Drs. 19/24447, S. 65) wird zu **Abs. 2 Nr. 2** ausgeführt:

„Die Schule hat die pädagogische und fachliche Qualifikation ihrer hauptberuflichen Lehrkräfte nachzuweisen. Die Lehrkräfte müssen fachlich im medizinisch-technischen Bereich qualifiziert sein. In Betracht kommt hier beispielsweise eine Ausbildung in einem Beruf der technischen Assistenz in der Medizin, hochschulische Ausbildungen in der Biologie, Medizinphysik, der Humanmedizin oder der Veterinärmedizin. Die pädagogische Qualifikation ist durch eine abgeschlossene Hochschulausbildung auf Bachelor Niveau oder auf einem vergleichbaren Niveau nachzuweisen; beispielsweise im Bereich der Medizinpädagogik. Nicht erfasst von diesen Qualifikationsanforderungen sind Lehrbeauftragte, die ergänzend zu den hauptberuflichen Lehrkräften Kenntnisse, Fähigkeiten und Fertigkeiten vermitteln, wie beispielsweise Ärztinnen und Ärzte."

8 Zum **Bestandsschutz für Lehrkräfte** s. § 74 Abs. 3 Nr. 2 und 3 MTBG.

9 In der Gesetzesbegründung (BT-Drs. 19/24447, S. 65) wird zu **Abs. 2 Nr. 3** ausgeführt:

„Um die Ausbildungsqualität während des theoretischen und praktischen Unterrichts sicherzustellen, ist ein Schüler-Lehrer-Schlüssel von einer hauptberuflichen Lehrkraft zu 20 Ausbildungsplätzen einzuhalten."

10 In der Gesetzesbegründung (BT-Drs. 19/24447, S. 66) wird zu **Abs. 2 Nr. 4** ausgeführt:

„Neben der personellen Ausstattung müssen in der Schule die für die Ausbildung in dem jeweiligen Beruf erforderlichen Räumlichkeiten, Einrichtungen, Geräte, Lehr- und Lernmittel zur Verfügung stehen."

11 In der Gesetzesbegründung (BT-Drs. 19/24447, S. 66) wird zu **Abs. 3** ausgeführt:

„Die Öffnungsklausel in Absatz 3 ermöglicht es den Ländern je nach Verfasstheit der Schulen das Nähere zu bestimmen und weitere Anforderungen festzulegen. Dies kann beispielsweise die Qualifikation der Lehrkräfte hinsichtlich der fachlichen und pädagogischen Anforderungen betreffen und als darüberhinausgehende Regelung die Festlegung einer kontinuierlichen und in bestimmten Zeitabständen erforderliche Fortbildungspflicht für den sich stetig weiterentwickelnden Bereich der medizinischen Technologie umfassen."

§ 19 Praktische Ausbildung

(1) [1]Die praktische Ausbildung wird durchgeführt in geeigneten

1. Krankenhäusern, die zur Versorgung nach § 108 des Fünften Buches Sozialgesetzbuch zugelassen sind, und
2. ambulanten Einrichtungen.

[2]Die Ausbildung in der veterinärmedizinischen Technologie kann darüber hinaus in hierfür geeigneten Einrichtungen stattfinden.

(2) [1]Die praktische Ausbildung darf nur in Krankenhäusern und Einrichtungen durchgeführt werden, die sicherstellen, dass während der praktischen Ausbildung in dem jeweiligen Beruf eine Anleitung der Auszubildenden durch eine praxisanleitende Person im Umfang von mindestens 15 Prozent der zu absolvierenden Stundenzahl erfolgt. [2]Abweichend von Satz 1 können die Länder bis zum 31. Dezember 2030 in dem jeweiligen Beruf einen geringeren Umfang für eine Anleitung der Auszubildenden durch eine praxisanleitende Person vorsehen, jedoch nicht unter 10 Prozent der zu absolvierenden Stundenzahl.

(3) Die Geeignetheit von Krankenhäusern und Einrichtungen für die Durchführung der praktischen Ausbildung bestimmt sich nach den jeweiligen landesrechtlichen Regelungen.

(4) Im Fall von Rechtsverstößen kann die zuständige Behörde einem Krankenhaus oder einer Einrichtung die Durchführung der praktischen Ausbildung untersagen.

Erläuterungen

Übersicht

I. Erläuterungen

1 In der Gesetzesbegründung (BT-Drs. 19/24447, S. 66) wird zu der Vorschrift allgemein ausgeführt:

„Die Vorschrift trifft Regelungen zu den geeigneten Einrichtungen für die praktische Ausbildung in allen vier Berufen der medizinischen Technologie."

2 In der Gesetzesbegründung (BT-Drs. 19/24447, S. 66) wird zu **Abs. 1** ausgeführt:

„In Betracht kommen als Einrichtungen für die praktische Ausbildung Krankenhäuser, die zur Versorgung nach § 108 SGB V zugelassen sind und ambulante Einrichtungen. Als ambulante Einrichtungen kommen beispielsweise Laboratorien, radiologische und funktionsdiagnostische Arztpraxen in Betracht, in der veterinärmedizinischen Technologie Tierarztpraxen und Tierkliniken."

3 In der Gesetzesbegründung (BT-Drs. 19/24447, S. 66) wird zu **Abs. 2** ausgeführt:

„Krankenhäuser und ambulante Einrichtungen können die praktische Ausbildung in dem jeweiligen Beruf nur durchführen, wenn sie die jeweils erforderliche technische Ausstattung haben und eine Praxisanleitung im Umfang von 10 Prozent gewährleisten können. Die Betreuungsquote von 10 Prozent ist als Mindestumfang ausgestaltet. Eine höhere Betreuungsquote ist also möglich. Eine enge Begleitung und Betreuung der Auszubildenden während der praktischen Ausbildung steigert die Qualität der Ausbildung. Die auszubildende Person wird hierdurch gut auf ihre verantwortliche Tätigkeit vorbereitet und der Berufseinstieg wird erleichtert."

4 Im Gesetzgebungsverfahren wurde aufgrund des Beschlusses des Ausschusses für Gesundheit in **Abs. 2 Satz 1** der Stundenumfang von ursprünglich 10 auf 15 Prozent der zu absolvierenden Stundenzahl erhöht. Weiter wurde in **Abs. 2 der Satz 2** angefügt (BT-Drs. 19/26249, S. 29, 89).

5 In der Gesetzesbegründung (BT-Drs. 19/24447, S. 66) wird zu **Abs. 3** ausgeführt:

„Weitere Vorgaben zur Geeignetheit von Krankenhäusern und ambulanten Einrichtungen zur Durchführung der praktischen Ausbildung ergeben sich aus landesrechtlichen Regelungen."

6 In der Gesetzesbegründung (BT-Drs. 19/24447, S. 66) wird zu **Abs. 4** ausgeführt:

„Es muss sichergestellt werden, dass während der praktischen Ausbildung von der Einrichtung eine Praxisanleitung in dem jeweils geforderten Umfang gewährleistet werden kann. Im Fall von Verstößen gegen diese Regelung kann die zuständige Landesbehörde daher die Durchführung der praktischen Ausbildung in Krankenhäusern und ambulanten Einrichtungen untersagen."

7 Im Gesetzgebungsverfahren wurde aufgrund des Beschlusses des Ausschusses für Gesundheit in **Abs. 4** statt des Begriffes der ambulanten Einrichtung der Begriff der Einrichtung verwendet. Die Streichung dient der Anpassung des § 19 Abs. 4 MTBG an dessen Absätze 2 und 3. Der Begriff „Einrichtungen" wird dort als Oberbegriff für ambulante (§ 19 Abs. 1 Satz 1 Nr. 2) und geeignete Einrichtungen (§ 19 Abs. 1 Satz 2) verwendet. Damit wird ein Anliegen des Bundesrates umgesetzt (Nr. 15 der Stellungnahme vom 6.11.2020 – BR-Drs. 562/20 (Beschluss)) (BT-Drs. 19/26249, S. 29, 89).

II. Korrespondierende Vorschriften der MTAPrV

8 Zur praktischen Ausbildung s. § 4 MTAPrV, zum interprofessionellen Praktikum als Teil der praktischen Ausbildung s. § 5 MTAPrV.

§ 20 Praxisanleitung

Die praxisanleitende Person führt die Auszubildenden an die praktischen und berufsspezifischen Tätigkeiten in der medizinischen Technologie heran und begleitet den Lernprozess während der praktischen Ausbildung.

Erläuterungen

Übersicht

I. Erläuterungen

1 In der Gesetzesbegründung (BT-Drs. 19/24447, S. 66) wird zu der Vorschrift ausgeführt:

„Die Vorschrift beschreibt die Tätigkeit der praxisanleitenden Person während der praktischen Ausbildung. Sie führt die auszubildende Person an die praktischen und berufsspezifischen Tätigkeiten heran und begleitet den Lernprozess. Die Beschreibung der Tätigkeit der praxisanleitenden Person ist nicht abschließend. Das Nähere zur Praxisanleitung regelt die Ausbildungs- und Prüfungsverordnung nach § 69.“

II. Korrespondierende Vorschriften der MTAPrV

2 § 8 Abs. 1 MTAPrV beschreibt die Qualifikationsanforderungen an die praxisanleitende Person. In § 8 Abs. 2 MTAPrV ist der Bestandsschutz geregelt.

§ 21 Träger der praktischen Ausbildung

(1) [1]Eine nach § 19 geeignete Einrichtung ist der Träger der praktischen Ausbildung. [2]Der Träger der praktischen Ausbildung ist für die Durchführung der praktischen Ausbildung verantwortlich.

(2) Der Träger der praktischen Ausbildung hat die folgenden Aufgaben wahrzunehmen:

1. **mit der auszubildenden Person einen Ausbildungsvertrag nach Abschnitt 4 dieses Teils abzuschließen,**
2. **einen Ausbildungsplan für die praktische Ausbildung zu erstellen,**
3. **soweit der Ausbildungsplan dies vorsieht, mit weiteren für die praktische Ausbildung geeigneten Einrichtungen eine Vereinbarung über die Durchführung von Teilen der praktischen Ausbildung zu schließen und**
4. **die Einhaltung des Ausbildungsplans in geeigneter Form sicherzustellen.**

(3) In der Kooperationsvereinbarung nach § 22 Nummer 1 kann der Träger der praktischen Ausbildung die Schule

1. **zum Abschluss des Ausbildungsvertrages bevollmächtigen und**
2. **mit der Wahrnehmung von weiteren in Absatz 2 benannten Aufgaben beauftragen.**

Erläuterungen

Übersicht

I. Erläuterungen

1 In der Gesetzesbegründung (BT-Drs. 19/24447, S. 66) wird zu **Abs. 1** ausgeführt:

„Eine geeignete Einrichtung der praktischen Ausbildung übernimmt die Verantwortung für die praktische Ausbildung und wird zum Träger der praktischen Ausbildung. Träger der praktischen Ausbildung kann eine geeignete Einrichtung nur sein, wenn sie die personellen und finanziellen Ressourcen besitzt, um die Aufgaben des Trägers der praktischen Ausbildung wahrzunehmen.“

2 In der Gesetzesbegründung (BT-Drs. 19/24447, S. 67) wird zu **Abs. 2** ausgeführt:

„Die Aufgaben des Trägers der praktischen Ausbildung werden in diesem Absatz aufgeführt. Sie verdeutlichen die Durchführungsverantwortung des Trägers der praktischen Ausbildung.

Der Abschluss des Ausbildungsvertrages mit der auszubildenden Person nach den Vorgaben des Abschnittes 4 einschließlich der Rechte und Pflichten ist eine wichtige Aufgabe des Trägers der praktischen Ausbildung. Teil der Verantwortung für die praktische Ausbildung ist es, einen Ausbildungsplan für die auszubildende Person zu erstellen. Hierbei können auch weitere geeignete Einrichtungen in die praktische Ausbildung miteinbezogen werden. Soll eine solche Einbeziehung erfolgen, so schließt der Träger der praktischen Ausbildung mit den weiteren geeigneten Einrichtungen eine Vereinbarung. Die Einhaltung des Ausbildungsplans muss vom Träger der praktischen Ausbildung sichergestellt werden.“

In der Gesetzesbegründung (BT-Drs. 19/24447, S. 67) wird zu **Abs. 3** ausgeführt: 3

„Bestimmte Aufgaben des Trägers der praktischen Ausbildung können durch die Kooperationsvereinbarung auf die Schule übertragen werden. Ausgenommen hiervon ist die Eigenschaft als Vertragspartner des Ausbildungsvertrages. Für den Abschluss des Ausbildungsvertrages kommt eine Bevollmächtigung der Schule in Betracht.“

II. Korrespondierende Vorschriften der MTAPrV

In § 10 MTAPrV wird der Inhalt der in § 21 Abs. 3 MTBG erwähnten Kooperations- 4
vereinbarungen beschrieben.

§ 22 Aufgaben und Gesamtverantwortung der Schule

Die Schule

1. **wirkt mit dem Träger der praktischen Ausbildung auf der Grundlage von Kooperationsvereinbarungen zusammen,**
2. **trägt die Gesamtverantwortung für die Koordination des theoretischen und praktischen Unterrichts mit der praktischen Ausbildung,**
3. **erstellt ein schulinternes Curriculum,**
4. **prüft, ob der Ausbildungsplan für die praktische Ausbildung den Anforderungen des schulinternen Curriculums entspricht und**
5. **unterstützt die praktische Ausbildung durch eine Praxisbegleitung in angemessenem Umfang.**

Erläuterungen

Übersicht

I. Erläuterungen

1 In der Gesetzesbegründung (BT-Drs. 19/24447, S. 67) wird zu der Vorschrift ausgeführt:

„Die Schule trägt die Gesamtverantwortung für die Ausbildung und nimmt die aufgeführten Aufgaben wahr. Die Grundlage des Zusammenwirkens der Schule mit dem Träger der praktischen Ausbildung ist eine Kooperationsvereinbarung. Der Schule obliegt es die Koordination des theoretischen und praktischen Unterrichtes mit der praktischen Ausbildung zu gewährleisten, um das Erreichen des jeweiligen Ausbildungsziels sicherzustellen. Die Prüfung des Ausbildungsplans hinsichtlich der Anforderungen des schulinternen Curriculums für die praktische Ausbildung gehört ebenfalls zu ihren Aufgaben. Um die auszubildende Person optimal während der praktischen Ausbildung zu unterstützen, stellt die Schule eine Praxisbegleitung in angemessenem Umfang sicher."

II. Korrespondierende Vorschriften der MTAPrV

2 Zu den in Nr. 1 erwähnten Kooperationsvereinbarungen s. § 10 MTAPrV. Zu dem in Nr. 2 erwähnten theoretischen und praktischen Unterricht s. § 3 MTAPrV und zur praktischen Ausbildung s. § 4 und § 5 MTAPrV. Zu der in Nr. 5 erwähnten Praxisbegleitung s. § 9 MTAPrV.

§ 23 Praxisbegleitung

(1) Die Schule unterstützt die Auszubildenden während der praktischen Ausbildung fachlich und pädagogisch durch eine praxisbegleitende Person.

(2) Die an der praktischen Ausbildung beteiligten Einrichtungen unterstützen die Schulen bei der Durchführung der Praxisbegleitung.

Erläuterungen

Übersicht

I. Erläuterungen

1 In der Gesetzesbegründung (BT-Drs. 19/24447, S. 67) wird zu der Vorschrift ausgeführt:

„Die Schule stellt die Praxisbegleitung in angemessenem Umfang sicher. Die Aufgabe der Praxisbegleitung ist die pädagogische und fachliche Betreuung der auszubildenden Person. Hierdurch wird die enge Verzahnung zwischen Theorie und Praxis gewährleistet. Bei Durchführung der Praxisbegleitung wird die Schule durch die an der Ausbildung beteiligten Einrichtungen unterstützt. Das Nähere zur Praxisbegleitung regelt die Ausbildungs- und Prüfungsverordnung nach § 69.“

II. Korrespondierende Vorschriften der MTAPrV

2 Der angemessene Mindestumfang der Praxisbegleitung wird in § 9 Satz 2 MTAPrV festgelegt.

§ 24 Schulinternes Curriculum und Ausbildungsplan

(1) Das schulinterne Curriculum nach § 22 Nummer 3 wird für den theoretischen und praktischen Unterricht erstellt.

(2) In dem Ausbildungsplan nach § 21 Absatz 2 Nummer 2 ist die praktische Ausbildung zeitlich und sachlich so zu gliedern, dass das allgemeine und das jeweilige berufsspezifische Ausbildungsziel erreicht werden können.

(3) Die Vorgaben dieses Gesetzes und der Ausbildungs- und Prüfungsverordnung nach § 69 sind bei Erstellung des schulinternen Curriculums und des Ausbildungsplans einzuhalten.

(4) Die Schule und der Träger der praktischen Ausbildung stimmen im gegenseitigen Einvernehmen das schulinterne Curriculum und den Ausbildungsplan ab.

(5) Die Länder können unter Beachtung der Vorgaben der Ausbildungs- und Prüfungsverordnung einen verbindlichen Lehrplan als Grundlage für die Erstellung der schulinternen Curricula der Schulen erlassen.

Erläuterungen

Übersicht

I. Erläuterungen

1 In der Gesetzesbegründung (BT-Drs. 19/24447, S. 67) wird zu **Abs. 1** ausgeführt:

„Das schulinterne Curriculum bezeichnet den Lehrplan für den theoretischen und praktischen Unterricht und wird von der Schule erstellt. Im Lehrplan sind die theoretischen und praktischen Unterrichtsinhalte, zeitlich und inhaltlich so aufeinander abzustimmen, dass das Erreichen des Ausbildungsziels in dem jeweiligen Beruf ermöglicht wird.“

2 In der Gesetzesbegründung (BT-Drs. 19/24447, S. 67) wird zu **Abs. 2** ausgeführt:

„Während der praktischen Ausbildung ist das Erreichen des jeweiligen Ausbildungsziels durch die zeitliche und sachliche Gliederung der Ausbildungsinhalte sicherzustellen und im Ausbildungsplan festzulegen.“

3 In der Gesetzesbegründung (BT-Drs. 19/24447, S. 67) wird zu **Abs. 3** ausgeführt:

„Die Vorgaben des Gesetzes und der Ausbildungs- und Prüfungsverordnung erfahren durch das schulinterne Curriculum und den Ausbildungsplan eine weitere Konkretisierung. Abweichungen von den normierten Vorgaben sind nicht zulässig.“

4 In der Gesetzesbegründung (BT-Drs. 19/24447, S. 67) wird zu **Abs. 4** ausgeführt:

„Diese Vorschrift regelt den kooperativen Austausch zwischen der Schule und dem Träger der praktischen Ausbildung hinsichtlich der Abstimmung des schulinternen

Curriculums und des Ausbildungsplans. Beide sind so aufeinander abzustimmen, dass das Ausbildungsziel erreicht werden kann."

Im Gesetzgebungsverfahren wurde aufgrund des Beschlusses des Ausschusses für Gesundheit **Abs. 5** angefügt. Die Begründung hierzu lautet (BT-Drs. 19/26249, S. 31, 89): 5

„Die Regelung dient der Herstellung einer gewissen Einheitlichkeit innerhalb der Länder. Eine parallele Regelung findet sich in § 6 Absatz 2 Satz 3 des Pflegeberufegesetzes.

Es wird ein Anliegen des Bundesrates umgesetzt (Nummer 16 der Stellungnahme vom 6. November 2020 – BR-Drs. 562/20 (Beschluss))."

II. Korrespondierende Vorschriften der MTAPrV

Die Struktur und die Inhalte des schulinternen Curriculums und des Ausbildungsplans sind den §§ 1 bis 5 MTAPrV sowie den Anlagen 1 bis 6 zu entnehmen. 6

§ 25 Staatliche Prüfung

(1) Die Ausbildung schließt mit einer staatlichen Prüfung ab.

(2) Mit der staatlichen Prüfung wird überprüft, ob die auszubildende Person das allgemeine und berufsspezifische Ausbildungsziel erreicht hat.

Erläuterungen

Übersicht

I. Erläuterungen

1 In der Gesetzesbegründung (BT-Drs. 19/24447, S. 68) wird zu der Vorschrift ausgeführt:

„Mit der staatlichen Prüfung schließt die Ausbildung in dem jeweiligen Beruf ab. Eine staatliche Prüfung zur Erlangung der Erlaubnis nach § 1 ist aus Gründen des Patientenschutzes erforderlich. Das Nähere zur staatlichen Prüfung regelt die Ausbildungs- und Prüfungsverordnung nach § 69."

II. Korrespondierende Vorschriften der MTAPrV

2 Die Vorschriften zu staatlichen Prüfung sind im Teil 2 MTAPrV (§§ 11 bis 57) enthalten.

Abschnitt 4
Ausbildungsverhältnis

§ 26 Ausbildungsvertrag

(1) Zwischen dem Träger der praktischen Ausbildung und der auszubildenden Person ist ein Ausbildungsvertrag nach den Vorschriften dieses Abschnitts zu schließen.

(2) [1]Der Abschluss und jedes Rechtsgeschäft zur Änderung des Ausbildungsvertrages bedürfen der Schriftform. [2]Die schriftliche Form kann nicht durch die elektronische Form ersetzt werden.

Erläuterungen

In der Gesetzesbegründung (BT-Drs. 19/24447, S. 68) wird zu **Abs. 1** ausgeführt: 1

„Dieser Absatz legt fest, dass die auszubildende Person einen Ausbildungsvertrag mit dem Träger der praktischen Ausbildung schließt. Der Träger der praktischen Ausbildung übernimmt die Verantwortung für die Durchführung des praktischen Teils der Ausbildung in dem jeweiligen Beruf.“

In der Gesetzesbegründung (BT-Drs. 19/24447, S. 68) wird zu **Abs. 2** ausgeführt: 2

„Für den Abschluss des Ausbildungsvertrages und jede Änderung des Vertragsinhalts gilt ein Schriftformerfordernis. Die elektronische Form ist zum Schutz der auszubildenden Person ausgeschlossen.“

Die **Schriftform** ist in § 126 BGB geregelt: 3

(1) Ist durch Gesetz schriftliche Form vorgeschrieben, so muss die Urkunde von dem Aussteller eigenhändig durch Namensunterschrift oder mittels notariell beglaubigten Handzeichens unterzeichnet werden.

(2) Bei einem Vertrag muss die Unterzeichnung der Parteien auf derselben Urkunde erfolgen. Werden über den Vertrag mehrere gleichlautende Urkunden aufgenommen, so genügt es, wenn jede Partei die für die andere Partei bestimmte Urkunde unterzeichnet.

(3) Die schriftliche Form kann durch die elektronische Form ersetzt werden, wenn sich nicht aus dem Gesetz ein anderes ergibt.

(4) Die schriftliche Form wird durch die notarielle Beurkundung ersetzt.

Zur hier durch § 26 Abs. 2 Satz 2 MTBG gesetzlich ausgeschlossenen **elektronischen** 4
Form s. § 126a BGB.

§ 27 Inhalt des Ausbildungsvertrages

(1) Der Ausbildungsvertrag muss mindestens folgende Regelungen enthalten:

1. **die Bezeichnung des Berufs, zu dem nach den Vorschriften dieses Gesetzes ausgebildet wird,**
2. **den Beginn und die Dauer der Ausbildung,**
3. **den Ausbildungsplan für die praktische Ausbildung,**
4. **die Dauer der regelmäßigen täglichen oder wöchentlichen Arbeitszeit und**
5. **die Zahlungsmodalitäten und die Höhe der Ausbildungsvergütung einschließlich des Umfangs etwaiger Sachbezüge.**

(2) Des Weiteren sollen folgende Angaben, Informationen und Hinweise im Vertrag enthalten sein oder dem Vertrag beigefügt werden:

1. **die Dauer der Probezeit,**
2. **die Dauer des Urlaubs,**
3. **die Angabe der der Ausbildung zugrunde liegenden Ausbildungs- und Prüfungsverordnung nach § 69 in der jeweils geltenden Fassung,**
4. **die Voraussetzungen, unter denen der Ausbildungsvertrag gekündigt werden kann,**
5. **der Hinweis auf die Möglichkeit der Vertragsverlängerung nach § 37 Absatz 2,**
6. **ein in allgemeiner Form gehaltener Hinweis auf die dem Ausbildungsvertrag gegebenenfalls zugrunde liegenden tariflichen Bestimmungen, Betriebsvereinbarungen oder Dienstvereinbarungen und**
7. **ein in allgemeiner Form gehaltener Hinweis auf die Rechte als Arbeitnehmerin oder Arbeitnehmer des Trägers der praktischen Ausbildung nach § 5 des Betriebsverfassungsgesetzes oder nach § 4 des Bundespersonalvertretungsgesetzes.**

Erläuterungen

1 In der Gesetzesbegründung (BT-Drs. 19/24447, S. 68) wird zu **Abs. 1** ausgeführt:

„Die Vorschrift regelt den wesentlichen Mindestinhalt des Ausbildungsvertrages. Danach ist die Bezeichnung des jeweiligen Berufs der medizinischen Technologie aufzunehmen, zu der ausgebildet werden soll, sowie der Beginn der Ausbildung, da an diesen Zeitpunkt die Zahlung der Vergütung und der Beginn der Probezeit anknüpft. Der Ausbildungsplan, der die Grundlage für die praktische Ausbildung der auszubildenden Person darstellt, ist ebenfalls wesentlicher Vertragsbestandteil."

2 In der Gesetzesbegründung (BT-Drs. 19/24447, S. 68) wird zu **Abs. 2** ausgeführt:

„Die Vorschrift legt weitere Hinweise und Inhalte fest, die in dem Ausbildungsvertrag enthalten sein sollen oder beigefügt werden. Nach den Nummern 6 und 7 ist insbesondere auch ein Hinweis auf gegebenenfalls zugrunde liegende tarifliche Bestimmungen, Betriebs- oder Dienstvereinbarungen sowie auf die Rechte als Arbeitnehmer bei dem Träger der praktischen Ausbildung im Sinne von § 5 des Betriebsverfassungsgesetzes oder von § 4 des Bundespersonalvertretungsgesetzes aufzunehmen."

§ 28 Wirksamkeit des Ausbildungsvertrages

Der Ausbildungsvertrag wird nur wirksam, wenn die Schule, mit der der Träger der praktischen Ausbildung eine Kooperationsvereinbarung geschlossen hat, dem Ausbildungsvertrag zustimmt.

Erläuterungen

Übersicht

I. Erläuterungen

In der Gesetzesbegründung (BT-Drs. 19/24447, S. 68) wird zu der Vorschrift ausgeführt: 1

„Der Ausbildungsvertrag bedarf zu seiner Wirksamkeit der Zustimmung der Schule, mit der der Träger der praktischen Ausbildung eine Kooperationsvereinbarung abgeschlossen hat und an der der theoretische und praktische Unterricht stattfinden wird. Hierdurch wird die Schule ihrer Gesamtverantwortung für die Ausbildung gerecht. Einzelheiten zur Auswahlentscheidung der Auszubildenden können in der Kooperationsvereinbarung zwischen der Schule und dem Träger der praktischen Ausbildung vereinbart werden."

Zur **Zustimmung** s. § 182 BGB, zur vorherigen Zustimmung (Einwilligung) s. § 183 BGB, zur nachträglichen Zustimmung (Genehmigung) s. § 184 BGB. 2

II. Korrespondierende Vorschriften der MTAPrV

Zur Kooperationsvereinbarung s. § 10 MTAPrV. 3

§ 29 Vertragsschluss bei Minderjährigen

[1]Der Ausbildungsvertrag ist bei Minderjährigen gemeinsam von der minderjährigen Person und deren gesetzlichen Vertretern zu schließen. [2]Eine Vertragsurkunde ist der auszubildenden Person und deren gesetzlichen Vertretern auszuhändigen.

Erläuterungen

1 In der Gesetzesbegründung (BT-Drs. 19/24447, S. 68) wird zu der Vorschrift ausgeführt:

„Die Vorschrift regelt den Vertragsschluss für den Fall, dass die auszubildende Person minderjährig ist. Dann ist der Vertrag von den gesetzlichen Vertretern zu unterzeichnen."

2 **Minderjährig** ist eine Person, die das siebte Lebensjahr vollendet hat (§ 104 Nr. 1 BGB). Minderjährige haben beschränkte Geschäftsfähigkeit (§ 106 BGB). Die volle Geschäftsfähigkeit wird mit Vollendung des achtzehnten Lebensjahres erreicht. Das BGB enthält eine Reihe von Vorschriften zu den Verträgen mit Minderjährigen (§§ 106 ff. BGB) sowie zum Dienst- und Arbeitsverhältnis (§ 113 BGB).

§ 30 Anwendbares Recht

Auf den Ausbildungsvertrag sind, soweit sich aus seinem Wesen und Zweck sowie aus diesem Gesetz nichts anderes ergibt, die für den Arbeitsvertrag geltenden Rechtsvorschriften und Rechtsgrundsätze anzuwenden.

Erläuterungen

In der Gesetzesbegründung (BT-Drs. 19/24447, S. 68) wird zu der Vorschrift ausgeführt: 1

„*Die Vorschrift legt fest, dass die für Arbeitsverhältnisse geltenden Rechtsvorschriften und Rechtsgrundsätze anzuwenden sind, soweit sich aus dem Wesen und Zweck des Ausbildungsvertrages oder aus diesem Gesetz nichts anderes ergibt. Unter der Berücksichtigung dieser Einschränkungen finden insbesondere auch die §§ 611 ff. BGB Anwendung. Anwendbar sind auch die für Arbeitnehmer geltenden Schutzgesetze, insbesondere das Jugendarbeitsschutzgesetz.*“

§ 31 Pflichten des Trägers der praktischen Ausbildung

(1) Der Träger der praktischen Ausbildung ist insbesondere verpflichtet,

1. **die praktische Ausbildung auf der Grundlage des Ausbildungsplans durchzuführen,**
2. **zu gewährleisten, dass die im Ausbildungsplan vorgesehenen Teile der praktischen Ausbildung durchgeführt werden können,**
3. **sicherzustellen, dass die auszubildende Person im nach § 19 Absatz 2 vorgesehenen Umfang während der praktischen Ausbildung von einer praxisanleitenden Person angeleitet wird,**
4. **der auszubildenden Person kostenlos die Ausbildungsmittel, insbesondere Fachbücher, Zugang zu Datenbanken, Instrumente und Apparate zur Verfügung zu stellen, die für die Absolvierung der praktischen Ausbildung und für das Ablegen der staatlichen Prüfung erforderlich sind,**
5. **die auszubildende Person für die Teilnahme an Ausbildungsveranstaltungen der Schule und für die Teilnahme an Prüfungen freizustellen und**
6. **bei der Gestaltung der praktischen Ausbildung auf die erforderlichen Lern- und Vorbereitungszeiten Rücksicht zu nehmen.**

(2) [1]Der auszubildenden Person dürfen nur Aufgaben übertragen werden, die dem Ausbildungszweck und dem Ausbildungsstand entsprechen. [2]Die übertragenen Aufgaben müssen den physischen und psychischen Kräften der auszubildenden Person angemessen sein.

(3) Im Fall von § 21 Absatz 2 Nummer 3 hat der Träger der praktischen Ausbildung die Erfüllung der Pflichten nach den Absätzen 1 und 2 bei den weiteren Einrichtungen der praktischen Ausbildung sicherzustellen.

Erläuterungen

Übersicht

I. Erläuterungen

1 In der Gesetzesbegründung (BT-Drs. 19/24447, S. 69) wird zu Abs. 1 ausgeführt:

„Der Träger der praktischen Ausbildung hat die praktische Ausbildung durch eine angemessene und zweckmäßige Strukturierung der praktischen Ausbildung auf der Grundlage des Ausbildungsplans durchzuführen.

Der Träger der praktischen Ausbildung hat zudem die Praxisanleitung im erforderlichen Umfang von 10 Prozent sicherzustellen. Die Auszubildenden erhalten so die notwendige Anleitung bei der Erledigung der Aufgaben im Berufsalltag. Die Betreuungsquote von 10 Prozent stellt die Qualität der praktischen Ausbildung sicher, da die auszubildenden Personen während der praktischen Erfahrungen im Berufsleben begleitet werden.

Der Träger der praktischen Ausbildung hat der auszubildenden Person kostenlos die Ausbildungsmittel, insbesondere Fachbücher, den Zugang zu Datenbanken, die Instrumente und Apparate zur Verfügung zu stellen, die für die Erledigung der Aufgaben während der praktischen Ausbildung erforderlich sind. Dies gilt insbesondere auch für die Mittel, die zum Ablegen der staatlichen Prüfung erforderlich sind. Da die Ausbildungsmittel der Veränderung und einem steten Wandel unterliegen, erfolgt eine beispielhafte, jedoch nicht abschließende Aufzählung.

Der Träger der praktischen Ausbildung stellt die Auszubildenden für die Teilnahme an Ausbildungsveranstaltungen der Schule und für die Teilnahme an Prüfungen frei. Die Freistellung muss eventuelle Reise- und Wegzeiten mitumfassen. Darüber hinaus ist auf erforderliche Lern- und Vorbereitungszeiten Rücksicht zu nehmen."

Im Gesetzgebungsverfahren wurde aufgrund des Beschlusses des Ausschusses für Gesundheit in **Abs. 1 Nr. 3** die Fassung „im Umfang von mindestens 10 Prozent der zu absolvierenden Stundenzahl" in die Fassung „im nach § 19 Abs. 2 vorgesehenen Umfang" geändert. Es handelt sich dabei um eine Folgeänderung zur Änderung in § 19 Abs. 2 MTBG (BT-Drs. 19/26249, S. 34, 90). 2

In der Gesetzesbegründung (BT-Drs. 19/24447, S. 69) wird zu **Abs. 2** ausgeführt: 3

„Die Schutzvorschriften nach Absatz 2 stellen sicher, dass der auszubildenden Person während ihrer praktischen Ausbildung nur Aufgaben übertragen werden, die dem Zweck der Ausbildung in dem jeweiligen Beruf und dem Bildungs- und Praxisstand der auszubildenden Person entsprechen. Die Verrichtungen müssen zudem den physischen und psychischen Kräften der auszubildenden Person angemessen sein. Durch diese Vorschrift soll verhindert werden, dass die auszubildenden Personen während der praktischen Ausbildung lediglich als Hilfskräfte eingesetzt werden. Die für minderjährige auszubildende Personen geltenden Arbeitsschutzvorschriften nach dem Jugendarbeitsschutzgesetz bleiben unberührt."

In der Gesetzesbegründung (BT-Drs. 19/24447, S. 69) wird zu **Abs. 3** ausgeführt: 4

„Findet die praktische Ausbildung bei weiteren Einrichtungen statt, so hat der Träger der praktischen Ausbildung die Einhaltung der Pflichten sicherzustellen."

II. Korrespondierende Vorschriften der MTAPRV

S. zu den Pflichten des Trägers der praktischen Ausbildung §§ 4 bis 6 MTAPrV. 5

§ 32 Arbeitnehmereigenschaft der auszubildenden Person

Auszubildende sind für die gesamte Dauer der Ausbildung Arbeitnehmer im Sinne von § 5 des Betriebsverfassungsgesetzes oder von § 4 des Bundespersonalvertretungsgesetzes des Trägers der praktischen Ausbildung.

Erläuterungen

1 In der Gesetzesbegründung (BT-Drs. 19/24447, S. 69) wird zu der Vorschrift ausgeführt:

„Die auszubildende Person kann während ihrer praktischen Ausbildung die Ausbildung in weiteren Einrichtungen absolvieren. Für diesen Fall wird klargestellt, dass die auszubildende Person dem Träger der praktischen Ausbildung betrieblich zugeordnet wird und ihre Mitbestimmungsrechte beim Träger der praktischen Ausbildung wahrnehmen kann.“

§ 33 Pflichten der auszubildenden Person

(1) Die auszubildende Person hat sich zu bemühen, das Ausbildungsziel zu erreichen.

(2) Die auszubildende Person ist insbesondere verpflichtet,

1. **an den vorgeschriebenen Ausbildungsveranstaltungen der Schule teilzunehmen,**
2. **die ihr im Rahmen der praktischen Ausbildung übertragenen Aufgaben sorgfältig auszuführen,**
3. **die Bestimmungen über die Schweigepflicht, die für Beschäftigte in Einrichtungen der praktischen Ausbildung gelten, einzuhalten,**
4. **die Rechte der Patientinnen und Patienten zu wahren und**
5. **einen schriftlichen oder elektronischen Ausbildungsnachweis zu führen.**

Erläuterungen

In der Gesetzesbegründung (BT-Drs. 19/24447, S. 69) wird zu der Vorschrift ausgeführt: 1

„Die Vorschrift regelt die wichtigsten Pflichten der auszubildenden Person. Die übergeordnete Verpflichtung betrifft das Bemühen der auszubildenden Person das jeweilige Ausbildungsziel zu erreichen. Die weiteren Pflichten betreffen die Teilnahme an den Ausbildungsveranstaltungen der Schule, die sorgfältige Aufgabenausführung im Rahmen der praktischen Ausbildung, die Einhaltung der Schweigepflicht und die Wahrung der Rechte der Patientinnen und Patienten. Der Ausbildungsnachweis ist so auszugestalten, dass sich aus ihm die Ableistung der praktischen Ausbildung und eine Kompetenzentwicklung ablesen lassen."

§ 34 Ausbildungsvergütung

(1) Der Träger der praktischen Ausbildung hat der auszubildenden Person für die Dauer des Ausbildungsverhältnisses eine angemessene monatliche Ausbildungsvergütung zu zahlen.

(2) [1]Sachbezüge können in Höhe der Werte, die durch Rechtsverordnung nach § 17 Absatz 1 Satz 1 Nummer 4 des Vierten Buches Sozialgesetzbuch bestimmt sind, angerechnet werden. [2]Der Wert der Sachbezüge darf 75 Prozent der Bruttovergütung nicht überschreiten. [3]Die Anrechnung von Sachbezügen ist nur zulässig, soweit dies im Ausbildungsvertrag vereinbart ist. [4]Kann die auszubildende Person aus berechtigtem Grund Sachbezüge nicht abnehmen, so sind diese nach den Sachbezugswerten abzugelten.

Erläuterungen

1 In der Gesetzesbegründung (BT-Drs. 19/24447, S. 69 f.) wird zu **Abs. 1** ausgeführt:

„Der Träger der praktischen Ausbildung hat der auszubildenden Person eine angemessene monatliche Ausbildungsvergütung für die Dauer des Ausbildungsverhältnisses zu zahlen. Die Vergütung ist somit auch während der Teilnahme an Ausbildungsveranstaltungen der Schule und an Prüfungen zu zahlen. Die Ausbildungsvergütung dient der finanziellen Unterstützung der auszubildenden Person, fördert deren finanzielle Eigenständigkeit, ist ein finanzieller Ausgleich und eine Anerkennung für die geleistete Arbeit.

Die Vergütung muss angemessen sein, wobei der Maßstab der Angemessenheit nicht gesetzlich geregelt ist. Die Vertragsparteien haben insofern einen gewissen Spielraum bei der Vereinbarung der Vergütung. Die Frage der Angemessenheit der Vergütung kann jedoch gerichtlich überprüft werden.

Bei der Beurteilung der Angemessenheit ist die Verkehrsanschauung maßgeblich, wobei das Bundesarbeitsgericht als wichtigsten Anhaltspunkt die einschlägigen Tarifverträge nennt (vgl. BAG, Urteil v. 23.08.2011, 3 AZR 575/09, Ziff. 37). Das Bundesarbeitsgericht hat ausgeführt, dass eine vereinbarte Ausbildungsvergütung dann unangemessen sei, wenn sie die einschlägige tarifliche, branchenübliche oder in den kirchlichen Arbeitsvertragsrichtlinien festgelegte Vergütung um mehr als 20 Prozent unterschreitet (vgl. BAG, Urteil v. 23.08.2011, 3 AZR 575/09, Ziff. 41). Allerdings wird hierdurch der Anspruch der Auszubildenden nicht auf das gerade noch zulässige Maß der Unterschreitung begrenzt. Zweck der Vorschrift ist es, eine angemessene Ausbildungsvergütung sicherzustellen. Das Bundesarbeitsgericht hat dargelegt, dass bei Unterschreitung der Angemessenheitsgrenze der Ausbildungsträger die volle tarifliche, branchenübliche oder in den kirchlichen Arbeitsvertragsrichtlinien festgelegte Ausbildungsvergütung zu zahlen hat (vgl. BAG, Urteil v. 23.08.2011, 3 AZR 575/09, Ziff. 41).“

2 In der Gesetzesbegründung (BT-Drs. 19/24447, S. 70) wird zu **Abs. 2** ausgeführt:

„Sachbezüge nach Absatz 2 können nur gewährt werden, soweit dies vertraglich vereinbart wurde. In der Höhe dürfen die Sachbezüge 75 Prozent der Bruttovergütung nicht überschreiten.“

§ 35 Überstunden

[1]Eine über die vereinbarte regelmäßige tägliche oder wöchentliche Ausbildungszeit hinausgehende Beschäftigung ist nur ausnahmsweise zulässig. [2]Sie ist gesondert zu vergüten oder in Freizeit auszugleichen.

Erläuterungen

In der Gesetzesbegründung (BT-Drs. 19/24447, S. 70) wird zu der Vorschrift 1
ausgeführt:

„Bei einer ausnahmsweise zulässigen Beschäftigung über die regelmäßige tägliche oder wöchentliche Ausbildungszeit hinaus, müssen insbesondere die Vorgaben des Arbeitszeitgesetzes und des Jugendarbeitsschutzgesetzes beachtet werden."

§ 36 Probezeit

(1) Die ersten sechs Monate des Ausbildungsverhältnisses sind die Probezeit.

(2) Die Dauer der Probezeit kann davon abweichen, sofern sich aus tarifvertraglichen Regelungen eine andere Dauer ergibt.

Erläuterungen

1 In der Gesetzesbegründung (BT-Drs. 19/24447, S. 70) wird zu der Vorschrift ausgeführt:

„Die Vorschrift definiert den Umfang der im Vertrag geregelten Probezeit. Die Probezeit beträgt sechs Monate ab Beginn der Ausbildung. Sollte sich aus tarifvertraglichen Regelungen eine andere Dauer ergeben, gilt diese entsprechend.“

§ 37 Ende des Ausbildungsverhältnisses

(1) [1]Das Ausbildungsverhältnis endet mit Ablauf der Ausbildungszeit. [2]Der Zeitpunkt der Beendigung ist unabhängig vom Zeitpunkt der staatlichen Prüfung.

(2) Besteht die auszubildende Person die staatliche Prüfung nicht oder kann die auszubildende Person die staatliche Prüfung ohne eigenes Verschulden nicht vor Ablauf der Ausbildungszeit ablegen, so verlängert sich das Ausbildungsverhältnis auf Antrag gegenüber dem Träger der praktischen Ausbildung bis zur nächstmöglichen Durchführung der Prüfung, höchstens jedoch um ein Jahr.

Erläuterungen

In der Gesetzesbegründung (BT-Drs. 19/24447, S. 70) wird zu **Abs. 1** ausgeführt: 1

„Das Ende des Ausbildungsverhältnisses ist an die jeweilige Ausbildungszeit geknüpft. Die Dauer der Ausbildung bestimmt sich nach § 13 Absatz 2. Sie dauert in Vollzeit drei Jahre und in Teilzeit höchstens fünf Jahre. Eine Verlängerung der Ausbildungsdauer ist gemäß § 17 möglich. Der Zeitpunkt der staatlichen Prüfung ist nicht maßgeblich, da der konkrete Zeitpunkt im Prüfungszeitraum für die auszubildenden Personen variieren kann und keiner auszubildenden Person dadurch Nachteile entstehen sollen."

In der Gesetzesbegründung (BT-Drs. 19/24447, S. 70) wird zu **Abs. 2** ausgeführt: 2

„Das Ausbildungsverhältnis verlängert sich auf schriftlichen Antrag der auszubildenden Person gegenüber dem Träger der praktischen Ausbildung, wenn die auszubildende Person die staatliche Prüfung nicht besteht oder sie ohne eigenes Verschulden nicht vor Ablauf der Ausbildungszeit ablegen kann. Das Ausbildungsverhältnis gilt fort bis zur nächstmöglichen Wiederholungsprüfung, höchstens jedoch ein Jahr lang. Dies stellt die vertragliche Absicherung der Verlängerung der Ausbildungsdauer dar."

§ 38 Beendigung des Ausbildungsvertrages durch Kündigung

(1) Während der Probezeit kann der Ausbildungsvertrag von jedem Vertragspartner jederzeit ohne Einhaltung einer Kündigungsfrist gekündigt werden.

(2) Außerhalb der Probezeit kann der Ausbildungsvertrag nur gekündigt werden

1. **von jedem Vertragspartner ohne Kündigungsfrist bei Vorliegen eines wichtigen Grundes,**
2. **von der auszubildenden Person mit einer Kündigungsfrist von vier Wochen zum Monatsende.**

Erläuterungen

1 In der Gesetzesbegründung (BT-Drs. 19/24447, S. 70) wird zu **Abs. 1** ausgeführt:

„Der Ausbildungsvertrag kann während der Probezeit von beiden Vertragsparteien jederzeit ohne Einhaltung einer Kündigungsfrist gekündigt werden. Die Probezeit beginnt nach § 36 mit Beginn des Ausbildungsverhältnisses."

2 In der Gesetzesbegründung (BT-Drs. 19/24447, S. 71) wird zu **Abs. 2** ausgeführt:

„Der Ausbildungsvertrag kann nach dem Ende der Probezeit nur gekündigt werden von beiden Vertragsparteien ohne Kündigungsfrist aus wichtigem Grund und mit einer Kündigungsfrist von vier Wochen von der auszubildenden Person."

§ 39 Wirksamkeit der Kündigung

(1) Die Kündigung muss schriftlich erfolgen.

(2) Bei einer Kündigung durch den Träger der praktischen Ausbildung ist zuvor das Benehmen mit der Schule herzustellen.

(3) Bei Kündigung aus wichtigem Grund nach § 38 Absatz 2 Nummer 1 ist der Kündigungsgrund anzugeben.

(4) [1]Eine Kündigung aus wichtigem Grund ist unwirksam, wenn die ihr zugrunde liegenden Tatsachen der kündigungsberechtigten Person länger als zwei Wochen bekannt sind. [2]Ist ein vorgesehenes Güteverfahren vor einer außergerichtlichen Stelle eingeleitet, so wird bis zu dessen Beendigung der Lauf der Frist nach Satz 1 gehemmt.

Erläuterungen

In der Gesetzesbegründung (BT-Drs. 19/24447, S. 71) wird zu der Vorschrift 1
ausgeführt:

„Die Vorschrift regelt die Voraussetzungen der Wirksamkeit einer möglichen Kündigung des Ausbildungsvertrages. Vor der Kündigung durch den Träger der praktischen Ausbildung ist das Benehmen mit der Schule herzustellen. Die Entscheidung zur Kündigung liegt damit weiterhin allein beim Träger der praktischen Ausbildung. Er ist jedoch angehalten, die Schule in seine Entscheidung einzubeziehen.“

§ 40 Beschäftigung im Anschluss an das Ausbildungsverhältnis

Wird die auszubildende Person im Anschluss an das Ausbildungsverhältnis beschäftigt, ohne dass hierüber ausdrücklich etwas vereinbart worden ist, so gilt ein Arbeitsverhältnis auf unbestimmte Zeit als begründet.

Erläuterungen

1 In der Gesetzesbegründung (BT-Drs. 19/24447, S. 71) wird zu der Vorschrift ausgeführt:

„Die Vorschrift schützt die auszubildende Person und entspricht dem Rechtsgedanken des § 625 BGB.“

2 § 625 BGB (Stillschweigende Verlängerung) lautet:

Wird das Dienstverhältnis nach dem Ablauf der Dienstzeit von dem Verpflichteten mit Wissen des anderen Teiles fortgesetzt, so gilt es als auf unbestimmte Zeit verlängert, sofern nicht der andere Teil unverzüglich widerspricht.

§ 41 Nichtigkeit von Vereinbarungen

(1) Eine Vereinbarung, die zu Ungunsten der auszubildenden Person von den §§ 26 bis 40 abweicht, ist nichtig.

(2) [1]Nichtig ist zudem eine Vereinbarung, die die auszubildende Person für die Zeit nach der Beendigung des Ausbildungsverhältnisses in der Ausübung der beruflichen Tätigkeit beschränkt. [2]Wirksam ist eine innerhalb der letzten drei Monate des Ausbildungsverhältnisses getroffene Vereinbarung darüber, dass die auszubildende Person nach Beendigung des Ausbildungsverhältnisses ein Arbeitsverhältnis mit dem Träger der praktischen Ausbildung eingeht.

(3) Nichtig ist auch eine Vereinbarung über

1. **die Verpflichtung der auszubildenden Person, für die Ausbildung eine Entschädigung, ein Schulgeld oder vergleichbare Geldleistungen zu zahlen,**
2. **Vertragsstrafen,**
3. **den Ausschluss oder die Beschränkung von Schadensersatzansprüchen und**
4. **die Festsetzung der Höhe eines Schadensersatzes in Pauschalbeträgen.**

Erläuterungen

In der Gesetzesbegründung (BT-Drs. 19/24447, S. 71) wird zu der Vorschrift ausgeführt: 1

„Die Regelungen dienen dem Schutz der auszubildenden Person. Bestimmte für die auszubildende Person nachteilige Vereinbarungen sind danach nichtig. Die auszubildende Person befindet sich in einem Abhängigkeitsverhältnis und ist insofern besonders schutzbedürftig.

Nach Absatz 3 Nummer 1 sind Vereinbarungen über die Pflicht der auszubildenden Person für die Ausbildung eine Entschädigung, ein Schulgeld oder vergleichbare Geldleistungen zu zahlen nichtig. Hierdurch soll sichergestellt werden, dass die angemessene Vergütung der auszubildenden Person auch bei dieser ankommt und nicht durch eine Entschädigungszahlung für die Ausbildung gemindert wird."

Teil 4
Anerkennung von Berufsqualifikationen

Abschnitt 1
Allgemeine Vorschriften

§ 42 Begriffsbestimmungen

(1) [1]Mitgliedstaat im Sinne dieses Gesetzes ist ein Mitgliedstaat der Europäischen Union. [2]Andere Mitgliedstaaten sind alle Mitgliedstaaten außer der Bundesrepublik Deutschland.

(2) [1]Vertragsstaat im Sinne dieses Gesetzes ist ein Vertragsstaat des Abkommens über den Europäischen Wirtschaftsraum. [2]Andere Vertragsstaaten sind alle Vertragsstaaten außer der Bundesrepublik Deutschland.

(3) Drittstaat im Sinne dieses Gesetzes ist ein Staat, der weder Mitgliedstaat noch Vertragsstaat ist.

(4) Gleichgestellter Staat im Sinne dieses Gesetzes ist ein Drittstaat, für den sich hinsichtlich der Anerkennung von Berufsqualifikationen nach dem Recht der Europäischen Union eine Gleichstellung mit einem Mitgliedstaat ergibt.

(5) Herkunftsstaat im Sinne dieses Gesetzes ist der andere Mitgliedstaat, der andere Vertragsstaat oder der gleichgestellte Staat, in dem die Berufsqualifikation erworben worden ist.

(6) Aufnahmestaat im Sinne dieses Gesetzes ist der andere Mitgliedstaat, der andere Vertragsstaat oder der gleichgestellte Staat, in dem eine Person niedergelassen ist oder Dienstleistungen erbringt.

Erläuterungen

1 In der Gesetzesbegründung (BT-Drs. 19/24447, S. 71) wird zu der Vorschrift ausgeführt:

„Für eine bessere Leseverständlichkeit des Gesetzes werden an dieser Stelle die Begriffe definiert, die im weiteren Gesetz verwendet werden. Sie betreffen vor allem den Anwendungsbereich der EU-Berufsanerkennungsrichtlinie. Der Begriff gleichgestellter Staat, für den sich hinsichtlich der Anerkennung von Berufsqualifikationen nach dem Recht der Europäischen Union eine Gleichstellung ergibt, erfasst derzeit nur die Schweiz. Es ist jedoch nicht ausgeschlossen, dass es zukünftig weitere Sonderabkommen mit einzelnen Staaten geben wird."

2 Bei der **EU-Berufsanerkennungsrichtlinie** handelt es sich um die Richtlinie 2005/36/EG des Europäischen Parlaments und des Rates vom 7. September 2005 über die Anerkennung von Berufsqualifikationen (ABl. L 255 v. 30.9.2005, S. 22; L 271 v. 16.10.2007, S. 18; L 93 v. 4.4.2008, S. 28; L 33 v. 3.2.2009, S. 49; L 305 v. 24.10.2014, S. 115), die zuletzt durch den Delegierten Beschluss (EU) 2020/548 (ABl. L 131 v. 24.4.2020, S. 1) geändert worden ist.

§ 43 Nichtanwendung des Berufsqualifikationsfeststellungsgesetzes

Das Berufsqualifikationsfeststellungsgesetz findet mit Ausnahme des § 17 des Berufsqualifikationsfeststellungsgesetzes keine Anwendung.

Erläuterungen

In der Gesetzesbegründung (BT-Drs. 19/24447, S. 71) wird zu der Vorschrift ausgeführt: 1

„Für die Anerkennung von Abschlüssen, die außerhalb des Geltungsbereiches dieses Gesetzes erworben worden sind, enthält dieses Gesetz die erforderlichen Regelungen und Vorgaben. Das Berufsqualifikationsfeststellungsgesetz (BQFG) findet keine Anwendung. Anwendbar sind die Regelungen in § 17 BQFG zur statistischen Erfassung der Anerkennungsverfahren.“

§ 44 Prüfungsreihenfolge

Beantragt eine Person, die außerhalb des Geltungsbereichs dieses Gesetzes eine Ausbildung absolviert hat, eine Erlaubnis nach § 1, ist die Voraussetzung nach § 1 Absatz 2 Nummer 1 vor den Voraussetzungen nach § 1 Absatz 2 Nummer 2 bis 4 zu prüfen.

Erläuterungen

1 In der Gesetzesbegründung (BT-Drs. 19/24447, S. 71) wird zu der Vorschrift ausgeführt:

„Personen, die außerhalb des Geltungsbereichs dieses Gesetzes eine Ausbildung oder ein Studium absolviert haben, können bei der zuständigen Behörde einen Antrag auf Erteilung der Erlaubnis nach § 1 stellen. Die zuständige Behörde prüft bei Vorliegen eines solchen Antrags, ob die Voraussetzungen des § 1 Absatz 2 erfüllt sind. Hierbei wird das Vorliegen einer entsprechenden Berufsqualifikation nach § 1 Absatz 2 Nummer 1 zeitlich vor den weiteren Voraussetzungen zur Erteilung der Erlaubnis nach § 1 Absatz 2 Nummer 2, 3 und 4 geprüft. Hiermit wird Artikel 53 Absatz 3 Unterabsatz 2 der Richtlinie 2005/36/EG umgesetzt.“

§ 45 Bescheid über die Feststellung der Gleichwertigkeit der Berufsqualifikation

Auf Antrag ist der antragstellenden Person ein gesonderter Bescheid über die Feststellung der Gleichwertigkeit ihrer Berufsqualifikation zu erteilen.

Erläuterungen

In der Gesetzesbegründung (BT-Drs. 19/24447, S. 71) wird zu der Vorschrift ausgeführt: 1

„Diese Vorschrift verschafft der antragstellenden Person das Recht, einen isolierten Feststellungsbescheid zu beantragen, der sich auf die Feststellung der Gleichwertigkeit der Berufsqualifikation der antragstellenden Person mit einer der in diesem Gesetz geregelten Ausbildungen beschränkt."

Abschnitt 2
Besondere Vorschriften

§ 46 Anerkennung von außerhalb des Geltungsbereichs dieses Gesetzes erworbenen Berufsqualifikationen

(1) Eine außerhalb des Geltungsbereichs dieses Gesetzes erworbene Berufsqualifikation erfüllt die Voraussetzung nach § 1 Absatz 2 Nummer 1, wenn diese Berufsqualifikation anerkannt wird.

(2) Eine Berufsqualifikation wird anerkannt, wenn

1. **sie mit einer der in diesem Gesetz geregelten Berufsqualifikationen gleichwertig ist oder**
2. **die antragstellende Person die erforderliche Anpassungsmaßnahme erfolgreich absolviert hat.**

(3) Eine Berufsqualifikation ist mit einer der in diesem Gesetz geregelten Berufsqualifikationen gleichwertig, wenn

1. **sie sich nicht wesentlich unterscheidet von der jeweiligen in diesem Gesetz geregelten Berufsqualifikation**
   a) **„Medizinische Technologin für Laboratoriumsanalytik" oder „Medizinischer Technologe für Laboratoriumsanalytik",**
   b) **„Medizinische Technologin für Radiologie" oder „Medizinischer Technologe für Radiologie",**
   c) **„Medizinische Technologin für Funktionsdiagnostik" oder „Medizinischer Technologe für Funktionsdiagnostik" oder**
   d) **„Medizinische Technologin für Veterinärmedizin" oder „Medizinischer Technologe für Veterinärmedizin"**

   oder
2. **wesentliche Unterschiede vollständig durch den Nachweis von Kenntnissen, Fähigkeiten und Kompetenzen nach § 48 ausgeglichen werden.**

Erläuterungen

Übersicht

I. Erläuterungen

1 In der Gesetzesbegründung (BT-Drs. 19/24447, S. 72) wird zu **Abs. 1** ausgeführt:

„Die Vorschrift regelt, wann eine außerhalb des Geltungsbereichs dieses Gesetzes erworbene Berufsqualifikation die Voraussetzungen von § 1 Absatz 2 Nummer 1 erfüllt. Dies ist der Fall, wenn die Berufsqualifikation nach diesem Gesetz anerkannt wird."

In der Gesetzesbegründung (BT-Drs. 19/24447, S. 72) wird zu **Abs. 2** ausgeführt: 2

„Eine außerhalb des Geltungsbereichs dieses Gesetzes erworbene Berufsqualifikation wird dann anerkannt und erfüllt somit die Voraussetzung von § 1 Absatz 2 Nummer 1, wenn sie mit der in diesem Gesetz geregelten Berufsqualifikation gleichwertig ist (Nummer 1) oder die erforderliche Anpassungsmaßnahme erfolgreich absolviert wurde (Nummer 2). Dies betrifft Berufsqualifikationen aus anderen Mitgliedstaaten, anderen Vertragsstaaten oder gleichgestellten Staaten sowie aus Drittstaaten, die keine gleichgestellten Staaten sind."

In der Gesetzesbegründung (BT-Drs. 19/24447, S. 72) wird zu **Abs. 3** ausgeführt: 3

„Gleichwertig ist eine Berufsqualifikation, wenn sie sich nicht wesentlich von der in diesem Gesetz und in der Ausbildungs- und Prüfungsverordnung geregelten Berufsqualifikation unterscheidet oder wesentliche Unterschiede vollständig durch den Nachweis von Kenntnissen, Fähigkeiten und Kompetenzen nach § 48 ausgeglichen werden."

II. Korrespondierende Vorschriften der MTAPrV

Die **Verfahrensvorschriften** finden sich in §§ 59 bis 62 MTAPrV. 4

§ 47 Wesentliche Unterschiede

(1) Die Berufsqualifikation der antragstellenden Person unterscheidet sich wesentlich, wenn

1. das von der antragstellenden Person absolvierte Studium oder die Ausbildung hinsichtlich der beruflichen Tätigkeit Themenbereiche oder berufspraktische Bestandteile umfasst, die sich inhaltlich wesentlich von denen unterscheiden, die nach diesem Gesetz und nach der Ausbildungs- und Prüfungsverordnung nach § 69 für den jeweiligen Beruf vorgeschrieben sind, oder

2. eine Tätigkeit oder mehrere Tätigkeiten desjenigen Berufs, für den die Anerkennung angestrebt wird, nicht Bestandteil des im Herkunftsstaat der antragstellenden Person entsprechend reglementierten Berufs ist oder sind und wenn die Ausbildung zu diesem Beruf nach diesem Gesetz und nach der Ausbildungs- und Prüfungsverordnung nach § 69 Themenbereiche oder berufspraktische Bestandteile umfasst, die sich inhaltlich wesentlich von denen unterscheiden, die von der Berufsqualifikation der antragstellenden Person abgedeckt sind.

(2) Die inhaltlichen wesentlichen Abweichungen nach Absatz 1 Nummer 1 und 2 müssen sich auf Themenbereiche oder berufspraktische Bestandteile beziehen, deren Kenntnisse, Fähigkeiten und Kompetenzen eine wesentliche Voraussetzung für die Ausübung des jeweiligen Berufs im Geltungsbereich dieses Gesetzes sind.

Erläuterungen

1 In der Gesetzesbegründung (BT-Drs. 19/24447, S. 72) wird zu der Vorschrift ausgeführt:

„Diese Vorschrift regelt, wann sich eine Berufsqualifikation wesentlich von der in diesem Gesetz geregelten Berufsqualifikationen unterscheidet. Die Formulierung orientiert sich an Artikel 14 Absatz 1 in Verbindung mit Absatz 4 der Richtlinie 2005/36/EG.“

§ 48 Ausgleich wesentlicher Unterschiede durch Berufserfahrung oder lebenslanges Lernen

(1) [1]Wesentliche Unterschiede nach § 47 können ganz oder teilweise ausgeglichen werden durch Kenntnisse, Fähigkeiten und Kompetenzen, welche die antragstellende Person erworben hat

1. durch ihre Berufserfahrung im Rahmen der tatsächlichen und rechtmäßigen Ausübung desjenigen Berufs, für den die Anerkennung angestrebt wird, in Vollzeit oder Teilzeit oder
2. durch lebenslanges Lernen.

[2]Die nach Satz 1 Nummer 2 erworbenen Kenntnisse, Fähigkeiten und Kompetenzen werden nur anerkannt, wenn sie von einer dafür im jeweiligen Staat zuständigen Stelle formal als gültig anerkannt worden sind.

(2) Nicht entscheidend ist, in welchem Staat die Kenntnisse, Fähigkeiten und Kompetenzen erworben worden sind.

Erläuterungen

In der Gesetzesbegründung (BT-Drs. 19/24447, S. 72) wird zu der Vorschrift ausgeführt: 1

„Die Vorschrift legt fest, dass die zuständige Behörde zunächst zu prüfen hat, ob die wesentlichen Unterschiede zwischen der absolvierten Ausbildung und der in diesem Gesetz geregelten Ausbildung durch Kenntnisse, Fähigkeiten und Kompetenzen, die die antragstellende Person durch Berufserfahrung oder durch lebenslanges Lernen erworben hat, ausgeglichen werden können. Nur wenn hierdurch keine Gleichwertigkeit hergestellt werden kann, kann die zuständige Behörde Anpassungsmaßnahmen verlangen. Dies entspricht dem Grundsatz der Verhältnismäßigkeit.

Der Begriff des lebenslangen Lernens umfasst nach der Begriffsbestimmung in Artikel 3 Absatz 1 Buchstabe l der Richtlinie 2005/36/EG jegliche Aktivitäten der allgemeinen Bildung, der beruflichen Bildung, der nichtformalen Bildung und des informellen Lernens während des gesamten Lebens, aus denen sich eine Verbesserung von Kenntnissen, Fähigkeiten und Kompetenzen ergibt und zu denen auch Berufsethik gehören kann.

Die Anerkennung durch die zuständige Behörde setzt voraus, dass die zuständige Stelle im jeweiligen Staat die Kenntnisse, Fähigkeiten und Kompetenzen formal als gültig anerkannt hat, zum Beispiel durch Zertifizierung des jeweiligen Qualifikationsnachweises oder staatlich anerkannte Validierungsverfahren. Letztlich obliegt die Entscheidung, ob und in welchem Umfang entsprechende Nachweise zum Ausgleich wesentlicher Unterschiede tatsächlich geeignet sind, den zuständigen Anerkennungsbehörden. Für die Berücksichtigung der einschlägigen Erfahrungen der antragstellenden Person ist nicht von Bedeutung, wo diese erworben wurden.“

§ 49 Anpassungsmaßnahmen

(1) Ist die Berufsqualifikation der antragstellenden Person nicht mit derjenigen in diesem Gesetz geregelten Berufsqualifikationen, deren Anerkennung angestrebt wird, gleichwertig, ist für eine Anerkennung eine Anpassungsmaßnahme nach § 50 oder § 51 durchzuführen.

(2) Dies gilt auch für den Fall, dass die Gleichwertigkeit der Berufsqualifikation der antragstellenden Person nur mit unangemessenem zeitlichem oder sachlichem Aufwand festgestellt werden kann, weil die erforderlichen Unterlagen und Nachweise aus Gründen, die die antragstellende Person nicht zu vertreten hat, nicht vorgelegt werden können.

Erläuterungen

1 In der Gesetzesbegründung (BT-Drs. 19/24447, S. 72) wird zu **Abs. 1** ausgeführt:

„Die Vorschrift legt fest, dass die antragstellende Person eine Anpassungsmaßnahme nach den Maßgaben des § 50 oder § 51 durchzuführen hat, wenn ihre Berufsqualifikation nicht gleichwertig ist. Die Gleichwertigkeitsprüfung beinhaltet hierbei auch die Prüfung, ob die antragstellende Person wesentliche Unterschiede durch Kenntnisse, Fähigkeiten und Kompetenzen, die sie durch lebenslanges Lernen oder Berufserfahrung erlangt hat, ausgleichen kann."

2 In der Gesetzesbegründung (BT-Drs. 19/24447, S. 73) wird zu **Abs. 2** ausgeführt:

„Die Vorschrift regelt den Sonderfall, dass die Gleichwertigkeit der Berufsqualifikation der antragstellenden Person nur mit unangemessenem zeitlichen oder sachlichen Aufwand festgestellt werden kann, weil die erforderlichen Unterlagen und Nachweise aus Gründen, die die antragstellende Person nicht zu vertreten hat, nicht vorgelegt werden können. Diese Vorschrift begrenzt den von der zuständigen Behörde zu betreibenden Prüfaufwand in komplexen Einzelfällen."

§ 50 Eignungsprüfung oder Anpassungslehrgang

(1) Die antragstellende Person hat als Anpassungsmaßnahme eine Eignungsprüfung, die sich auf die festgestellten wesentlichen Unterschiede erstreckt, oder einen höchstens dreijährigen Anpassungslehrgang zu absolvieren, wenn sie

1. einen Ausbildungsnachweis vorlegt, der in einem anderen Mitgliedstaat, in einem anderen Vertragsstaat oder in einem gleichgestellten Staat erforderlich ist, um in dessen Hoheitsgebiet die Erlaubnis zur Aufnahme und Ausübung eines Berufs zu erhalten, der einem der in diesem Gesetz geregelten Berufe entspricht,
2. ein Jahr lang Vollzeit oder während einer entsprechenden Gesamtdauer in Teilzeit einen der in diesem Gesetz geregelten Berufe in den vergangenen zehn Jahren in einem anderen Mitgliedstaat, in einem anderen Vertragsstaat oder in einem gleichgestellten Staat, in dem dieser Beruf nicht reglementiert ist, ausgeübt hat und einen oder mehrere Ausbildungsnachweise aus einem anderen Mitgliedstaat, einem anderen Vertragsstaat oder einem gleichgestellten Staat, in dem dieser Beruf nicht reglementiert ist, vorlegt,
3. einen Ausbildungsnachweis vorlegt,
   a) der in einem Drittstaat, der kein gleichgestellter Staat ist, erworben worden ist,
   b) der bereits in einem anderen Mitgliedstaat, in einem anderen Vertragsstaat oder in einem gleichgestellten Staat anerkannt worden ist und
   c) dem eine Bescheinigung beigefügt ist, dass die antragstellende Person im Hoheitsgebiet des den Ausbildungsnachweis anerkennenden Staates drei Jahre in dem Beruf, für den die Anerkennung angestrebt wird, tätig war,
4. Ausbildungsnachweise oder eine Gesamtheit von Ausbildungsnachweisen vorlegt, die
   a) von einer zuständigen Behörde in einem anderen Mitgliedstaat, in einem anderen Vertragsstaat oder in einem gleichgestellten Staat ausgestellt worden sind,
   b) den erfolgreichen Abschluss einer in einem anderen Mitgliedstaat, in einem anderen Vertragsstaat oder in einem gleichgestellten Staat auf Vollzeitbasis oder Teilzeitbasis im Rahmen formaler oder nichtformaler Ausbildungsprogramme erworbenen Ausbildung bescheinigen und
   c) von diesem Staat als gleichwertig anerkannt werden und in Bezug auf die Aufnahme oder Ausübung des Berufs, für den die Anerkennung angestrebt wird, dieselben Rechte verleihen oder auf die Ausübung dieses Berufs vorbereiten,

   oder
5. Ausbildungsnachweise oder eine Gesamtheit von Ausbildungsnachweisen vorlegt, die
   a) von einer zuständigen Behörde in einem anderen Mitgliedstaat, in einem anderen Vertragsstaat oder in einem gleichgestellten Staat ausgestellt worden sind,
   b) den erfolgreichen Abschluss einer in einem anderen Mitgliedstaat, in einem anderen Vertragsstaat oder in einem gleichgestellten Staat auf Vollzeitbasis

oder Teilzeitbasis im Rahmen formaler oder nichtformaler Ausbildungsprogramme erworbenen Ausbildung bescheinigen und

c) zwar nicht den Erfordernissen der Rechts- oder Verwaltungsvorschriften des Herkunftsstaates für die Aufnahme oder Ausübung des Berufs, für den die Anerkennung angestrebt wird, entsprechen, jedoch erworbene Rechte gemäß diesen Vorschriften verleihen.

(2) Die antragstellende Person hat die Wahl zwischen dem Absolvieren einer Eignungsprüfung und eines Anpassungslehrgangs.

(3) Legt die antragstellende Person einen Ausbildungsnachweis vor, der dem Niveau entspricht, das genannt ist in Artikel 11 Buchstabe a der Richtlinie 2005/36/EG des Europäischen Parlaments und des Rates vom 7. September 2005 über die Anerkennung von Berufsqualifikationen (ABl. L 255 vom 30.9.2005, S. 22; L 271 vom 16.10.2007, S. 18; L 93 vom 4.4.2008, S. 28; L 33 vom 3.2.2009, S. 49; L 305 vom 24.10.2014, S. 115), die zuletzt durch den Delegierten Beschluss (EU) 2020/548 (ABl. L 131 vom 24.4.2020, S. 1) geändert worden ist, in der jeweils geltenden Fassung, hat sie abweichend von Absatz 2 die Eignungsprüfung zu absolvieren.

Erläuterungen

Übersicht

I. Erläuterungen

1 In der Gesetzesbegründung (BT-Drs. 19/24447, S. 73) wird zu der Vorschrift allgemein ausgeführt:

„Diese Vorschrift regelt die Anpassungsmaßnahmen für den Fall, dass die antragstellende Person eine Berufsqualifikation in einem anderen Mitgliedstaat, einem Vertragsstaat oder einem gleichgestellten Staat erworben hat oder die Berufsqualifikation bereits in einem dieser Staaten anerkannt wurde."

2 In der Gesetzesbegründung (BT-Drs. 19/24447, S. 73) wird zu **Abs. 1** ausgeführt:

„Es werden die Ausbildungsnachweise benannt, die den Nachweis eines gleichwertigen Kenntnisstandes durch eine Eignungsprüfung oder einen Anpassungslehrgang erforderlich machen können.

Mit Absatz 1 Nummer 1 wird Artikel 13 Absatz 1 der Richtlinie 2005/36/EG umgesetzt. Mit Absatz 1 Nummer 2 wird Artikel 13 Absatz 2 der Richtlinie 2005/36/EG umgesetzt. Mit Absatz 1 Nummer 3 wird Artikel 12 Unterabsatz 1 in Verbindung mit Artikel 3 Absatz 3 der Richtlinie 2005/36/EG umgesetzt. Mit Absatz 1 Nummer 4 wird Artikel 12 Unterabsatz 1 der Richtlinie 2005/36/EG umgesetzt. Mit Absatz 1 Nummer 5 wird Artikel 12 Unterabsatz 2 der Richtlinie 2005/36/EG."

In der Gesetzesbegründung (BT-Drs. 19/24447, S. 73) wird zu **Abs. 2** ausgeführt: 3

„Die antragstellende Person hat grundsätzlich ein Wahlrecht zwischen der Eignungsprüfung und dem Anpassungslehrgang. Mit Absatz 2 wird Artikel 14 Unterabsatz 1 der Richtlinie 2005/36/EG umgesetzt."

In der Gesetzesbegründung (BT-Drs. 19/24447, S. 73) wird zu **Abs. 3** ausgeführt: 4

„Abweichend von dem Grundsatz nach Absatz 2, ist der gleichwertige Kenntnisstand durch eine Eignungsprüfung nachzuweisen, wenn die vorgelegte Berufsqualifikation dem Niveau von Artikel 11 Buchstabe a der Richtlinie 2005/36/EG entspricht. Mit Absatz 3 wird Artikel 14 Absatz 3 Unterabsatz 4 der Richtlinie 2005/36/EG umgesetzt."

II. Korrespondierende Vorschriften der MTAPrV

§§ 63 bis 70 MTAPrV enthalten die konkretisierenden Vorschriften zur **Eignungsprüfung**, §§ 71 bis 73 MTAPrV die Vorschriften zum **Anpassungslehrgang**. 5

§ 51 Kenntnisprüfung oder Anpassungslehrgang

(1) Wenn die antragstellende Person eine Berufsqualifikation vorlegt, die in einem Drittstaat, der kein gleichgestellter Staat ist, erworben worden ist und nicht bereits in einem anderen Mitgliedstaat, in einem anderen Vertragsstaat oder in einem gleichgestellten Staat anerkannt worden ist, hat sie bei Feststellung eines wesentlichen Unterschiedes folgende Maßnahme als Anpassungsmaßnahme zu absolvieren:

1. **eine Kenntnisprüfung, die sich auf den Inhalt der staatlichen Prüfung erstreckt, oder**
2. **einen höchstens dreijährigen Anpassungslehrgang, der mit einer Prüfung über den Inhalt des Anpassungslehrgangs abschließt.**

(2) Die antragstellende Person kann zwischen der Kenntnisprüfung und dem Anpassungslehrgang wählen.

Erläuterungen

Übersicht

I. Erläuterungen

1 In der Gesetzesbegründung (BT-Drs. 19/24447, S. 73) wird zu der Vorschrift ausgeführt:

„Diese Vorschrift regelt die Anpassungsmaßnahmen für den Fall, dass die antragstellende Person eine Berufsqualifikation in einem Drittstaat erworben hat, der kein gleichgestellter Staat ist und diese Berufsqualifikation nicht bereits in einem anderen Mitgliedstaat, einem anderen Vertragsstaat oder einem gleichgestellten Staat anerkannt wurde.

Sie sieht vor, dass nach Wahl der antragstellenden Person eine Anpassungsmaßnahme in Form einer Kenntnisprüfung oder eines Anpassungslehrgangs mit abschließender Prüfung durchzuführen ist. Die Kenntnisprüfung erstreckt sich dabei auf die Inhalte der staatlichen Abschlussprüfung, ist mit dieser aber nicht identisch, da von einer antragstellenden Person aus einem Drittstaat nicht gefordert werden kann, dass sie die staatliche Prüfung in einem Umfang ablegt, die sich aktuell auf dem Wissensstand bewegt, der unmittelbar nach Abschluss einer Ausbildung nach diesem Gesetz gegeben ist. Der Anpassungslehrgang dauert höchstens drei Jahre. Er schließt mit einer Prüfung über den Inhalt des Lehrgangs ab."

II. Korrespondierende Vorschriften der MTAPrV

2 Die konkretisierenden Vorschriften zur **Kenntnisprüfung** sind in §§ 74 bis 88 MTAPrV, die Vorschriften zum **Anpassungslehrgang** in §§ 89 bis 95 MTAPrV enthalten.

§ 52 Europäischer Berufsausweis

Für den Fall einer Einführung eines Europäischen Berufsausweises für den Beruf

1. **„Medizinische Technologin für Laboratoriumsanalytik“ oder „Medizinischer Technologe für Laboratoriumsanalytik“,**
2. **„Medizinische Technologin für Radiologie“ oder „Medizinischer Technologe für Radiologie“,**
3. **„Medizinische Technologin für Funktionsdiagnostik“ oder „Medizinischer Technologe für Funktionsdiagnostik“ oder**
4. **„Medizinische Technologin für Veterinärmedizin“ oder „Medizinischer Technologe für Veterinärmedizin“**

gelten für den jeweiligen Beruf die Regelungen über die Anerkennung von Berufsqualifikationen dieses Teils entsprechend.

Erläuterungen

In der Gesetzesbegründung (BT-Drs. 19/24447, S. 73) wird zu der Vorschrift ausgeführt: 1

„Die Regelungen dieses Abschnitts sind für den Fall der Einführung eines Europäischen Berufsausweises für die Berufe in der medizinischen Technologie entsprechend anzuwenden, da die Ausstellung eines solchen Europäischen Berufsausweises nicht auch eine Anerkennung der jeweiligen Berufsqualifikation in allen Mitgliedstaaten, allen anderen Vertragsstaaten oder anderen gleichgestellten Staaten zur Folge hat. Vielmehr bedarf die Feststellung der Berufsqualifikation trotz des Ausweises einer Prüfung durch den jeweiligen Aufnahmestaat.“

Abschnitt 3
Partielle Berufsausübung

§ 53 Erlaubnis zur partiellen Berufsausübung

(1) Eine Erlaubnis zur partiellen Berufsausübung ist auf Antrag zu erteilen, wenn

1. die antragstellende Person ohne Einschränkung qualifiziert ist, in einem anderen Mitgliedstaat, in einem anderen Vertragsstaat oder in einem gleichgestellten Staat eine berufliche Tätigkeit im Bereich eines der in diesem Gesetz geregelten Berufe auszuüben, für den eine Erlaubnis zur partiellen Berufsausübung angestrebt wird,
2. die Unterschiede zwischen der in einem anderen Mitgliedstaat, in einem anderen Vertragsstaat oder in einem gleichgestellten Staat rechtmäßig ausgeübten beruflichen Tätigkeit und den Tätigkeiten, die unter denjenigen in diesem Gesetz geregelten Beruf, für den eine Erlaubnis zur partiellen Berufsausübung angestrebt wird, fallen, so wesentlich sind, dass die Anwendung von Anpassungsmaßnahmen nach § 50 der Anforderung an die antragstellende Person gleichkäme, die vollständige Ausbildung nach diesem Gesetz zu durchlaufen,
3. die rechtmäßig ausgeübte berufliche Tätigkeit nach Nummer 1 eine oder mehrere der jeweils vorbehaltenen Tätigkeiten nach § 5 umfasst und
4. die antragstellende Person
   a) sich nicht eines Verhaltens schuldig gemacht hat, aus dem sich ihre Unzuverlässigkeit zur Ausübung des Berufs ergibt,
   b) nicht in gesundheitlicher Hinsicht zur Ausübung des Berufs ungeeignet ist und
   c) über die Kenntnisse der deutschen Sprache verfügt, die für die Ausübung des Berufs erforderlich sind.

(2) Eine Erlaubnis nach Absatz 1 darf nicht erteilt werden, wenn der Patientenschutz oder der Schutz der öffentlichen Gesundheit der Erteilung entgegensteht.

(3) Eine Erlaubnis zur partiellen Berufsausübung ist auf die Tätigkeiten zu beschränken, in denen die antragstellende Person eine Qualifikation nach Absatz 1 Nummer 1 und 3 nachgewiesen hat.

(4) Die berufliche Tätigkeit wird unter der Berufsbezeichnung des Staates, in dem die Qualifikation nach Absatz 1 Nummer 1 erworben wurde, ausgeübt mit dem Hinweis auf

1. den Namen dieses Staates und
2. die Tätigkeit, auf die die Erlaubnis zur partiellen Berufsausübung beschränkt ist.

(5) [1]Personen mit einer Erlaubnis zur partiellen Berufsausübung haben im Umfang dieser Erlaubnis die gleichen Rechte und Pflichten wie eine Person mit einer Erlaubnis zum Führen der Berufsbezeichnung nach § 1 Absatz 1 Nummer 1, 2, 3 oder 4. [2]Sie dürfen insbesondere eine oder mehrere vorbehaltene

Tätigkeiten nach § 5 ausüben, wenn diese in den Umfang der Erlaubnis zur partiellen Berufsausübung fallen.

(6) Die §§ 2 bis 4 gelten für die Erlaubnis zur partiellen Berufsausübung entsprechend.

Erläuterungen

In der Gesetzesbegründung (BT-Drs. 19/24447, S. 74) wird zu der Vorschrift allgemein ausgeführt: 1

„Die Vorschrift beinhaltet die Regelungen des partiellen Zugangs zu den in diesem Gesetz geregelten Berufen und dient der Umsetzung des Artikel 4f der Richtlinie 2005/36/EG. Der partielle Zugang ist bereits im bisherigen Gesetz über technische Assistenz in der Medizin enthalten."

In der Gesetzesbegründung (BT-Drs. 19/24447, S. 74) wird zu **Abs. 1** ausgeführt: 2

„Der partielle Zugang wird nach Absatz 1 auf Antrag im Rahmen einer Erlaubnis zur partiellen Berufsausübung eröffnet."

In der Gesetzesbegründung (BT-Drs. 19/24447, S. 74) wird zu **Abs. 1 Nr. 1** ausgeführt: 3

„Die Erteilung einer Erlaubnis zur partiellen Berufsausübung setzt nach Absatz 1 Nummer 1 voraus, dass die antragstellende Person ohne Einschränkung qualifiziert ist, in einem anderen Mitgliedstaat, in einem anderen Vertragsstaat oder in einem gleichgestellten Staat eine berufliche Tätigkeit im Bereich der in diesem Gesetz geregelten Berufe auszuüben, für die ein partieller Zugang begehrt wird. Absatz 1 Nummer 1 setzt Artikel 4f Absatz 1 Unterabsatz 1 Buchstabe a der Richtlinie 2005/36/EG um."

In der Gesetzesbegründung (BT-Drs. 19/24447, S. 74) wird zu **Abs. 1 Nr. 2** ausgeführt: 4

„Weitere Voraussetzung ist, dass die Unterschiede zwischen der in einem anderen Mitgliedstaat, in einem anderen Vertragsstaat oder einem gleichgestellten Staat ausgeübten Tätigkeit und der Tätigkeiten im Rahmen der in Deutschland angestrebten Berufsausübung so wesentlich sind, dass die Anwendung von Ausgleichsmaßnahmen dem Durchlauf der gesamten Ausbildung gleichkäme. Absatz 1 Nummer 2 setzt Artikel 4f Absatz 1 Unterabsatz 1 Buchstabe b der Richtlinie 2005/36/EG um."

In der Gesetzesbegründung (BT-Drs. 19/24447, S. 74) wird zu **Abs. 1 Nr. 3** ausgeführt: 5

„Die rechtmäßig ausgeübte Tätigkeit eine oder mehrere der jeweils vorbehaltenen Tätigkeiten nach § 5 umfasst. Absatz 1 Nummer 3 setzt Artikel 4f Absatz 1 Unterabsatz 1 Buchstabe c und Unterabsatz 2 der Richtlinie 2005/36/EG um."

Der erste Satz dieser Gesetzesbegründung ist unvollständig. Er muss sinngemäß lauten: Weitere Voraussetzung ist, dass die rechtmäßig ausgeübte Tätigkeit nach Nummer 1 eine oder mehrere der jeweils vorbehaltenen Tätigkeiten nach § 5 umfasst.

6 In der Gesetzesbegründung (BT-Drs. 19/24447, S. 74) wird zu **Abs. 1 Nr. 4** ausgeführt:

„Die Erteilung einer Erlaubnis zur partiellen Berufsausübung setzt voraus, dass die Voraussetzungen der gesundheitlichen Eignung, der Zuverlässigkeit und der erforderlichen Sprachkenntnisse erfüllt sind.“

7 In der Gesetzesbegründung (BT-Drs. 19/24447, S. 74) wird zu **Abs. 2** ausgeführt:

„Die Erlaubnis zur partiellen Berufsausübung darf nicht erteilt werden, wenn der Erteilung Gründe des Patientenschutzes oder des Schutzes der öffentlichen Gesundheit entgegenstehen. Ein milderes Mittel, wie beispielsweise eine Beschränkung der partiellen Berufsausübung darf nicht gleich geeignet sein, um das jeweilige Ziel zu erreichen. Absatz 2 setzt Artikel 4f Absatz 2 der Richtlinie 2005/36/EG um.“

8 In der Gesetzesbegründung (BT-Drs. 19/24447, S. 74) wird zu **Abs. 3** ausgeführt:

„Der partielle Berufszugang ist auf die Tätigkeiten zu beschränken, auf die sich die von der antragstellenden Person nachgewiesene Qualifikation erstreckt.“

9 In der Gesetzesbegründung (BT-Drs. 19/24447, S. 74) wird zu **Abs. 4** ausgeführt:

„Personen mit einer Erlaubnis zur partiellen Berufsausübung müssen die Berufsbezeichnung ihres Herkunftsstaates unter Nennung dieses Staates führen. Die Berufsbezeichnung ist zudem stets mit dem Hinweis auf die Tätigkeit zu versehen, in der ihnen die Berufsausübung gestattet ist. Die Einschränkungen sind erforderlich, damit für die Patientinnen und Patienten erkennbar ist, dass sie von Personen behandelt werden, deren Qualifikation nur zum Teil der deutschen Qualifikation entspricht. Absatz 4 setzt Artikel 4f Absatz 5 der Richtlinie 2005/36/EG um.“

10 In der Gesetzesbegründung (BT-Drs. 19/24447, S. 75) wird zu **Abs. 5** ausgeführt:

„Dieser Absatz stellt klar, dass Personen mit einer Erlaubnis zur partiellen Berufsausübung im Umfang der Erlaubnis die gleichen Rechte und Pflichten haben wie Personen, die über eine Erlaubnis zum Führen einer der Berufsbezeichnungen nach § 1 Absatz 1 verfügen, in deren Bereich die ausgeübte Tätigkeit fällt.“

11 In der Gesetzesbegründung (BT-Drs. 19/24447, S. 75) wird zu **Abs. 6** ausgeführt:

„Die Regelungen nach §§ 2 bis 4 gelten entsprechend für die Erlaubnis zur partiellen Berufsausübung.“

Teil 5
Erbringen von Dienstleistungen

Abschnitt 1
Erbringung von Dienstleistungen im Geltungsbereich dieses Gesetzes

§ 54 Dienstleistungserbringung

(1) Eine Staatsangehörige oder ein Staatsangehöriger eines anderen Mitgliedstaates, eines anderen Vertragsstaates oder eines gleichgestellten Staates darf als dienstleistungserbringende Person im Rahmen vorübergehender und gelegentlicher Dienstleistungen im Sinne des Artikels 57 des Vertrages über die Arbeitsweise der Europäischen Union (ABl. C 326 vom 26.10.2012, S. 47) einen der in diesem Gesetz geregelten Berufe ausüben, wenn sie oder er zur Dienstleistung in dem jeweiligen Beruf berechtigt ist.

(2) [1]Den vorübergehenden und gelegentlichen Charakter der Dienstleistungserbringung beurteilt die zuständige Behörde im Einzelfall. [2]In die Beurteilung bezieht sie Dauer, Häufigkeit, regelmäßige Wiederkehr und Kontinuität der Dienstleistungserbringung mit ein.

Erläuterungen

In der Gesetzesbegründung (BT-Drs. 19/24447, S. 75) wird zu **Abs. 1** ausgeführt: 1

„Die in Artikel 57 AEUV normierte Dienstleistungsfreiheit gilt unter den in Titel II der Richtlinie 2005/36/EG genannten Voraussetzungen ebenfalls für reglementierte Berufe. Staatsangehörige eines anderen Mitgliedstaates, eines anderen Vertragsstaates oder eines gleichgestellten Staates dürfen als dienstleistungserbringende Person im Sinne des Artikels 57 AEUV vorübergehend und gelegentlich die in diesem Gesetz geregelten Berufe in Deutschland ausüben. Voraussetzung ist die Feststellung der Berechtigung zur Dienstleistungserbringung durch die zuständige Behörde."

In der Gesetzesbegründung (BT-Drs. 19/24447, S. 75) wird zu **Abs. 2** ausgeführt: 2

„Der vorübergehende und gelegentliche Charakter der Dienstleistungserbringung ist von der zuständigen Behörde im Einzelfall zu beurteilen. Ist eine Dienstleistungserbringung nicht mehr vorübergehend und gelegentlich, so ist der betroffenen Person zuzumuten, die Erlaubnis zum Führen der Berufsbezeichnung zu beantragen."

§ 55 Meldung der Dienstleistungserbringung

(1) Wer beabsichtigt, als dienstleistungserbringende Person im Geltungsbereich dieses Gesetzes tätig zu werden, ist verpflichtet, dies der in Deutschland zuständigen Behörde vorab schriftlich zu melden.

(2) Bei der erstmaligen Meldung sind folgende Dokumente vorzulegen:

1. ein Nachweis der Staatsangehörigkeit,
2. ein Nachweis der Berufsqualifikation,
3. eine Bescheinigung über eine zum Zeitpunkt der Vorlage bestehende rechtmäßige Niederlassung in einem anderen Mitgliedstaat, in einem anderen Vertragsstaat oder in einem gleichgestellten Staat
   a) für die Tätigkeit in einem reglementierten Beruf, der einem in diesem Gesetz geregelten Beruf entspricht, oder
   b) für die Tätigkeit in einem Beruf, der einem in diesem Gesetz geregelten Beruf entspricht und der nicht reglementiert ist, sowie zusätzlich ein Nachweis in beliebiger Form, dass die Tätigkeit in dem Beruf während der vorhergehenden zehn Jahre mindestens ein Jahr lang in einem oder in mehreren Mitgliedstaaten, Vertragsstaaten oder gleichgestellten Staaten rechtmäßig ausgeübt worden ist,
4. eine Erklärung, dass die meldende Person über die Kenntnisse der deutschen Sprache verfügt, die zur Ausübung des Berufs erforderlich sind,
5. eine Bescheinigung, aus der sich ergibt, dass
   a) die Ausübung dieses Berufs der meldenden Person nicht, auch nicht vorübergehend, untersagt ist und
   b) keine Vorstrafen der meldenden Person vorliegen.

(3) Beabsichtigt die meldende Person nach Ablauf eines Jahres nach der letzten Meldung erneut, vorübergehend und gelegentlich Dienstleistungen im Geltungsbereich dieses Gesetzes zu erbringen, ist die Meldung zu erneuern.

Erläuterungen

Übersicht

I. Erläuterungen

1 In der Gesetzesbegründung (BT-Drs. 19/24447, S. 75) wird zu der Vorschrift insgesamt ausgeführt:

„Diese Vorschrift regelt die Pflicht zur Meldung der erstmaligen Dienstleistungserbringung und den Inhalt der Meldung. Absatz 2 legt fest, welche Nachweise bei der erstmaligen Dienstleistungserbringung vorzulegen sind. Nummer 1 setzt dabei Artikel 7 Absatz 2 Buchstabe a der Richtlinie 2005/36/EG um. Nummer 2 setzt Artikel 7 Absatz 2 Buchstabe c der Richtlinie 2005/36/EG um. Nummer 3 setzt Artikel 7 Absatz 2 Buchstabe b und Artikel 7 Absatz 2 Buchstabe d in Verbindung mit Artikel 5 Absatz 1 der Richtlinie 2005/36/EG um.

Das Erfordernis einer Erklärung über ausreichende Sprachenkenntnisse nach Absatz 2 Satz 1 Nummer 4 ist mit Artikel 7 Absatz 2 Buchstabe f der Richtlinie 2005/36/EG vereinbar.

Nummer 5 setzt Artikel 7 Absatz 2 Buchstabe b und e der Richtlinie 2005/36/EG um.

Bei Dienstleistungserbringungen, die länger als ein Jahr andauern, ist die meldende Person nach Absatz 3 zur jährlichen Meldung bei der zuständigen Behörde verpflichtet. Hiermit wird auch Artikel 7 Absatz 1 Satz 2 der Richtlinie 2005/36/EG umgesetzt.“

II. Korrespondierende Vorschriften der MTAPrV

§ 99 MTAPrV enthält die Vorschriften zum **Verfahren** bei der Erbringung von 2
Dienstleistungen.

§ 56 Berechtigung zur Dienstleistungserbringung

Zur Dienstleistungserbringung ist nur berechtigt, wer

1. **über eine zur Dienstleistungserbringung berechtigende Berufsqualifikation verfügt,**
2. **in einem anderen Mitgliedstaat, in einem anderen Vertragsstaat oder in einem gleichgestellten Staat rechtmäßig niedergelassen ist und**
   a) **die Ausübung des Berufs, der dem Beruf, in dem die Dienstleistungserbringung angestrebt wird, entspricht, in diesem anderen Mitgliedstaat, in diesem anderen Vertragsstaat oder in diesem gleichgestellten Staat reglementiert ist oder**
   b) **die Ausübung des Berufs oder die Ausbildung zu dem Beruf, der dem Beruf, in dem die Dienstleistungserbringung angestrebt wird, entspricht, in diesem anderen Mitgliedstaat, in diesem anderen Vertragsstaat oder in diesem gleichgestellten Staat nicht reglementiert ist und die meldende Person den Beruf während der vorhergehenden zehn Jahre mindestens ein Jahr lang in einem oder in mehreren Mitgliedstaaten, Vertragsstaaten oder gleichgestellten Staaten rechtmäßig ausgeübt hat,**
3. **sich nicht eines Verhaltens schuldig gemacht hat, aus dem sich die Unzuverlässigkeit zur Ausübung des Berufs ergibt,**
4. **in gesundheitlicher Hinsicht zur Ausübung des Berufs geeignet ist und**
5. **über die Kenntnisse der deutschen Sprache verfügt, die zur Ausübung des Berufs erforderlich sind.**

Erläuterungen

1 Die Vorschrift regelt die Voraussetzungen, die zur vorübergehenden und gelegentlichen Ausübung eines der im MTBG geregelten Berufe als dienstleistungserbringende Person berechtigen.

2 In der Gesetzesbegründung (BT-Drs. 19/24447, S. 75) wird zu **Nr. 1** ausgeführt:

„Es bedarf nach Nummer 1 einer zur Dienstleistungserbringung berechtigenden Berufsqualifikation, welche in § 57 genauer bestimmt wird. Hier wird von der Möglichkeit des Artikels 7 Absatz 4 der Richtlinie 2005/36/EG Gebrauch gemacht, die Berufsqualifikation zu überprüfen. Dies ist im Interesse des Patientenschutzes angemessen und gerechtfertigt, da auch im Fall einer vorübergehenden und gelegentlichen Tätigkeit die Patientinnen oder Patienten einen Anspruch auf qualifizierte Behandlung haben.“

3 In der Gesetzesbegründung (BT-Drs. 19/24447, S. 75) wird zu **Nr. 2** ausgeführt:

„Die meldende Person muss in einem anderen Mitgliedstaat, Vertragsstaat oder gleichgestellten Staat rechtmäßig niedergelassen sein und je nachdem ob der Beruf in diesem Land reglementiert ist oder nicht die weiteren Voraussetzungen erfüllen.“

Zum Begriff des Mitgliedstaats s. § 42 Abs. 1, des Vertragsstaats s. § 42 Abs. 2, und des gleichgestellten Staats s. § 42 Abs. 4.

In der Gesetzesbegründung (BT-Drs. 19/24447, S. 75) wird zu den **Nrn. 3 bis 5** ausgeführt: 4

„Die Nummern 3 bis 5 entsprechen § 1 Absatz 2 Nummer 2 bis 4.“

§ 57 Zur Dienstleistungserbringung berechtigende Berufsqualifikation

(1) Zur Dienstleistungserbringung berechtigen folgende Berufsqualifikationen:

1. eine abgeschlossene Ausbildung nach diesem Gesetz oder
2. eine Berufsqualifikation, die
a) in einem anderen Mitgliedstaat, in einem anderen Vertragsstaat oder in einem gleichgestellten Staat erworben worden ist,
b) in dem Staat, in dem sie erworben worden ist, erforderlich ist für den unmittelbaren Zugang zu einem Beruf, der einem der in diesem Gesetz geregelten Berufe entspricht, und
c) entweder
aa) nach § 46 Absatz 3, § 47 und § 48 mit einer der in diesem Gesetz geregelten Berufsqualifikationen, in dem die Dienstleistungserbringung angestrebt wird, gleichwertig ist oder
bb) wesentliche Unterschiede nur in einem Umfang aufweist, der nicht zu einer Gefährdung der öffentlichen Gesundheit führt.

(2) Weist eine Berufsqualifikation wesentliche Unterschiede in einem Umfang auf, der zu einer Gefährdung der öffentlichen Gesundheit führt, so kann die meldende Person zum Erwerb einer zur Dienstleistung berechtigenden Berufsqualifikation eine Eignungsprüfung ablegen, die sich auf diese wesentlichen Unterschiede erstreckt.

(3) Die meldende Person kann auch dann eine Eignungsprüfung ablegen, wenn die Gleichwertigkeit ihrer Berufsqualifikation nur mit einem unangemessenen zeitlichen oder sachlichen Aufwand festgestellt werden kann, da die meldende Person die erforderlichen Unterlagen oder Nachweise aus Gründen, die sie nicht zu verantworten hat, nicht vorlegen kann.

(4) Ist die Eignungsprüfung bestanden worden, so berechtigt die Berufsqualifikation der meldenden Person zur Dienstleistungserbringung.

Erläuterungen

1 In der Gesetzesbegründung (BT-Drs. 19/24447, S. 76) wird zu **Abs. 1** ausgeführt:

„Der Absatz regelt die Voraussetzungen für das Vorliegen einer zur Dienstleistungserbringung berechtigenden Berufsqualifikation.

Eine Berufsqualifikation aufgrund einer nach diesem Gesetz abgeschlossenen Ausbildung berechtigt zur Dienstleistungserbringung (Nummer 1).

Eine Berufsqualifikation, die in einem anderen Mitgliedstaat, in einem anderen Vertragsstaat oder in einem gleichgestellten Staat erworben worden ist, muss für den unmittelbaren Zugang zu einem Beruf im Herkunftsstaat erforderlich sein, der einem der in diesem Gesetz geregelten Berufe entspricht. Diese Berufsqualifikation muss entweder gleichwertig sein oder sie weist im Vergleich zu der entsprechenden Ausbildung nach diesem Gesetz keine wesentlichen Unterschiede auf, die so wesentlich sind, dass die öffentliche Gesundheit gefährdet wäre (Nummer 2).“

In der Gesetzesbegründung (BT-Drs. 19/24447, S. 76) wird zu **Abs. 2** ausgeführt: 2

„Weist die Berufsqualifikation wesentliche Unterschiede auf, die geeignet sind, die öffentliche Gesundheit zu gefährden, kann die betreffende Person eine Eignungsprüfung ablegen. Bezüglich den Ausführungen zu der Definition wesentlicher Unterschiede wird auf § 47 verwiesen. Hier besteht jedoch im Vergleich zur Anerkennung die Besonderheit, dass erst bei der Feststellung einer möglichen Gefahr für die öffentliche Gesundheit durch die Dienstleistungserbringung aufgrund der bestehenden wesentlichen Unterschiede die meldende Person den Nachweis des gleichwertigen Kenntnisstandes durch eine Eignungsprüfung zu erbringen hat."

In der Gesetzesbegründung (BT-Drs. 19/24447, S. 76) wird zu **Abs. 3** ausgeführt: 3

„Ist die Gleichwertigkeit der Berufsqualifikation nur mit einem unangemessenen zeitlichen oder sachlichen Aufwand festzustellen, kann ein gleichwertiger Kenntnisstand durch eine Eignungsprüfung nachgewiesen werden."

In der Gesetzesbegründung (BT-Drs. 19/24447, S. 76) wird zu **Abs. 4** ausgeführt: 4

„Nur wenn die Eignungsprüfung erfolgreich abgelegt wurde, berechtigt die Berufsqualifikation der meldenden Person zur Dienstleistungserbringung."

§ 58 Entscheidung über die Berechtigung zur Dienstleistungserbringung

(1) Die zuständige Behörde überprüft, ob die meldende Person berechtigt ist, in Deutschland die Tätigkeit in einem der in diesem Gesetz geregelten Berufe als dienstleistungserbringende Person vorübergehend und gelegentlich auszuüben.

(2) Soweit es für die Überprüfung der Voraussetzung nach § 57 Absatz 1 Nummer 2 Buchstabe c erforderlich ist, kann die zuständige Behörde bei der zuständigen Behörde des Staates, in dem die meldende Person niedergelassen ist, Informationen über den Ausbildungsgang der meldenden Person anfordern.

Erläuterungen

Übersicht

I. Erläuterungen

1 In der Gesetzesbegründung (BT-Drs. 19/24447, S. 76) wird zu **Abs. 1** ausgeführt:

„Der Absatz regelt die Prüfung der zuständigen Behörde für die Erteilung der Berechtigung zur vorübergehenden und gelegentlichen Ausübung der Tätigkeit in einem der in diesem Gesetz geregelten Berufe als dienstleistungserbringende Person."

2 In der Gesetzesbegründung (BT-Drs. 19/24447, S. 76) wird zu **Abs. 2** ausgeführt:

„Die zuständige Behörde ist für die Überprüfung der Gleichwertigkeit berechtigt, Informationen über den Ausbildungsgang der meldenden Person in dem jeweiligen Staat anzufordern. Der Absatz setzt Artikel 8 Absatz 1 Satz 2 der Richtlinie 2005/36/EG um."

II. Korrespondierende Vorschriften der MTAPrV

3 § 99 MTAPrV enthält die Vorschriften zum **Verfahren** bei der Erbringung von Dienstleistungen.

§ 59 Rechte und Pflichten der dienstleistungserbringenden Person

(1) Ist eine Person berechtigt, einen der in diesem Gesetz geregelten Berufe als dienstleistungserbringende Person vorübergehend und gelegentlich auszuüben, so hat sie beim Erbringen der Dienstleistung in Deutschland die gleichen Rechte und Pflichten wie Personen mit einer entsprechenden Erlaubnis zum Führen der Berufsbezeichnung nach § 1 Absatz 1 Nummer 1, 2, 3 oder 4.

(2) Die dienstleistungserbringende Person darf je nach ausgeübter Tätigkeit die jeweilige Berufsbezeichnung nach § 1 Absatz 1 Nummer 1, 2, 3 oder 4 führen, auch wenn sie nicht die entsprechende Erlaubnis zum Führen der Berufsbezeichnung nach § 1 Absatz 1 Nummer 1, 2, 3 oder 4 besitzt.

(3) Die dienstleistungserbringende Person ist verpflichtet, der zuständigen Behörde unverzüglich zu melden:

1. **jede Änderung der Staatsangehörigkeit,**
2. **den Verlust der rechtmäßigen Niederlassung für den Beruf, in dem die Dienstleistung erbracht wird, in einem anderen Mitgliedstaat, in einem anderen Vertragsstaat oder in einem gleichgestellten Staat,**
3. **die Tatsache, dass ihr die Ausübung dieses Berufs untersagt ist, auch bei vorübergehender Untersagung,**
4. **die Tatsache, dass bei ihr eine Vorstrafe vorliegt, oder**
5. **die Tatsache, dass sie in gesundheitlicher Hinsicht nicht mehr geeignet ist zur Ausübung dieses Berufs.**

(4) Mit der Meldung nach Absatz 3 hat die dienstleistungserbringende Person der zuständigen Behörde die entsprechenden Nachweise, Bescheinigungen und Erklärungen vorzulegen.

Erläuterungen

In der Gesetzesbegründung (BT-Drs. 19/24447, S. 76) wird zu **Abs. 1** ausgeführt: 1

„Personen, die berechtigt sind, Dienstleistungen in einem der in diesem Gesetz geregelten Berufe als dienstleistungserbringende Person zu erbringen, haben die gleichen Rechte und Pflichten wie Personen mit einer entsprechenden Erlaubnis zur Berufsausübung nach § 1."

In der Gesetzesbegründung (BT-Drs. 19/24447, S. 76) wird zu **Abs. 2** ausgeführt: 2

„Zudem dürfen sie die entsprechende Berufsbezeichnung nach diesem Gesetz führen, auch wenn sie keine Erlaubnis dafür besitzen. Die Regelung dient auch der Umsetzung des Artikel 7 Absatz 4 Unterabsatz 6 der Richtlinie 2005/36/EG."

In der Gesetzesbegründung (BT-Drs. 19/24447, S. 77) wird zu **Abs. 3** ausgeführt: 3

„Es besteht die Pflicht zur Meldung der dienstleistenden Person über wesentliche Änderungen der Informationen, die im Rahmen der erstmaligen Meldung nach § 55

der zuständigen Behörde mitgeteilt wurden. Dies entspricht Artikel 7 Absatz 2 der Richtlinie 2005/36/EG.“

4 In der Gesetzesbegründung (BT-Drs. 19/24447, S. 77) wird zu **Abs. 4** ausgeführt:

„Die dienstleistungserbringende Person muss mit der Meldung nach Absatz 3 der zuständigen Stelle die entsprechenden Nachweise, Bescheinigungen und Erklärungen vorlegen.“

§ 59a Dienstleistungserbringung im Rahmen einer partiellen Berufsausübung

(1) [1]Für die Erbringung von vorübergehenden und gelegentlichen Dienstleistungen im Sinne des Artikels 57 des Vertrages über die Arbeitsweise der Europäischen Union im Rahmen einer partiellen Berufsausübung bedarf es einer Genehmigung durch die zuständige Behörde. [2]Die Genehmigung wird auf Antrag erteilt, wenn:

1. die antragstellende Person eine Staatsangehörige oder ein Staatsangehöriger eines Mitgliedstaates, eines Vertragsstaates oder eines gleichgestellten Staates ist,
2. die antragstellende Person in einem anderen Mitgliedstaat, in einem anderen Vertragsstaat oder einem gleichgestellten Staat zur Ausübung des Berufs, dessen Tätigkeit der Tätigkeit in einem der in diesem Gesetz geregelten Berufe nur partiell entspricht, rechtmäßig niedergelassen ist und
   a) dieser Beruf in diesem Mitgliedstaat, in diesem Vertragsstaat oder in diesem gleichgestellten Staat reglementiert ist oder
   b) dieser Beruf in diesem Mitgliedstaat, in diesem Vertragsstaat oder in diesem gleichgestellten Staat nicht reglementiert ist und die antragstellende Person diesen Beruf während der vorhergehenden zehn Jahre mindestens ein Jahr lang in einem oder in mehreren Mitgliedstaaten, Vertragsstaaten oder gleichgestellten Staaten rechtmäßig ausgeübt hat,
3. die Voraussetzungen nach § 53 Absatz 1 Nummer 1 bis 4 vorliegen.

(2) [1]Personen mit einer Genehmigung zur Dienstleistungserbringung im Rahmen einer partiellen Berufsausübung haben beim Erbringen der Dienstleistung in Deutschland im Umfang dieser Genehmigung die gleichen Rechte und Pflichten wie eine Person mit einer Erlaubnis zum Führen der Berufsbezeichnung nach § 1 Absatz 1 Nummer 1, 2, 3 oder 4. [2]Sie dürfen insbesondere eine oder mehrere vorbehaltene Tätigkeiten nach § 5 ausüben, soweit sie in den Umfang der Genehmigung zur Dienstleistungserbringung im Rahmen einer partiellen Berufsausübung fallen.

(3) Die §§ 2 bis 4, 53 Absatz 2, 3 und 4, § 54 Absatz 2, die §§ 55, 59 Absatz 3 und 4, § 63 Absatz 1 bis 3, die §§ 64 bis 67 und 68 Absatz 1 und 2 gelten entsprechend.

Erläuterungen

Die Vorschrift wurde durch Art. 7 Nr. 2 PflStudStG (BGBl. 2023 I Nr. 359 vom 15.12.2023) neu eingeführt. In der Gesetzesbegründung (BR-Drs. 225/23, S. 125) wird zu **Abs. 1** Folgendes ausgeführt: 1

„§ 59a Absatz 1 regelt die Erteilung der Genehmigung der Dienstleistungserbringung für Personen, die bestimmte Tätigkeiten, die im Inland unter die vorbehaltenen Tätigkeiten fallen, lediglich vorübergehend und gelegentlich im Geltungsbereich des MT-Berufe-Gesetzes ausüben wollen.

Im Gegensatz zur Dienstleistungserbringung nach §§ 54 ff., bestimmt § 59a Absatz 1 ein Genehmigungserfordernis für die Dienstleistungserbringung im Rahmen einer partiellen Berufsausübung. Die Dienstleistungserbringung nach §§ 54 ff. erfolgt aufgrund einer

Berufsqualifikation, die den vollständigen Zugang zu einem in diesem Gesetz geregelten Beruf gewährt. Für Berufe, die mindestharmonisiert durch die Richtlinie 2005/36/EG sind, ist dadurch ein ausreichender Schutz für die Dienstleistungsempfänger gewährt. Für Berufe, die nicht mindestharmonisiert sind, erlaubt Artikel 7Absatz 4 der Richtlinie 2005/36/EG den Mitgliedstaaten die Berufsqualifikation der potentiell dienstleistungserbringenden Person vor Erbringung der Dienstleistung zu prüfen (Vorabprüfung). Dabei wird geprüft, ob die Berufsqualifikation der antragstellenden Person mit der hiesigen Berufsqualifikation gleichwertig ist, oder aber derartige wesentliche Unterschiede aufweist, dass dies der öffentlichen Gesundheit oder Sicherheit abträglich ist. Sollte dies der Fall sein, kann die antragstellende Person eine Eignungsprüfung ablegen, um nachzuweisen, dass sie die fehlenden Kenntnisse, Fähigkeiten oder Kompetenzen erworben hat. Erhebliche wesentliche Unterschiede sind jedoch gerade eine Voraussetzung für die Gewährung eines partiellen Zugangs, sodass hier die Vorabprüfung nicht als Mittel zum Schutz der Dienstleistungsempfängerinnen und Dienstleistungsempfänger dienen kann. Eine Prüfung der Berufsqualifikation ist im Rahmen der partiellen Berufsausübung aber aufgrund der fehlenden Mindestharmonisierung und zur Sicherung des Patientenschutzes unbedingt erforderlich. Diese Prüfung wird den zuständigen Behörden durch den Einzug eines Genehmigungstatbestandes ermöglicht.

Die Genehmigung wird auf Antrag erteilt, wenn die genannten Voraussetzungen erfüllt sind. Zum einen müssen die Voraussetzungen des Artikels 5 der Richtlinie 2005/36/EG vorliegen. Zum anderen werden die Voraussetzungen für die Erteilung einer Erlaubnis zur partiellen Berufsausübung geprüft.

Im Gegensatz zur Dienstleistungserbringung nach §§ 54a ff. ist denkbar, dass der von der antragstellenden Person ausgeübte Beruf – d. h. die Ausübung dieses Berufs oder die Ausbildung zu diesem Beruf - im Herkunftsmitgliedstaat nicht reglementiert ist, sodass Artikel 5 Absatz 1 Buchstabe b der Richtlinie 2005/36/EG umgesetzt werden muss. Das erfolgt durch § 59a Absatz 1 Satz 2 Nummer 2 Buchstabe b.“

2 In der Gesetzesbegründung (BR-Drs. 225/23, S. 125) wird zu **Abs. 2** Folgendes ausgeführt:

„§ 59a Absatz 2 regelt die Rechten und Pflichten einer Person mit einer Genehmigung zur Dienstleistungserbringung im Rahmen einer partiellen Berufsausübung.“

3 In der Gesetzesbegründung (BR-Drs. 225/23, S. 125) wird zu **Abs. 3** Folgendes ausgeführt:

„§ 59a Absatz 3 bestimmt die Vorschriften, die entsprechend auf eine Dienstleistungserbringung im Rahmen einer partiellen Berufsausübung anzuwenden sind. Dies ist unter anderem die Vorschrift über Rücknahme, Widerruf und Ruhen der Erlaubnis zum Führen der Berufsbezeichnung. Auch die Dienstleistungserbringung im Rahmen einer partiellen Berufsausübung ist von der dienstleistungserbringenden Person an die zuständige Behörde zu melden. Bei der Dienstleistungserbringung im Rahmen einer partiellen Berufsausübung wird die Berufsbezeichnung des Staates, in dem die erworben wurde, geführt. Die Berufsbezeichnung ist dabei mit dem Hinweis auf den Namen dieses Staates und die Tätigkeit, auf die die Erlaubnis zur partiellen Berufsausübung beschränkt ist, zu führen. Zudem gelten bestimmte Vorschriften über die Verwaltungszusammenarbeit, Unterrichtungspflichten und Vorwarnmechanismus entsprechend.“

Abschnitt 2
Dienstleistungserbringung in anderen Mitgliedstaaten, in anderen Vertragsstaaten oder in gleichgestellten Staaten

§ 60 Bescheinigung der zuständigen Behörde

(1) Üben deutsche Staatsangehörige oder Staatsangehörige eines anderen Mitgliedstaates, eines anderen Vertragsstaates oder eines gleichgestellten Staates einen der in diesem Gesetz geregelten Berufe in Deutschland aufgrund einer Erlaubnis nach § 1 Absatz 1 Nummer 1, 2, 3 oder 4 aus, so wird ihnen auf Antrag eine Bescheinigung von der zuständigen Behörde ausgestellt, damit sie die Möglichkeit haben, in einem anderen Mitgliedstaat, in einem anderen Vertragsstaat oder in einem gleichgestellten Staat ihren Beruf als dienstleistungserbringende Person im Sinne des Artikels 57 des Vertrages über die Arbeitsweise der Europäischen Union vorübergehend und gelegentlich auszuüben.

(2) Die Bescheinigung hat zu enthalten:

1. die Bestätigung, dass die antragstellende Person rechtmäßig niedergelassen ist
   a) als „Medizinische Technologin für Laboratoriumsanalytik“ oder „Medizinischer Technologe für Laboratoriumsanalytik“,
   b) als „Medizinische Technologin für Radiologie“ oder „Medizinischer Technologe für Radiologie“,
   c) als „Medizinische Technologin für Funktionsdiagnostik“ oder „Medizinischer Technologe für Funktionsdiagnostik“ oder
   d) als „Medizinische Technologin für Veterinärmedizin“ oder „Medizinischer Technologe für Veterinärmedizin“,
2. dass der antragstellenden Person die Ausübung dieses Berufs nicht, auch nicht vorübergehend, untersagt ist und
3. dass die antragstellende Person über die berufliche Qualifikation verfügt, die für die Berufsausübung erforderlich ist.

Erläuterungen

In der Gesetzesbegründung (BT-Drs. 19/24447, S. 77) wird zu der Vorschrift insgesamt ausgeführt: 1

„Die Vorschrift regelt, dass die Personen, die eine Erlaubnis zum Führen der Berufsbezeichnung nach § 1 haben, auf Antrag eine Bescheinigung mit dem in Absatz 2 genannten Inhalt erhalten. Diese dient der Ermöglichung der Dienstleistungserbringung in einem anderen Mitgliedstaat, einem anderen Vertragsstaat oder einem gleichgestellten Staat.“

Teil 6
Zuständigkeiten und Aufgaben der Behörden

§ 61 Zuständige Behörde

(1) Die Länder bestimmen die zur Durchführung dieses Gesetzes zuständigen Behörden.

(2) Die Entscheidung nach § 1 Absatz 2 trifft die zuständige Behörde des Landes, in dem die antragstellende Person die staatliche Prüfung abgelegt hat.

(3) Die Entscheidung nach § 1 Absatz 2 in Verbindung mit Teil 4 trifft die zuständige Behörde des Landes, in dem einer der in diesem Gesetz geregelten Berufe ausgeübt werden soll.

(4) Die Aufgaben nach Teil 4 Abschnitt 3 nimmt die zuständige Behörde des Landes wahr, in dem die berufliche Tätigkeit ausgeübt werden soll.

(5) [1]Die Aufgaben nach Teil 5 Abschnitt 1 nimmt die zuständige Behörde des Landes wahr, in dem die Dienstleistung erbracht werden soll oder erbracht worden ist. [2]Die Aufgaben nach Teil 5 Abschnitt 2 nimmt die zuständige Behörde des Landes wahr, in dem die antragstellende Person einen der in diesem Gesetz geregelten Berufe ausübt.

Erläuterungen

1 In der Gesetzesbegründung (BT-Drs. 19/24447, S. 77) wird zu der Vorschrift insgesamt ausgeführt:

„Die Länder sind für den Vollzug dieses Gesetzes zuständig. Sie legen die jeweils zuständigen Behörden fest. Die Regelungen in Absatz 2 bis 5 sind erforderlich, um ein bundeseinheitliches und von den allgemeinen Regelungen des Verwaltungsrechtes abweichendes Verfahren sicherzustellen.“

§ 62 Gemeinsame Einrichtungen

Die Länder können vereinbaren, dass die Aufgaben nach Teil 4 von einem anderen Land oder einer gemeinsamen Einrichtung wahrgenommen werden.

Erläuterungen

In der Gesetzesbegründung (BT-Drs. 19/24447, S. 77) wird zu der Vorschrift insgesamt ausgeführt: 1

„Die Vorschrift weist darauf hin, dass die Länder die Möglichkeit haben, die Aufgaben zur Anerkennung von Berufsqualifikationen aus dem Ausland zu bündeln. Dieses Anliegen ist im Interesse der Vereinheitlichung des Verwaltungsvollzugs sinnvoll.“

§ 63 Unterrichtungs- und Überprüfungspflichten

(1) Die zuständige Behörde des Landes, in dem eine Person einen in diesem Gesetz geregelten Beruf vollständig oder partiell ausübt oder zuletzt ausgeübt hat, unterrichtet die zuständigen Behörden des Herkunftsstaates, wenn

1. sich diese Person eines Verhaltens schuldig gemacht hat, welches sich auf die Ausübung eines der in diesem Gesetz geregelten Berufe auswirken kann,
2. die Erlaubnis nach diesem Gesetz zurückgenommen oder widerrufen worden ist oder das Ruhen der Erlaubnis nach diesem Gesetz angeordnet worden ist,
3. dieser Person die Ausübung eines der in diesem Gesetz geregelten Berufe untersagt worden ist oder
4. in Bezug auf diese Person Tatsachen vorliegen, die eine der in den Nummern 1 bis 3 genannten Sanktionen oder Maßnahmen rechtfertigen.

(2) Erhält die zuständige Behörde eines Landes Auskünfte von der zuständigen Behörde eines Aufnahmestaates, die sich auf die vollständige oder partielle Ausübung eines der in diesem Gesetz geregelten Berufe durch eine Person im Geltungsbereich dieses Gesetzes auswirken könnten, so hat sie

1. die Richtigkeit der ihr übermittelten Auskünfte zu überprüfen,
2. zu entscheiden, ob und in welchem Umfang weitere Überprüfungen durchzuführen sind, und
3. die zuständige Behörde des Aufnahmestaates zu unterrichten über die Konsequenzen, die aus den übermittelten Auskünften zu ziehen sind.

(3) Für die Unterrichtung nach den Absätzen 1 und 2 ist das Binnenmarkt-Informationssystem zu verwenden, das eingerichtet worden ist durch die Verordnung (EU) Nr. 1024/2012 des Europäischen Parlaments und des Rates vom 25. Oktober 2012 über die Verwaltungszusammenarbeit mit Hilfe des Binnenmarkt-Informationssystems und zur Aufhebung der Entscheidung 2008/49/EG der Kommission (ABl. L 316 vom 14.11.2012, S. 1).

(4) [1]Die Länder teilen dem Bundesministerium für Gesundheit mit, welche Behörden zuständig sind für

1. die Anerkennung von Berufsqualifikationen nach Teil 4,
2. die Entscheidung nach Teil 4 Abschnitt 3,
3. die Entgegennahme der Meldung über eine Dienstleistungserbringung nach § 55,

3a. die Entscheidungen nach Teil 5 oder

4. sonstige Entscheidungen, die im Zusammenhang mit der Richtlinie 2005/36/EG stehen.

[2]Das Bundesministerium für Gesundheit unterrichtet die anderen Mitgliedstaaten, die anderen Vertragsstaaten, die gleichgestellten Staaten und die Europäische Kommission unverzüglich über die Benennung dieser Behörden.

(5) [1]Die für die Entscheidungen nach diesem Gesetz zuständigen Behörden und Stellen übermitteln dem Bundesministerium für Gesundheit statistische Aufstellungen über die getroffenen Entscheidungen, die für den nach Artikel 60 Absatz 1

der Richtlinie 2005/36/EG erforderlichen Bericht benötigt werden. [2]Das Bundesministerium für Gesundheit leitet die ihm übermittelten statistischen Aufstellungen an die Europäische Kommission weiter.

Erläuterungen

In der Gesetzesbegründung (BT-Drs. 19/24447, S. 77) wird zu der Vorschrift allgemein ausgeführt: 1

„Die Vorschrift entspricht geltendem Recht und setzt Artikel 56 und 60 der Richtlinie 2005/36/EG um."

In der Gesetzesbegründung (BT-Drs. 19/24447, S. 77) wird zu **Abs. 1** ausgeführt: 2

„Die Unterrichtung nach Absatz 1 erfolgt an den Herkunftsstaat. Das ist der andere Mitgliedstaat, der andere Vertragsstaat oder der gleichgestellte Staat, in dem die entsprechende Berufsqualifikation erworben worden ist."

In der Gesetzesbegründung (BT-Drs. 19/24447, S. 77) wird zu **Abs. 2** ausgeführt: 3

„Erhalten die zuständigen Behörden der Länder Informationen über Entscheidungen aus anderen Mitgliedstaaten, anderen Vertragsstaaten oder gleichgestellten Staaten, haben sie nach Absatz 2 zu prüfen, welche Auswirkungen diese Entscheidungen auf die Berufsausübung der sie betreffenden Personen in Deutschland haben. Sie haben den zuständigen Stellen des anderen Mitgliedstaates, des anderen Vertragsstaates oder des gleichgestellten Staates, der die Information übermittelt hat, das Ergebnis der Prüfung mitzuteilen sowie gegebenenfalls die Eintragung einer getroffenen Entscheidung im Bundeszentralregister zu veranlassen."

In der Gesetzesbegründung (BT-Drs. 19/24447, S. 77) wird zu **Abs. 3** ausgeführt: 4

„Absatz 3 bestimmt, dass für die Unterrichtungen nach Absatz 1 und Absatz 2 das Binnenmarkt-Informationssystem zu verwenden ist."

In der Gesetzesbegründung (BT-Drs. 19/24447, S. 77) wird zu **Abs. 4** ausgeführt: 5

„In Absatz 4 wird festgelegt, dass die Meldung der für Deutschland zuständigen Behörden und Stellen nach Mitteilung der Länder über das Bundesministerium für Gesundheit an die Europäische Kommission erfolgt."

In der Gesetzesbegründung (BT-Drs. 19/24447, S. 77) wird zu **Abs. 5** ausgeführt: 6

„Absatz 5 legt fest, dass die Meldung über die Wanderungsbewegungen von den Ländern über das Bundesministerium für Gesundheit an die Europäische Kommission weitergeleitet wird."

Die Vorschrift ist durch Art. 7 Nr. 3 PflStudStG (BGBl. 2023 I Nr. 359 vom 15.12.2023) in **Abs. 1, 2 und 4** geändert worden. Die Änderungen sind Folge von der Ergänzung einer partiellen Berufserlaubnis sowie der Dienstleistungserbringung im Rahmen einer partiellen Berufserlaubnis (Gesetzesbegründung, BR-Drs. 225/23, S. 126). 7

§ 64 Warnmitteilung durch die zuständige Behörde

(1) Die zuständige Behörde eines Landes übermittelt den zuständigen Behörden der anderen Mitgliedstaaten, der anderen Vertragsstaaten und der gleichgestellten Staaten eine Warnmitteilung, wenn eine der folgenden Entscheidungen getroffen worden ist:

1. der Widerruf, die Rücknahme oder die Anordnung des Ruhens der Erlaubnis, sofern sie sofort vollziehbar oder unanfechtbar ist,
2. das durch unanfechtbare gerichtliche Entscheidung getroffene Verbot der Ausübung eines der in diesem Gesetz geregelten Berufe oder
3. das durch gerichtliche Entscheidung getroffene vorläufige Berufsverbot.

(2) Die Warnmitteilung enthält folgende Angaben:

1. die zur Identifizierung der betroffenen Person erforderlichen Angaben, insbesondere Name, Vorname, Geburtsdatum und Geburtsort,
2. den Beruf der betroffenen Person,
3. Angaben über die Behörde oder das Gericht, die oder das die Entscheidung getroffen hat,
4. den Umfang der Entscheidung und
5. den Zeitraum, in dem die Entscheidung gilt.

(3) Die Warnmitteilung erfolgt unverzüglich, spätestens jedoch drei Tage

1. nach Eintritt der Unanfechtbarkeit einer Entscheidung nach Absatz 1 Nummer 1 oder 2 oder
2. nach Bekanntgabe einer Entscheidung nach Absatz 1 Nummer 3.

(4) Für die Warnmitteilung ist das Binnenmarkt-Informationssystem zu verwenden.

(5) [1]Gleichzeitig mit der Warnmitteilung unterrichtet die Behörde, die die Warnmitteilung getätigt hat, die betroffene Person schriftlich über die Warnmitteilung und deren Inhalt. [2]Der Unterrichtung hat sie eine Rechtsbehelfsbelehrung beizufügen. [3]Wird ein Rechtsbehelf gegen die Warnmitteilung eingelegt, ergänzt die Behörde, die die Warnmitteilung getätigt hat, die Warnmitteilung um einen entsprechenden Hinweis.

Erläuterungen

1 In der Gesetzesbegründung (BT-Drs. 19/24447, S. 77 f.) wird zu der Vorschrift allgemein ausgeführt:

„Die Regelung zum sogenannten Vorwarnmechanismus hat ihre Grundlage in Artikel 56a der Richtlinie 2005/36/EG.

Die zuständigen Behörden der Mitgliedstaaten, anderen Vertragsstaaten sowie gleichgestellten Staaten haben danach die zuständigen Behörden aller anderen Mitgliedstaaten, Vertragsstaaten oder gleichgestellten Staaten über Entscheidungen zu unterrichten, durch die den jeweiligen Berufsangehörigen die Ausübung ihrer beruflichen

Tätigkeit im jeweiligen Mitgliedstaat ganz oder teilweise untersagt worden ist oder diesbezügliche Beschränkungen auferlegt worden sind.“

In der Gesetzesbegründung (BT-Drs. 19/24447, S. 78) wird zu **Abs. 1** ausgeführt: 2

„Nach Absatz 1 unterrichtet die zuständige Stelle, die die Warnmitteilung veranlasst hat, weil sie eine der in den Nummer 1 bis 3 genannten Entscheidungen originär getroffen oder über diese vom Gericht informiert worden ist, die zuständigen Behörden der anderen Mitgliedstaaten, anderen Vertragsstaaten oder der gleichgestellten Staaten über die Entscheidung.“

In der Gesetzesbegründung (BT-Drs. 19/24447, S. 78) wird zu **Abs. 2 bis 4** 3 ausgeführt:

„Die Mitteilung muss dabei die in Absatz 2 genannten Angaben enthalten und nach Absatz 3 unverzüglich, spätestens aber drei Tage nach Eintritt der Unanfechtbarkeit der Entscheidung über das Binnenmarkt-Informationssystem erfolgen (Absatz 4).“

In der Gesetzesbegründung (BT-Drs. 19/24447, S. 78) wird zu **Abs. 5** ausgeführt: 4

„Absatz 5 sieht vor, dass die zuständige Stelle, die die Warnmitteilung tätigt, gleichzeitig mit der Warnmitteilung, die betroffene Person über die Warnmitteilung und deren Inhalt schriftlich unter Beifügung einer Rechtsbehelfsbelehrung unterrichten.

Eventuell gegen die Entscheidung eingelegte Rechtsbehelfe sind ebenso wie Änderungen hinsichtlich der zeitlichen Wirkung der Entscheidung auch in das Binnenmarkt-Informationssystem einzustellen.“

§ 65 Unterrichtung über Änderungen

(1) Die zuständige Behörde, die die Warnmitteilung getätigt hat, unterrichtet die zuständigen Behörden der anderen Mitgliedstaaten, der anderen Vertragsstaaten und der gleichgestellten Staaten über

1. **die Aufhebung einer in § 64 Absatz 1 genannten Entscheidung und das Datum der Aufhebung,**
2. **die Änderung des Zeitraumes, für den eine in § 64 Absatz 1 genannte Entscheidung gilt.**

(2) Für die Unterrichtung ist das Binnenmarkt-Informationssystem zu verwenden.

Erläuterungen

1 In der Gesetzesbegründung (BT-Drs. 19/24447, S. 78) wird zu der Vorschrift insgesamt ausgeführt:

„Diese Vorschrift legt fest, dass ebenso wie die Information über eine Entscheidung, die die Warnmitteilung veranlasst hat, auch die Aufhebung einer Entscheidung, unverzüglich, spätestens nach drei Tagen, in das Binnenmarkt-Informationssystem (IMI) eingestellt werden. Die Regelung dient auch der Umsetzung des Artikels 56a Absatz 5 der Richtlinie 2005/36/EG.“

§ 66 Löschung einer Warnmitteilung

Die zuständige Behörde, die die Warnmitteilung getätigt hat, löscht die Warnmitteilung im Binnenmarkt-Informationssystem unverzüglich, spätestens jedoch drei Tage nach Aufhebung der in § 64 Absatz 1 genannten Entscheidung.

Erläuterungen

In der Gesetzesbegründung (BT-Drs. 19/24447, S. 78) wird zu der Vorschrift 1
insgesamt ausgeführt:

„Die Vorschrift regelt die Löschung der Warnmitteilungen im Binnenmarkt-Informationssystem (IMI), sie dient auch der Umsetzung des Artikels 56a Absatz 7 der Richtlinie 2005/36/EG."

§ 67 Unterrichtung über gefälschte Berufsqualifikationsnachweise

(1) Wird gerichtlich festgestellt, dass eine Person bei ihrem Antrag auf Erteilung der Erlaubnis nach § 1 Absatz 1 gefälschte Berufsqualifikationsnachweise vorgelegt hat, unterrichtet die zuständige Behörde die zuständigen Stellen der anderen Mitgliedstaaten, der anderen Vertragsstaaten und der gleichgestellten Staaten über

1. die Identität dieser Person, insbesondere über deren
a) Namen und Vornamen,
b) Geburtsdatum,
c) Geburtsort und
2. den Umstand, dass diese Person gefälschte Berufsqualifikationsnachweise vorgelegt hat.

(2) [1]Die Unterrichtung über die Fälschung erfolgt unverzüglich, spätestens jedoch drei Tage nach Unanfechtbarkeit der Feststellung. [2]Für die Unterrichtung über die Fälschung ist das Binnenmarkt-Informationssystem zu verwenden.

(3) [1]Gleichzeitig mit der Unterrichtung über die Fälschung unterrichtet die Behörde, die die Unterrichtung über die Fälschung vorgenommen hat, die betroffene Person schriftlich über die Unterrichtung über die Fälschung und deren Inhalt. [2]Der Unterrichtung hat sie eine Rechtsbehelfsbelehrung beizufügen. [3]Wird ein Rechtsbehelf gegen die Unterrichtung über die Fälschung eingelegt, so ergänzt die Stelle, die die Unterrichtung über die Fälschung getätigt hat, die Unterrichtung über die Fälschung um einen entsprechenden Hinweis.

Erläuterungen

1 In der Gesetzesbegründung (BT-Drs. 19/24447, S. 78) wird zu der Vorschrift insgesamt ausgeführt:

„Die Vorschrift beruht ebenfalls auf Artikel 56a der Richtlinie 2005/36/EG und betrifft die Fälle, in denen gerichtlich festgestellt wurde, dass gefälschte Berufsqualifikationsnachweise genutzt worden sind.“

§ 68 Verwaltungszusammenarbeit bei Dienstleistungserbringung

(1) Übt eine dienstleistungserbringende Person im Geltungsbereich dieses Gesetzes einen der in diesem Gesetz geregelten Berufe vollständig oder partiell aus oder führt sie eine der Berufsbezeichnungen nach § 1 Absatz 1, ohne dass die Voraussetzungen nach Teil 5 vorliegen, unterrichtet die zuständige Behörde unverzüglich die zuständige Behörde des Staates, in dem die dienstleistungserbringende Person niedergelassen ist, über den Verstoß.

(2) Hat die zuständige Behörde berechtigte Zweifel an den von der dienstleistungserbringenden Person vorgelegten Dokumenten, so ist sie berechtigt, von der zuständigen Behörde des Staates, in dem die dienstleistungserbringende Person niedergelassen ist, folgende Informationen anzufordern:

1. **Informationen darüber, ob die Niederlassung der dienstleistungserbringenden Person in diesem Staat rechtmäßig ist, und**
2. **Informationen darüber, ob gegen die dienstleistungserbringende Person berufsbezogene disziplinarische oder strafrechtliche Sanktionen vorliegen.**

(3) Soweit es für die Überprüfung der Voraussetzung nach § 57 Absatz 1 Nummer 2 Buchstabe c erforderlich ist, kann die zuständige Behörde bei der zuständigen Behörde des Staates, in dem die dienstleistungserbringende Person niedergelassen ist, Informationen über den Ausbildungsgang der dienstleistungserbringenden Person anfordern.

(4) Auf Anforderung der zuständigen Behörden eines anderen Mitgliedstaates, eines anderen Vertragsstaates oder eines gleichgestellten Staates übermitteln die zuständigen Behörden nach Artikel 56 der Richtlinie 2005/36/EG der anfordernden Behörde

1. **Informationen darüber, ob die Niederlassung der dienstleistungserbringenden Person in einem der in diesem Gesetz geregelten Berufe in der Bundesrepublik Deutschland rechtmäßig ist,**
2. **Informationen über die gute Führung der dienstleistungserbringenden Person,**
3. **Informationen darüber, ob berufsbezogene disziplinarische oder strafrechtliche Sanktionen vorliegen, und**
4. **Informationen über die Ausbildungsgänge der in diesem Gesetz geregelten Berufe.**

Erläuterungen

In der Gesetzesbegründung (BT-Drs. 19/24447, S. 78) wird zu der Vorschrift insgesamt ausgeführt: 1

„Die Vorschrift enthält die Vorschriften zur Verwaltungszusammenarbeit und gegenseitigen Unterrichtung zwischen den Behörden der Mitgliedstaaten, Vertragsstaaten sowie gleichgestellten Staaten in Fällen der Dienstleistungserbringung."

2 Die Vorschrift ist durch Art. 7 Nr. 4 PflStudStG (BGBl. 2023 I Nr. 359 vom 15.12.2023) in **Abs. 1** geändert worden. Nach dem Wort „Berufe" sind die Wörter „vollständig und partiell" eingefügt worden. Die Änderungen sind Folge von der Ergänzung einer partiellen Berufserlaubnis sowie der Dienstleistungserbringung im Rahmen einer partiellen Berufserlaubnis (Gesetzesbegründung, BR-Drs. 225/23, S. 126).

Teil 7
Verordnungsermächtigung

§ 69 Ermächtigung zum Erlass einer Ausbildungs- und Prüfungsverordnung

(1) Das Bundesministerium für Gesundheit wird ermächtigt, in einer Ausbildungs- und Prüfungsverordnung, die der Zustimmung des Bundesrates bedarf, Folgendes zu regeln:

1. die Mindestanforderungen an die Ausbildungen nach Teil 3 einschließlich der praktischen Ausbildung,
2. das Nähere über die staatliche Prüfung nach § 25, insbesondere bundeseinheitliche Rahmenvorgaben für die inhaltliche Ausgestaltung und für die Durchführung der Prüfung,
3. die Urkunden für die Erlaubnis zum Führen der Berufsbezeichnung nach § 1 Absatz 1,
4. für Inhaberinnen und Inhaber von Ausbildungsnachweisen, die eine Erlaubnis nach § 1 Absatz 1 in Verbindung mit Teil 4 dieses Gesetzes beantragen,
   a) die Fristen für die Erteilung der Erlaubnis,
   b) das Verfahren bei der Prüfung der Voraussetzungen des § 1 Absatz 2 Nummer 2 und 3, insbesondere die von der antragstellenden Person vorzulegenden Nachweise und die Ermittlung durch die zuständige Behörde entsprechend Artikel 50 Absatz 1 bis 3a in Verbindung mit Anhang VII der Richtlinie 2005/36/EG,
   c) die Pflicht von Inhabern anerkannter Berufsqualifikationen, nach Maßgabe des Artikels 52 Absatz 1 der Richtlinie 2005/36/EG die Berufsbezeichnung des Aufnahmestaates zu führen und deren etwaige Abkürzung zu verwenden,
   d) die Regelungen zur Durchführung und zum Inhalt der Anpassungsmaßnahmen nach den §§ 50 und 51 dieses Gesetzes,
   e) das Verfahren bei der Ausstellung eines Europäischen Berufsausweises nach § 52,
5. das Verfahren und das Nähere zu den Voraussetzungen der Dienstleistungserbringung,
6. für Berufsangehörige, die einen Antrag nach § 53 oder nach § 59a stellen,
   a) das Verfahren und das Nähere zu den jeweiligen Voraussetzungen partiellen Berufsausübung, insbesondere
      aa) die Fristen für die Erteilung der Erlaubnis zur partiellen Berufsausübung nach § 53,
      bb) das Verfahren bei der Prüfung der Voraussetzungen des § 53, insbesondere die von der antragstellenden Person vorzulegenden Nachweise und die Ermittlung durch die zuständige Behörde entsprechend Artikel 50 Absatz 1 bis 3a in Verbindung mit Anhang VII der Richtlinie 2005/36/EG,
      cc) die Urkunde für die Erlaubnis zur partiellen Berufsausübung nach § 53 und
   b) das Verfahren und das Nähere zu den Voraussetzungen der Dienstleistungserbringung im Rahmen einer partiellen Berufsausübung.

(2) [1]Abweichungen durch Landesrecht von den Regelungen des Verwaltungsverfahrens in der nach Absatz 1 erlassenen Rechtsverordnung sind ausgeschlossen. [2]Abweichend von Satz 1 können die Länder Abweichungen von den durch Rechtsverordnung im Fall des § 81a des Aufenthaltsgesetzes erlassenen Fristenregelungen vorsehen.

Erläuterungen

1 In der Gesetzesbegründung (BT-Drs. 19/24447, S. 78) wird zu der Vorschrift allgemein ausgeführt:

„Die Vorschrift enthält die Ermächtigung für das Bundesministerium für Gesundheit, eine Ausbildungs- und Prüfungsverordnung für Medizinische Technologinnen und Medizinische Technologen zu erlassen sowie Regelungen zur Abweichungsfestigkeit dieser Verordnung."

2 In der Gesetzesbegründung (BT-Drs. 19/24447, S. 78 f.) wird zu **Abs. 1** ausgeführt:

„Nach Nummer 1 können in der Ausbildungs- und Prüfungsverordnung die Mindestanforderungen an die Ausbildungen der jeweiligen Berufe der Medizinischen Technologinnen und Medizinischen Technologen nach Teil 3 einschließlich der praktischen Ausbildungen geregelt werden. Dies umfasst beispielsweise auch Regelungen zur Qualifikation der praxisanleitenden Personen. Nummer 2 sieht Regelungen zur staatlichen Prüfung vor. Außerdem soll nach Nummer 3 das amtliche Muster für die Urkunden über die Erlaubnis zum Führen der Berufsbezeichnung in die Rechtsverordnung aufgenommen werden.

Nummer 4 trägt dem Erfordernis der Umsetzung der genannten Richtlinien und Abkommen Rechnung, indem das Bundesministerium für Gesundheit ermächtigt wird, in der Rechtsverordnung das zum Vollzug der Anerkennung von Ausbildungsnachweisen aus Mitgliedstaaten der EU und Vertragsstaaten des Abkommens über den Europäischen Wirtschaftsraum notwendige Verwaltungsverfahren näher zu regeln.

Darüber hinaus sind in der Rechtsverordnung Regelungen zur Durchführung und zum Inhalt der Anpassungsmaßnahmen nach § 49 und § 50 dieses Gesetzes sowie zur Ausstellung eines europäischen Berufsausweises nach § 52 zu erlassen. Die Vorschrift ermöglicht dem Verordnungsgeber damit insbesondere Regelungen zu Umfang und Inhalten der Anpassungsmaßnahmen, die in angemessener Art und Weise sicherstellen sollen, dass die Antragsteller zur umfassenden Ausübung des Berufs in der Lage sind. So darf zum Beispiel im Falle der Kenntnisprüfung keine vollständige Abschlussprüfung entsprechend der staatlichen Prüfung gefordert werden.

Nach Nummer 5 kann auch das Verfahren zur Dienstleistungserbringung in der Ausbildungs- und Prüfungsverordnung konkretisiert werden.

In der Ausbildungs- und Prüfungsverordnung wird auch der Nachteilsausgleich bei den staatlichen Prüfungen für Menschen mit Behinderungen und Beeinträchtigungen geregelt."

Der Vorschrift wurde durch Art. 7 Nr. 5 PflStudStG (BGBl. 2023 I Nr. 359 vom 15.12.2023) eine **Nr. 6** angefügt. In der Gesetzesbegründung (BR 225/23, S. 126) wird hierzu Folgendes ausgeführt: 3

„Um auch das Verfahren zur Erteilung einer partiellen Berufserlaubnis bzw. einer Genehmigung der Dienstleistungserbringung im Rahmen einer partiellen Berufsausübung in der MT-Ausbildungs- und Prüfungsverordnung regeln zu können, wird eine entsprechende Ermächtigungsgrundlage geschaffen."

In der Gesetzesbegründung (BT-Drs. 19/24447, S. 79) wird zu **Abs. 2** ausgeführt: 4

„Durch die Regelung in Satz 1 werden gemäß Artikel 84 Absatz 1 Satz 5 des Grundgesetzes die auf der Grundlage des Absatzes 1 erlassenen Regelungen des Verwaltungsverfahrens in der Ausbildungs- und Prüfungsverordnung für Medizinische Technologinnen und Medizinische Technologen abweichungsfest ausgestaltet. Für die bundeseinheitliche Ausgestaltung der Verfahrensregelungen besteht ein besonderes Bedürfnis, das die Annahme eines Ausnahmefalles rechtfertigt, weil das hohe Schutzgut der Gesundheit der Bevölkerung zu gewährleisten ist. Patientinnen und Patienten müssen überall im Bundesgebiet qualitativ gleichwertige Leistungen der Medizinischen Technologinnen und Medizinischen Technologen erhalten können. Dies setzt voraus, dass die staatlichen Prüfungen in allen Ländern ein einheitliches Niveau aufweisen.

Vor dem Hintergrund des besonderen Fachkräftebedarfs in den durch Bundesgesetz reglementierten Berufen im Gesundheits- und Pflegebereich wurde mit dem Fachkräfteeinwanderungsgesetz 2019 die Frist für die Anerkennung der Gleichwertigkeit der ausländischen Berufsausbildung durch die zuständige Stelle des Landes von bisher vier bzw. drei auf zwei Monate verkürzt. Für die Medizinischen Technologinnen und Medizinischen Technologen wird dies in der Ausbildungs- und Prüfungsverordnung umgesetzt. Mit der Regelung in Satz 2 wird klargestellt, dass die in der Rechtsverordnung entsprechend geregelten Fristen zum beschleunigten Verfahren nach § 81a des Aufenthaltsgesetzes nicht abweichungsfest sind."

Teil 8
Bußgeldvorschriften

§ 70 Bußgeldvorschriften

(1) Ordnungswidrig handelt, wer

1. **ohne Erlaubnis nach § 1 Absatz 1 eine dort genannte Berufsbezeichnung führt oder**
2. **einer vollziehbaren Anordnung nach § 4 Absatz 1 zuwiderhandelt.**

(2) Die Ordnungswidrigkeit kann mit einer Geldbuße bis zu dreitausend Euro geahndet werden.

Erläuterungen

Übersicht

I. Allgemeines

1 Die Vorschrift regelt die Tatbestände der Ordnungswidrigkeiten und die Höhe der Geldbußen. Einer gesonderten Bußgeldregelung für Fälle der Dienstleistungserbringung nach § 54 bedarf es nicht. Sind die Voraussetzungen der § 56 und § 57 nicht erfüllt, bedürfen diese Personen der Erlaubnis nach § 1.

1. Ordnungswidrigkeit

2 Das Recht der Ordnungswidrigkeiten ist in dem Gesetz über Ordnungswidrigkeiten (OWiG) vom 24. Mai 1968 in der Fassung der Bekanntmachung vom 19. Februar 1987 (BGBl. I S. 602) geregelt. Das OWiG gilt auch für Ordnungswidrigkeiten nach Landesrecht (§ 2 OWiG). Das OWiG enthält in § 1 Abs. 1 eine **Begriffsbestimmung der Ordnungswidrigkeit**: Eine Ordnungswidrigkeit ist eine rechtswidrige und vorwerfbare Handlung, die den Tatbestand eines Gesetzes verwirklicht, das die Ahndung mit einer Geldbuße zulässt. Im Unterschied zum Strafgesetzbuch (StGB) handelt es sich bei der Verwirklichung von Ordnungswidrigkeiten um **kleinere Rechtsverstöße**, die aber kein Kriminalunrecht darstellen.

2. Zuständigkeit

3 Die Verfolgung von Ordnungswidrigkeiten ist eine verwaltungsrechtliche Angelegenheit. Zuständig für die Verfolgung von Ordnungswidrigkeiten ist die Verwaltungsbehörde (§ 35 Abs. 1 OWiG). Dies ist die zuständige Behörde, die nach Landesrecht bestimmt wird (vgl. § 36 OWiG).

3. Vorsatz und Fahrlässigkeit

Als Ordnungswidrigkeit kann nur vorsätzliches Handeln geahndet werden, außer wenn das Gesetz fahrlässiges Handeln ausdrücklich mit Geldbuße bedroht (§ 10 OWiG). In § 70 MTBG ist die **fahrlässige Begehung der dort genannten Tatbestände nicht ausdrücklich mit Geldbuße** belegt. **Vorsatz** bedeutet das bewusste und gewollte Begehen einer Handlung, wobei auch der Erfolg gewollt herbeigeführt wird. Nur **fahrlässig** handelt hingegen, wer die im Verkehr übliche Sorgfalt außer Acht lässt (vgl. § 276 Abs. 2 BGB), ohne dass der Erfolg gewollt herbeigeführt wird. In § 70 ist ausschließlich vorsätzliches Handeln erfasst. 4

4. Verfolgung von Ordnungswidrigkeiten

Die Verfolgung von Ordnungswidrigkeiten liegt im pflichtgemäßen Ermessen der Verfolgungsbehörde. Solange das Verfahren bei ihr anhängig ist, kann sie es einstellen (§ 47 Abs. 1 OWiG). 5

5. Rechtsmittel

Die Ordnungswidrigkeit wird durch **Bußgeldbescheid** geahndet (§ 66 OWiG). Gegen ihn kann **Einspruch** eingelegt werden, über den das Amtsgericht entscheidet, in dessen Bezirk die Verwaltungsbehörde ihren Sitz hat (§§ 67, 68 Abs. 1 OWiG). 6

II. Erläuterungen

1. Abs. 1 Nr. 1

Die Vorschrift stellt das **Führen einer der in § 1 Abs. 1 genannten Berufsbezeichnungen ohne Erlaubnis** unter die Androhung einer Geldbuße. 7

2. Abs. 1 Nr. 2

Die Vorschrift war in der ursprünglichen Fassung des Gesetzes nicht enthalten. Sie wurde im Gesetzgebungsverfahren aufgrund des Beschlusses des Ausschusses für Gesundheit in Abs. 1 eingefügt (BT-Drs. 19/26249, S. 60). Dazu wird in der Beschlussbegründung ausgeführt (BT-Drs. 19/26249, S. 90): 8

„Die Ergänzung in § 70 Absatz 1 Nummer 2 spiegelt die Bedeutung des Schutzgutes der Patientensicherheit wider, indem auch Zuwiderhandlungen gegen eine vollziehbare Anordnung nach § 4 Absatz 1 MTBG-E (Ruhen der Erlaubnis zum Führen der Berufsbezeichnung) bußgeldbewehrt sind. Eine entsprechende Regelung findet sich auch in § 67 Absatz 1 Nummer 3 Anästhesietechnische- und Operationstechnische-Assistenten-Gesetz.“

Die Vorschrift stellt das **Zuwiderhandeln gegen eine vollziehbare Anordnung nach § 4 Abs. 1** unter die Androhung einer Geldbuße. Wird gegen eine Anordnung nach § 4 Abs. 1 Widerspruch oder Anfechtungsklage erhoben, besteht aufschie- 9 bende Wirkung der Anordnung (§ 80 Abs. 1 Satz 1 Verwaltungsgerichtsordnung (VwGO)). Die Anordnung ist dann nicht vollziehbar. Die aufschiebende Wirkung entfällt in den Fällen des § 80 Abs. 2 VwGO. Zur Dauer der aufschiebenden Wirkung s. § 80b VwGO.

3. Abs. 2

10 Für die in Abs. 1 Nr. 1 und 2 aufgeführten Tatbestände existiert ein **einheitlicher Bußgeldrahmen** in Höhe von bis zu 3 000 EUR.

Teil 9
Übergangs- und Schlussvorschriften

§ 71 Fortgelten der Erlaubnis zum Führen der Berufsbezeichnung

[1]Eine Erlaubnis zum Führen der jeweiligen Berufsbezeichnung nach dem Gesetz über technische Assistenten in der Medizin in der bis zum 31. Dezember 2022 geltenden Fassung bleibt durch dieses Gesetz unberührt. [2]Sie gilt als Erlaubnis nach § 1 Absatz 1 für den jeweiligen Beruf. [3]Dies gilt auch für eine Erlaubnis, die vor Wirksamwerden des Beitritts nach den Vorschriften der Deutschen Demokratischen Republik erteilt wurde.

Erläuterungen

In der Gesetzesbegründung (BT-Drs. 19/24447, S. 79) wird zu der Vorschrift 1
insgesamt ausgeführt:

„Diese Vorschrift regelt das Fortgelten der bisherigen Erlaubnis zum Führen der jeweiligen Berufsbezeichnungen nach dem Gesetz über technische Assistenten in der Medizin in der bis zum 31. Dezember 2022 geltenden Fassung. Die Bezugnahme auf das Gesetz über technische Assistenten in der Medizin in der bis zum 31. Dezember 2022 geltenden Fassung umfasst auch die dort geregelten Übergangs- und Anwendungsvorschriften. Ebenfalls gilt eine Erlaubnis fort, die nach den Vorschriften der Deutschen Demokratischen Republik erteilt wurde. Die betreffenden Personen dürfen die vorbehaltenen Tätigkeiten nach Teil 2 ausüben und haben die gleichen Rechte und Pflichten wie eine Person mit einer Erlaubnis nach § 1. Die Vorschriften über die Erlaubnis in §§ 2, 3 und 4 finden Anwendung."

§ 72 Fortgelten der Bestätigung zur partiellen Berufsausübung

[1]Eine Bestätigung zur partiellen Berufsausübung, die nach § 2 Absatz 3b des Gesetzes über technische Assistenten in der Medizin in der bis zum 31. Dezember 2022 geltenden Fassung erteilt worden ist, bleibt wirksam. [2]Sie gilt als Erlaubnis nach § 53 und erlaubt das Ausüben einer vorbehaltenen Tätigkeit nach § 5 im bisherigen Umfang.

Erläuterungen

1 In der Gesetzesbegründung (BT-Drs. 19/24447, S. 79) wird zu der Vorschrift insgesamt ausgeführt:

„Die Vorschrift regelt das Fortgelten der Bestätigung der partiellen Berufsausübung nach der bisher geltenden Rechtslage.“

§ 73 Abschluss begonnener Ausbildungen

(1) Eine Ausbildung in einem Beruf der technischen Assistenten in der Medizin, die vor dem 31. Dezember 2022 begonnen wurde, kann bis zum 31. Dezember 2026 auf der Grundlage der Vorschriften des Gesetzes über technische Assistenten in der Medizin in der bis zum 31. Dezember 2022 geltenden Fassung abgeschlossen werden.

(2) [1]Wer die Ausbildung erfolgreich abgeschlossen hat und die weiteren Voraussetzungen des § 2 Absatz 1 des Gesetzes über technische Assistenten in der Medizin in der bis zum 31. Dezember 2022 geltenden Fassung erfüllt, erhält auf Antrag die Erlaubnis zum Führen der Berufsbezeichnung nach § 1 Absatz 1 des Gesetzes über technische Assistenten in der Medizin in der bis zum 31. Dezember 2022 geltenden Fassung. [2]Diese Erlaubnis gilt als Erlaubnis nach § 1 Absatz 1.

(3) Für die Finanzierung der Ausbildung nach Absatz 1 gilt § 2 des Krankenhausfinanzierungsgesetzes in der bis zum 31. Dezember 2022 geltenden Fassung.

Erläuterungen

In der Gesetzesbegründung (BT-Drs. 19/24447, S. 80) wird zu der Vorschrift insgesamt ausgeführt: 1

„Die Vorschrift regelt den Abschluss bereits begonnener Ausbildungen auf der Grundlage des Gesetzes über technische Assistenten in der Medizin und der Ausbildungs- und Prüfungsverordnung. Die Finanzierung der bisherigen Ausbildung nach dem Krankenhausfinanzierungsgesetz in der bis zum 31. Dezember 2022 geltenden Fassung wird weiterhin ermöglicht.“

§ 74 Weitergeltung der staatlichen Anerkennung von Schulen und Bestandsschutz

(1) Schulen, die nach den Vorgaben des Gesetzes über technische Assistenten in der Medizin in der bis zum 31. Dezember 2022 geltenden Fassung staatlich anerkannt sind, gelten weiterhin als staatlich anerkannt, wenn die Anerkennung nicht zurückgenommen oder nach Absatz 2 widerrufen wird.

(2) Die staatliche Anerkennung ist zu widerrufen, wenn die Mindestanforderungen in § 18 Absatz 2 bis zum 31. Dezember 2033 nicht nachgewiesen werden.

(3) Die Mindestanforderungen an Schulen in § 18 Absatz 2 gelten für Personen als erfüllt,

1. **die am 31. Dezember 2022 rechtmäßig eine Schule für technische Assistenten in der Medizin leiten,**
2. **die am 31. Dezember 2022 rechtmäßig an einer Schule für technische Assistenten in der Medizin unterrichten oder**
3. **die am 31. Dezember 2022 über die Voraussetzungen und erforderlichen Qualifikationen für die Leitung oder die Tätigkeit als Lehrkraft verfügen.**

Erläuterungen

1 In der Gesetzesbegründung (BT-Drs. 19/24447, S. 80) wird zu der Vorschrift insgesamt ausgeführt:

„In einem Übergangszeitraum von 10 Jahren gilt die staatliche Anerkennung von Schulen, die auf der Grundlage des Gesetzes über technische Assistenten in der Medizin erteilt wurde, fort. Innerhalb dieses Zeitraumes sollen sukzessive die neuen Anforderungen an die Schulen umgesetzt werden. Zum 31. Dezember 2033 müssen die neuen Mindestanforderungen auch von bereits staatlich anerkannten Schulen erfüllt werden."

§ 75 Übergangsvorschrift für die Anerkennung ausländischer Berufsqualifikationen

Die Entscheidung über einen Antrag auf Anerkennung einer außerhalb dieses Gesetzes erworbenen Berufsqualifikation kann bis zum 31. Dezember 2026 auf Grundlage der Vorschriften des Gesetzes über technische Assistenten in der Medizin in der bis zum 31. Dezember 2022 geltenden Fassung getroffen werden.

Erläuterungen

In der Gesetzesbegründung (BT-Drs. 19/24447, S. 80) wird zu der Vorschrift 1
insgesamt ausgeführt:

„Enthalten ist eine Übergangsvorschrift für die Anerkennung ausländischer Berufsabschlüsse. Mit einer Kann-Regelung wird die Möglichkeit geschaffen, Anträge auf Anerkennung im Ausland abgeschlossener Ausbildungen bis einschließlich 31. Dezember 2026 auf der Grundlage des Gesetzes über technische Assistenten in der Medizin in der bis zum 31. Dezember 2022 geltenden Fassung getroffen werden. Der Übergangszeitraum gewährt den Ländern ausreichend Zeit für die Umstellung des Anerkennungsverfahrens auf die neuen Vorschriften.“

§ 76 Finanzierung von Ausbildungskosten; Kooperationsvereinbarungen

(1) Als mit Krankenhäusern notwendigerweise verbundene Ausbildungsstätten im Sinne des § 2 Nummer 1a des Krankenhausfinanzierungsgesetzes gelten auch Schulen, die

1. Ausbildungen in den in diesem Gesetz geregelten Berufen der Humanmedizin durchführen und
2. mit Krankenhäusern Kooperationsvereinbarungen über die Durchführung der praktischen Ausbildung nach diesem Gesetz abgeschlossen haben.

Kooperationsvereinbarungen nach Satz 1 Nummer 2 bedürfen der Schriftform.

(2) Die Kooperationsvereinbarung nach Absatz 1 Satz 1 Nummer 2 hat insbesondere Folgendes zu enthalten:

1. Angaben zur Anzahl der zur Verfügung stehenden Ausbildungsplätze der Schule,
2. Angaben zur voraussichtlichen Anzahl an Ausbildungsplätzen, die das Krankenhaus bei der Schule pro Ausbildungsgang in Anspruch nehmen wird,
3. Angaben zu den Ausbildungskosten der Schule, insbesondere zu Personalmitteln, Sachmitteln, Lehr- oder Lernmitteln, Kosten der Praxisbegleitung und Betriebskosten des Schulgebäudes, soweit diese für die Ausbildung nach diesem Gesetz und in dem vereinbarten Umfang an Ausbildungsplätzen voraussichtlich anfallen, und
4. Vorgaben zur Weiterleitung der Ausbildungskosten, die für die Schule im krankenhausindividuellen Ausbildungsbudget nach § 17a Absatz 3 Satz 1 des Krankenhausfinanzierungsgesetzes enthalten sind, durch das Krankenhaus an die Schule.

(3) Rechtzeitig vor dem Beginn der Verhandlungen des krankenhausindividuellen Ausbildungsbudgets nach § 17a Absatz 3 Satz 1 des Krankenhausfinanzierungsgesetzes hat die Schule dem Krankenhaus diejenigen Nachweise und Begründungen vorzulegen, die das Krankenhaus für die Geltendmachung der Ausbildungskosten der Schule im Rahmen der Verhandlungen benötigt.

(4) Im Rahmen der Verhandlungen des krankenhausindividuellen Ausbildungsbudgets nach § 17a Absatz 3 Satz 1 des Krankenhausfinanzierungsgesetzes hat die Schule dem Krankenhaus zusätzliche Auskünfte zu erteilen, soweit

1. das Krankenhaus diese Auskünfte für die Geltendmachung der Ausbildungskosten der Schule im Rahmen der Verhandlungen benötigt und
2. der dafür von der Schule zu betreibende Aufwand und der Nutzen für die Verhandlungen durch das Krankenhaus nicht außer Verhältnis stehen.

Erläuterungen

1 In der Gesetzesbegründung (BT-Drs. 19/24447, S. 80) wird zu der Vorschrift in der ursprünglichen Fassung des Gesetzentwurfs, in der nur der jetzige Satz 1 des Abs. 1 enthalten war, ausgeführt:

„Die Vorschrift ergänzt für die in diesem Gesetz geregelten Berufe in der Humanmedizin die Möglichkeiten zur Finanzierung der Ausbildungskosten der Schulen nach dem Krankenhausfinanzierungsgesetz, soweit die Schulen mit Krankenhäusern hierzu Kooperationsvereinbarungen abgeschlossen haben. Dazu enthält die Regelung eine gesetzliche Erweiterung der Definition des Begriffs der mit Krankenhäusern notwendigerweise verbundenen Ausbildungsstätten in § 2 Nummer 1a des Krankenhausfinanzierungsgesetzes. Die Erweiterung bezieht Schulen in die Finanzierung der Ausbildungskosten nach § 17a des Krankenhausfinanzierungsgesetzes ausdrücklich mit ein, die Ausbildungen in den in diesem Gesetz geregelten Berufen der Humanmedizin durchführen und sie mit Krankenhäusern Kooperationsvereinbarungen über die Durchführung der praktischen Ausbildung nach dem MT-Berufe-Gesetz abgeschlossen haben.

So unterfallen Schulen für die Ausbildung der Medizinischen Technologinnen und Medizinischen Technologen in der Humanmedizin (Laboratoriumsanalytik, Radiologie und Funktionsdiagnostik) der Regelung zur Finanzierung von Ausbildungskosten nach § 17a des Krankenhausfinanzierungsgesetzes auch dann, wenn sie dazu mit Krankenhäusern Kooperationsvereinbarungen über die Durchführung der praktischen Ausbildung abgeschlossen haben. Die Schulkosten sind damit Teil des krankenhausindividuellen Ausbildungsbudgets nach § 17a Absatz 3 Satz 1 des Krankenhauses, mit dem die Schule eine Kooperationsvereinbarung abgeschlossen hat. In der Kooperationsvereinbarung sind Einzelheiten zur Geltendmachung der Schulkosten im Rahmen des krankenhausindividuellen Ausbildungsbudgets und zur Weiterleitung an die Schule zu vereinbaren.

Ausbildungen zur Medizinischen Technologin für Veterinärmedizin und zum Medizinischen Technologen für Veterinärmedizin sind von dieser Finanzierungsregelung nicht umfasst.

Welche Bedeutung zukünftig Kooperationsvereinbarungen zwischen Schulen und Krankenhäusern im Hinblick auf die Finanzierung der Ausbildungen in anderen Gesundheitsfachberufen zukommen kann, bleibt weiteren Beratungen des Gesetzgebers vorbehalten."

Im Gesetzgebungsverfahren wurde aufgrund des Beschlusses des Ausschusses für Gesundheit an **Abs. 1 der Satz 2** angefügt. Weiter wurde **Abs. 2** angefügt (BT-Drs. 19/26249, S. 63). Dazu wird in der Begründung ausgeführt (BT-Drs. 19/26249, S. 90): 2

„Mit der Änderung des § 76 MTBG-E wird das im Gesetzentwurf angelegte Finanzierungsverfahren bezüglich der Ausbildungskosten im Bereich der MT-Berufe vereinfacht. Dies entspricht der vorgesehenen Vereinfachung des Finanzierungsverfahrens bezüglich der Ausbildungskosten im Bereich der ATA-/OTA-Berufe gemäß § 72 ATAOTA-Gesetz.

Absatz 1 Satz 1 entspricht dem bisherigen Entwurf von § 76 MT-Berufe-Gesetz. Ergänzend wird in Satz 2 klargestellt, dass die Kooperationsvereinbarung der Schriftform bedarf.

Mit Absatz 2 werden zur Vereinfachung des Finanzierungsverfahrens verbindliche Vorgaben zu den Mindestbestandteilen der Kooperationsvereinbarungen zwischen einem Krankenhaus und einer kooperierenden Schule aufgenommen. Damit werden die Krankenhäuser in die Lage versetzt, die Verhandlungen des krankenhausindividuellen Ausbildungsbudgets nach § 17a Absatz 3 Satz 1 des Krankenhausfinanzierungsgesetzes (KHG) auch für die kooperierenden Schulen auf guter Grundlage zu führen. Dazu sind in der Kooperationsvereinbarung Einzelheiten zur Geltendmachung der Ausbildungskosten der Schule im Rahmen des krankenhausindividuellen Ausbildungsbudgets zu vereinbaren, einschließlich zur Weiterleitung der im Ausbildungsbudget vereinbarten Mittel an die Schule. Zu den Vorgaben gehören insbesondere Angaben zur Anzahl der zur Verfügung stehenden Ausbildungsplätze der Schule sowie zur voraussichtlichen Anzahl an Ausbildungsplätzen, die das Krankenhaus bei der Schule pro Ausbildungsgang in Anspruch nehmen wird. Im gleichen Zuge hat die Schule ihre Ausbildungskosten für Personal- oder Sachmittel, für Lehr- oder Lernmittel, ihre Kosten der Praxisbegleitung sowie ihre Betriebskosten des Schulgebäudes mitzuteilen, sofern diese für die Ausbildung nach diesem Gesetz und dem vereinbarten Umfang an Ausbildungsplätzen voraussichtlich anfallen.

Weiterhin hat die Kooperationsvereinbarung Vorgaben zur Weiterleitung der im Ausbildungsbudget vereinbarten Mittel an die Schule, also z. B. zum Zahlverfahren oder innerhalb welchen Zeitraums die Weiterleitung zu erfolgen hat, vorzusehen.

Mit den Regelungen in den Absätzen 3 und 4 wird das Krankenhaus in die Lage versetzt, seine gesetzliche Pflicht nach § 17a Absatz 4a KHG erfüllen zu können, rechtzeitig vor den Verhandlungen benötigte Nachweise und Begründungen vorzulegen sowie im Rahmen der Verhandlungen zusätzliche Auskünfte zu erteilen.

Eine über diese Finanzierung hinausgehende Beteiligung an den Kosten der praktischen Ausbildung ist nicht vorgesehen.“

C.

Verordnungstext

Ausbildungs- und Prüfungsverordnung für Medizinische Technologinnen und Medizinische Technologen[1] (MT-Ausbildungs- und Prüfungsverordnung – MTAPrV)

vom 24.9.2021 (BGBl. I S. 4467),
zuletzt geändert durch Art. 8 G vom 12.12.2023 (BGBl. I Nr. 359)

Auf Grund des § 69 Absatz 1 des MT-Berufe-Gesetzes vom 24. Februar 2021 (BGBl. I S. 274) verordnet das Bundesministerium für Gesundheit:

Inhaltsübersicht

1 Diese Verordnung dient der Umsetzung der Richtlinie 2005/36/EG des Europäischen Parlaments und des Rates vom 7. September 2005 über die Anerkennung von Berufsqualifikationen (ABl. L 255 vom 30.9.2005, S. 22; L 271 vom 16.10.2007, S. 18; L 93 vom 4.4.2008, S. 28; L 33 vom 3.2.2009, S. 49; L 305 vom 24.10.2014, S. 115), die zuletzt durch den Delegierten Beschluss (EU) 2020/548 (ABl. L 131 vom 24.4.2020, S. 1) geändert worden ist.

Abschnitt 2
Schriftlicher Teil der staatlichen Prüfung

Abschnitt 3
Mündlicher Teil der staatlichen Prüfung

Abschnitt 4
Praktischer Teil der staatlichen Prüfung

Abschnitt 5
Abschluss des Prüfungsverfahrens

Teil 1
Ausbildung

§ 1 Inhalt der Ausbildung

In der Ausbildung zur Medizinischen Technologin und zum Medizinischen Technologen sind der auszubildenden Person die in den Anlagen 1 bis 4 für den jeweiligen Beruf genannten Kompetenzen zu vermitteln.

§ 2 Gliederung der Ausbildung

(1) Die Ausbildung erfolgt im Wechsel von Abschnitten des theoretischen und praktischen Unterrichts und der praktischen Ausbildung.

(2) Der theoretische und praktische Unterricht und die praktische Ausbildung sind aufeinander abzustimmen.

§ 3 Theoretischer und praktischer Unterricht

(1) Während des theoretischen und praktischen Unterrichts sind für den jeweiligen Beruf die Kompetenzen zu vermitteln, die zur Erreichung der Ausbildungsziele nach den §§ 8 bis 12 des MT-Berufe-Gesetzes erforderlich sind.

(2) Der theoretische und praktische Unterricht wird für den jeweiligen Beruf in dem in § 13 Absatz 4 des MT-Berufe-Gesetzes festgelegten Umfang und gemäß der in Anlage 5 vorgesehenen Stundenverteilung durchgeführt.

(3) [1]Lehrformate, die selbstgesteuertes Lernen oder E-Learning beinhalten, können zielgerichtet bei der Konzeption des theoretischen und praktischen Unterrichts in einem angemessenen Umfang berücksichtigt werden. [2]Die Teilnahme an Lehrformaten nach Satz 1 ist von den Auszubildenden gegenüber der Schule nachzuweisen. [3]Das Nähere regeln die Länder.

§ 4 Praktische Ausbildung

(1) [1]Während der praktischen Ausbildung sind für den jeweiligen Beruf die Kompetenzen zu vermitteln, die zur Erreichung der Ausbildungsziele nach den §§ 8 bis 12 des MT-Berufe-Gesetzes erforderlich sind. [2]Die auszubildende Person wird befähigt, die im theoretischen und praktischen Unterricht erworbenen Kompetenzen aufeinander zu beziehen, miteinander zu verbinden und weiterzuentwickeln, um die erforderlichen Handlungskompetenzen für die beruflichen Tätigkeiten zu erwerben.

(2) [1]Die praktische Ausbildung findet durch praktische Einsätze in Einrichtungen nach § 19 Absatz 1 des MT-Berufe-Gesetzes statt. [2]Sie wird für den jeweiligen Beruf in dem in § 13 Absatz 4 des MT-Berufe-Gesetzes festgelegten Umfang und gemäß der in Anlage 6 vorgesehenen Stundenverteilung durchgeführt.

(3) Innerhalb der Probezeit nach § 36 des MT-Berufe-Gesetzes ist ein in Anlage 6 genannter Orientierungseinsatz beim Träger der praktischen Ausbildung durchzuführen.

§ 5 Interprofessionelles Praktikum

(1) Teil der praktischen Ausbildung ist ein in Anlage 6 genanntes Interprofessionelles Praktikum.

(2) [1]Im Interprofessionellen Praktikum lernen die Auszubildenden das jeweilige Berufsfeld im Kontext des Versorgungsprozesses kennen. [2]Es beinhaltet insbesondere Tätigkeitsbereiche, die der jeweiligen Kerntätigkeit vorangehen oder folgen. [3]In der Ausbildung zur Medizinischen Technologin für Radiologie oder zum Medizinischen Technologen für Radiologie und in der Ausbildung zur Medizinischen Technologin für Funktionsdiagnostik oder zum Medizinischen Technologen für Funktionsdiagnostik beinhaltet das Interprofessionelle Praktikum auch grundpflegerische Aufgaben im jeweiligen Handlungsfeld.

(3) Der Träger der Einrichtung bestätigt die Teilnahme am Interprofessionellen Praktikum mit einer Teilnahmebescheinigung.

§ 6 Leistungseinschätzungen für praktische Einsätze

(1) Jede an der Ausbildung beteiligte Einrichtung hat die Leistung, die die auszubildende Person im Rahmen des bei ihr durchgeführten praktischen Einsatzes erbracht hat, qualifiziert einzuschätzen.

(2) Die beteiligte Einrichtung hat bei Beendigung des praktischen Einsatzes

1. der auszubildenden Person die qualifizierte Leistungseinschätzung mitzuteilen und zu erläutern und
2. der Schule die qualifizierte Leistungseinschätzung und die Zeiten, die die auszubildende Person während des praktischen Einsatzes gefehlt hat, mitzuteilen.

(3) Abweichend von Absatz 1 ist für das Interprofessionelle Praktikum nach § 5 keine Leistungseinschätzung vorzunehmen.

§ 7 Jahreszeugnisse

(1) Für jedes Ausbildungsjahr muss die Schule der auszubildenden Person ein Jahreszeugnis ausstellen.

(2) Im Jahreszeugnis sind insbesondere anzugeben

1. die Jahresnote als Gesamtnote für die im theoretischen und praktischen Unterricht erbrachten Leistungen,
2. die Jahresnote als Gesamtnote für die praktischen Einsätze,
3. etwaige Fehlzeiten während des theoretischen und praktischen Unterrichts und
4. etwaige Fehlzeiten während der praktischen Ausbildung.

(3) Das Nähere zur Bildung der Jahresnoten regeln die Länder.

(4) [1]Die Jahresnote für die praktischen Einsätze wird von der Schule unter Berücksichtigung der qualifizierten Leistungseinschätzungen nach § 6 Absatz 1 festgelegt. [2]Ist ein praktischer Einsatz am Ende eines Ausbildungsjahres nicht beendet, so erfolgt die Berücksichtigung im nächsten Ausbildungsjahr. [3]Die Jahresnote für die praktischen Einsätze ist im Benehmen mit dem Träger der praktischen Ausbildung festzulegen.

§ 8 Qualifikation der Praxisanleitung

(1) [1]Zur Praxisanleitung geeignet ist eine Person, die

1. über eine Erlaubnis zum Führen der Berufsbezeichnung
   a) nach § 1 Absatz 1 des MT-Berufe-Gesetzes oder
   b) nach § 1 Absatz 1 des MTA-Gesetzes in der bis zum 31. Dezember 2022 geltenden Fassung

in dem Beruf verfügt, in dem die Praxisanleitung durchgeführt werden soll,

2. über Berufserfahrung in dem jeweiligen Beruf von mindestens einem Jahr verfügt,
3. eine berufspädagogische Zusatzqualifikation im Umfang von mindestens 300 Stunden absolviert hat und
4. kontinuierlich berufspädagogische Fortbildungen im Umfang von mindestens 24 Stunden jährlich absolviert.

[2]Die Länder können den Zeitraum, in dem die berufspädagogischen Fortbildungen nach Satz 1 Nummer 4 zu absolvieren sind, auf bis zu drei Jahre verlängern. [3]Der Stundenumfang ist entsprechend zu erhöhen.

(2) [1]Auf Personen, die in dem Zeitraum vom 1. Januar 2021 bis zum 31. Dezember 2022 als praxisanleitende Personen tätig sind, ist Absatz 1 Satz 1 Nummer 2 und 3 nicht anzuwenden. [2]Gleiches gilt für Personen, die am 31. Dezember 2022 über Kompetenzen zur Ausübung der praxisanleitenden Tätigkeit verfügen oder auf der Grundlage des Gesetzes über technische Assistenten in der Medizin vom 2. August 1993 in der bis zum 31. Dezember 2022 geltenden Fassung als praxisanleitende Personen tätig waren. [3]Die Tätigkeit als praxisanleitende Person im Sinne des Satzes 1 und 2 ist gegenüber der zuständigen Behörde in geeigneter Form nachzuweisen.

(3) Abweichend von Absatz 1 kann die Praxisanleitung beim Interprofessionellen Praktikum nach § 5 von jeder Person durchgeführt werden, die zur jeweiligen Kompetenzvermittlung geeignet ist.

(4) Die Anforderungen des § 145 Absatz 2 Nummer 4 der Strahlenschutzverordnung vom 29. November 2018 (BGBl. I S. 2034, 2036), zuletzt geändert durch Artikel 83 des Gesetzes vom 10. August 2021 (BGBl. I S. 3436), bleiben unberührt.

§ 9 Praxisbegleitung

[1]Für die praktische Ausbildung hat die Schule nach § 22 Nummer 5 und § 23 Absatz 1 des MT-Berufe-Gesetzes zu gewährleisten, dass eine Praxisbegleitung in angemessenem Umfang erfolgt. [2]Im Rahmen der Praxisbegleitung sollen für jede auszubildende Person insgesamt mindestens drei Besuche einer Lehrkraft in den Einrichtungen der praktischen Ausbildung erfolgen.

§ 10 Inhalt der Kooperationsvereinbarungen

(1) [1]In den Kooperationsvereinbarungen zwischen der Schule und dem Träger der praktischen Ausbildung ist die enge Zusammenarbeit hinsichtlich der Ausbildung der Auszubildenden zu regeln. [2]Ziel ist es, eine bestmögliche Verzahnung von theoretischem und praktischem Unterricht und praktischer Ausbildung zu gewährleisten.

(2) Die Kooperationsvereinbarungen müssen insbesondere Vorgaben enthalten

1. zum Ausbildungsplan,
2. zu den Vereinbarungen, die der Träger der praktischen Ausbildung mit weiteren Einrichtungen abzuschließen hat, um die praktische Ausbildung sicherzustellen,
3. zur Durchführung der Praxisanleitung und
4. zur Durchführung der Praxisbegleitung.

Teil 2
Staatliche Prüfung

Abschnitt 1
Allgemeines und Organisatorisches

§ 11 Teile der staatlichen Prüfung

Die staatliche Prüfung besteht aus

1. einem schriftlichen Teil,
2. einem mündlichen Teil und
3. einem praktischen Teil.

§ 12 Bildung und Zuständigkeit des Prüfungsausschusses

(1) An jeder Schule, die die Ausbildung durchführt, wird ein Prüfungsausschuss gebildet.

(2) Der Prüfungsausschuss ist für die ordnungsgemäße Durchführung der staatlichen Prüfung zuständig.

§ 13 Zusammensetzung des Prüfungsausschusses

(1) Der Prüfungsausschuss besteht aus den folgenden Mitgliedern:

1. einer Vertreterin oder einem Vertreter der zuständigen Behörde oder einer anderen geeigneten Person, die von der zuständigen Behörde mit der Wahrnehmung dieser Aufgabe betraut worden ist, als dem Prüfungsausschuss vorsitzende Person,
2. der Schulleiterin oder dem Schulleiter oder einem für die Ausbildung zuständigen Mitglied der Schulleitung,
3. mindestens drei Fachprüferinnen oder Fachprüfern, von denen
   a) mindestens zwei Personen schulische Fachprüferinnen oder Fachprüfer sein müssen und
   b) mindestens eine Person eine praktische Fachprüferin oder ein praktischer Fachprüfer sein muss.

(2) Zur schulischen Fachprüferin oder zum schulischen Fachprüfer darf nur bestellt werden, wer an der Schule unterrichtet.

(3) Zur praktischen Fachprüferin oder zum praktischen Fachprüfer darf nur bestellt werden, wer zum Zeitpunkt der staatlichen Prüfung als praxisanleitende Person tätig ist

1. in der Einrichtung, die der Träger der praktischen Ausbildung ist, oder
2. in einer weiteren für die praktische Ausbildung geeigneten Einrichtung.

(4) Zu Fachprüferinnen und Fachprüfern sollen die Lehrkräfte und praxisanleitenden Personen bestellt werden, die die zu prüfenden Personen überwiegend unterrichtet oder ausgebildet haben.

(5) [1]Die zuständige Behörde bestellt dic Mitglieder des Prüfungsausschusses sowie für jedes Mitglied mindestens ein Ersatzmitglied für den Fall der Verhinderung. [2]Die Mitglieder des Prüfungsausschusses nach Absatz 1 Nummer 2 und 3 schlägt die Schule vor.

§ 14 Bestimmung der einzelnen Fachprüferinnen und Fachprüfer für die einzelnen Prüfungsteile der staatlichen Prüfung

Die dem Prüfungsausschuss vorsitzende Person bestimmt auf Vorschlag der Schulleiterin oder des Schulleiters für jede Aufsichtsarbeit des schriftlichen Teils, für den mündlichen Teil und für jeden Prüfungsteil des praktischen Teils der staatlichen Prüfung jeweils

1. die Fachprüferinnen und Fachprüfer sowie
2. deren Ersatzmitglieder.

§ 15 Teilnahme der dem Prüfungsausschuss vorsitzenden Person an Teilen der staatlichen Prüfung

[1]Die dem Prüfungsausschuss vorsitzende Person hat das Recht, an den einzelnen Teilen der staatlichen Prüfung teilzunehmen, ohne dass ihr ein Fragerecht zusteht. [2]Eine Verpflichtung zur Anwesenheit besteht nicht.

§ 16 Teilnahme von Sachverständigen sowie von Beobachterinnen und Beobachtern an der staatlichen Prüfung

(1) Die zuständige Behörde kann Sachverständige sowie Beobachterinnen und Beobachter zur Teilnahme an einzelnen oder allen Teilen der staatlichen Prüfung entsenden.

(2) Die Teilnahme an einer praktischen Prüfung unter Beteiligung von Patientinnen und Patienten ist nur zulässig, wenn die betroffenen Patientinnen und Patienten oder eine vertretungsberechtigte Person zuvor darin eingewilligt haben.

§ 17 Zulassung zur staatlichen Prüfung

(1) Auf Antrag der auszubildenden Person entscheidet die dem Prüfungsausschuss vorsitzende Person, ob die auszubildende Person zur staatlichen Prüfung zugelassen wird.

(2) Die Zulassung zur staatlichen Prüfung wird erteilt, wenn

1. die folgenden Nachweise vorliegen:
   a) ein Identitätsnachweis der auszubildenden Person in amtlich beglaubigter Abschrift,
   b) eine Bescheinigung über die regelmäßige und erfolgreiche Teilnahme am theoretischen und praktischen Unterricht sowie an der praktischen Ausbildung nach Anlage 7,
   c) die zum Zeitpunkt der Zulassung vorliegenden Jahreszeugnisse nach § 7,
2. die Durchschnittsnote der Jahreszeugnisse mindestens „ausreichend“ ist und

3. die Fehlzeiten,
   a) die nach § 16 des MT-Berufe-Gesetzes auf die Dauer der Ausbildung anzurechnen sind, nicht überschritten worden sind oder
   b) die Verlängerung der Ausbildungsdauer nach § 17 des MT-Berufe-Gesetzes absolviert und nachgewiesen worden ist; der Nachweis wird entsprechend der Bescheinigung nach Nummer 1 Buchstabe b ausgestellt.

(3) In die Durchschnittsnote der Jahreszeugnisse nach Absatz 2 Nummer 2 fließen jeweils die Jahresnote des theoretischen und praktischen Unterrichts und die Jahresnote der praktischen Ausbildung der Jahreszeugnisse mit gleicher Gewichtung ein.

(4) [1]Die Entscheidung über die Zulassung zur staatlichen Prüfung wird der auszubildenden Person spätestens zwei Wochen vor Beginn der staatlichen Prüfung mitgeteilt. [2]Die Mitteilung erfolgt schriftlich oder elektronisch.

§ 18 Prüfungstermine für die staatliche Prüfung

(1) [1]Für die zu prüfende Person muss die dem Prüfungsausschuss vorsitzende Person die Prüfungstermine im Benehmen mit der Schulleiterin oder dem Schulleiter festlegen. [2]Der Beginn der staatlichen Prüfung soll nicht früher als drei Monate vor dem Ende der Ausbildung liegen.

(2) Werden nach § 31 Absatz 2 bei einer Aufsichtsarbeit des schriftlichen Teils zentrale Aufgaben verwendet, so legt die zuständige Behörde für die Aufsichtsarbeit einen landeseinheitlichen Prüfungstermin fest.

(3) [1]Der zu prüfenden Person werden in der Regel die Prüfungstermine spätestens zwei Wochen vor Beginn der staatlichen Prüfung mitgeteilt. [2]Die Mitteilung erfolgt schriftlich oder elektronisch.

§ 19 Prüfungsort der staatlichen Prüfung

(1) Den schriftlichen und den mündlichen Teil der staatlichen Prüfung legt die zu prüfende Person in der Schule ab, an der sie die Ausbildung abschließt.

(2) Den praktischen Teil der staatlichen Prüfung legt die zu prüfende Person in der Einrichtung ab, die Träger der praktischen Ausbildung ist, oder in einer weiteren für die praktische Prüfung geeigneten Einrichtung.

(3) Die zuständige Behörde kann aus wichtigem Grund Ausnahmen von den Absätzen 1 und 2 zulassen.

(4) § 18 Absatz 3 gilt für die Mitteilung des Prüfungsortes entsprechend.

§ 20 Nachteilsausgleich

(1) Einer zu prüfenden Person mit Behinderung oder Beeinträchtigung wird bei der Durchführung der staatlichen Prüfung auf Antrag ein individueller Nachteilsausgleich gewährt.

(2) [1]Der Antrag auf Nachteilsausgleich ist über die Schule an die zuständige Behörde zu stellen. [2]Die Schule leitet den Antrag zusammen mit einer Stellungnahme

an die zuständige Behörde weiter. [3]Der Antrag erfolgt spätestens mit dem Antrag auf Zulassung zur Prüfung schriftlich oder elektronisch.

(3) [1]Die zuständige Behörde kann von der antragstellenden Person ein ärztliches Attest oder andere geeignete Unterlagen verlangen, aus denen die leistungsbeeinträchtigende Auswirkung der Behinderung oder Beeinträchtigung hervorgeht. [2]Bei Bedarf kann ein amtsärztliches Attest verlangt werden.

(4) [1]Über die Gewährung des Antrags auf Nachteilsausgleich entscheidet die zuständige Behörde. [2]Bei ihrer Entscheidung berücksichtigt sie die besonderen Belange von zu prüfenden Personen mit Behinderung oder mit Beeinträchtigung, um deren Chancengleichheit bei der Durchführung der staatlichen Prüfung zu wahren.

(5) [1]Gewährt die zuständige Behörde den Nachteilsausgleich, so bestimmt sie individuell, in welcher geänderten Form die Prüfungsleistung zu erbringen ist. [2]Zur Festlegung der geänderten Form kann auch eine Verlängerung der Bearbeitungszeit gehören. [3]Die fachlichen Anforderungen an die staatliche Prüfung dürfen durch den Nachteilsausgleich nicht verändert werden.

(6) Ihre Entscheidung gibt die zuständige Behörde rechtzeitig und in geeigneter Weise der zu prüfenden Person bekannt.

§ 21 Rücktritt von der staatlichen Prüfung

(1) [1]Eine zu prüfende Person kann nach ihrer Zulassung aber vor Beginn der Prüfungshandlung zurücktreten

1. von einer Aufsichtsarbeit des schriftlichen Teils der staatlichen Prüfung,
2. vom mündlichen Teil der staatlichen Prüfung oder
3. von einem Prüfungsteil des praktischen Teils der staatlichen Prüfung.

[2]Sie hat den Grund für ihren Rücktritt unverzüglich der dem Prüfungsausschuss vorsitzenden Person schriftlich oder elektronisch mitzuteilen.

(2) Teilt die zu prüfende Person den Grund für den Rücktritt nicht unverzüglich mit, so ist der vom Rücktritt betroffene Bestandteil der staatlichen Prüfung nach Absatz 1 Nummer 1 bis 3 nicht bestanden.

(3) [1]Stellt die dem Prüfungsausschuss vorsitzende Person fest, dass ein wichtiger Grund für den Rücktritt vorliegt, so gilt der vom Rücktritt betroffene Bestandteil der staatlichen Prüfung nach Absatz 1 Nummer 1 bis 3 als nicht begonnen. [2]Bei Krankheit ist die Vorlage eines ärztlichen Attests zu verlangen.

(4) Stellt die dem Prüfungsausschuss vorsitzende Person fest, dass kein wichtiger Grund für den Rücktritt vorliegt, so ist der vom Rücktritt betroffene Bestandteil der staatlichen Prüfung nach Absatz 1 Nummer 1 bis 3 nicht bestanden.

§ 22 Versäumnisse

[1]Versäumt eine zu prüfende Person einen Bestandteil der staatlichen Prüfung nach § 21 Absatz 1 Nummer 1 bis 3, ist § 21 entsprechend anzuwenden. [2]Der

Abbruch eines Bestandteils der staatlichen Prüfung nach Beginn der Prüfungshandlung gilt als Versäumnis.

§ 23 Störung der staatlichen Prüfung und Täuschungsversuch

(1) Hat eine zu prüfende Person die ordnungsgemäße Durchführung der staatlichen Prüfung in erheblichem Maß gestört oder eine Täuschung versucht, so kann die dem Prüfungsausschuss vorsitzende Person den betreffenden Bestandteil der staatlichen Prüfung nach § 21 Absatz 1 Nummer 1 bis 3 für nicht bestanden erklären.

(2) Bei einer erheblichen Störung ist eine solche Entscheidung nur bis zu dem Werktag zulässig, der auf jenen Tag folgt, an dem der letzte Teil der staatlichen Prüfung beendet worden ist.

(3) Bei einem Täuschungsversuch ist eine solche Entscheidung nur innerhalb von drei Jahren nach Abschluss der staatlichen Prüfung zulässig.

§ 24 Niederschrift

[1]Über die Prüfung ist eine Niederschrift zu fertigen, aus der Gegenstand, Ablauf und Ergebnisse der Prüfung sowie etwa vorkommende Unregelmäßigkeiten hervorgehen. [2]Die Niederschrift kann in schriftlicher oder elektronischer Form erfolgen.

§ 25 Vornoten

(1) [1]Vor Beginn der staatlichen Prüfung setzt die dem Prüfungsausschuss vorsitzende Person auf Vorschlag der Schule jeweils eine Vornote für den schriftlichen, den mündlichen und den praktischen Teil der staatlichen Prüfung fest. [2]Grundlage der Festsetzung sind die Jahreszeugnisse nach § 7.

(2) [1]Zur Festsetzung der Vornote für den schriftlichen Teil und den mündlichen Teil der staatlichen Prüfung ist das arithmetische Mittel aus den Zahlenwerten der Jahresnoten für den theoretischen und praktischen Unterricht zu berechnen. [2]Die Berechnung erfolgt auf zwei Stellen nach dem Komma ohne Rundung. [3]Dem berechneten Zahlenwert ist die entsprechende Note nach § 26 zuzuordnen. [4]Die zugeordnete Note ist sowohl die Vornote für den schriftlichen Teil als auch für den mündlichen Teil der staatlichen Prüfung.

(3) [1]Zur Festsetzung der Vornote für den praktischen Teil der staatlichen Prüfung ist das arithmetische Mittel aus den Zahlenwerten der drei Jahresnoten für die praktischen Einsätze zu berechnen. [2]Die Berechnung erfolgt auf zwei Stellen nach dem Komma ohne Rundung. [3]Dem berechneten Zahlenwert ist die entsprechende Note nach § 26 zuzuordnen. [4]Die zugeordnete Note ist die Vornote für den praktischen Teil der staatlichen Prüfung.

(4) Die Vornoten sind der zu prüfenden Person spätestens drei Werktage vor Beginn der staatlichen Prüfung mitzuteilen.

§ 26 Benotung von Leistungen in der staatlichen Prüfung

Die in der staatlichen Prüfung erbrachten Leistungen werden wie folgt benotet:

Berechneter Zahlenwert	Note in Worten (Zahlenwert)	Notendefinition
1,00 bis 1,49	sehr gut (1)	eine Leistung, die den Anforderungen in besonderem Maß entspricht
1,50 bis 2,49	gut (2)	eine Leistung, die den Anforderungen voll entspricht
2,50 bis 3,49	befriedigend (3)	eine Leistung, die im Allgemeinen den Anforderungen entspricht
3,50 bis 4,49	ausreichend (4)	eine Leistung, die zwar Mängel aufweist, aber im Ganzen den Anforderungen noch entspricht
4,50 bis 5,49	mangelhaft (5)	eine Leistung, die den Anforderungen nicht entspricht, jedoch erkennen lässt, dass die notwendigen Grundkenntnisse vorhanden sind und die Mängel in absehbarer Zeit behoben werden können
5,50 bis 6,00	ungenügend (6)	eine Leistung, die den Anforderungen nicht entspricht und bei der selbst die Grundkenntnisse so lückenhaft sind, dass die Mängel in absehbarer Zeit nicht behoben werden können

Abschnitt 2
Schriftlicher Teil der staatlichen Prüfung

§ 27 Inhalt des schriftlichen Teils der staatlichen Prüfung zur Medizinischen Technologin für Laboratoriumsanalytik oder zum Medizinischen Technologen für Laboratoriumsanalytik

(1) Im Fall der Ausbildung in der Laboratoriumsanalytik besteht der schriftliche Teil der staatlichen Prüfung aus zwei Aufsichtsarbeiten und erstreckt sich auf Kompetenzen aus folgenden Kompetenzbereichen der Anlage 1:

1. Kompetenzbereich I,
2. Kompetenzbereich II und
3. Kompetenzbereich IV.

(2) [1]Die erste Aufsichtsarbeit umfasst 240 Minuten und erstreckt sich schwerpunktmäßig auf Kompetenzen aus dem Kompetenzbereich I der Anlage 1. [2]Dabei können auch Kompetenzen aus dem Kompetenzbereich IV der Anlage 1 Berücksichtigung finden.

(3) [1]Die zweite Aufsichtsarbeit umfasst 120 Minuten und erstreckt sich schwerpunktmäßig auf Kompetenzen aus dem Kompetenzbereich II der Anlage 1. [2]Dabei können auch Kompetenzen aus dem Kompetenzbereich IV der Anlage 1 Berücksichtigung finden.

§ 28 Inhalt des schriftlichen Teils der staatlichen Prüfung zur Medizinischen Technologin für Radiologie oder zum Medizinischen Technologen für Radiologie

(1) Im Fall der Ausbildung in der Radiologie besteht der schriftliche Teil der staatlichen Prüfung aus zwei Aufsichtsarbeiten und erstreckt sich auf Kompetenzen aus folgenden Kompetenzbereichen der Anlage 2:

1. Kompetenzbereich I,
2. Kompetenzbereich II und
3. Kompetenzbereich III.

(2) [1]Die erste Aufsichtsarbeit umfasst 240 Minuten und erstreckt sich schwerpunktmäßig auf Kompetenzen aus den Kompetenzbereichen I und II der Anlage 2. [2]Gegenstand der ersten Aufsichtsarbeit ist mindestens eine Aufgabe

1. aus der radiologischen Diagnostik oder anderer bildgebender Verfahren,
2. aus dem Bereich der Strahlentherapie und
3. aus dem Bereich der nuklearmedizinischen Diagnostik oder der nuklearmedizinischen Therapie.

(3) Die zweite Aufsichtsarbeit umfasst 120 Minuten und erstreckt sich schwerpunktmäßig auf Kompetenzen aus dem Kompetenzbereich III der Anlage 2.

§ 29 Inhalt des schriftlichen Teils der staatlichen Prüfung zur Medizinischen Technologin für Funktionsdiagnostik oder zum Medizinischen Technologen für Funktionsdiagnostik

(1) Im Fall der Ausbildung in der Funktionsdiagnostik besteht der schriftliche Teil der staatlichen Prüfung aus zwei Aufsichtsarbeiten und erstreckt sich auf Kompetenzen aus folgenden Kompetenzbereichen der Anlage 3:

1. Kompetenzbereich I,
2. Kompetenzbereich II und
3. Kompetenzbereich IV.

(2) [1]Die erste Aufsichtsarbeit umfasst 240 Minuten und erstreckt sich schwerpunktmäßig auf Kompetenzen aus den Kompetenzbereichen I und II der Anlage 3. [2]Gegenstand der ersten Aufsichtsarbeit ist mindestens ein funktionsdiagnostischer Prozess

1. aus dem Bereich der Sinnesorgane oder aus dem Bereich des Nervensystems und der Muskelfunktion und
2. aus dem Bereich des Herz-Kreislauf- und Gefäßsystems und des respiratorischen Systems.

[3]Dabei können auch Kompetenzen aus dem Kompetenzbereich IV der Anlage 3 Berücksichtigung finden.

(3) [1]Die zweite Aufsichtsarbeit umfasst 120 Minuten und erstreckt sich schwerpunktmäßig auf Kompetenzen aus den Kompetenzbereichen II und IV der Anlage 3. [2]Gegenstand der zweiten Aufsichtsarbeit sind zwei unterschiedliche funktionsdiagnostische Prozesse aus dem Kompetenzbereich I.

§ 30 Inhalt des schriftlichen Teils der staatlichen Prüfung zur Medizinischen Technologin für Veterinärmedizin oder zum Medizinischen Technologen für Veterinärmedizin

(1) Im Fall der Ausbildung in der Veterinärmedizin besteht der schriftliche Teil der staatlichen Prüfung aus zwei Aufsichtsarbeiten und erstreckt sich auf Kompetenzen aus folgenden Kompetenzbereichen der Anlage 4:

1. Kompetenzbereich I,
2. Kompetenzbereich II und
3. Kompetenzbereich IV.

(2) [1]Die erste Aufsichtsarbeit umfasst 240 Minuten und erstreckt sich schwerpunktmäßig auf Kompetenzen aus dem Kompetenzbereich I der Anlage 4. [2]Dabei können auch Kompetenzen aus dem Kompetenzbereich IV der Anlage 4 Berücksichtigung finden.

(3) [1]Die zweite Aufsichtsarbeit umfasst 120 Minuten und erstreckt sich schwerpunktmäßig auf Kompetenzen aus dem Kompetenzbereich II der Anlage 4. [2]Dabei können auch Kompetenzen aus dem Kompetenzbereich IV der Anlage 4 Berücksichtigung finden.

§ 31 Durchführung des schriftlichen Teils

(1) Die Aufgaben für die Aufsichtsarbeiten werden von der zuständigen Behörde auf Vorschlag der Schule ausgewählt.

(2) [1]Die zuständige Behörde kann zentrale Aufgaben für die Aufsichtsarbeiten vorgeben. [2]Die zentralen Aufgaben müssen unter Beteiligung von Schulen erarbeitet worden sein.

(3) [1]Die Aufsichtsarbeiten werden unter Aufsicht geschrieben. [2]Die Aufsichtsführenden werden von der Schulleitung bestellt.

(4) Die Aufsichtsarbeiten sind in der Regel an zwei Werktagen innerhalb einer Woche durchzuführen.

§ 32 Benotung und Note einer Aufsichtsarbeit

(1) Jede Aufsichtsarbeit wird von zwei Fachprüferinnen oder Fachprüfern benotet.

(2) Aus den Noten der Fachprüferinnen und Fachprüfer bildet die dem Prüfungsausschuss vorsitzende Person die Note für die einzelne Aufsichtsarbeit als das arithmetische Mittel der Noten der einzelnen Fachprüferinnen und Fachprüfer.

§ 33 Bestehen des schriftlichen Teils

(1) Eine Aufsichtsarbeit ist bestanden, wenn sie von beiden Fachprüferinnen und Fachprüfern jeweils mit mindestens „ausreichend“ benotet worden ist.

(2) Der schriftliche Teil der staatlichen Prüfung ist bestanden, wenn alle Aufsichtsarbeiten bestanden sind.

§ 34 Wiederholung von Aufsichtsarbeiten

(1) Wer eine Aufsichtsarbeit des schriftlichen Teils der staatlichen Prüfung nicht bestanden hat, kann sie einmal wiederholen.

(2) Für die Wiederholung ist ein Antrag der zu prüfenden Person bei der dem Prüfungsausschuss vorsitzenden Person erforderlich.

(3) Die Wiederholungsprüfung muss spätestens 15 Monate nach der letzten Prüfung abgeschlossen sein; Ausnahmen kann die zuständige Behörde in begründeten Fällen zulassen.

§ 35 Note für den schriftlichen Teil

(1) Für jede zu prüfende Person, die den schriftlichen Teil der staatlichen Prüfung bestanden hat, ermittelt die dem Prüfungsausschuss vorsitzende Person jeweils die Note für den schriftlichen Teil der staatlichen Prüfung.

(2) [1]In die Note fließt ein:

1. der Zahlenwert der Note der ersten Aufsichtsarbeit mit 50 Prozent,
2. der Zahlenwert der Note der zweiten Aufsichtsarbeit mit 25 Prozent und
3. der Zahlenwert der Vornote für den schriftlichen Teil mit 25 Prozent.

[2]Die Berechnung erfolgt auf zwei Stellen nach dem Komma ohne Rundung.

(3) Dem berechneten Zahlenwert ist die entsprechende Note nach § 26 zuzuordnen.

Abschnitt 3
Mündlicher Teil der staatlichen Prüfung

§ 36 Inhalt des mündlichen Teils der staatlichen Prüfung zur Medizinischen Technologin für Laboratoriumsanalytik oder zum Medizinischen Technologen für Laboratoriumsanalytik

(1) Im Fall der Ausbildung in der Laboratoriumsanalytik besteht der mündliche Teil der staatlichen Prüfung aus einer komplexen Aufgabenstellung in Form der Bearbeitung einer Fallsituation.

(2) Der mündliche Teil erstreckt sich auf Kompetenzen aus folgenden Kompetenzbereichen der Anlage 1:

1. Kompetenzbereich I,
2. Kompetenzbereich III und
3. Kompetenzbereich IV.

§ 37 Inhalt des mündlichen Teils der staatlichen Prüfung zur Medizinischen Technologin für Radiologie oder zum Medizinischen Technologen für Radiologie

(1) Im Fall der Ausbildung in der Radiologie besteht der mündliche Teil der staatlichen Prüfung aus einer komplexen Aufgabenstellung in Form der Bearbeitung einer Fallsituation.

(2) [1]Der mündliche Teil erstreckt sich auf Kompetenzen aus folgenden Kompetenzbereichen der Anlage 2:

1. Kompetenzbereich IV und
2. Kompetenzbereich V.

[2]Es sind Bezüge zu den Kompetenzbereichen I, II und III der Anlage 2 herzustellen.

§ 38 Inhalt des mündlichen Teils der staatlichen Prüfung zur Medizinischen Technologin für Funktionsdiagnostik oder zum Medizinischen Technologen für Funktionsdiagnostik

(1) Im Fall der Ausbildung in der Funktionsdiagnostik besteht der mündliche Teil der staatlichen Prüfung aus einer komplexen Aufgabenstellung in Form der Bearbeitung einer Fallsituation.

(2) [1]Der mündliche Teil erstreckt sich auf Kompetenzen aus folgenden Kompetenzbereichen der Anlage 3:

1. Kompetenzbereich III und
2. Kompetenzbereich IV.

[2]Es sind Bezüge zu den Kompetenzbereichen I und II der Anlage 3 herzustellen.

§ 39 Inhalt des mündlichen Teils der staatlichen Prüfung zur Medizinischen Technologin für Veterinärmedizin oder zum Medizinischen Technologen für Veterinärmedizin

(1) Im Fall der Ausbildung in der Veterinärmedizin besteht der mündliche Teil der staatlichen Prüfung aus einer komplexen Aufgabenstellung in Form der Bearbeitung einer Fallsituation.

(2) Der mündliche Teil erstreckt sich auf Kompetenzen aus folgenden Kompetenzbereichen der Anlage 4:

1. Kompetenzbereich I,
2. Kompetenzbereich III und
3. Kompetenzbereich IV.

§ 40 Durchführung des mündlichen Teils

(1) Im mündlichen Teil der staatlichen Prüfung sind die zu prüfenden Personen einzeln oder zu zweit zu prüfen.

(2) [1]Der mündliche Teil soll für jede zu prüfende Person mindestens 30 Minuten und höchstens 45 Minuten dauern. [2]Eine angemessene Vorbereitungszeit unter Aufsicht ist zu gewährleisten.

(3) Der mündliche Teil wird von zwei schulischen Fachprüferinnen oder Fachprüfern abgenommen.

(4) Die dem Prüfungsausschuss vorsitzende Person kann die Anwesenheit von Zuhörerinnen und Zuhörern gestatten, wenn

1. im Fall
   a) der Einzelprüfung die zu prüfende Person dem zugestimmt hat oder
   b) der Prüfung zu zweit beide zu prüfende Personen dem zugestimmt haben und
2. ein berechtigtes Interesse besteht.

§ 41 Benotung und Note für die im mündlichen Teil erbrachte Leistung

(1) Die im mündlichen Teil der staatlichen Prüfung erbrachte Leistung wird von den Fachprüferinnen und Fachprüfern benotet, von denen der mündliche Teil abgenommen worden ist.

(2) [1]Aus den einzelnen Noten der Fachprüferinnen und Fachprüfer bildet die dem Prüfungsausschuss vorsitzende Person die Note für die im mündlichen Teil der staatlichen Prüfung erbrachte Leistung als das arithmetische Mittel der Noten der einzelnen Fachprüferinnen und Fachprüfer. [2]Die Berechnung erfolgt auf zwei Stellen nach dem Komma ohne Rundung.

(3) [1]In die Note fließt ein

1. der Zahlenwert der Note für die im mündlichen Teil der staatlichen Prüfung erbrachte Leistung mit 75 Prozent und
2. der Zahlenwert der Vornote für den mündlichen Teil mit 25 Prozent.

[2]Die Berechnung erfolgt auf zwei Stellen nach dem Komma ohne Rundung.

(4) Dem berechneten Zahlenwert ist die entsprechende Note nach § 26 zuzuordnen.

§ 42 Bestehen des mündlichen Teils

Der mündliche Teil der staatlichen Prüfung ist bestanden, wenn alle Fachprüferinnen und Fachprüfer die in der mündlichen Prüfung erbrachte Prüfungsleistung mit mindestens „ausreichend“ bewerten.

§ 43 Wiederholung des mündlichen Teils

(1) Wer den mündlichen Teil der staatlichen Prüfung nicht bestanden hat, kann ihn einmal wiederholen.

(2) Für die Wiederholung ist ein Antrag der zu prüfenden Person bei der dem Prüfungsausschuss vorsitzenden Person erforderlich.

(3) Die Wiederholungsprüfung muss spätestens 15 Monate nach der letzten Prüfung abgeschlossen sein; Ausnahmen kann die zuständige Behörde in begründeten Fällen zulassen.

Abschnitt 4
Praktischer Teil der staatlichen Prüfung

§ 44 Inhalt und Ablauf des praktischen Teils der staatlichen Prüfung zur Medizinischen Technologin für Laboratoriumsanalytik oder zum Medizinischen Technologen für Laboratoriumsanalytik

(1) Im Fall der Ausbildung in der Laboratoriumsanalytik sind Inhalt des praktischen Teils der staatlichen Prüfung Kompetenzen in allen Kompetenzbereichen der Anlage 1.

(2) [1]Der praktische Teil besteht aus vier Prüfungsteilen. [2]Gegenstand des praktischen Teils sind:

1. im ersten Prüfungsteil drei Prüfungsaufgaben zur polyvalenten medizinischen Biopathologie, wovon eine Prüfungsaufgabe durch eine Prüfungsaufgabe zur Molekulargenetik ersetzt werden kann,
2. im zweiten Prüfungsteil eine Prüfungsaufgabe zur Infektionsanalytik,
3. im dritten Prüfungsteil eine Prüfungsaufgabe zur Histologie und Zytologie und
4. im vierten Prüfungsteil eine Prüfungsaufgabe zur Steuerung und Überwachung des biomedizinischen Analyseprozesses aus dem Kompetenzbereich II.2 der Anlage 1.

[3]Jeweils mindestens eine Prüfungsaufgabe ist unter Verwendung eines manuellen Verfahrens, eines automatisierten Verfahrens und eines digitalen Verfahrens durchzuführen.

(3) Jede Prüfungsaufgabe besteht aus:

1. einem Vorbereitungsteil,
2. der praktischen Durchführung des Untersuchungsvorgangs einschließlich präanalytischer Implikationen und Postanalytik,
3. der Anfertigung einer strukturierten Aufzeichnung, die den Untersuchungsvorgang darstellt, und
4. einem Reflexionsgespräch.

(4) Für den Vorbereitungsteil ist eine angemessene Zeit unter Aufsicht zu gewähren.

(5) Die Dauer der Reflexionsgespräche beträgt für alle Prüfungsaufgaben insgesamt höchstens 60 Minuten.

§ 45 Inhalt und Ablauf des praktischen Teils der staatlichen Prüfung zur Medizinischen Technologin für Radiologie oder zum Medizinischen Technologen für Radiologie

(1) Im Fall der Ausbildung in der Radiologie sind Inhalt des praktischen Teils der staatlichen Prüfung Kompetenzen in allen Kompetenzbereichen der Anlage 2.

(2) [1]Der praktische Teil besteht aus vier Prüfungsteilen. [2]Gegenstand des praktischen Teils sind:

1. im ersten Prüfungsteil zwei Prüfungsaufgaben aus der radiologischen Diagnostik und anderen bildgebenden Verfahren,
2. im zweiten Prüfungsteil eine Prüfungsaufgabe aus der Strahlentherapie,

3. im dritten Prüfungsteil eine Prüfungsaufgabe aus der Nuklearmedizin und
4. im vierten Prüfungsteil eine Prüfungsaufgabe aus dem Bereich der physikalisch-technischen Aufgaben in der Dosimetrie und im Strahlenschutz.

(3) [1]Im Rahmen des zweiten Prüfungsteils ist zusätzlich zur Durchführung der Prüfungsaufgabe eine Fallvorstellung zur technischen Durchführung des Bestrahlungsplans durchzuführen. [2]Für die Fallvorstellung ist der zu prüfenden Person eine angemessene Vorbereitungszeit unter Aufsicht einzuräumen.

(4) [1]Alle vier Prüfungsteile beinhalten ein Reflexionsgespräch. [2]Die Dauer des Reflexionsgesprächs beträgt im ersten und im zweiten Prüfungsteil jeweils höchstens 15 Minuten und im dritten und im vierten Prüfungsteil jeweils höchstens 10 Minuten.

§ 46 Inhalt und Ablauf des praktischen Teils der staatlichen Prüfung zur Medizinischen Technologin für Funktionsdiagnostik oder zum Medizinischen Technologen für Funktionsdiagnostik

(1) Im Fall der Ausbildung in der Funktionsdiagnostik sind Inhalt des praktischen Teils der staatlichen Prüfung Kompetenzen in allen Kompetenzbereichen der Anlage 3.

(2) [1]Der praktische Teil besteht aus vier Prüfungsteilen. [2]Gegenstand des praktischen Teils sind:

1. im ersten Prüfungsteil eine Prüfungsaufgabe aus der Funktionsdiagnostik des Hörens und des Gleichgewichts,
2. im zweiten Prüfungsteil eine Prüfungsaufgabe aus der Funktionsdiagnostik des Gehirns, der Nerven oder der Muskelfunktion,
3. im dritten Prüfungsteil eine Prüfungsaufgabe aus der Funktionsdiagnostik des Herz-Kreislauf- und Gefäßsystems und
4. im vierten Prüfungsteil eine Prüfungsaufgabe aus der Funktionsdiagnostik des respiratorischen Systems.

(3) [1]Der praktische Teil der staatlichen Prüfung besteht für jeden der vier Prüfungsteile jeweils aus der vollständigen Durchführung der funktionsdiagnostischen Untersuchung. [2]In einem der Prüfungsteile ist zusätzlich zur Prüfungsaufgabe eine Fallvorstellung durchzuführen. [3]Für die Fallvorstellung ist der zu prüfenden Person eine angemessene Vorbereitungszeit unter Aufsicht einzuräumen.

(4) Alle vier Prüfungsteile beinhalten ein Reflexionsgespräch mit einer Dauer von jeweils höchstens 15 Minuten.

§ 47 Inhalt und Ablauf des praktischen Teils der staatlichen Prüfung zur Medizinischen Technologin für Veterinärmedizin oder zum Medizinischen Technologen für Veterinärmedizin

(1) Im Fall der Ausbildung in der Veterinärmedizin sind Inhalt des praktischen Teils der staatlichen Prüfung Kompetenzen in allen Kompetenzbereichen der Anlage 4.

(2) [1]Der praktische Teil besteht aus vier Prüfungsteilen. [2]Gegenstand des praktischen Teils sind:

1. im ersten Prüfungsteil drei Prüfungsaufgaben zur polyvalenten veterinärmedizinischen Biopathologie, wovon eine Prüfungsaufgabe durch eine Prüfungsaufgabe zur Molekulargenetik ersetzt werden kann,
2. im zweiten Prüfungsteil eine Prüfungsaufgabe zur Infektionsanalytik und Lebensmittelanalytik,
3. im dritten Prüfungsteil eine Prüfungsaufgabe zur Histologie und Reproduktionsmedizin mit Spermatologie und
4. im vierten Prüfungsteil eine Prüfungsaufgabe zur Steuerung und Überwachung des biomedizinischen Analyseprozesses aus dem Kompetenzbereich II.2 der Anlage 4.

[3]Jeweils mindestens eine Prüfungsaufgabe ist unter Verwendung eines manuellen Verfahrens, eines automatisierten Verfahrens und eines digitalen Verfahrens durchzuführen.

(3) Jede Prüfungsaufgabe besteht aus:

1. einem Vorbereitungsteil,
2. der praktischen Durchführung des Untersuchungsvorgangs einschließlich präanalytischer Implikationen und Postanalytik,
3. der Anfertigung einer strukturierten Aufzeichnung, die den Untersuchungsvorgang darstellt, und
4. einem Reflexionsgespräch.

(4) Für den Vorbereitungsteil ist eine angemessene Zeit unter Aufsicht zu gewähren.

(5) Die Dauer der Reflexionsgespräche beträgt für alle Prüfungsaufgaben insgesamt höchstens 60 Minuten.

§ 48 Durchführung des praktischen Teils

(1) [1]Die Prüfungsaufgaben des praktischen Teils werden auf Vorschlag der Schule durch die Fachprüferinnen und Fachprüfer bestimmt. [2]Wenn die Prüfung unter Einbezug einer Patientin oder eines Patienten durchgeführt wird, müssen die betroffene Patientin oder der betroffene Patient oder eine vertretungsberechtigte Person sowie die verantwortliche Ärztin oder der verantwortliche Arzt darin eingewilligt haben. [3]Hiervon bleiben für den praktischen Teil der Prüfung nach § 45 die Anforderungen des § 83 des Strahlenschutzgesetzes vom 27. Juni 2017 (BGBl. I S. 1966), zuletzt geändert durch Artikel 2 des Gesetzes vom 20. Mai 2021 (BGBl. I S. 1194), und des § 145 Absatz 2 Nummer 4 der Strahlenschutzverordnung vom 29. November 2018 (BGBl. I S. 2034, 2036), zuletzt geändert durch Artikel 83 des Gesetzes vom 10. August 2021 (BGBl. I S. 3436), unberührt.

(2) Im praktischen Teil ist jede zu prüfende Person einzeln zu prüfen.

(3) Der praktische Teil muss von zwei Fachprüferinnen oder Fachprüfern abgenommen werden, von denen mindestens eine Person praktische Fachprüferin oder praktischer Fachprüfer ist.

(4) [1]Der praktische Teil soll ohne Vorbereitungsteile einschließlich Fallvorstellungen und Reflexionsgesprächen höchstens 420 Minuten dauern. [2]Der praktische Teil kann aus organisatorischen Gründen unterbrochen werden und soll innerhalb von vier Wochen abgeschlossen werden.

§ 49 Benotung, Note und Bestehen des praktischen Teils der staatlichen Prüfung zur Medizinischen Technologin für Laboratoriumsanalytik oder zum Medizinischen Technologen für Laboratoriumsanalytik

(1) Die im jeweiligen Prüfungsteil des praktischen Teils der staatlichen Prüfung erbrachte Leistung wird von den Fachprüferinnen und Fachprüfern benotet, von denen der praktische Teil abgenommen worden ist.

(2) Aus den einzelnen Noten der Fachprüferinnen und Fachprüfer bildet die dem Prüfungsausschuss vorsitzende Person die Note für die im jeweiligen Prüfungsteil erbrachte Leistung als das arithmetische Mittel der Noten der einzelnen Fachprüferinnen und Fachprüfer.

(3) [1]In die Note des praktischen Teils fließt ein:

1. der Zahlenwert der Note für die im praktischen Teil erbrachte Leistung, der aus dem arithmetischen Mittel der vier Prüfungsteile gebildet wird, mit 75 Prozent, wobei der erste Prüfungsteil dreifach zu gewichten ist, und
2. der Zahlenwert der Vornote für den praktischen Teil mit 25 Prozent.

[2]Die Berechnung erfolgt auf zwei Stellen nach dem Komma ohne Rundung.

(4) Dem berechneten Zahlenwert ist die entsprechende Note nach § 26 zuzuordnen.

(5) Der praktische Teil ist bestanden, wenn alle Fachprüferinnen und Fachprüfer ihren jeweiligen Prüfungsteil mit mindestens „ausreichend“ bewerten.

§ 50 Benotung, Note und Bestehen des praktischen Teils der staatlichen Prüfung zur Medizinischen Technologin für Radiologie oder zum Medizinischen Technologen für Radiologie

(1) Die im jeweiligen Prüfungsteil des praktischen Teils der staatlichen Prüfung erbrachte Leistung wird von den Fachprüferinnen und Fachprüfern benotet, von denen der praktische Teil abgenommen worden ist.

(2) Aus den einzelnen Noten der Fachprüferinnen und Fachprüfer bildet die dem Prüfungsausschuss vorsitzende Person die Note für die im jeweiligen Prüfungsteil des praktischen Teils erbrachte Leistung als das arithmetische Mittel der Noten der einzelnen Fachprüferinnen und Fachprüfer.

(3) [1]In die Note des praktischen Teils fließt ein:

1. der Zahlenwert der Note für die im praktischen Teil erbrachte Leistung, der aus dem arithmetischen Mittel der vier Prüfungsteile gebildet wird, mit 75 Prozent, wobei der erste Prüfungsteil doppelt zu gewichten ist, und
2. der Zahlenwert der Vornote für den praktischen Teil mit 25 Prozent.

[2]Die Berechnung erfolgt jeweils auf zwei Stellen nach dem Komma ohne Rundung.

(4) Dem berechneten Zahlenwert ist die entsprechende Note nach § 26 zuzuordnen.

(5) Der praktische Teil ist bestanden, wenn alle Fachprüferinnen und Fachprüfer ihren jeweiligen Prüfungsteil mit mindestens „ausreichend“ bewerten.

§ 51 Benotung, Note und Bestehen des praktischen Teils der staatlichen Prüfung zur Medizinischen Technologin für Funktionsdiagnostik oder zum Medizinischen Technologen für Funktionsdiagnostik

(1) Die im jeweiligen Prüfungsteil des praktischen Teils der staatlichen Prüfung erbrachte Leistung wird von den Fachprüferinnen und Fachprüfern benotet, von denen der praktische Teil abgenommen worden ist.

(2) Aus den einzelnen Noten der Fachprüferinnen und Fachprüfer bildet die dem Prüfungsausschuss vorsitzende Person die Note für die im jeweiligen Prüfungsteil des praktischen Teils erbrachte Leistung als das arithmetische Mittel der Noten der einzelnen Fachprüferinnen und Fachprüfer.

(3) [1]In die Note des praktischen Teils fließt ein:

1. der Zahlenwert der Note für die im praktischen Teil erbrachte Leistung, der aus dem arithmetischen Mittel der vier Prüfungsteile gebildet wird, mit 75 Prozent und
2. der Zahlenwert der Vornote für den praktischen Teil mit 25 Prozent.

[2]Die Berechnung erfolgt jeweils auf zwei Stellen nach dem Komma ohne Rundung.

(4) Dem berechneten Zahlenwert ist die entsprechende Note nach § 26 zuzuordnen.

(5) Der praktische Teil ist bestanden, wenn alle Fachprüferinnen und Fachprüfern ihren jeweiligen Prüfungsteil mit mindestens „ausreichend“ bewerten.

§ 52 Benotung, Note und Bestehen des praktischen Teils der staatlichen Prüfung zur Medizinischen Technologin für Veterinärmedizin oder zum Medizinischen Technologen für Veterinärmedizin

(1) Die im jeweiligen Prüfungsteil des praktischen Teils der staatlichen Prüfung erbrachte Leistung wird von den Fachprüferinnen und Fachprüfern benotet, von denen der praktische Teil abgenommen worden ist.

(2) Aus den einzelnen Noten der Fachprüferinnen und Fachprüfer bildet die dem Prüfungsausschuss vorsitzende Person die Note für die im jeweiligen Prüfungsteil erbrachte Leistung als das arithmetische Mittel der Noten der einzelnen Fachprüferinnen und Fachprüfer.

(3) [1]In die Note des praktischen Teils fließt ein:

1. der Zahlenwert der Note für die im praktischen Teil erbrachte Leistung, der aus dem arithmetischen Mittel der vier Prüfungsteile gebildet wird, mit 75 Prozent, wobei der erste Prüfungsteil dreifach gewichtet wird, und
2. der Zahlenwert der Vornote für den praktischen Teil mit 25 Prozent.

[2]Die Berechnung erfolgt auf zwei Stellen nach dem Komma ohne Rundung.

(4) Dem berechneten Zahlenwert ist die entsprechende Note nach § 26 zuzuordnen.

(5) Der praktische Teil ist bestanden, wenn alle Fachprüferinnen und Fachprüfer ihren jeweiligen Prüfungsteil mit mindestens „ausreichend“ bewerten.

§ 53 Wiederholung und zusätzlicher Praxiseinsatz

(1) Wer einen Prüfungsteil des praktischen Teils der staatlichen Prüfung nicht bestanden hat, kann ihn einmal wiederholen.

(2) Für die Wiederholung ist ein Antrag der zu prüfenden Person bei der dem Prüfungsausschuss vorsitzenden Person erforderlich.

(3) [1]Vor der Wiederholung hat die zu prüfende Person einen zusätzlichen Praxiseinsatz zu absolvieren. [2]Dauer und Inhalt des Praxiseinsatzes sind von der dem Prüfungsausschuss vorsitzenden Person zu bestimmen. [3]Die weitere Ausbildung darf einschließlich der für die Prüfung erforderlichen Zeit die Dauer von einem Jahr nicht überschreiten.

(4) Zur Wiederholung darf nur zugelassen werden, wer dem Antrag einen Nachweis über den zusätzlichen Praxiseinsatz beigefügt hat.

(5) Die Wiederholungsprüfung muss spätestens 15 Monate nach der letzten Prüfung abgeschlossen sein; Ausnahmen kann die zuständige Behörde in begründeten Fällen zulassen.

Abschnitt 5
Abschluss des Prüfungsverfahrens

§ 54 Bestehen und Gesamtnote der staatlichen Prüfung

(1) Die staatliche Prüfung hat bestanden, wer alle drei Teile der staatlichen Prüfung bestanden hat.

(2) Für jede zu prüfende Person, die die staatliche Prüfung bestanden hat, bildet die dem Prüfungsausschuss vorsitzende Person die Gesamtnote der staatlichen Prüfung.

(3) [1]Die Gesamtnote der staatlichen Prüfung wird aus dem arithmetischen Mittel der drei Prüfungsteile gebildet. [2]Die Berechnung erfolgt auf zwei Stellen nach dem Komma ohne Rundung.

(4) [1]Dem berechneten Notenwert ist die entsprechende Note nach § 26 zuzuordnen. [2]Die zugeordnete Note ist die Gesamtnote der staatlichen Prüfung.

§ 55 Zeugnis über die staatliche Prüfung

(1) Wer die staatliche Prüfung bestanden hat, erhält ein Zeugnis nach dem Muster der Anlage 8.

(2) Im Zeugnis sind insbesondere anzugeben

1. die Note für den schriftlichen Teil der staatlichen Prüfung,
2. die Note für den mündlichen Teil der staatlichen Prüfung,
3. die Note für den praktischen Teil der staatlichen Prüfung und
4. die Gesamtnote der staatlichen Prüfung als Note in Worten und als Zahlenwert mit zwei Nachkommastellen.

§ 56 Mitteilung bei Nichtbestehen der staatlichen Prüfung

Wer die staatliche Prüfung nicht bestanden hat, erhält von der dem Prüfungsausschuss vorsitzenden Person eine schriftliche oder elektronische Mitteilung, in der die Ergebnisse der staatlichen Prüfung angegeben sind.

§ 57 Aufbewahrung der Prüfungsunterlagen und Einsichtnahme

(1) [1]Die Aufsichtsarbeiten sind drei Jahre aufzubewahren. [2]Die übrigen Prüfungsunterlagen, einschließlich der Niederschrift nach § 24, sind zehn Jahre aufzubewahren.

(2) Nach Abschluss der staatlichen Prüfung ist der betroffenen Person auf Antrag Einsicht in die sie betreffenden Prüfungsunterlagen zu gewähren.

Teil 3
Erlaubnisurkunde

§ 58 Ausstellung der Erlaubnisurkunde

(1) Bei der Erteilung der Erlaubnis zum Führen der Berufsbezeichnung nach § 1 Absatz 1 des MT-Berufe-Gesetzes stellt die zuständige Behörde eine Erlaubnisurkunde aus.

(2) Für die Erlaubnisurkunde ist das Muster der Anlage 9 zu verwenden.

Teil 4
Anerkennung ausländischer Berufsqualifikationen und erforderliche Anpassungsmaßnahmen

Abschnitt 1
Verfahren

§ 59 Frist der Behörde für die Bestätigung des Antragseingangs

Beantragt eine Person, die ihre Berufsqualifikation außerhalb des Geltungsbereichs des MT-Berufe-Gesetzes erworben hat, die Erlaubnis die Berufsbezeichnung nach § 1 Absatz 1 des MT-Berufe-Gesetzes für den jeweiligen Beruf zu führen, so bestätigt die zuständige Behörde ihr innerhalb eines Monats nach Eingang des Antrags den Antragseingang und teilt ihr gegebenenfalls mit, welche Unterlagen fehlen, um die erforderlichen Voraussetzungen nachzuweisen.

§ 60 Erforderliche Unterlagen

(1) Personen, die die Erlaubnis zum Führen einer der Berufsbezeichnungen nach § 1 Absatz 1 des MT-Berufe-Gesetzes aufgrund einer außerhalb des Geltungsbereichs des MT-Berufe-Gesetzes erworbenen Berufsqualifikation beantragen, haben dem Antrag folgende Unterlagen beizufügen:

1. eine tabellarische Aufstellung der absolvierten Ausbildungsgänge und der ausgeübten Erwerbstätigkeiten in deutscher Sprache,
2. einen Identitätsnachweis,
3. eine Bescheinigung über die erworbene Berufsqualifikation und die Ausbildungsnachweise, die den Erwerb dieser Berufsqualifikation belegen,
4. sofern vorhanden, eine Bescheinigung über die erworbene Berufserfahrung oder Nachweise über Kenntnisse und Fähigkeiten, die durch lebenslanges Lernen erworben worden sind,
5. eine Erklärung, dass bisher noch kein Antrag auf Feststellung der Gleichwertigkeit gestellt wurde, und
6. sofern vorhanden, einen Nachweis über die Kenntnisse der deutschen Sprache der antragstellenden Person.

(2) [1]Die Unterlagen nach Absatz 1 Nummer 2 bis 4 sind der zuständigen Behörde in Form von Abschriften vorzulegen oder elektronisch zu übermitteln. [2]Von den Unterlagen nach Absatz 1 Nummer 3 und 4 sind Übersetzungen in deutscher Sprache vorzulegen. [3]Darüber hinaus kann die zuständige Behörde von den Unterlagen nach Absatz 1 Nummer 2 und von allen nachgereichten Unterlagen Übersetzungen in deutscher Sprache verlangen. [4]Die Übersetzungen sind von einer öffentlich bestellten oder beeidigten Übersetzerin oder einem öffentlich bestellten oder beeidigten Übersetzer erstellen zu lassen.

(3) [1]Die zuständige Behörde kann abweichend von Absatz 2 eine andere Form für die vorzulegenden Dokumente zulassen. [2]Sie kann auf die Übersetzung der Unterlagen in deutscher Sprache verzichten sowie eine Übersetzung der Unterlagen in englischer Sprache zulassen.

(4) [1]Die zuständige Behörde kann die antragstellende Person auffordern, innerhalb einer angemessenen Frist Informationen zum Inhalt und zur Dauer der im Ausland absolvierten Berufsbildung sowie zu sonstigen Berufsqualifikationen vorzulegen, soweit dies zur Bewertung der Gleichwertigkeit erforderlich ist. [2]Soweit die Berufsbildung in einem Mitgliedstaat, in einem Vertragsstaat oder in einem gleichgestellten Staat absolviert wurde, kann sich die zuständige Behörde an die zuständige Stelle des Ausbildungsstaats wenden.

(5) [1]Bestehen begründete Zweifel an der Echtheit oder der inhaltlichen Richtigkeit der vorgelegten Unterlagen, kann die zuständige Behörde die antragstellende Person auffordern, innerhalb einer angemessenen Frist Originale, beglaubigte Abschriften oder weitere geeignete Unterlagen vorzulegen. [2]Bei Unterlagen, die in einem Mitgliedstaat, einem Vertragsstaat oder in einem gleichgestellten Staat ausgestellt oder anerkannt wurden, kann sich die zuständige Behörde im Fall begründeter Zweifel an der Echtheit der Unterlagen sowohl an die zuständige Stelle des Ausbildungs- oder Anerkennungsstaats wenden als auch die antragstellende Person auffordern, beglaubigte Abschriften vorzulegen. [3]Eine solche Aufforderung hemmt nicht den Fristlauf nach § 61 Absatz 1.

(6) [1]Die antragstellende Person hat durch geeignete Unterlagen darzulegen, im Inland eine Erwerbstätigkeit ausüben zu wollen. [2]Geeignete Unterlagen sind insbesondere

1. der Nachweis einer Kontaktaufnahme mit potenziellen Arbeitgebern,
2. ein Geschäftskonzept oder
3. der Vermerk über eine Standortberatung der Zentralen Servicestelle Berufsanerkennung.

[3]Die zuständige Behörde darf nicht zwingend einen Vermerk über eine Standortberatung nach Satz 1 Nummer 3 fordern, wenn durch andere Unterlagen die Erwerbsabsicht dargelegt wurde. [4]Für antragstellende Personen mit Wohnsitz in einem Mitgliedstaat, in einem Vertragsstaat oder in einem gleichgestellten Staat sowie für Staatsangehörige dieser Staaten ist diese Darlegung entbehrlich, sofern keine besonderen Gründe gegen eine entsprechende Absicht sprechen.

§ 61 Frist der Behörde für die Entscheidung über den Antrag

(1) Die zuständige Behörde entscheidet kurzfristig über den Antrag, spätestens jedoch drei Monate nach Vorlage der vollständigen Unterlagen durch die antragstellende Person.

(2) Im Fall des § 81a des Aufenthaltsgesetzes soll die Entscheidung innerhalb von zwei Monaten erfolgen.

§ 62 Bescheide bei Feststellung wesentlicher Unterschiede

(1) Stellt die Behörde hinsichtlich der Gleichwertigkeit der im Ausland erworbenen Berufsqualifikation wesentliche Unterschiede fest, so erteilt sie der antragstellenden Person einen rechtsmittelfähigen Bescheid.

(2) Der Bescheid enthält folgende Angaben:

1. das Niveau der in Deutschland verlangten Berufsqualifikation und das Niveau der von der antragstellenden Person vorgelegten Berufsqualifikation gemäß der Klassifizierung in Artikel 11 der Richtlinie 2005/36/EG des Europäischen Parlaments und des Rates vom 7. September 2005 über die Anerkennung von Berufsqualifikationen (ABl. L 255 vom 30.9.2005, S. 22; L 271 vom 16.10.2007, S. 18; L 93 vom 4.4.2008, S. 28; L 33 vom 3.2.2009, S. 49; L 305 vom 24.10.2014, S. 115), die zuletzt durch den Delegierten Beschluss (EU) 2020/548 (ABl. L 131 vom 24.4.2020, S. 1) geändert worden ist, in der jeweils geltenden Fassung,
2. die Themenbereiche oder Ausbildungsbestandteile, bei denen wesentliche Unterschiede festgestellt worden sind,
3. eine inhaltliche Erläuterung der wesentlichen Unterschiede sowie eine Begründung, warum diese dazu führen, dass die antragstellende Person nicht in ausreichender Form über die Kenntnisse, Fähigkeiten und Kompetenzen verfügt, die in Deutschland erforderlich sind, um den angestrebten Beruf in der medizinischen Technologie auszuüben,
4. eine Begründung, warum die antragstellende Person die wesentlichen Unterschiede nicht nach § 48 des MT-Berufe-Gesetzes durch Kenntnisse, Fähigkeiten und Kompetenzen hat ausgleichen können, die sie im Rahmen ihrer nachgewiesenen Berufserfahrung oder durch lebenslanges Lernen erworben hat, und
5. die zum Ausgleich der festgestellten wesentlichen Unterschiede erforderlichen Anpassungsmaßnahmen nach Abschnitt 2 oder Abschnitt 3 dieses Teils.

Abschnitt 2
Anpassungsmaßnahmen nach § 50 des MT-Berufe-Gesetzes

Unterabschnitt 1
Eignungsprüfung

§ 63 Zweck der Eignungsprüfung

In der Eignungsprüfung hat die zu prüfende Person nachzuweisen, dass sie über Kenntnisse, Fähigkeiten und Kompetenzen verfügt, die zum Ausgleich der von der zuständigen Behörde festgestellten wesentlichen Unterschiede erforderlich sind.

§ 64 Eignungsprüfung als staatliche Prüfung

(1) Die Eignungsprüfung wird als staatliche Prüfung durchgeführt.

(2) [1]Zur Durchführung der Eignungsprüfung können die Länder die Prüfungsausschüsse der staatlichen Prüfung (§ 12 und § 13) und die Prüfungstermine der staatlichen Prüfung (§ 18) nutzen. [2]Sie haben sicherzustellen, dass die antragstellende Person die Eignungsprüfung innerhalb von sechs Monaten nach der Entscheidung nach § 50 Absatz 2 des MT-Berufe-Gesetzes ablegen kann.

(3) Soweit in diesem Unterabschnitt nichts anderes bestimmt ist, gelten für die Eignungsprüfung die §§ 15, 20 bis 24 und 57 entsprechend.

§ 65 Inhalt der Eignungsprüfung

(1) Die Eignungsprüfung ist eine praktische Prüfung, die mit Prüfungsgesprächen verbunden ist.

(2) Die praktische Prüfung umfasst mindestens zwei und höchstens vier praktische Aufgabenstellungen aus dem jeweiligen Beruf.

(3) Jede Aufgabenstellung ist mit einem Prüfungsgespräch verbunden.

(4) [1]Die Prüfung jeder Aufgabenstellung soll nicht länger als 120 Minuten dauern. [2]Wenn die Prüfung unter Einbezug einer Patientin oder eines Patienten durchgeführt wird, müssen die betroffene Patientin oder der betroffene Patient oder eine vertretungsberechtigte Person sowie die verantwortliche Ärztin oder der verantwortliche Arzt darin eingewilligt haben. [3]Die Anforderungen des § 83 des Strahlenschutzgesetzes vom 27. Juni 2017 (BGBl. I S. 1966), zuletzt geändert durch Artikel 2 des Gesetzes vom 20. Mai 2021 (BGBl. I S. 1194), und des § 145 Absatz 2 Nummer 4 der Strahlenschutzverordnung vom 29. November 2018 (BGBl. I S. 2034, 2036), zuletzt geändert durch Artikel 83 des Gesetzes vom 10. August 2021 (BGBl. I S. 3436), bleiben unberührt.

(5) Die zuständige Behörde legt die Anzahl der Aufgabenstellungen, auf die sich die Prüfung erstreckt, und die Kompetenzen der Anlage 1, 2, 3 oder 4 gemäß den festgestellten wesentlichen Unterschieden fest.

§ 66 Prüfungsort der Eignungsprüfung

(1) Die zuständige Behörde legt den jeweiligen Prüfungsort für die einzelnen Aufgabenstellungen der Eignungsprüfung fest.

(2) Prüfungsort soll eine Einrichtung sein, die nach § 19 des MT-Berufe-Gesetzes geeignet ist.

§ 67 Durchführung der Eignungsprüfung

(1) Die Eignungsprüfung wird von zwei Fachprüferinnen oder Fachprüfern abgenommen, von denen eine Person schulische Fachprüferin oder schulischer Fachprüfer und die andere Person praktische Fachprüferin oder praktischer Fachprüfer ist.

(2) Während der Eignungsprüfung sind den beiden Fachprüferinnen und Fachprüfern Nachfragen gestattet, die sich auf das praktische Vorgehen der zu prüfenden Person beziehen.

§ 68 Bewertung und Bestehen der Eignungsprüfung

(1) Die in der Eignungsprüfung erbrachte Leistung ist von den beiden Fachprüferinnen und Fachprüfern zu bewerten, die die Eignungsprüfung abgenommen haben.

(2) Für jede Aufgabenstellung der Eignungsprüfung ist eine gesonderte Bewertung vorzunehmen.

(3) [1]Bewertet wird die Leistung entweder mit „bestanden" oder mit „nicht bestanden". [2]Mit „bestanden" wird sie bewertet, wenn sie den Anforderungen genügt, also mindestens der Note „ausreichend (4)" entspricht.

(4) Die Eignungsprüfung ist bestanden, wenn alle Fachprüferinnen und Fachprüfer jede Aufgabenstellung mit „bestanden" bewerten.

§ 69 Wiederholung

(1) Wer eine Aufgabenstellung der Eignungsprüfung nicht bestanden hat, darf sie einmal wiederholen.

(2) Für die Wiederholung ist ein Antrag der zu prüfenden Person bei der dem Prüfungsausschuss vorsitzenden Person erforderlich.

§ 70 Bescheinigung

(1) Die dem Prüfungsausschuss vorsitzende Person hat der Person, die die Eignungsprüfung bestanden hat, eine Bescheinigung auszustellen.

(2) Für die Bescheinigung ist das Muster der Anlage 10 zu verwenden.

Unterabschnitt 2
Anpassungslehrgang

§ 71 Ziel und Inhalt des Anpassungslehrgangs

(1) Ziel des Anpassungslehrgangs ist es, die von der zuständigen Behörde festgestellten wesentlichen Unterschiede auszugleichen (Lehrgangsziel).

(2) Die zuständige Behörde legt die Dauer und die Inhalte des Anpassungslehrgangs so fest, dass das Lehrgangsziel erreicht werden kann.

§ 72 Durchführung des Anpassungslehrgangs

(1) [1]Im Anpassungslehrgang wird der jeweilige Beruf unter der Verantwortung einer Person, die über die Erlaubnis zum Führen der jeweiligen Berufsbezeichnung verfügt, ausgeübt. [2]Die Berufsausübung wird entsprechend dem Lehrgangsziel begleitet durch

1. theoretischen und praktischen Unterricht,
2. eine praktische Ausbildung mit theoretischer Unterweisung oder
3. theoretischen und praktischen Unterricht und eine praktische Ausbildung mit theoretischer Unterweisung.

(2) Der theoretische und praktische Unterricht wird an Einrichtungen nach § 18 des MT-Berufe-Gesetzes oder an von der zuständigen Behörde als vergleichbar anerkannten Einrichtungen durchgeführt.

(3) Die praktische Ausbildung wird an Einrichtungen nach § 19 des MT-Berufe-Gesetzes oder an von der zuständigen Behörde als vergleichbar anerkannten Einrichtungen durchgeführt.

(4) An der theoretischen Unterweisung sollen praxisanleitende Personen, die die Voraussetzungen des § 8 erfüllen, in angemessenem Umfang beteiligt werden.

§ 73 Bescheinigung

(1) Die Einrichtung, die den Anpassungslehrgang durchgeführt hat, hat der Person, die ihn absolviert hat, eine Bescheinigung auszustellen.

(2) Für die Bescheinigung ist das Muster der Anlage 11 zu verwenden.

Abschnitt 3
Anpassungsmaßnahmen nach § 51 des MT-Berufe-Gesetzes

Unterabschnitt 1
Kenntnisprüfung

§ 74 Zweck der Kenntnisprüfung

Die Kenntnisprüfung dient der Feststellung, dass die zu prüfende Person über die Kenntnisse, Fähigkeiten und Kompetenzen verfügt, die zur Ausübung des jeweiligen Berufs erforderlich sind.

§ 75 Kenntnisprüfung als staatliche Prüfung

(1) Die Kenntnisprüfung wird als staatliche Prüfung durchgeführt.

(2) 1Zur Durchführung der Kenntnisprüfung können die Länder die Prüfungsausschüsse der staatlichen Prüfung (§ 12 und § 13) und die Prüfungstermine der staatlichen Prüfung (§ 18) nutzen. 2Sie haben sicherzustellen, dass die antragstellende Person die Kenntnisprüfung innerhalb von sechs Monaten nach der Entscheidung nach § 51 Absatz 2 des MT-Berufe-Gesetzes ablegen kann.

(3) Soweit in diesem Unterabschnitt nichts anderes bestimmt ist, gelten für die Kenntnisprüfung die §§ 15, 20 bis 24 und 57 entsprechend.

§ 76 Teile der Kenntnisprüfung

Die Kenntnisprüfung besteht aus

1. einem mündlichen Teil und
2. einem praktischen Teil.

§ 77 Inhalt des mündlichen Teils der Kenntnisprüfung

(1) Im Fall einer Person, die die Erlaubnis zum Führen der Berufsbezeichnung Medizinische Technologin für Laboratoriumsanalytik oder Medizinischer Technologe für Laboratoriumsanalytik beantragt hat, erstreckt sich der mündliche Teil der Kenntnisprüfung auf die Kompetenzbereiche I und II der Anlage 1.

(2) Im Fall einer Person, die die Erlaubnis zum Führen der Berufsbezeichnung Medizinische Technologin für Radiologie oder Medizinischer Technologe für Radiologie beantragt hat, erstreckt sich der mündliche Teil der Kenntnisprüfung auf die Kompetenzbereiche I, II und III der Anlage 2.

(3) Im Fall einer Person, die die Erlaubnis zum Führen der Berufsbezeichnung Medizinische Technologin für Funktionsdiagnostik oder Medizinischer Technologe für Funktionsdiagnostik beantragt hat, erstreckt sich der mündliche Teil der Kenntnisprüfung auf die Kompetenzbereiche I und II der Anlage 3.

(4) Im Fall einer Person, die die Erlaubnis zum Führen der Berufsbezeichnung Medizinische Technologin für Veterinärmedizin oder Medizinischer Technologe für

Veterinärmedizin beantragt hat, erstreckt sich der mündliche Teil der Kenntnisprüfung auf die Kompetenzbereiche I und II der Anlage 4.

(5) Der mündliche Teil der Kenntnisprüfung soll für jede zu prüfende Person mindestens 45 Minuten und höchstens 60 Minuten dauern.

§ 78 Prüfungsort des mündlichen Teils der Kenntnisprüfung

(1) Die zuständige Behörde legt den Prüfungsort des mündlichen Teils der Kenntnisprüfung fest.

(2) Prüfungsort soll eine Einrichtung sein, die nach § 18 des MT-Berufe-Gesetzes geeignet ist.

§ 79 Durchführung des mündlichen Teils der Kenntnisprüfung

Der mündliche Teil der Kenntnisprüfung wird von zwei schulischen Fachprüferinnen oder Fachprüfern abgenommen.

§ 80 Bewertung und Bestehen des mündlichen Teils der Kenntnisprüfung

(1) Die im mündlichen Teil der Kenntnisprüfung erbrachte Leistung ist von den Fachprüferinnen und Fachprüfern zu bewerten, von denen der mündliche Teil der Kenntnisprüfung abgenommen worden ist.

(2) [1]Bewertet wird die Leistung entweder mit „bestanden“ oder mit „nicht bestanden“. [2]Mit „bestanden“ wird sie bewertet, wenn sie den Anforderungen genügt, also mindestens der Note „ausreichend (4)“ entspricht.

(3) Der mündliche Teil der Kenntnisprüfung ist bestanden, wenn alle Fachprüferinnen und Fachprüfer die erbrachte Leistung mit „bestanden“ bewerten.

§ 81 Wiederholung des mündlichen Teils der Kenntnisprüfung

(1) Wer den mündlichen Teil der Kenntnisprüfung nicht bestanden hat, darf ihn einmal wiederholen.

(2) Für die Wiederholung ist ein Antrag der zu prüfenden Person bei der dem Prüfungsausschuss vorsitzenden Person erforderlich.

§ 82 Inhalt des praktischen Teils der Kenntnisprüfung

(1) Der praktische Teil der Kenntnisprüfung besteht aus mindestens zwei und höchstens vier Aufgabenstellungen aus dem jeweiligen Beruf.

(2) Die zuständige Behörde legt die Anzahl der Aufgabenstellungen und die Kompetenzbereiche der Anlage 1, 2, 3 oder 4, auf die sich der praktische Teil der Kenntnisprüfung erstreckt, fest.

(3) [1]Die Prüfung jeder Aufgabenstellung soll nicht länger als 120 Minuten dauern. [2]Sie ist als Prüfung einer konkreten praktischen Aufgabenstellung aus dem jeweiligen Beruf auszugestalten. [3]Wenn die Prüfung unter Einbezug einer Patientin oder eines Patienten durchgeführt wird, müssen die betroffene Patientin oder der betroffene

Patient oder eine vertretungsberechtigte Person sowie die verantwortliche Ärztin oder der verantwortliche Arzt darin eingewilligt haben. [4]Die Anforderungen des § 83 des Strahlenschutzgesetzes vom 27. Juni 2017 (BGBl. I S. 1966), zuletzt geändert durch Artikel 2 des Gesetzes vom 20. Mai 2021 (BGBl. I S. 1194), und des § 145 Absatz 2 Nummer 4 der Strahlenschutzverordnung vom 29. November 2018 (BGBl. I S. 2034, 2036), zuletzt geändert durch Artikel 83 des Gesetzes vom 10. August 2021 (BGBl. I S. 3436), bleiben unberührt.

§ 83 Prüfungsort des praktischen Teils der Kenntnisprüfung

(1) Die zuständige Behörde legt die Prüfungsorte für die einzelnen Aufgabenstellungen des praktischen Teils der Kenntnisprüfung fest.

(2) Prüfungsort soll eine Einrichtung sein, die nach § 19 des MT-Berufe-Gesetzes geeignet ist.

§ 84 Durchführung des praktischen Teils der Kenntnisprüfung

(1) Der praktische Teil der Kenntnisprüfung wird von zwei Fachprüferinnen oder Fachprüfern abgenommen, von denen eine Person schulische Fachprüferin oder schulischer Fachprüfer und die andere Person praktische Fachprüferin oder praktischer Fachprüfer ist.

(2) Während des praktischen Teils der Kenntnisprüfung sind den beiden Fachprüferinnen und Fachprüfern Nachfragen gestattet, die sich auf das praktische Vorgehen der zu prüfenden Person beziehen.

§ 85 Bewertung und Bestehen des praktischen Teils der Kenntnisprüfung

(1) Die im praktischen Teil der Kenntnisprüfung erbrachte Leistung ist von den beiden Fachprüferinnen und Fachprüfern zu bewerten, die den praktischen Teil abgenommen haben.

(2) Für jede Aufgabenstellung des praktischen Teils der Kenntnisprüfung ist eine gesonderte Bewertung vorzunehmen.

(3) [1]Bewertet wird die Leistung entweder mit „bestanden“ oder mit „nicht bestanden“. [2]Mit „bestanden“ wird sie bewertet, wenn sie den Anforderungen genügt, also mindestens der Note „ausreichend (4)“ entspricht.

(4) Der praktische Teil der Kenntnisprüfung ist bestanden, wenn alle Fachprüferinnen und Fachprüfer jede Aufgabenstellung mit „bestanden“ bewerten.

§ 86 Wiederholung des praktischen Teils der Kenntnisprüfung

(1) Wer eine Aufgabenstellung des praktischen Teils der Kenntnisprüfung nicht bestanden hat, darf sie einmal wiederholen.

(2) Für die Wiederholung ist ein Antrag der zu prüfenden Person bei der dem Prüfungsausschuss vorsitzenden Person erforderlich.

§ 87 Bestehen der Kenntnisprüfung

Die Kenntnisprüfung hat bestanden, wer den mündlichen und den praktischen Teil der Kenntnisprüfung bestanden hat.

§ 88 Bescheinigung

(1) Die dem Prüfungsausschuss vorsitzende Person hat der Person, die die Kenntnisprüfung bestanden hat, eine Bescheinigung auszustellen.

(2) Für die Bescheinigung ist das Muster der Anlage 12 zu verwenden.

Unterabschnitt 2
Anpassungslehrgang

§ 89 Ziel und Inhalt des Anpassungslehrgangs

(1) Ziel des Anpassungslehrgangs ist, dass die antragstellende Person die Kenntnisse, Fähigkeiten und Kompetenzen erwirbt, die zur Ausübung des jeweiligen Berufs erforderlich sind (Lehrgangsziel).

(2) Die zuständige Behörde legt die Dauer und die Inhalte des Anpassungslehrgangs so fest, dass das Lehrgangsziel erreicht werden kann.

§ 90 Durchführung des Anpassungslehrgangs

(1) [1]Im Anpassungslehrgang wird der jeweilige Beruf unter der Verantwortung einer Person, die über die Erlaubnis zum Führen der jeweiligen Berufsbezeichnung verfügt, ausgeübt. [2]Die Berufsausübung wird entsprechend dem Lehrgangsziel begleitet durch

1. theoretischen und praktischen Unterricht,
2. eine praktische Ausbildung mit theoretischer Unterweisung oder
3. theoretischen und praktischen Unterricht und eine praktische Ausbildung mit theoretischer Unterweisung.

(2) Der theoretische und praktische Unterricht wird an Einrichtungen nach § 18 des MT-Berufe-Gesetzes oder an von der zuständigen Behörde als vergleichbar anerkannten Einrichtungen durchgeführt.

(3) Die praktische Ausbildung wird an Einrichtüngen nach § 19 des MT-Berufe-Gesetzes oder an von der zuständigen Behörde als vergleichbar anerkannten Einrichtungen durchgeführt.

(4) An der theoretischen Unterweisung sollen praxisanleitende Personen, die die Voraussetzungen des § 8 erfüllen, in angemessenem Umfang beteiligt werden.

(5) Der Anpassungslehrgang schließt mit einer Prüfung in Form eines Abschlussgesprächs ab.

(6) Soweit in diesem Unterabschnitt nichts anderes bestimmt ist, gelten für das Abschlussgespräch die §§ 15, 20 bis 24 und 57 entsprechend.

§ 91 Ziel und Inhalt des Abschlussgesprächs

(1) Mit dem Abschlussgespräch wird überprüft, ob die antragstellende Person das Lehrgangsziel des Anpassungslehrgangs erreicht hat.

(2) Inhalt des Abschlussgesprächs sind die im Anpassungslehrgang vermittelten Kenntnisse, Fähigkeiten und Kompetenzen.

§ 92 Durchführung des Abschlussgesprächs

(1) Das Abschlussgespräch wird von zwei Fachprüferinnen oder Fachprüfern abgenommen, von denen eine Person schulische Fachprüferin oder schulischer Fachprüfer und eine Person praktische Fachprüferin oder praktischer Fachprüfer ist.

(2) Während des Abschlussgesprächs sind den Fachprüferinnen und Fachprüfern Nachfragen gestattet.

§ 93 Bewertung und erfolgreiches Absolvieren des Anpassungslehrgangs

(1) Die im Abschlussgespräch erbrachte Leistung ist von den Fachprüferinnen und Fachprüfern zu bewerten.

(2) [1]Das Abschlussgespräch wird entweder mit „bestanden“ oder mit „nicht bestanden“ bewertet. [2]Mit „bestanden“ wird die Leistung bewertet, wenn sie den Anforderungen genügt und damit mindestens der Note „ausreichend (4)“ entspricht.

(3) Der Anpassungslehrgang wurde erfolgreich absolviert, wenn die im Abschlussgespräch erbrachte Leistung von allen Fachprüferinnen und Fachprüfern mit „bestanden“ bewertet worden ist.

§ 94 Verlängerung und Wiederholung des Anpassungslehrgangs

(1) Hat eine Person den Anpassungslehrgang nicht erfolgreich absolviert, entscheiden die Fachprüferinnen und Fachprüfer über eine angemessene Verlängerung des Anpassungslehrgangs.

(2) [1]Eine Verlängerung ist nur einmal zulässig. [2]Der Verlängerung folgt ein weiteres Abschlussgespräch.

(3) Wird das Abschlussgespräch nach der Verlängerung mit „nicht bestanden“ bewertet, darf die antragstellende Person den Anpassungslehrgang einmal wiederholen.

§ 95 Bescheinigung

(1) Die Einrichtung, die den Anpassungslehrgang durchgeführt hat, hat der Person, die ihn absolviert hat, eine Bescheinigung auszustellen.

(2) Für die Bescheinigung ist das Muster der Anlage 13 zu verwenden.

Abschnitt 4 Nachweise der Zuverlässigkeit und der gesundheitlichen Eignung durch Inhaberinnen und Inhaber von Berufsqualifikationen aus einem anderen Mitgliedstaat, einem anderen Vertragsstaat oder einem gleichgestellten Staat

Abschnitt 4
Nachweise der Zuverlässigkeit und der gesundheitlichen Eignung durch Inhaberinnen und Inhaber von Berufsqualifikationen aus einem anderen Mitgliedstaat, einem anderen Vertragsstaat oder einem gleichgestellten Staat

§ 96 Nachweise der Zuverlässigkeit

(1) [1]Eine Person, die über eine Berufsqualifikation aus einem anderen Mitgliedstaat, einem anderen Vertragsstaat oder einem gleichgestellten Staat verfügt und die eine Erlaubnis zum Führen der Berufsbezeichnung nach § 1 Absatz 1 Nummer 1, 2, 3 oder 4 des MT-Berufe-Gesetzes beantragt, kann zum Nachweis, dass bei ihr die in § 1 Absatz 2 Nummer 2 des MT-Berufe-Gesetzes genannte Voraussetzung vorliegt, eine von der zuständigen Behörde ihres Herkunftsstaates ausgestellte entsprechende Bescheinigung oder einen von einer solchen Behörde ausgestellten Strafregisterauszug vorlegen. [2]Wenn ein solcher Nachweis nicht vorgelegt werden kann, kann die antragstellende Person einen gleichwertigen Nachweis vorlegen.

(2) Hat die für die Erteilung der Erlaubnis zuständige Behörde berechtigte Zweifel an einem der in Absatz 1 genannten Dokumente, so kann sie von der zuständigen Behörde des Herkunftsstaates eine Bestätigung verlangen, aus der sich ergibt, dass der antragstellenden Person die Ausübung des Berufs, der einem der im MT-Berufe-Gesetz geregelten Berufe entspricht, nicht aufgrund eines schwerwiegenden standeswidrigen Verhaltens oder einer Verurteilung wegen strafbarer Handlungen dauerhaft oder vorübergehend untersagt worden ist.

(3) Hat die für die Erteilung der Erlaubnis zuständige Behörde Kenntnis von Tatsachen, die außerhalb des Geltungsbereichs des MT-Berufe-Gesetzes eingetreten sind und im Hinblick auf die Voraussetzungen des § 1 Absatz 2 Nummer 2 des MT-Berufe-Gesetzes von Bedeutung sein können, so hat sie

1. die zuständige Stelle des Herkunftsstaates über diese Tatsachen zu unterrichten und
2. die zuständige Stelle des Herkunftsstaates zu bitten,
   a) diese Tatsachen zu überprüfen und
   b) ihr das Ergebnis und die Folgerungen, die die zuständige Stelle des Herkunftsstaates hinsichtlich der von ihr ausgestellten Bescheinigungen und Nachweise daraus zieht, mitzuteilen.

(4) Werden von der zuständigen Stelle des Herkunftsstaates innerhalb von zwei Monaten weder die in Absatz 1 genannten Bescheinigungen oder Strafregisterauszüge ausgestellt, noch die nach den Absätzen 2 oder 3 nachgefragten Bestätigungen oder Mitteilungen gemacht, kann die antragstellende Person sie ersetzen durch Vorlage einer Bescheinigung über

1. die Abgabe einer eidesstattlichen Erklärung gegenüber der zuständigen Behörde des Herkunftsstaates oder
2. die Abgabe einer feierlichen Erklärung, wenn es in dem Herkunftsstaat keine eidesstattliche Erklärung gibt.

§ 97 Nachweise der gesundheitlichen Eignung

(1) Eine Person, die über eine Berufsqualifikation aus einem anderen Mitgliedstaat, einem anderen Vertragsstaat oder einem gleichgestellten Staat verfügt und die eine Erlaubnis zum Führen der Berufsbezeichnung nach § 1 Absatz 1 des MT-Berufe-Gesetzes beantragt, kann zum Nachweis, dass bei ihr die in § 1 Absatz 2 Nummer 3 des MT-Berufe-Gesetzes genannte Voraussetzung vorliegt, einen entsprechenden Nachweis ihres Herkunftsstaates vorlegen.

(2) Wird im Herkunftsstaat ein solcher Nachweis nicht verlangt, ist eine von einer zuständigen Behörde dieses Staates ausgestellte Bescheinigung anzuerkennen, aus der sich ergibt, dass die in § 1 Absatz 2 Nummer 3 des MT-Berufe-Gesetzes genannte Voraussetzung erfüllt ist.

§ 98 Aktualität von Nachweisen

Die Nachweise nach den §§ 96 und 97 dürfen von der zuständigen Behörde der Beurteilung nur zugrunde gelegt werden, wenn zum Zeitpunkt der Antragsstellung der Zeitpunkt, zu dem die Nachweise ausgestellt worden sind, höchstens drei Kalendermonate zurückliegt.

Abschnitt 5
Verfahren bei der Erbringung von Dienstleistungen durch Inhaberinnen und Inhaber von Berufsqualifikationen aus einem anderen Mitgliedstaat der Europäischen Union oder einem anderen Vertragsstaat des Abkommens über den Europäischen Wirtschaftsraum

§ 99 Verfahren bei der Erbringung von Dienstleistungen

(1) Die zuständige Behörde prüft die Berufsqualifikation der meldenden Person nach § 58 des MT-Berufe-Gesetzes und teilt der meldenden Person spätestens einen Monat nach vollständigem Eingang der in § 55 des MT-Berufe-Gesetzes genannten Meldung und Dokumente ihre Entscheidung mit, ob sie zur Erbringung der Dienstleistung berechtigt ist oder die meldende Person eine Eignungsprüfung ablegen muss.

(2) [1]Ist der zuständigen Behörde eine Prüfung innerhalb eines Monats nach Eingang der Meldung und der Dokumente in Ausnahmefällen nicht möglich, unterrichtet sie die meldende Person innerhalb dieser Frist über die Gründe der Verzögerung. [2]Die der Verzögerung zugrundeliegenden Schwierigkeiten werden binnen eines Monats nach dieser Mitteilung behoben. [3]Die Entscheidung nach § 58 des MT-Berufe-Gesetzes ergeht binnen zwei Monaten nach Behebung der der Verzögerung zugrundeliegenden Schwierigkeiten.

(3) Bleibt eine Mitteilung nach den Absätzen 1 oder 2 binnen der genannten Fristen aus, darf die Dienstleistung erbracht werden.

Abschnitt 6
Verfahren zur Erteilung der Erlaubnis zur partiellen Berufsausübung nach § 53 des MT-Berufe-Gesetzes

§ 99a Frist der Behörde für die Bestätigung des Antragseingangs

Beantragt eine Person eine Erlaubnis zur partiellen Berufsausübung nach § 53 des MT-Berufe-Gesetzes, so bestätigt die zuständige Behörde ihr innerhalb eines Monats nach Eingang des Antrags den Antragseingang und teilt ihr gegebenenfalls mit, welche Unterlagen fehlen, um die erforderlichen Voraussetzungen nachzuweisen.

§ 99b Erforderliche Unterlagen

(1) Personen, die die Erlaubnis zur partiellen Berufsausübung nach § 53 des MT-Berufe-Gesetzes aufgrund einer außerhalb des Geltungsbereichs des MT-Berufe-Gesetzes erworbenen Berufsqualifikation beantragen, haben dem Antrag folgende Unterlagen beizufügen:

1. eine tabellarische Aufstellung der absolvierten Ausbildungsgänge und der ausgeübten Erwerbstätigkeiten in deutscher Sprache,
2. einen Identitätsnachweis,
3. eine Bescheinigung über eine Berufsqualifikation, aus der sich ergibt, dass die Berufsqualifikation erforderlich ist für die Ausübung einer beruflichen Tätigkeit in einem anderen Mitgliedstaat, in einem anderen Vertragsstaat oder in einem gleichgestellten Staat, die im Bereich einer der Berufe nach dem MT-Berufe-Gesetz liegt, sowie die Ausbildungsnachweise, die den Erwerb dieser Berufsqualifikation belegen,
4. sofern vorhanden, eine Bescheinigung über die erworbene Berufserfahrung oder Nachweise über Kenntnisse und Fähigkeiten, die durch lebenslanges Lernen erworben worden sind,
5. eine Erklärung, dass bisher noch kein Antrag auf Feststellung der Gleichwertigkeit gestellt wurde, und
6. einen Nachweis über die Kenntnisse der deutschen Sprache der antragstellenden Person.

(2) [1]Die Unterlagen nach Absatz 1 Nummer 2 bis 4 sind der zuständigen Behörde in Form von Abschriften vorzulegen oder elektronisch zu übermitteln. [2]Von den Unterlagen nach Absatz 1 Nummer 3 und 4 sind Übersetzungen in deutscher Sprache vorzulegen. [3]Darüber hinaus kann die zuständige Behörde von allen nachgereichten Unterlagen Übersetzungen in deutscher Sprache verlangen. [4]Die Übersetzungen sind von einer öffentlich bestellten oder beeidigten Übersetzerin oder einem öffentlich bestellten oder beeidigten Übersetzer erstellen zu lassen.

(3) [1]Die zuständige Behörde kann abweichend von Absatz 2 eine andere Form für die vorzulegenden Dokumente zulassen. [2]Sie kann auf die Übersetzung der Unterlagen in deutscher Sprache verzichten sowie eine Übersetzung der Unterlagen in englischer Sprache zulassen.

(4) [1]Die zuständige Behörde kann die antragstellende Person auffordern, innerhalb einer angemessenen Frist Informationen zum Inhalt und zur Dauer der im Ausland

absolvierten Berufsbildung sowie zu sonstigen Berufsqualifikationen vorzulegen, soweit dies zur Bewertung der Voraussetzungen nach § 53 Absatz 1 des MT-Berufe-Gesetzes erforderlich ist. [2]Die zuständige Behörde kann sich an die zuständige Stelle des Ausbildungsstaats wenden.

(5) [1]Bestehen begründete Zweifel an der Echtheit oder der inhaltlichen Richtigkeit der vorgelegten Unterlagen, kann die zuständige Behörde die antragstellende Person auffordern, innerhalb einer angemessenen Frist Originale, beglaubigte Abschriften oder weitere geeignete Unterlagen vorzulegen. [2]Bei Unterlagen, die in einem Mitgliedstaat, einem Vertragsstaat oder einem gleichgestellten Staat ausgestellt oder anerkannt wurden, kann sich die zuständige Behörde im Fall begründeter Zweifel an der Echtheit der Unterlagen sowohl an die zuständige Stelle des Ausbildungs- oder Anerkennungsstaats wenden als auch die antragstellende Person auffordern, beglaubigte Abschriften vorzulegen. [3]Eine solche Aufforderung hemmt nicht den Fristlauf nach § 99c.

(6) [1]Die antragstellende Person hat durch geeignete Unterlagen darzulegen, im Inland eine Erwerbstätigkeit ausüben zu wollen. [2]Geeignete Unterlagen sind insbesondere

1. der Nachweis einer Kontaktaufnahme mit potenziellen Arbeitgebern,
2. ein Geschäftskonzept oder
3. der Vermerk über eine Standortberatung der Zentralen Servicestelle Berufsanerkennung.

[3]Die zuständige Behörde darf nicht zwingend einen Vermerk über eine Standortberatung nach Satz 1 Nummer 3 fordern, wenn durch andere Unterlagen die Erwerbsabsicht dargelegt wurde. [4]Für antragstellende Personen mit Wohnsitz in einem Mitgliedstaat, in einem Vertragsstaat oder in einem gleichgestellten Staat sowie für Staatsangehörige dieser Staaten ist diese Darlegung entbehrlich, sofern keine besonderen Gründe gegen eine entsprechende Absicht sprechen.

(7) Die §§ 96 bis 98 gelten entsprechend.

§ 99c Frist der Behörde für die Entscheidung über den Antrag

Die zuständige Behörde entscheidet kurzfristig über den Antrag, spätestens jedoch drei Monate nach Vorlage der vollständigen Unterlagen durch die antragstellende Person.

§ 99d Frist der Behörde für die Bestätigung des Antragseingangs

Bei der Ausstellung der Erlaubnis zur partiellen Berufsausübung nach § 53 des MT-Berufe-Gesetzes ist das Muster nach Anlage 14 zu verwenden.

Abschnitt 7
Verfahren zur Erteilung einer Genehmigung zur Dienstleistungserbringung im Rahmen einer partiellen Berufsausübung

§ 99e Erforderliche Unterlagen

(1) Personen, die eine Genehmigung nach § 59a des MT-Berufe-Gesetzes aufgrund einer außerhalb des Geltungsbereichs des MT-Berufe-Gesetzes erworbenen Berufsqualifikation beantragen, haben dem Antrag folgende Unterlagen beizufügen:

1. eine tabellarische Aufstellung der absolvierten Ausbildungsgänge und der ausgeübten Erwerbstätigkeiten in deutscher Sprache,
2. einen Nachweis ihrer Identität sowie Staatsangehörigkeit,
3. eine Bescheinigung, aus der sich ergibt, dass zum Zeitpunkt der Vorlage der Bescheinigung die antragstellende Person in einem Beruf, dessen Tätigkeit der Tätigkeit einem der Berufe nach dem MT-Berufe-Gesetz nur partiell entspricht, rechtmäßig in einem anderen Mitgliedstaat, in einem anderen Vertragsstaat oder in einem gleichgestellten Staat niedergelassen ist,
4. eine Bescheinigung über eine Berufsqualifikation, aus der sich ergibt, dass die Berufsqualifikation erforderlich ist für die Ausübung dieses Berufs in einem anderen Mitgliedstaat, in einem anderen Vertragsstaat oder in einem gleichgestellten Staat, sowie die Ausbildungsnachweise, die den Erwerb dieser Berufsqualifikation belegen,
5. sofern vorhanden, eine Bescheinigung über die erworbene Berufserfahrung oder Nachweise über Kenntnisse und Fähigkeiten, die durch lebenslanges Lernen erworben worden sind,
6. eine Erklärung, dass bisher noch kein Antrag auf Feststellung der Gleichwertigkeit gestellt wurde, und
7. einen Nachweis über die Kenntnisse der deutschen Sprache der antragstellenden Person.

(2) Im Fall von § 59a Absatz 1 Satz 2 Nummer 2 Buchstabe b des MT-Berufe-Gesetzes hat die antragstellende Person zusätzlich einen Nachweis in beliebiger Form darüber vorzulegen, dass dieser Beruf während der vorhergehenden zehn Jahre mindestens ein Jahr lang in einem oder mehreren Mitgliedstaaten, Vertragsstaaten oder gleichgestellten Staaten rechtmäßig ausgeübt worden ist.

(3) [1]Die Unterlagen nach Absatz 1 Nummer 2 bis 5 sowie Absatz 2 sind der zuständigen Behörde in Form von Abschriften vorzulegen oder elektronisch zu übermitteln. [2]Von den Unterlagen nach Absatz 1 Nummer 3 bis 5 sowie Absatz 2 sind Übersetzungen in deutscher Sprache vorzulegen. [3]Darüber hinaus kann die zuständige Behörde von allen nachgereichten Unterlagen Übersetzungen in deutscher Sprache verlangen. [4]Die Übersetzungen sind von einer öffentlich bestellten oder beeidigten Übersetzerin oder einem öffentlich bestellten oder beeidigten Übersetzer erstellen zu lassen.

(4) [1]Die zuständige Behörde kann abweichend von Absatz 3 eine andere Form für die vorzulegenden Dokumente zulassen. [2]Sie kann auf die Übersetzung der Unterla-

gen in deutscher Sprache verzichten sowie eine Übersetzung der Unterlagen in englischer Sprache zulassen.

(5) § 99b Absatz 4, 5 Satz 1 und 2 und Absatz 7 gilt entsprechend.

Teil 5
Übergangs- und Schlussvorschriften

§ 100 Übergangsvorschrift

(1) Für Ausbildungen in den Berufen der technischen Assistenz in der Medizin, die vor dem 31. Dezember 2022 begonnen worden sind, ist bis zum 31. Dezember 2026 die Ausbildungs- und Prüfungsverordnung für technische Assistenten in der Medizin in der bis zum 31. Dezember 2022 geltenden Fassung nach Maßgabe der folgenden Absätze anzuwenden.

(2) [1]Hinsichtlich § 1 Absatz 1 der Ausbildungs- und Prüfungsverordnung für technische Assistenten in der Medizin in der bis zum 31. Dezember 2022 geltenden Fassung gilt, dass Lehrformate, die selbstgesteuertes Lernen oder E-Learning beinhalten, zielgerichtet bei der Konzeption des theoretischen und praktischen Unterrichts in einem angemessenen Umfang berücksichtigt werden können. [2]Die Teilnahme an Lehrformaten nach Satz 1 ist von den Auszubildenden gegenüber der Schule nachzuweisen. [3]Das Nähere regeln die Länder.

(3) [1]Im schriftlichen Teil der Prüfung ist, wenn die Prüfung nach dem 30. September 2023 durchgeführt wird, jede Aufsichtsarbeit von zwei Fachprüferinnen oder Fachprüfern zu benoten. [2]Aus den Noten der Fachprüferinnen oder Fachprüfer bildet die dem Prüfungsausschuss vorsitzende Person die Note für die einzelne Aufsichtsarbeit als das arithmetische Mittel der Noten der einzelnen Fachprüferinnen oder Fachprüfer unter Berücksichtigung des zeitlichen Umfangs der jeweiligen Aufsichtsarbeit. [3]Die Berechnung erfolgt auf zwei Stellen nach dem Komma ohne Rundung. [4]Dem berechneten Zahlenwert ist die entsprechende Note nach § 26 zuzuordnen.

(4) [1]Im mündlichen Teil der Prüfung wird, wenn die Prüfung nach dem 30. September 2023 durchgeführt wird, jedes Fach von zwei Fachprüferinnen oder Fachprüfern benotet. [2]Die dem Prüfungsausschuss vorsitzende Person ist berechtigt, am mündlichen Teil der Prüfung teilzunehmen; ihr steht kein Fragerecht zu. [3]Die dem Prüfungsausschuss vorsitzende Person bildet aus den Noten der Fachprüferinnen oder Fachprüfer die Note für das einzelne Fach als das arithmetische Mittel der Noten der einzelnen Fachprüferinnen oder Fachprüfer sowie die Prüfungsnote für den mündlichen Teil der Prüfung als das arithmetische Mittel der Noten der einzelnen Fächer. [4]Die Berechnung erfolgt auf zwei Stellen nach dem Komma ohne Rundung. [5]Dem berechneten Zahlenwert ist die entsprechende Note nach § 26 zuzuordnen.

(5) [1]Im praktischen Teil der Prüfung ist, wenn die Prüfung nach dem 30. September 2023 durchgeführt wird, die dem Prüfungsausschuss vorsitzende Person berechtigt, am praktischen Teil der Prüfung teilzunehmen; ihr steht kein Fragerecht zu. [2]Aus den Noten der Fachprüferinnen oder Fachprüfer bildet die dem Prüfungsausschuss vorsitzende Person die Note für jedes einzelne Fach als das arithmetische

Mittel der Noten der einzelnen Fachprüferinnen oder Fachprüfer sowie die Prüfungsnote für den praktischen Teil der Prüfung als das arithmetische Mittel der Noten der einzelnen Fächer. [3]Die Berechnung erfolgt auf zwei Stellen nach dem Komma ohne Rundung. [4]Dem berechneten Zahlenwert ist die entsprechende Note nach § 26 zuzuordnen.

(6) Hinsichtlich der Anerkennungsregelungen nach § 25a und § 25b der Ausbildungs- und Prüfungsverordnung für technische Assistenten in der Medizin in der bis zum 31. Dezember 2022 geltenden Fassung gilt, dass, wenn die Prüfung nach dem 30. September 2023 durchgeführt wird, die dem Prüfungsausschuss vorsitzende Person zum Zweck der Entscheidung über das Bestehen während der Prüfung anwesend sein muss; ihr steht ein Fragerecht zu.

§ 101 Inkrafttreten, Außerkrafttreten

(1) Diese Verordnung tritt am 1. Januar 2023 in Kraft.

(2) Die Ausbildungs- und Prüfungsverordnung für technische Assistenten in der Medizin vom 25. April 1994 (BGBl. I S. 922), die zuletzt durch Artikel 35 des Gesetzes vom 15. August 2019 (BGBl. I S. 1307) geändert worden ist, tritt am 31. Dezember 2022 außer Kraft.

Anlage 1
(zu § 1)

Kompetenzen für die Ausbildung zur Medizinischen Technologin für Laboratoriumsanalytik und zum Medizinischen Technologen für Laboratoriumsanalytik

I. Planung, Vorbereitung, Durchführung, Dokumentation, Steuerung und Beurteilung biomedizinischer Analyseprozesse mittels biologischer, chemischer sowie physikalischer Methoden und Verfahren einschließlich Präanalytik und Postanalytik

1. Den biomedizinischen Analyseprozess zur Erfassung von Gesundheitszuständen, -risiken, Krankheiten, Störungsbildern, Abweichungen und Veränderungen für die Diagnostik, Prognostik, Früherkennung, Gesundheitsförderung, Prävention, Verlaufs- und Therapiekontrolle sowie Rehabilitation selbständig planen, vorbereiten, organisieren, durchführen, dokumentieren, steuern, das Ergebnis validieren und den Arbeitsprozess beurteilen
Die Auszubildenden
   a) verfügen über Kenntnisse und Fertigkeiten zu präanalytischen, analytischen und postanalytischen Maßnahmen, methodischen Vorgehensweisen und apparativen Verfahren für die Laboratoriumsanalytik nach dem Stand von Wissenschaft und Technik, die zur Erfassung von Gesundheitszuständen, -risiken, Krankheiten, Störungsbildern, Abweichungen und Veränderungen für die Diagnostik, Prognostik, Früherkennung, Gesundheitsförderung, Prävention, Verlaufs- und Therapiekontrolle sowie Rehabilitation erforderlich sind; übertragen evidenzbasiertes theoretisch fundiertes Wissen aus den Bezugswissenschaften, insbesondere (Patho-)Physiologie, (Patho-)Biochemie, Medizin, Chemie, Physik, Medizintechnik, Biologie, Mathematik und Public Health, auf den biomedizinischen Analyseprozess,
   b) beurteilen anhand der Indikation, der verfügbaren klinischen Daten (wie etwa Anamnese, Symptome, bereits vorliegende Befunde) oder der Fragestellung die angeforderte Laboratoriumsuntersuchung auf ihre Eignung und Qualität; beurteilen, welche Daten zur Patienten- und Probenidentifikation erforderlich sind; fordern, wenn notwendig, eine erneute Probeneinsendung an, koordinieren den präanalytischen Prozess,
   c) informieren Patientinnen und Patienten über die Gewinnung des Untersuchungsmaterials (wie etwa Blutentnahme, Abstriche), bereiten die Materialgewinnung vor, gewinnen das Material aus der Kapillare und der Vene sowie durch nicht-invasive Entnahmen, führen Maßnahmen zur Identitätssicherung, Probenzuordnung und -annahme sowie -verarbeitung durch, bereiten das Untersuchungs- oder Probenmaterial auf und betreuen die Patientinnen und Patienten während des Entnahmeprozesses,
   d) informieren und beraten über präanalytische Maßnahmen zur qualitätsgerechten Gewinnung von humanen Untersuchungsmaterialien und Probenmaterialien nicht humanen Ursprungs,
   e) beurteilen das Untersuchungs- oder Probenmaterial auf Brauchbarkeit zur Analyse,

f) wählen entsprechend der Anforderung oder der ärztlichen Indikationsstellung probengutspezifisch geeignete biomedizinische Methoden und Verfahren aus,
g) planen und führen die methoden- und verfahrensspezifische Qualitätskontrolle durch,
h) planen, organisieren und bereiten biomedizinische Untersuchungsvorgänge vor, führen biomedizinische Untersuchungsvorgänge mittels (immun-, molekular- und mikro-)biologischer, (bio-)chemischer, physikalischer oder mathematischer Methoden und Verfahren fachgerecht aus und steuern diese insbesondere in der polyvalenten medizinischen Biopathologie (Hämatologie, Hämostaseologie, Immunologie, Transfusions- und Transplantationsmedizin, Medizinischen Chemie, Reproduktionsmedizin, Endokrinologie), Klinischen Pathologie und Molekulargenetik, Infektionsanalytik (Medizinischen Mikrobiologie inklusive Parasitologie, Mykologie und Virologie, Infektionsserologie, Infektionshygiene); beschreiben, quantifizieren und validieren mikroskopisch zelluläre Strukturen und Strukturveränderungen in Präparaten,
i) werten die Analyseergebnisse aus, führen statistische und andere bioinformatorische Analysen durch, beurteilen diese und dokumentieren die Erkenntnisse unter Verwendung geeigneter Informationstechnologien,
j) erkennen und beurteilen im Analyseprozess potenzielle Stör- und Einflussgrößen, bewerten die fach-, methoden- und verfahrensspezifische Qualitätskontrolle des Untersuchungsverfahrens, plausibilisieren das Messergebnis, erkennen mögliche Fehlerursachen und leiten bei Bedarf notwendige Korrekturmaßnahmen ein, führen eine Longitudinal- und Transversalbeurteilung (technische und biomedizinische Validation) durch und geben den Laborbericht frei,
k) legen Bewertungs- und Entscheidungskriterien für die Befundfreigabe fest,
l) interpretieren die Ergebnisse der Laboranalyse nach Regelwerken, entscheiden regelgeleitet über die weiterführende Analytik (Stufenanalytik, Stufendiagnostik),
m) übermitteln den Laborbericht an die Auftraggebenden, archivieren diesen ordnungsgemäß und asservieren, vernichten oder entsorgen die Probenmaterialien fachgerecht,
n) schätzen das Gefahren- und Gefährdungspotenzial biologischer, chemischer oder physikalischer Stoffe und Stoffgemische fachgerecht ein, arbeiten sorgfältig und regelgeleitet mit biologischen, chemischen oder physikalischen Gefahrstoffen, treffen im Gefährdungsfall geeignete Maßnahmen zum Selbst- und Fremdschutz sowie zur Gefahreneindämmung für Mensch und Umwelt,
o) erkennen lebensbedrohende Zustände und leiten entsprechende Maßnahmen der Ersten Hilfe ein.

2. Vor- und Aufbereitung histologischer, zytologischer und weiterer morphologischer Präparate zur Prüfung für die ärztliche Diagnostik
   Die Auszubildenden
   a) verfügen über anatomisch-pathologisches, physiologisches, histologisches, histotechnologisches und zytologisches Wissen sowie über Kenntnisse der Bezugswissenschaften, insbesondere Chemie und Physik, das zur Vor- und Aufbereitung des Untersuchungsmaterials notwendig ist,
   b) wählen gemäß Anforderung oder ärztlicher Indikationsstellung die geeignete Präparationsmethode aus,
   c) planen, organisieren und bereiten Untersuchungsvorgänge vor, bereiten morphologische Präparate in der Histologie und Zytologie zur mikroskopischen Befundung für die ärztliche Diagnose nach dem Stand der Wissenschaft und Technik auf,
   d) führen eine technische Beurteilung des Präparats durch, beurteilen das Färbeergebnis mikroskopisch, erkennen potenzielle Bearbeitungsfehler, beurteilen die Brauchbarkeit für die ärztliche Diagnostik und ergreifen notwendige Korrekturmaßnahmen.

II. Planung, Vorbereitung, Organisation, Durchführung, Dokumentation, Beurteilung und Weiterentwicklung des Qualitäts-, Risiko-, Prozess- und Datenmanagements in den biomedizinischen Leistungsprozessen einschließlich der Gewährleistung einer störungsfreien Analytik

1. Qualitäts-, Risiko-, Prozess- und Datenmanagement in den biomedizinischen Leistungsprozessen planen, vorbereiten, organisieren, durchführen (realisieren), dokumentieren, beurteilen und weiterentwickeln
   Die Auszubildenden
   a) verfügen über die Kenntnisse und Fertigkeiten zum Qualitäts-, Risiko-, Prozess- und Datenmanagement, übertragen theoretisch fundierte Kenntnisse aus den Bezugswissenschaften, um die Qualität und Wirksamkeit des biomedizinischen Analyseprozesses im Sinne der Patientensicherheit und Gefahrenabwehr zu gewährleisten,
   b) tragen zu einer qualitätsvollen, effektiven und effizienten Laboratoriumsanalytik bei und beteiligen sich an der Weiterentwicklung der Qualität in unterschiedlichen Laborleistungsprozessen,
   c) erstellen Qualitätsdokumente nach Vorgaben, wenden Instrumente des Qualitäts-, Risiko-, Prozess- und Datenmanagements einschließlich des Point-of-Care-Testing (POCT)-Managements und Critical Incident Reporting System (CIRS) an, leiten entsprechende Maßnahmen bei Abweichungen folgerichtig ein und tragen zur Bewertung ihrer Wirksamkeit bei,
   d) planen, organisieren, realisieren, steuern und dokumentieren Maßnahmen zur Fehlersuche, -vermeidung, -minimierung und -beseitigung, tragen zur Bewertung ihrer Wirksamkeit bei.

2. Monitoring und Steuerung des biomedizinischen Analyseprozesses
   Die Auszubildenden
   a) planen, regeln, dokumentieren, überwachen, reflektieren und bewerten manuelle, automatisierte und digitalisierte Arbeitsabläufe (prozessorientiertes Labor- und Arbeitsplatzmanagement) und tragen zur Optimierung der Prozesse bei,
   b) planen, regeln, dokumentieren, überwachen, reflektieren und bewerten fachspezifische Informationsverarbeitungsprozesse (Daten- und Informationsmanagement) und tragen zur Optimierung der Prozesse bei,
   c) organisieren, steuern und evaluieren die fach-, methoden- und verfahrensspezifische Qualitätssicherung,
   d) kalibrieren, warten und halten Analysegeräte instand, führen Geräte-Checks und einfache Reparaturen durch, wenden technische Prüfverfahren an, realisieren Verfahren im Rahmen sicherheitstechnischer Überprüfungen,
   e) organisieren einen störungsfreien Analyseablauf, leiten Maßnahmen zur Störungsbeseitigung ein und tragen zur Bewertung ihrer Wirksamkeit bei,
   f) wenden regelgeleitet Ausfallkonzepte an, setzen situationsadäquat Havarie-Maßnahmen um und dokumentieren diese.
3. Methodenimplementierung und Methodenvalidierung
   Die Auszubildenden
   a) adaptieren und implementieren evidenzbasiert neue oder alternative Methoden und Verfahren,
   b) verifizieren und validieren biomedizinische Methoden und Verfahren und beurteilen die Ergebnisse der Überprüfung nach dem Stand von Wissenschaft und Technik.

III. Intra- und interprofessionelles Kommunizieren und Handeln in biomedizinischen Analyseprozessen und Schnittstellenbereichen unter Berücksichtigung personen- und situationsspezifischer Kontexte

1. Stellen durch personen- und situationsadäquate Kommunikation mit Menschen verschiedener Altersstufen die Qualität im biomedizinischen Analyseprozess sicher
   Die Auszubildenden
   a) erkennen und reflektieren eigene Deutungs- und Handlungsmuster in der Interaktion mit Menschen verschiedener Altersstufen und mit ihren unterschiedlichen, insbesondere kulturellen und sozialen Hintergründen,
   b) informieren, beraten und leiten Menschen verschiedener Altersstufen personen- und situationsadäquat bei laboranalytischen Verfahren (Präanalytik, Analytik, Postanalytik) an,
   c) erkennen und reflektieren ihre Möglichkeiten und Grenzen zur Gestaltung von professionellen Informations-, Instruktions- und Beratungsangeboten für Menschen in unterschiedlichen Kontexten.

2. Im inter- und intraprofessionellen Team professionell kommunizieren und handeln
   Die Auszubildenden
   a) erkennen und reflektieren unterschiedliche, berufsgruppenspezifische Kommunikationsstile vor dem Hintergrund ihres eigenen Kommunikationsverhaltens,
   b) stimmen ihr berufliches Handeln zur Gewährleistung einer störungsfreien Analytik im qualifikationsheterogenen Team ab und koordinieren die Laboratoriumsanalytik unter Berücksichtigung der jeweiligen Verantwortungs- und Aufgabenbereiche,
   c) beraten Teammitglieder kollegial bei fachlichen Fragestellungen, unterstützen sie bei der Übernahme und Ausgestaltung ihres jeweiligen Verantwortungs- und Aufgabenbereiches und setzen Instruktionen für Einzelpersonen und kleinere Gruppen von Menschen in unterschiedlichen Kontexten um,
   d) beteiligen sich im Team an der Anleitung anderer Auszubildender, Praktikantinnen und Praktikanten,
   e) übernehmen Mitverantwortung für die Organisation und Gestaltung der gemeinsamen Arbeitsprozesse,
   f) erkennen und reflektieren sich abzeichnende oder bestehende Konflikte in beruflichen Situationen, sind aufmerksam für Spannungen und Konflikte im Team und entwickeln Ansätze zur Konfliktschlichtung und -lösung, bei Bedarf unter Einbezug von Angeboten zur Reflexion professioneller Kommunikation,
   g) pflegen einen wertschätzenden Umgang und sind in der Lage, in unterschiedlichen Kontexten Feedback zu geben und anzunehmen.

IV. Ausrichtung, Begründung und Reflexion des eigenen Handelns und Beteiligung an der Berufsweiterentwicklung auf der Grundlage wissenschaftlicher Erkenntnisse und unter Berücksichtigung rechtlicher Vorgaben, ökonomischer und ökologischer Rahmenbedingungen und ethischer Wertehaltungen

1. Biomedizinische Analyseprozesse am anerkannten Stand der Wissenschaft und Technik insbesondere an medizinisch-technologischen und anderen Erkenntnissen aus den Bezugswissenschaften ausrichten
   Die Auszubildenden
   a) überprüfen kontinuierlich die Wissensgrundlagen, Gesetze, Verordnungen und weitere relevante Rahmenbedingungen wie Leitlinien und Richtlinien für das berufliche Handeln und leiten entsprechende Veränderungsprozesse ein,
   b) recherchieren und identifizieren relevante Quellen zur Beantwortung beruflicher Fragestellungen und können dies im Sinne einer wissenschaftsgeleiteten Berufspraxis kritisch beurteilen,
   c) informieren sich kontinuierlich über Entwicklungen und Veränderungen in der Laboratoriumsanalytik und deren Bezugswissenschaften und können diese im Hinblick auf Nutzen, Relevanz und Umsetzungspotenzial einschätzen,
   d) wirken an der Erforschung und Implementierung neuer Erkenntnisse für und in ihrer Arbeitswelt im Sinne einer wissenschaftlich geleiteten Berufspraxis mit.

2. Verantwortung für die eigene Persönlichkeitsentwicklung sowie das berufliche Selbstverständnis auf der Grundlage ethischer Grundsätze und im Sinne eines lebenslangen Lernprozesses übernehmen
   Die Auszubildenden
   a) reflektieren kontinuierlich ihr eigenes Handeln, schätzen den eigenen Bildungsbedarf im Sinne eines lebenslangen Lernens ein und nutzen geeignete Informations- und Kommunikationstechnologien für selbstgesteuerte Lernprozesse,
   b) nehmen drohende Über- oder Unterforderungen rechtzeitig wahr, erkennen notwendigen Veränderungsbedarf und leiten daraus entsprechende Handlungsinitiativen ab,
   c) setzen Strategien zur Bewältigung beruflicher Belastungen gezielt ein und nehmen Unterstützungsangebote rechtzeitig wahr oder fordern diese aktiv ein,
   d) verstehen und reflektieren ihre Rolle als professionell Handelnde in der Organisation und im Gesundheitssystem und entwickeln ein eigenes Berufsverständnis unter Berücksichtigung der ausgewiesenen Vorbehaltsaufgaben sowie berufsethischer Überzeugungen und Wertehaltungen,
   e) verstehen die Zusammenhänge zwischen gesellschaftlichen Veränderungen und notwendiger Berufsentwicklung und wirken an der Weiterentwicklung des Berufs mit.
3. Versorgungskontexte und Systemzusammenhänge für den beruflichen Handlungskontext berücksichtigen und dabei rechtliche Vorgaben, ökonomische und ökologische Prinzipien beachten
   Die Auszubildenden
   a) erkennen und reflektieren ihre Rolle im Gesamtprozess der Gesundheitsversorgung sowie in den einzelnen Settings (Diagnostik und Prognostik, Früherkennung, Gesundheitsförderung, Prävention, Verlaufs- und Therapiekontrolle); erkennen und reflektieren Schnittstellen zu angrenzenden und überschneidenden Versorgungsbereichen,
   b) arbeiten interprofessionell für die Erreichung des gemeinsamen Ziels einer optimalen Patientenversorgung zusammen; kommunizieren entsprechend, kennen und respektieren dabei die Verantwortungsbereiche der anderen Gesundheitsprofessionen,
   c) handeln im Rahmen des biomedizinischen Analyseprozesses verantwortungsvoll, um Gesundheit und Lebensqualität der Bevölkerung zu unterstützen sowie die Patientensicherheit zu gewährleisten,
   d) üben den Beruf im Rahmen der normativen Vorgaben unter Berücksichtigung ihrer ausbildungs- und berufsbezogenen Rechte und Pflichten selbständig und gewissenhaft aus,
   e) erkennen und reflektieren die ökonomischen, ökologischen sowie gesellschaftlichen Rahmenbedingungen und gestalten die berufliche Tätigkeit nach ökonomischen und ökologischen Prinzipien.

Anlage 2
(zu § 1)

Kompetenzen für die Ausbildung zur Medizinischen Technologin für Radiologie und zum Medizinischen Technologen für Radiologie

I. Planung, Vorbereitung, Organisation, Durchführung, Dokumentation, Steuerung und Beurteilung medizinisch-technologischer Aufgaben in der bildgebenden Diagnostik mit und ohne ionisierende Strahlung sowie in der nuklearmedizinischen Diagnostik einschließlich der technischen Auswertung und Beurteilung der Ergebnisse

1. Medizinisch-technologische Aufgaben in der Radiologischen Diagnostik und anderen bildgebenden Verfahren sowie der Nuklearmedizin selbständig planen, vorbereiten, organisieren, durchführen (realisieren), dokumentieren, steuern und die Ergebnisse technisch auswerten und beurteilen
Die Auszubildenden
a) verfügen über Kenntnisse und Fertigkeiten zu vorbereitenden Maßnahmen, zur Durchführung und Nachbearbeitung sowie für die Anpassung der methodischen und apparatetechnischen Vorgehensweisen an die zu untersuchende Person für die Radiologische Diagnostik und andere bildgebende Verfahren, insbesondere der Projektionsradiografie, Computertomografie und Magnetresonanztomografie, sowie der Bildgebung in der Nuklearmedizin nach dem Stand von Wissenschaft und Technik und unter besonderer Berücksichtigung der Aspekte des Strahlenschutzes und der Personensicherheit sowie der Applikation von (Radio-)Pharmaka für Standarduntersuchungen nach ärztlicher Anordnung, die zur Erfassung von Gesundheitszuständen, -risiken, Krankheiten, Störungsbildern, Abweichungen und Veränderungen für die Diagnostik, Prognostik, Früherkennung, Gesundheitsförderung, Prävention, Verlaufs- und Therapiekontrolle sowie Rehabilitation erforderlich sind; übertragen evidenzbasiertes theoretisch fundiertes Wissen aus den Bezugswissenschaften insbesondere (Röntgen- und Schnittbild-)Anatomie, (Patho-)Physiologie, Medizin, Physik, Medizintechnik, Biologie, Chemie und Public Health auf den Prozess der Bildgebung,
b) gleichen angeforderte Untersuchungen mit der Indikation oder Fragestellung hinsichtlich ihrer Darstellbarkeit und der sich daraus ergebenden Methodenauswahl ab; beurteilen, welche Daten zur Untersuchungsdurchführung erforderlich sind, fordern, sofern erforderlich, Vorbefunde an, koordinieren den diagnostischen Prozess; beurteilen die Untersuchungsergebnisse hinsichtlich der technischen Bildqualität zur Befundung in Abhängigkeit von der Fragestellung und erkennen diagnostische Abweichungen von Normbefunden, die eine Rücksprache mit dem ärztlichen Dienst notwendig machen,
c) erkennen mögliche Komplikationen, Grenzsituationen sowie Abweichungen der Dosisparameter, die einen Einfluss auf die Personensicherheit und die Untersuchung haben, richten ihr Handeln situationsadäquat danach aus, führen eine Dokumentation durch und tragen zur Bewertung der Wirksamkeit ihres Handelns bei,

   d) bearbeiten im Rahmen des Postprocessing erhobene digitale Datensätze von Untersuchungen standardisiert, beurteilen ihre Ergebnisse und dokumentieren diese,
   e) informieren, beraten und leiten Menschen aller Altersstufen personen- und situationsadäquat bei Untersuchungen an und leisten die notwendige Unterstützung,
   f) planen, organisieren, realisieren und steuern die berufsspezifischen Aufgaben bei diagnostischen Interventionen und Punktionen und begründen ihre Ergebnisse insbesondere unter Berücksichtigung der hygienischen Anforderungen.
2. Weiterführende, für die Bildgebung relevante berufsspezifische Aufgaben selbständig planen, vorbereiten, organisieren, durchführen (realisieren), dokumentieren und steuern, die Ergebnisse technisch auswerten und beurteilen
   Die Auszubildenden
   a) verfügen über grundlegende Kenntnisse zur Technik der Ultraschalldiagnostik und deren Bedeutung innerhalb der bildgebenden Diagnostik einschließlich der relevanten Anatomie und (Patho-)Physiologie und deren Darstellbarkeit in der Ultraschalldiagnostik,
   b) planen, organisieren, realisieren, dokumentieren und steuern berufsrelevante Aufgaben im Rahmen der Ultraschalldiagnostik, beurteilen und begründen ihre Arbeitsergebnisse,
   c) verfügen über Kenntnisse und Fertigkeiten zu den die Bildgebung unterstützenden Verfahren aus anderen medizinischen Fachgebieten und der Funktionsdiagnostik sowie deren Bedeutung für die bildgebende Diagnostik; planen, organisieren, dokumentieren und steuern diese Verfahren zur Unterstützung der Bildgebung, führen berufsspezifische Aufgaben durch, werten ihre Ergebnisse technisch aus und beurteilen diese.

II. Planung, Vorbereitung, Organisation, Durchführung, Dokumentation, Steuerung und Beurteilung medizinisch-technologischer Aufgaben in der Therapie mit ionisierender Strahlung und radioaktiven Stoffen einschließlich der technischen Auswertung und Beurteilung der Ergebnisse

1. Medizinisch-technologische Aufgaben in der Bestrahlungsplanung planen, vorbereiten, organisieren, durchführen (realisieren), dokumentieren und steuern; die Ergebnisse technisch auswerten und beurteilen
   Die Auszubildenden
   a) planen, organisieren, realisieren, dokumentieren und steuern die technische Durchführung, werten die Ergebnisse technisch aus und beurteilen Maßnahmen zur Bildgebung in der Bestrahlungsplanung; nehmen berufsrelevante unterstützende Aufgaben der Feldkontrolle innerhalb der Bestrahlungsplanung nach dem Stand von Wissenschaft und Technik wahr; identifizieren Risikoorgane; beurteilen die Untersuchungsergebnisse hinsichtlich der technischen Bildqualität zur Verwendung im interprofessionellen Team der Strahlentherapie; übertragen evidenzbasiertes theoretisch fundiertes Wissen aus den Bezugswissenschaften wie insbesondere (Röntgen- und Schnittbild-)Anatomie, (Patho-)Physiologie, Medizin, Medizinphysik und Public Health auf den Prozess der Bildgebung,

   b) führen medizinisch-technologische Aufgaben bei der technischen Durchführung des Bestrahlungsplanes an Menschen aller Altersstufen im interprofessionellen Team durch; informieren, unterstützen und leiten Menschen aller Altersstufen unter Berücksichtigung der besonderen psychosozialen Situation bei der Ersteinstellung der Strahlentherapie an,
   c) übertragen standardisiert im Rahmen der Bestrahlungsplanung erhobene digitale Datensätze an unterschiedlichen Modalitäten, dokumentieren, werten die Ergebnisse technisch aus und beurteilen diese.

2. Medizinisch-technologische Aufgaben in der Strahlentherapie planen, vorbereiten, organisieren, durchführen (realisieren), dokumentieren und steuern; die Ergebnisse technisch auswerten und beurteilen
   Die Auszubildenden
   a) planen, organisieren und realisieren die Therapiesitzungen für Menschen aller Altersstufen unter Berücksichtigung relevanter Einflussfaktoren und bewerten die Qualität der technischen Durchführung; führen Bestrahlungen als Teil des interprofessionellen Teams verantwortlich durch, dokumentieren und steuern die relevanten Bestrahlungsdaten nach dem Stand von Wissenschaft und Technik unter besonderer Berücksichtigung der Aspekte des Strahlenschutzes sowie der Personensicherheit; übertragen evidenzbasiertes theoretisch fundiertes Wissen aus den Bezugswissenschaften wie insbesondere (Röntgen- und Schnittbild-)Anatomie, (Patho-)Physiologie, Medizin, Physik, Biologie, Medizintechnik, Chemie und Public Health auf den Prozess der Bestrahlung,
   b) übernehmen medizinisch-technologische Aufgaben zur Verifikation und Durchführung der Brachytherapie im interprofessionellen Team und erkennen mögliche Risikosituationen im interprofessionellen Team, die das Eingreifen anderer Berufsgruppen notwendig machen.

3. Medizinisch-technologische Aufgaben in der nuklearmedizinischen Therapie planen, vorbereiten, organisieren, durchführen (realisieren), dokumentieren und steuern; die Ergebnisse technisch auswerten und beurteilen
   Die Auszubildenden
   a) planen, organisieren, realisieren und evaluieren die vorbereitenden Maßnahmen von nuklearmedizinischen Therapien für Menschen aller Altersstufen unter Berücksichtigung aller Einflussfaktoren und bewerten die Qualität der technischen Durchführung; bereiten Radiopharmaka zur Applikation vor, dokumentieren und steuern die relevanten Daten nach dem Stand von Wissenschaft und Technik und unter besonderer Berücksichtigung der Aspekte des Strahlenschutzes und der Personensicherheit; übertragen evidenzbasiertes theoretisch fundiertes Wissen aus den Bezugswissenschaften insbesondere (Röntgen- und Schnittbild-)Anatomie, (Patho-)Physiologie, Medizin, Medizinphysik, Biologie, Medizintechnik, Chemie und Public Health auf den Prozess der nuklearmedizinischen Therapie,
   b) planen, organisieren und realisieren therapiebegleitende Untersuchungen innerhalb der nuklearmedizinischen Bildgebung und Methoden zur Messung der Restaktivität; erkennen Abweichungen oder Störungen der Therapie- und Aktivitätsparameter und leiten bei Bedarf situationsgerecht weitere Maßnahmen ein; dokumentieren, werten die Ergebnisse technisch aus und beurteilen diese.

III. Planung, Vorbereitung, Organisation, Durchführung, Dokumentation, Steuerung und Beurteilung von Maßnahmen des Strahlenschutzes und der Personensicherheit einschließlich Qualitäts-, Risiko-, Prozess- und Datenmanagement in der bildgebenden Diagnostik mit und ohne ionisierende Strahlung und in der Therapie mit ionisierender Strahlung sowie in der Diagnostik und Therapie mit radioaktiven Stoffen

1. Qualitäts- und Sicherheitsmaßnahmen bei der Anwendung von Röntgenstrahlung und Magnetfeldern am Menschen zur Diagnostik selbständig planen, vorbereiten, organisieren, durchführen (realisieren), dokumentieren, steuern und die Ergebnisse technisch auswerten und beurteilen
   Die Auszubildenden
   a) verfügen über Kenntnisse und Fertigkeiten zur Erzeugung und Detektion von ionisierender Strahlung zur bildgebenden Diagnostik und Therapie am Menschen sowie von Signalen von Magnetfeldern zur Diagnostik, binden die Zusammenhänge zwischen Geräteaufbau und -bedienung, technischen Untersuchungsparametern, Bildqualität, Gerätesicherheit und Strahlenschutz sowie die physikalischen Eigenschaften und die biologischen Folgen der Anwendung in ihr Handeln folgerichtig ein,
   b) bearbeiten die gewonnenen Daten im Rahmen des Postprocessings zur sicheren Diagnostik, Befundung und Therapieplanung unter Berücksichtigung der aktuellen technischen Gegebenheiten, werten die Ergebnisse technisch aus und beurteilen diese,
   c) verfügen über Kenntnisse und Fertigkeiten zu strahlenschutztechnischen Messmethoden im Umgang mit ionisierender Strahlung; organisieren, realisieren, dokumentieren und steuern Konstanz- und Qualitätsprüfungen zur Sicherstellung der Anwendung ionisierender Strahlung am Menschen, führen die erforderlichen Messungen durch, werten die Ergebnisse technisch aus, beurteilen diese und leiten bei Bedarf weiterführende Maßnahmen ein,
   d) stellen den Strahlenschutz für alle an der Untersuchung beteiligten Personen unter Beachtung der räumlichen Gegebenheiten sicher, erkennen Probleme des Strahlenschutzes und der Personensicherheit, leiten adäquate Maßnahmen ein, dokumentieren ihre Ergebnisse und tragen zur Bewertung der Wirksamkeit bei.
2. Hygiene-, Qualitäts- und Sicherheitsmaßnahmen einschließlich der Anwendung von Pharmaka nach ärztlicher Anordnung im beruflichen Handlungsfeld selbständig planen, vorbereiten, organisieren, durchführen (realisieren), dokumentieren, steuern und die Ergebnisse technisch auswerten und beurteilen
   Die Auszubildenden
   a) verfügen über Kenntnisse zu Kontrastmitteln, anderen Pharmaka und deren indikationsabhängiger Anwendung,
   b) planen, organisieren, realisieren, dokumentieren und steuern die Applikation der Pharmaka nach ärztlicher Anordnung in der Radiologischen Diagnostik und bei anderen bildgebenden Verfahren sowie in der Nuklearmedizin bei Standarduntersuchungen unter Berücksichtigung der möglichen unerwünschten Nebenwirkungen und sich daraus ergebenden Sicherheitsmaßnahmen; setzen die sich ergebenden adäquaten Maßnahmen folgerichtig um,

werten die Ergebnisse technisch aus, beurteilen diese und leiten bei Bedarf weiterführende Maßnahmen ein,

c) verfügen über Kenntnisse zu Infektionskrankheiten, deren Ursachen, Übertragungswegen sowie zur Infektionshygiene; planen, organisieren, realisieren, dokumentieren und steuern die jeweiligen hygienischen Maßnahmen sowie Arbeitsprozesse in sterilen und unsterilen Tätigkeitsbereichen einschließlich des Umgangs mit Sterilgut, greifen, sofern erforderlich, korrigierend ein und wirken verantwortlich an der Infektionsprävention mit,

d) organisieren das Bestellwesen, die Lagerung und Entsorgung von verwendeten Materialien unter besonderer Berücksichtigung der Spezifikation der verwendeten (Radio-)Pharmaka.

3. In lebensbedrohlichen sowie in Krisensituationen zielgerichtet handeln
   Die Auszubildenden
   a) treffen in lebensbedrohlichen Situationen erforderliche Entscheidungen und leiten notwendige Interventionen und lebenserhaltende Sofortmaßnahmen bis zum Eintreffen der ärztlichen Person ein,
   b) erkennen Notfallsituationen in berufsspezifischen Kontexten und handeln nach den Vorgaben des Notfallplans und der Notfall-Evakuierung unter Berücksichtigung der besonderen Sicherheits- und Strahlenschutzaspekte ihres Tätigkeitsbereiches.
4. Berufsrelevante Aufgaben des Qualitäts-, Risiko-, Prozess- und Datenmanagements selbständig planen, vorbereiten, organisieren, durchführen (realisieren), dokumentieren und die Ergebnisse beurteilen
   Die Auszubildenden
   a) planen, organisieren, realisieren und dokumentieren Maßnahmen des Qualitäts-, Risiko-, Prozess- und Datenmanagements, um die Qualität und Wirksamkeit der Abläufe im Sinne einer Patientensicherheit und Gefahrenabwehr zu gewährleisten, beteiligen sich an der Weiterentwicklung der Qualität in unterschiedlichen berufsrelevanten Leistungsprozessen,
   b) erstellen Qualitätsdokumente nach Vorgaben, wenden Instrumente des Qualitäts-, Risiko-, Prozess- und Datenmanagements und CIRS an, leiten entsprechende Maßnahmen bei Abweichungen folgerichtig ein und tragen zur Bewertung der Wirksamkeit bei,
   c) verfügen über Kenntnisse und Fertigkeiten zum digitalen Datenmanagement und steuern Maßnahmen des Schnittstellenmanagements insbesondere im Bereich der Teleradiologie sowie des e-Health und setzen diese unter Berücksichtigung technologischer Entwicklungen im beruflichen Kontext um.

IV. Intra- und interprofessionelles Kommunizieren und Handeln im beruflichen Handlungsfeld und Schnittstellenbereichen unter Berücksichtigung personen- und situationsspezifischer Kontexte

1. Stellen eine personen- und situationsadäquate Kommunikation mit Menschen aller Altersstufen und mit verschiedenen Störungsbildern zur Untersuchungs- und Therapiequalität sicher

Die Auszubildenden

a) erkennen und reflektieren eigene Deutungs- und Handlungsmuster in der Interaktion mit Menschen aller Altersstufen einschließlich ihrer Bezugspersonen mit ihren unterschiedlichen, insbesondere kulturellen und sozialen Hintergründen sowie kognitiven Fähigkeiten,
b) gestalten professionelle Beziehungen mit Menschen aller Altersstufen und ihren Bezugspersonen zielführend und empathisch während des diagnostischen und therapeutischen Prozesses, insbesondere im Kontext der Information, Beratung und Anleitung bei diagnostischen und therapeutischen Verfahren,
c) erkennen und reflektieren Kommunikationsfähigkeiten von Menschen aller Altersstufen insbesondere bei spezifischen Gesundheitsstörungen und wenden kommunikative Maßnahmen an, um den diagnostischen und therapeutischen Prozess zielführend zu unterstützen.

2. Im inter- und intraprofessionellen Team professionell kommunizieren und handeln

Die Auszubildenden

a) erkennen und reflektieren unterschiedliche berufsgruppenspezifische Kommunikationsstile vor dem Hintergrund ihres eigenen Kommunikationsverhaltens,
b) stimmen ihr berufliches Handeln zur Gewährleistung einer störungsfreien Diagnostik und Therapie im qualifikationsheterogenen Team ab und koordinieren den diagnostischen und therapeutischen Prozess unter Berücksichtigung der jeweiligen Verantwortungs- und Aufgabenbereiche,
c) beraten Teammitglieder kollegial bei fachlichen Fragestellungen und unterstützen sie bei der Übernahme und Ausgestaltung ihres jeweiligen Verantwortungs- und Aufgabenbereiches,
d) beteiligen sich im Team an der Anleitung anderer Auszubildender, Praktikantinnen und Praktikanten,
e) übernehmen Mitverantwortung für die Organisation und Gestaltung der gemeinsamen Arbeitsprozesse,
f) pflegen einen wertschätzenden Umgang mit Arbeitskolleginnen und Arbeitskollegen und Kundinnen und Kunden und sind in der Lage, in unterschiedlichen Kontexten Feedback zu geben und anzunehmen,
g) sind aufmerksam für Spannungen und Konflikte im Team, reflektieren diesbezüglich die eigene Rolle und Persönlichkeit und bringen sich zur Bewältigung von Spannungen und Konflikten konstruktiv ein.

V. Ausrichtung, Begründung und Reflexion des eigenen Handelns und Beteiligung an der Berufsweiterentwicklung auf der Grundlage wissenschaftlicher Erkenntnisse und unter Berücksichtigung rechtlicher Vorgaben, ökonomischer und ökologischer Rahmenbedingungen und ethischer Wertehaltungen

1. Das berufliche Handeln am anerkannten Stand der Wissenschaft und Technik insbesondere an medizinisch-technologischen und anderen Erkenntnissen aus den Bezugswissenschaften ausrichten

Die Auszubildenden

a) überprüfen kontinuierlich die Wissensgrundlagen, Gesetze, Verordnungen und weitere relevante Rahmenbedingungen wie Leitlinien und Richtlinien für das berufliche Handeln und leiten entsprechende Veränderungsprozesse ein,
b) recherchieren und identifizieren relevante Quellen zur Beantwortung beruflicher Fragestellungen und können dies im Sinne einer wissenschaftsgeleiteten Berufspraxis kritisch beurteilen,
c) informieren sich kontinuierlich über Entwicklungen und Veränderungen der bildgebenden Diagnostik mit und ohne ionisierende Strahlung und der Therapie mit ionisierender Strahlung und deren Bezugswissenschaften und können diese im Hinblick auf Nutzen, Relevanz und Umsetzungspotenzial einschätzen,
d) wirken an der Erforschung und Implementierung neuer Erkenntnisse für und in ihrer Arbeitswelt im Sinne einer wissenschaftlich geleiteten Berufspraxis mit.

2. Verantwortung für die eigene Persönlichkeitsentwicklung sowie das berufliche Selbstverständnis auf der Grundlage ethischer Grundsätze und im Sinne eines lebenslangen Lernprozesses übernehmen

Die Auszubildenden

a) reflektieren kontinuierlich ihr eigenes Handeln, schätzen den eigenen Bildungsbedarf im Sinne eines lebenslangen Lernens ein und nutzen geeignete Informations- und Kommunikationstechnologien für selbstgesteuerte Lernprozesse,
b) nehmen drohende Über- oder Unterforderungen rechtzeitig wahr, erkennen notwendigen Veränderungsbedarf und leiten daraus entsprechende Handlungsinitiativen ab,
c) setzen Strategien zur Bewältigung beruflicher Belastungen gezielt ein und nehmen Unterstützungsangebote rechtzeitig wahr oder fordern diese aktiv ein,
d) verstehen und reflektieren ihre Rolle als professionell Handelnde in der Organisation und im Gesundheitssystem und entwickeln ein eigenes Berufsverständnis unter Berücksichtigung der ausgewiesenen Vorbehaltsaufgaben sowie berufsethischer Überzeugungen und Werthaltungen,
e) verstehen und reflektieren die Zusammenhänge zwischen gesellschaftlichen Veränderungen und notwendiger Berufsentwicklung und wirken an der Weiterentwicklung des Berufs mit.

3. Versorgungskontexte und Systemzusammenhänge für den beruflichen Handlungskontext berücksichtigen und dabei rechtliche Vorgaben, ökonomische und ökologische Prinzipien beachten

Die Auszubildenden

a) erkennen und reflektieren ihre Rolle im Gesamtprozess der Gesundheitsversorgung sowie in den einzelnen Settings (Diagnostik und Prognostik, in Früherkennung, Gesundheitsförderung, Prävention, Verlaufs- und Therapiekontrolle); erkennen und reflektieren Schnittstellen zu angrenzenden und überschneidenden Versorgungsbereichen,

b) arbeiten interprofessionell für die Erreichung des gemeinsamen Ziels einer optimalen Patientenversorgung zusammen; kommunizieren entsprechend, kennen und respektieren dabei die Verantwortungsbereiche der anderen Gesundheitsprofessionen,
c) handeln im Rahmen des diagnostischen und therapeutischen Prozesses unter besonderer Berücksichtigung des Strahlenschutzes verantwortungsvoll, um Gesundheit und Lebensqualität der Bevölkerung zu unterstützen sowie die Personensicherheit zu gewährleisten,
d) üben den Beruf im Rahmen der normativen Vorgaben unter Berücksichtigung ihrer ausbildungs- und berufsbezogenen Rechte und Pflichten eigenverantwortlich und gewissenhaft aus,
e) erkennen und reflektieren die ökonomischen, ökologischen sowie gesellschaftlichen Rahmenbedingungen und gestalten die berufliche Tätigkeit nach ökonomischen und ökologischen Prinzipien.

Anlage 3
(zu § 1)

Kompetenzen für die Ausbildung zur Medizinischen Technologin für Funktionsdiagnostik und zum Medizinischen Technologen für Funktionsdiagnostik

I. Planung, Vorbereitung, Organisation, Durchführung (Realisierung), Dokumentation, Steuerung und Beurteilung medizinisch-technologischer Aufgaben zur patientenzentrierten und störungsbildorientierten Funktionsdiagnostik der Sinnesorgane, insbesondere des Hörens, Gleichgewichts, Riechens, Schmeckens, der Nase und des Gehirns, des Nervensystems und der Muskelfunktion, des Herz-Kreislauf- und Gefäßsystems und des respiratorischen Systems inklusive invasiver, allergologischer Funktionsdiagnostik und Kontrollen von zugehörigen Implantaten einschließlich der Vorbefundung

Die Auszubildenden

a) verfügen über fundierte Kenntnisse und Fertigkeiten zu funktionsdiagnostischen Maßnahmen, methodischen Vorgehensweisen und apparativen Verfahren, die für die funktionsdiagnostischen Untersuchungen und Kontrollen von zugehörigen Implantaten nach dem Stand von Wissenschaft und Technik zur Erfassung von Gesundheitszuständen, Gesundheitsrisiken, Krankheiten, Störungsbildern, Abweichungen und Veränderungen für die Diagnostik, Prognostik, Früherkennung, Gesundheitsförderung, Prävention, Verlaufs- und Therapieverlaufskontrolle sowie Rehabilitation erforderlich sind; übertragen evidenzbasiertes theoretisch fundiertes Wissen aus den Bezugswissenschaften, insbesondere (Patho-)Anatomie, (Patho-)Physiologie, Medizin, Physik, Medizintechnik, Mathematik, Biologie und Public Health, auf den funktionsdiagnostischen Prozess,
b) verfügen über Kenntnisse und Fertigkeiten zur patientenzentrierten und störungsbildorientierten Funktionsdiagnostik,
c) verfügen über fundiertes Wissen von Pharmaka im Einsatzkontext funktionsdiagnostischer Untersuchungen sowie deren möglichen Komplikationen und Nebenwirkungen; gehen fachgerecht mit ihnen um und berücksichtigen dabei die rechtlichen Vorgaben für den Umgang,
d) planen die funktionsdiagnostische Prozessgestaltung, beurteilen das funktionsdiagnostische Untersuchungsspektrum anhand der Arbeitsdiagnose oder Fragestellung, beurteilen angeordnete Untersuchungen zur Funktionsdiagnostik aufgrund der Indikation und Fragestellung, klären Kontraindikationen oder fehlende Angaben ab, organisieren geeignete Methoden abhängig vom Versorgungskontext (ambulant, teilstationär, stationär) und halten, sofern erforderlich, mit dem ärztlichen Dienst Rücksprache,
e) bereiten die spezifischen Materialien für die Untersuchungen der funktionsdiagnostischen Untersuchungsmethoden situationsadäquat vor,
f) bereiten Menschen aller Altersstufen für funktionsdiagnostische Untersuchungsmethoden vor; führen die Patientenidentifikation fachgerecht durch,
g) planen, organisieren, realisieren, dokumentieren, steuern und beurteilen nichtinvasive funktionsdiagnostische Untersuchungen und berufsrelevante Aufgaben bei invasiven funktionsdiagnostischen Untersuchungen bezogen auf die Fragestellung situationsadaptiert bei Menschen aller Altersstufen,

h) unterstützen und überwachen fachgerecht Menschen aller Altersstufen vor, während und nach der Untersuchung unter Berücksichtigung ihrer individuellen physischen, kognitiven und psychischen Situation,
i) beurteilen den weiteren funktionsdiagnostischen Untersuchungsbedarf bei Menschen aller Altersstufen sowie in gesundheitlich instabilen und vulnerablen Lebenssituationen,
j) erkennen und erfassen technische und physikalische Grenzen von Untersuchungsparametern während des funktionsdiagnostischen Prozesses, passen die Untersuchungsparameter individuell an und evaluieren diese,
k) erkennen Pathologien und Abweichungen bei funktionsdiagnostischen Untersuchungen; beurteilen deren Einfluss auf den weiteren Untersuchungsablauf, setzen richtlinienkonforme Maßnahmen um, validieren die Untersuchungsergebnisse und beurteilen den Prozess,
l) werten die Untersuchungsergebnisse aus, führen statistische Analysen durch und beurteilen diese, dokumentieren die Erkenntnisse unter Verwendung geeigneter Informationstechnologien,
m) beurteilen systematisch die Plausibilität der Untersuchungsergebnisse der Funktionsdiagnostik, erstellen einen Vorbefund und geben ihn frei,
n) übermitteln den freigegebenen Untersuchungsbericht an die Auftraggebenden, archivieren diesen ordnungsgemäß,
o) bereiten Material zur weiteren Aufbereitung vor, entsorgen Materialien fachgerecht.

II. Planung, Vorbereitung, Organisation, Durchführung, Dokumentation und Weiterentwicklung von Maßnahmen des Qualitäts-, Risiko-, Prozess- und Datenmanagements in der Funktionsdiagnostik

1. Berufsspezifische Aufgaben des Qualitäts-, Risiko-, Prozess- und Datenmanagements selbständig planen, vorbereiten, organisieren, durchführen (realisieren), dokumentieren und weiterentwickeln
   Die Auszubildenden
   a) planen, organisieren, realisieren, dokumentieren und evaluieren Maßnahmen des Qualitäts-, Risiko-, Prozess- und Datenmanagements, um die Qualität und Wirksamkeit der verschiedenen funktionsdiagnostischen Prozesse im Sinne der Patientensicherheit und Gefahrenabwehr zu gewährleisten und beteiligen sich an der Weiterentwicklung der Qualität in unterschiedlichen berufsrelevanten Leistungsprozessen,
   b) erstellen Qualitätsdokumente nach Vorgaben, wenden Instrumente des Qualitäts-, Risiko-, Prozess- und Datenmanagements und CIRS an, leiten entsprechende Maßnahmen bei Abweichungen folgerichtig ein und tragen zur Bewertung der Wirksamkeit bei,
   c) planen, organisieren und führen Maßnahmen zur Fehlersuche, -vermeidung, -minimierung und -beseitigung durch, tragen zur Bewertung ihrer Wirksamkeit bei,

d) verfügen über Kenntnisse und Fertigkeiten zum digitalen Datenmanagement und steuern Maßnahmen des Schnittstellenmanagements insbesondere im Bereich des e-Health und setzen diese unter Berücksichtigung technologischer und digitaler Entwicklungen im beruflichen Kontext um.

2. Maßnahmen der Gerätesicherheit und Qualitätssicherung in der Funktionsdiagnostik planen, vorbereiten, organisieren, durchführen (realisieren) und beurteilen
Die Auszubildenden
a) planen, organisieren und realisieren komplexe und standardisierte Wartungs- und Prüfverfahren nach Vorschrift, beurteilen Prüf- und Kalibrationsergebnisse, dokumentieren die Ergebnisse, beheben Unregelmäßigkeiten und Fehler und leiten bei Bedarf weiterführende Maßnahmen ein,
b) prüfen die Einhaltung sicherheitstechnischer Kontrollen, organisieren und leiten bei Bedarf Korrekturmaßnahmen ein,
c) erkennen technische Probleme, beurteilen diese und leiten notwendige Maßnahmen zum Patienten- und Eigenschutz ein,
d) übernehmen Tätigkeiten im Rahmen von Sicherheitskonzepten, überprüfen deren Umsetzung, erkennen Unregelmäßigkeiten und Fehler und leiten entsprechende Korrekturmaßnahmen ein.

3. Hygienemaßnahmen bei funktionsdiagnostischen Untersuchungen planen, vorbereiten, organisieren, durchführen (realisieren), steuern und die Ergebnisse beurteilen
Die Auszubildenden
a) verfügen über Kenntnisse zu Infektionskrankheiten, deren Ursachen, Übertragungswegen sowie zur Infektionshygiene; planen, organisieren, realisieren, dokumentieren und steuern die jeweiligen hygienischen Maßnahmen sowie Arbeitsprozesse in sterilen und unsterilen Tätigkeitsbereichen einschließlich des Umgangs mit Sterilgut, greifen, sofern erforderlich, korrigierend ein und wirken verantwortlich an der Infektionsprävention mit,
b) erkennen Probleme des Infektionsschutzes im beruflichen Handlungsfeld, setzen adäquate Maßnahmen zur Vermeidung von Infektionen und Verletzungen im Zusammenhang mit der Vorbereitung, Verabreichung und Entsorgung von Pharmaka um, dokumentieren ihre Ergebnisse.

4. In lebensbedrohlichen sowie in Krisensituationen zielgerichtet handeln
Die Auszubildenden
a) treffen in lebensbedrohlichen Situationen erforderliche Entscheidungen und leiten notwendige Interventionen und lebenserhaltende Sofortmaßnahmen bis zum Eintreffen der ärztlichen Person ein,
b) erkennen Notfallsituationen in funktionsdiagnostischen Einrichtungen und Gesundheitseinrichtungen und handeln nach den Vorgaben des Notfallplanes und der Notfall-Evakuierung.

5. Sicherheitsmaßnahmen bei der Anwendung von Röntgenstrahlung am Menschen zur Diagnostik unter Aufsicht einer fachkundigen Person planen, vorbereiten, organisieren und durchführen (realisieren)
Die Auszubildenden
a) verfügen über das notwendige Wissen zur Erzeugung und Detektion von Röntgenstrahlung zur bildgebenden Diagnostik von dynamischen, kontrastmittelgestützten Untersuchungen in der Funktionsdiagnostik des Herz-Kreis-

laufsystems und der Atmungsorgane, binden die grundlegenden Zusammenhänge zwischen Geräteaufbau und Gerätebedienung, Gerätesicherheit und Strahlenschutz sowie die physikalischen Eigenschaften und die biologischen Folgen der Anwendung in ihr Handeln folgerichtig ein,

b) tragen zu einer qualitätsvollen, effektiven und effizienten radiologischen Diagnostik im Rahmen der berufsrelevanten Aufgaben bei,

c) verfügen über grundlegende Kenntnisse, Fähigkeiten und Fertigkeiten über strahlenschutztechnische Messmethoden beim Umgang mit Röntgenstrahlung in der Funktionsdiagnostik und führen einfache Konstanz- und Qualitätsprüfung von Bildwiedergabegeräten durch, erkennen relevante Abweichungen und leiten bei Bedarf weiterführende Maßnahmen ein,

d) wirken bei der Anwendung von radiologischen und weiteren bildgebenden Verfahren unter Beachtung des Strahlenschutzes für alle an der Intervention beteiligten Personen mit.

III. Intra- und interprofessionelles Kommunizieren und Handeln in funktionsdiagnostischen Prozessen und Schnittstellenbereichen unter Berücksichtigung personen- und situationsspezifischer Kontexte

1. Stellen durch personen- und situationsadäquate Kommunikation mit Menschen aller Altersstufen die Qualität in der Funktionsdiagnostik sicher

   Die Auszubildenden

   a) erkennen und reflektieren eigene Deutungs- und Handlungsmuster in der Interaktion mit Menschen aller Altersstufen einschließlich ihrer Bezugspersonen und mit ihren unterschiedlichen, insbesondere kulturellen und sozialen Hintergründen sowie kognitiven Fähigkeiten,

   b) gestalten professionelle Beziehungen mit Menschen aller Altersstufen und ihren Bezugspersonen zielführend und empathisch während des diagnostischen und therapeutischen Prozesses insbesondere im Kontext der Information, Beratung und Anleitung zu diagnostischen und therapeutischen Verfahren,

   c) erkennen und reflektieren Kommunikationsfähigkeiten von Menschen aller Altersstufen insbesondere bei spezifischen Gesundheitsstörungen, wenden kommunikative Maßnahmen an, um den diagnostischen und therapeutischen Prozess zielführend zu unterstützen,

   d) informieren und leiten Menschen aller Altersstufen personen- und situationsadäquat bei diagnostischen und therapeutischen Verfahren an,

   e) erkennen und reflektieren ihre Möglichkeiten und Grenzen zur Gestaltung von professionellen Informations-, Instruktions- und Beratungsangeboten für Menschen aller Altersstufen.

2. Im inter- und intraprofessionellen Team professionell kommunizieren und handeln

   Die Auszubildenden

   a) erkennen und reflektieren unterschiedliche, berufsgruppenspezifische Kommunikationsstile vor dem Hintergrund ihres eigenen Kommunikationsverhaltens und führen zielgerichtet Übergabe- und Übernahmegespräche einschließlich der Dokumentation der Funktionsdiagnostik durch,

b) stimmen ihr berufliches Handeln zur Gewährleistung einer störungsfreien Funktionsdiagnostik im qualifikationsheterogenen Team ab und koordinieren die Funktionsdiagnostik unter Berücksichtigung der jeweiligen Verantwortungs- und Aufgabenbereiche,
c) beraten Teammitglieder kollegial bei fachlichen Fragestellungen und unterstützen sie bei der Übernahme und Ausgestaltung ihres jeweiligen Verantwortungs- und Aufgabenbereiches und setzen Instruktionen für Einzelpersonen und kleinere Gruppen von Menschen aller Altersstufen um,
d) beteiligen sich im Team an der Anleitung anderer Auszubildender, Praktikantinnen und Praktikanten,
e) übernehmen Mitverantwortung für die Organisation und Gestaltung der gemeinsamen Arbeitsprozesse,
f) erkennen und reflektieren sich abzeichnende oder bestehende Konflikte in beruflichen Situationen und sind aufmerksam für Spannungen und Konflikte im Team, entwickeln Ansätze zur Konfliktschlichtung und -lösung bei Bedarf unter Einbezug von Angeboten zur Reflexion professioneller Kommunikation,
g) pflegen einen wertschätzenden Umgang mit Menschen aller Altersstufen und sind in der Lage, in unterschiedlichen Kontexten Feedback zu geben und anzunehmen.

IV. Ausrichtung, Begründung und Reflexion des eigenen Handelns und Beteiligung an der Berufsweiterentwicklung auf der Grundlage wissenschaftlicher Erkenntnisse und unter Berücksichtigung rechtlicher Vorgaben, ökonomischer und ökologischer Rahmenbedingungen und ethischer Wertehaltungen

1. Den funktionsdiagnostischen Prozess am anerkannten Stand der Wissenschaft und Technik insbesondere an medizinisch-technologischen und anderen Erkenntnissen aus den Bezugswissenschaften ausrichten
   Die Auszubildenden
   a) überprüfen kontinuierlich die Wissensgrundlagen, Gesetze, Verordnungen und weitere relevante Rahmenbedingungen wie Leitlinien und Richtlinien für das berufliche Handeln und leiten entsprechende Veränderungsprozesse ein,
   b) recherchieren und identifizieren relevante Quellen zur Beantwortung beruflicher Fragestellungen und können dies im Sinne einer wissenschaftsgeleiteten Berufspraxis kritisch beurteilen,
   c) informieren sich kontinuierlich über Entwicklungen und Veränderungen in der Funktionsdiagnostik und deren Bezugswissenschaften und können diese im Hinblick auf Nutzen, Relevanz und Umsetzungspotenzial einschätzen,
   d) wirken an der Erforschung und Implementierung neuer Erkenntnisse für und in ihre Arbeitswelt im Sinne einer wissenschaftlich geleiteten Berufspraxis mit.
2. Verantwortung für die eigene Persönlichkeitsentwicklung sowie das berufliche Selbstverständnis auf der Grundlage ethischer Grundsätze und im Sinne eines lebenslangen Lernprozesses übernehmen

Die Auszubildenden

a) reflektieren kontinuierlich ihr eigenes Handeln, schätzen den eigenen Bildungsbedarf im Sinne eines lebenslangen Lernens ein und nutzen geeignete Informations- und Kommunikationstechnologien für selbstgesteuerte Lernprozesse,
b) nehmen drohende Über- oder Unterforderungen rechtzeitig wahr, erkennen notwendigen Veränderungsbedarf und leiten daraus entsprechende Handlungsinitiativen ab,
c) setzen Strategien zur Bewältigung beruflicher Belastungen gezielt ein und nehmen Unterstützungsangebote rechtzeitig wahr oder fordern diese aktiv ein,
d) verstehen und reflektieren ihre Rolle als professionell Handelnde in der Organisation und im Gesundheitssystem und entwickeln ein eigenes Berufsverständnis unter Berücksichtigung der ausgewiesenen Vorbehaltsaufgaben sowie berufsethischer Überzeugungen und Werthaltungen,
e) verstehen die Zusammenhänge zwischen gesellschaftlichen Veränderungen und notwendiger Berufsentwicklung und wirken an der Weiterentwicklung des Berufs mit.

3. Versorgungskontexte und Systemzusammenhänge für den beruflichen Handlungskontext berücksichtigen und dabei rechtliche, ökonomische und ökologische Prinzipien beachten

Die Auszubildenden

a) erkennen und reflektieren ihre Rolle im Gesamtprozess der Gesundheitsversorgung sowie in den einzelnen Settings (Diagnostik und Prognostik, in Früherkennung, Gesundheitsförderung, Prävention, Verlaufs- und Therapiekontrolle); erkennen und reflektieren Schnittstellen zu angrenzenden und überschneidenden Versorgungsbereichen,
b) arbeiten interprofessionell für die Erreichung des gemeinsamen Ziels einer optimalen Patientenversorgung zusammen; kommunizieren entsprechend, kennen und respektieren dabei die Verantwortungsbereiche der anderen Gesundheitsprofessionen,
c) handeln im Rahmen des funktionsdiagnostischen Prozesses verantwortungsvoll, um Gesundheit und Lebensqualität der Bevölkerung zu unterstützen sowie die Patientensicherheit zu gewährleisten,
d) üben den Beruf im Rahmen der normativen Vorgaben unter Berücksichtigung ihrer ausbildungs- und berufsbezogenen Rechte und Pflichten eigenverantwortlich und gewissenhaft aus,
e) erkennen und reflektieren die ökonomischen, ökologischen sowie gesellschaftlichen Rahmenbedingungen und gestalten die berufliche Tätigkeit nach ökonomischen und ökologischen Prinzipien.

Anlage 4
(zu § 1)

Kompetenzen für die Ausbildung zur Medizinischen Technologin für Veterinärmedizin und zum Medizinischen Technologen für Veterinärmedizin

I. Planung, Vorbereitung, Organisation, Durchführung, Dokumentation, Steuerung und Beurteilung biomedizinischer Analyseprozesse mittels biologischer, chemischer sowie physikalischer Methoden und Verfahren einschließlich Präanalytik und Postanalytik

1. Den biomedizinischen Analyseprozess zur Erfassung von Gesundheitszuständen, -risiken, Krankheiten, Störungsbildern, Abweichungen und Veränderungen für die Diagnostik, Prognostik, Früherkennung, Gesundheitsförderung, Prävention, Verlaufs- und Therapiekontrolle sowie Rehabilitation selbständig planen, vorbereiten, organisieren, durchführen, dokumentieren, steuern, das Ergebnis validieren und den Arbeitsprozess beurteilen
   Die Auszubildenden
   a) verfügen über Kenntnisse und Fertigkeiten zu präanalytischen, analytischen und postanalytischen Maßnahmen, methodischen Vorgehensweisen und apparativen Verfahren für die Laboratoriumsanalytik nach Stand von Wissenschaft und Technik, die zur Erfassung von Gesundheitszuständen, -risiken, Krankheiten, Störungsbildern, Abweichungen und Veränderungen für die Diagnostik, Prognostik, Früherkennung, Gesundheitsförderung, Prävention, Verlaufs- und Therapiekontrolle und Rehabilitation sowie im Rahmen der Analytik tierischer Lebensmittel und der Reproduktionsmedizin mit Spermatologie erforderlich sind; übertragen evidenzbasiertes theoretisch fundiertes Wissen aus den Bezugswissenschaften insbesondere (Patho-)Physiologie, (Patho-)Biochemie, Veterinärmedizin, Chemie, Physik, Medizintechnik, Biologie, Mathematik, Lebensmitteltechnologie und (Veterinary) Public Health auf den biomedizinischen Analyseprozess,
   b) beurteilen anhand der Indikation oder Fragestellung die angeforderte Laboratoriumsuntersuchung auf ihre Eignung und Qualität; beurteilen, welche Daten zur Identifikation der zu behandelnden Tiere und der entsprechenden Proben erforderlich sind; fordern, wenn notwendig, eine erneute Probeneinsendung an, koordinieren den präanalytischen Prozess,
   c) informieren die Besitzerinnen und Besitzer der zu behandelnden Tiere über die Art der Gewinnung des Untersuchungsmaterials (wie etwa Blutentnahme, Abstriche); bereiten die Materialgewinnung vor, führen die Identitätssicherung und Maßnahmen zur Probenzuordnung und -annahme sowie -verarbeitung durch und bereiten das Untersuchungs- oder Probenmaterial auf,
   d) informieren und beraten über präanalytische Maßnahmen zur qualitätsgerechten Gewinnung von tierischen Untersuchungs- und Probenmaterialien,
   e) beurteilen das Untersuchungs- oder Probenmaterial auf Brauchbarkeit zur Analyse,
   f) wählen entsprechend der Anforderung oder tierärztlichen Indikationsstellung probengutspezifisch geeignete biomedizinische Methoden und Verfahren aus,

g) planen und führen die methoden- und verfahrensspezifische Qualitätskontrolle durch,
h) planen, organisieren und bereiten biomedizinische Untersuchungsvorgänge vor, führen biomedizinische Untersuchungsvorgänge mittels (immun-, molekular- und mikro-)biologischer, (bio-)chemischer und physikalischer sowie mathematischer Methoden und Verfahren fachgerecht aus und steuern diese, insbesondere in der polyvalenten veterinärmedizinischen Biopathologie (Hämatologie, Hämostaseologie, Immunologie, Transfusions- und Transplantationsmedizin, Medizinischen Chemie, Endokrinologie), Klinischen Pathologie, Molekulargenetik, Infektionsanalytik (Veterinärmedizinischen Mikrobiologie inklusive Parasitologie, Mykologie und Virologie, Infektionsserologie, Infektionshygiene), Reproduktionsmedizin mit Spermatologie sowie Lebensmittelanalytik und -hygiene; beschreiben, quantifizieren und validieren mikroskopisch zelluläre Strukturen und Strukturveränderungen in Präparaten,
i) werten die Analyseergebnisse aus, führen statistische und andere bioinformatorische Analysen durch und beurteilen diese; dokumentieren die Erkenntnisse unter Verwendung geeigneter Informationstechnologien,
j) erkennen und beurteilen im Analyseprozess potenzielle Stör- und Einflussgrößen, bewerten die methoden- und verfahrensspezifische Qualitätskontrolle des Untersuchungsverfahrens, plausibilisieren das Messergebnis, erkennen mögliche Fehlerursachen und leiten bei Bedarf notwendige Korrekturmaßnahmen ein; führen eine Longitudinal- und Transversalbeurteilung (technische und biomedizinische Validation) durch und geben den Laborbericht frei,
k) legen Bewertungs- und Entscheidungskriterien für die Befundfreigabe fest,
l) interpretieren die Ergebnisse der Laboranalyse nach Regelwerken, entscheiden regelgeleitet über die weiterführende Analytik (Stufenanalytik, Stufendiagnostik),
m) übermitteln den freigegebenen Laborbericht an die Auftraggebenden, archivieren diesen ordnungsgemäß und asservieren, vernichten oder entsorgen die Probenmaterialien fachgerecht,
n) schätzen das Gefahren- und Gefährdungspotenzial biologischer, chemischer oder physikalischer Stoffe und Stoffgemische fachgerecht ein, arbeiten sorgfältig und regelgeleitet mit biologischen, chemischen oder physikalischen Gefahrstoffen; treffen im Gefährdungsfall geeignete Maßnahmen zum Selbst- und Fremdschutz sowie zur Gefahreneindämmung für Mensch und Umwelt,
o) erkennen lebensbedrohende Zustände und leiten entsprechende Maßnahmen der Ersten Hilfe ein.

2. Vor- und Aufbereitung histologischer, zytologischer und weiterer morphologischer Präparate zur Prüfung für die tierärztliche Diagnostik
   Die Auszubildenden
   a) verfügen über anatomisch-pathologisches, physiologisches, histologisches, histotechnologisches und reproduktionsmedizinisch-spermatologisches Wissen sowie über Kenntnisse der Bezugswissenschaften insbesondere Chemie und Physik, das zur Vor- und Aufbereitung des Untersuchungsmaterials notwendig ist,
   b) wählen gemäß Anforderung oder tierärztlicher Indikationsstellung die geeignete Präparationsmethode aus,

c) planen, organisieren und bereiten Untersuchungsvorgänge vor, bereiten morphologische Präparate in der Histologie, Zytologie und Reproduktionsmedizin mit Spermatologie zur mikroskopischen Befundung für die tierärztliche Diagnose nach dem Stand der Wissenschaft und Technik auf,
d) führen eine technische Beurteilung des Präparats durch, beurteilen das Färbeergebnis mikroskopisch, erkennen potenzielle Bearbeitungsfehler, beurteilen die Brauchbarkeit für die tierärztliche Diagnostik und ergreifen notwendige Korrekturmaßnahmen.

II. Planung, Vorbereitung, Organisation, Durchführung, Dokumentation, Beurteilung und Weiterentwicklung des Qualitäts-, Risiko-, Prozess- und Datenmanagements in den biomedizinischen Leistungsprozessen einschließlich der Gewährleistung einer störungsfreien Analytik

1. Qualitäts-, Risiko-, Prozess- und Datenmanagement in den biomedizinischen Leistungsprozessen eigenverantwortlich planen, vorbereiten, organisieren, durchführen (realisieren), dokumentieren, beurteilen und weiterentwickeln
Die Auszubildenden
a) verfügen über die Kenntnisse und Fertigkeiten zum Qualitäts-, Risiko-, Prozess- und Datenmanagement, übertragen theoretisch fundierte Kenntnisse aus den Bezugswissenschaften, um die Qualität und Wirksamkeit des biomedizinischen Analyseprozesses im Sinne einer Gefahrenabwehr für Tier und Mensch zu gewährleisten,
b) tragen zu einer qualitätsvollen, effektiven und effizienten Laboratoriumsanalytik bei und beteiligen sich an der Weiterentwicklung der Qualität in unterschiedlichen Laborleistungsprozessen,
c) erstellen Qualitätsdokumente nach Vorgaben, wenden Instrumente des Qualitäts-, Risiko-, Prozess- und Datenmanagements einschließlich CIRS an, leiten entsprechende Maßnahmen bei Abweichungen folgerichtig ein und tragen zur Bewertung ihrer Wirksamkeit bei,
d) planen, organisieren, realisieren, steuern und dokumentieren Maßnahmen zur Fehlersuche, -vermeidung, -minimierung und -beseitigung, tragen zur Bewertung ihrer Wirksamkeit bei.
2. Monitoring und Steuerung des biomedizinischen Analyseprozesses
Die Auszubildenden
a) planen, regeln, dokumentieren, überwachen, reflektieren und bewerten manuelle, automatisierte und digitalisierte Arbeitsabläufe (prozessorientiertes Labor- und Arbeitsplatzmanagement) und tragen zur Optimierung der Prozesse bei,
b) planen, regeln, dokumentieren, überwachen, reflektieren und bewerten fachspezifische Informationsverarbeitungsprozesse (Daten- und Informationsmanagement) und tragen zur Optimierung der Prozesse bei,
c) organisieren, steuern und evaluieren die fach-, methoden- und verfahrensspezifische Qualitätssicherung,
d) kalibrieren, warten und halten Analysengeräte instand, führen Geräte-Checks und einfache Reparaturen durch, wenden technische Prüfverfahren an und realisieren Verfahren im Rahmen sicherheitstechnischer Überprüfungen,

   e) organisieren einen störungsfreien Analyseablauf, leiten Maßnahmen zur Störungsbeseitigung ein und tragen zur Bewertung ihrer Wirksamkeit bei,
   f) wenden regelgeleitet Ausfallkonzepte an, setzen situationsadäquat Havarie-Maßnahmen um und dokumentieren diese.
3. Methodenimplementierung und Methodenvalidierung
   Die Auszubildenden
   a) adaptieren und implementieren evidenzbasiert neue und alternative Methoden und Verfahren,
   b) verifizieren und validieren biomedizinische Methoden und Verfahren und beurteilen die Ergebnisse der Überprüfung nach dem Stand von Wissenschaft und Technik.

III. Intra- und interprofessionelles Kommunizieren und Handeln in biomedizinischen Analyseprozessen und Schnittstellenbereichen unter Berücksichtigung personen- und situationsspezifischer Kontexte

1. Stellen durch personen- und situationsadäquate Kommunikation mit Menschen in unterschiedlichen Kontexten die Qualität im biomedizinischen Analyseprozess sicher
   Die Auszubildenden
   a) erkennen und reflektieren eigene Deutungs- und Handlungsmuster in der Interaktion mit Menschen verschiedener Altersstufen und mit unterschiedlichen, insbesondere kulturellen und sozialen Hintergründen,
   b) erkennen und reflektieren ihre Möglichkeiten und Grenzen zur Gestaltung von professionellen Informations-, Instruktions- und Beratungsangeboten für Menschen in unterschiedlichen Kontexten.
2. Im inter- und intraprofessionellen Team professionell kommunizieren und handeln
   Die Auszubildenden
   a) erkennen und reflektieren unterschiedliche, berufsgruppenspezifische Kommunikationsstile vor dem Hintergrund ihres eigenen Kommunikationsverhaltens,
   b) stimmen ihr berufliches Handeln zur Gewährleistung einer störungsfreien Analytik im qualifikationsheterogenen Team ab und koordinieren die Laboratoriumsanalytik unter Berücksichtigung der jeweiligen Verantwortungs- und Aufgabenbereiche,
   c) beraten Teammitglieder kollegial bei fachlichen Fragestellungen, unterstützen sie bei der Übernahme und Ausgestaltung ihres jeweiligen Verantwortungs- und Aufgabenbereiches und setzen Instruktionen für Einzelpersonen und kleinere Gruppen von Menschen in unterschiedlichen Kontexten um,
   d) beteiligen sich im Team an der Anleitung von anderen Auszubildenden, Praktikantinnen und Praktikanten,
   e) übernehmen Mitverantwortung für die Organisation und Gestaltung der gemeinsamen Arbeitsprozesse,

f) erkennen und reflektieren sich abzeichnende oder bestehende Konflikte in beruflichen Situationen, sind aufmerksam für Spannungen und Konflikte im Team und entwickeln Ansätze zur Konfliktschlichtung und -lösung, bei Bedarf unter Einbezug von Angeboten zur Reflexion professioneller Kommunikation,
g) pflegen einen wertschätzenden Umgang und sind in der Lage, in unterschiedlichen Kontexten Feedback zu geben und anzunehmen.

IV. Ausrichtung, Begründung und Reflexion des eigenen Handelns und Beteiligung an der Berufsweiterentwicklung auf der Grundlage wissenschaftlicher Erkenntnisse und unter Berücksichtigung rechtlicher Vorgaben, ökonomischer und ökologischer Rahmenbedingungen und ethischer Wertehaltungen

1. Biomedizinische Analyseprozesse am anerkannten Stand der Wissenschaft und Technik insbesondere an medizinisch-technologischen und anderen Erkenntnissen aus den Bezugswissenschaften ausrichten
Die Auszubildenden
a) überprüfen kontinuierlich die Wissensgrundlagen, Gesetze, Verordnungen und weitere relevante Rahmenbedingungen wie Leitlinien und Richtlinien für das berufliche Handeln und leiten entsprechende Veränderungsprozesse ein,
b) recherchieren und identifizieren relevante Quellen zur Beantwortung beruflicher Fragestellungen und können dies im Sinne einer wissenschaftsgeleiteten Berufspraxis kritisch beurteilen,
c) informieren sich kontinuierlich über Entwicklungen und Veränderungen in der Laboratoriumsanalytik und deren Bezugswissenschaften und können diese im Hinblick auf Nutzen, Relevanz und Umsetzungspotenzial einschätzen,
d) wirken an der Erforschung und Implementierung neuer Erkenntnisse für ihre und in ihrer Arbeitswelt im Sinne einer wissenschaftlich geleiteten Berufspraxis mit.
2. Verantwortung für die eigene Persönlichkeitsentwicklung sowie das berufliche Selbstverständnis auf der Grundlage ethischer Grundsätze und im Sinne eines lebenslangen Lernprozesses übernehmen
Die Auszubildenden
a) reflektieren kontinuierlich ihr eigenes Handeln, schätzen den eigenen Bildungsbedarf im Sinne des lebenslangen Lernens ein und nutzen geeignete Informations- und Kommunikationstechnologien für selbstgesteuerte Lernprozesse,
b) nehmen drohende Über- oder Unterforderungen rechtzeitig wahr, erkennen notwendigen Veränderungsbedarf und leiten daraus entsprechende Handlungsinitiativen ab,
c) setzen Strategien zur Bewältigung beruflicher Belastungen gezielt ein und nehmen Unterstützungsangebote rechtzeitig wahr oder fordern diese aktiv ein,

   d) verstehen und reflektieren ihre Rolle als professionell Handelnde in der Organisation und im Gesundheitssystem und entwickeln ein eigenes Berufsverständnis unter Berücksichtigung der ausgewiesenen Vorbehaltsaufgaben sowie berufsethischer Überzeugungen und Werthaltungen,
   e) verstehen die Zusammenhänge zwischen gesellschaftlichen Veränderungen und notwendiger Berufsentwicklung und wirken an der Weiterentwicklung des Berufs mit.
3. Versorgungskontexte und Systemzusammenhänge für den beruflichen Handlungskontext berücksichtigen und dabei rechtliche, ökonomische und ökologische Prinzipien beachten
   Die Auszubildenden
   a) erkennen und reflektieren ihre Rolle im Gesamtprozess der Gesundheitsversorgung von Mensch und Tier sowie in den einzelnen Settings (Diagnostik und Prognostik, Früherkennung, Gesundheitsförderung, Prävention, Verlaufs- und Therapiekontrolle, Lebensmittelanalytik, Analytik im Rahmen der Reproduktionsmedizin); erkennen und reflektieren Schnittstellen zu angrenzenden und überschneidenden Versorgungsbereichen,
   b) arbeiten interprofessionell für die Erreichung des gemeinsamen Ziels einer optimalen Gesundheitsversorgung von Mensch und Tier zusammen; kommunizieren entsprechend, kennen und respektieren dabei die Verantwortungsbereiche der anderen involvierten Professionen,
   c) handeln im Rahmen des biomedizinischen Analyseprozesses verantwortungsvoll, um Gesundheit und Lebensqualität der Bevölkerung (gesundheitlicher Verbraucherschutz) und des Tierbestandes zu unterstützen sowie die Sicherheit der Tiere zu gewährleisten,
   d) üben den Beruf im Rahmen der normativen Vorgaben unter Berücksichtigung der Aspekte des Tierschutzes und des ethisch begründeten Umgangs mit Tieren selbständig und gewissenhaft aus,
   e) erkennen und reflektieren die ökonomischen, ökologischen sowie gesellschaftlichen Rahmenbedingungen und gestalten die berufliche Tätigkeit nach ökonomischen und ökologischen Prinzipien.

Anlage 5
(zu § 3 Absatz 2)

Stundenverteilung im Rahmen des theoretischen und praktischen Unterrichts der Ausbildung zur Medizinischen Technologin und zum Medizinischen Technologen

Teil A: Medizinische Technologinnen für Laboratoriumsanalytik und Medizinische Technologen für Laboratoriumsanalytik

	Kompetenzbereich	Stundenanzahl
I	Planung, Vorbereitung, Organisation, Durchführung, Dokumentation, Steuerung und Beurteilung biomedizinischer Analyseprozesse mittels biologischer, chemischer sowie physikalischer Methoden und Verfahren einschließlich Präanalytik und Postanalytik	1 820
II	Planung, Vorbereitung, Organisation, Durchführung, Dokumentation, Beurteilung und Weiterentwicklung des Qualitäts-, Risiko-, Prozess- und Datenmanagements in den biomedizinischen Leistungsprozessen einschließlich der Gewährleistung einer störungsfreien Analytik	200
III	Intra- und interprofessionelles Kommunizieren und Handeln in biomedizinischen Analyseprozessen und Schnittstellenbereichen unter Berücksichtigung personen- und situationsspezifischer Kontexte	160
IV	Ausrichtung, Begründung und Reflexion des eigenen Handelns und Beteiligung an der Berufsweiterentwicklung auf der Grundlage wissenschaftlicher Erkenntnisse und unter Berücksichtigung rechtlicher Vorgaben, ökonomischer und ökologischer Rahmenbedingungen und ethischer Wertehaltungen	160
	Stunden zur freien Verteilung	260
	Gesamtstundenumfang	2 600

Teil B: Medizinische Technologinnen für Radiologie und Medizinische Technologen für Radiologie

	Kompetenzbereich	Stundenanzahl
I	Planung, Vorbereitung, Organisation, Durchführung, Dokumentation, Steuerung und Beurteilung medizinisch-technologischer Aufgaben in der bildgebenden Diagnostik mit und ohne ionisierende Strahlung sowie in der nuklearmedizinischen Diagnostik einschließlich der technischen Auswertung und Beurteilung der Ergebnisse	700
II	Planung, Vorbereitung, Organisation, Durchführung, Dokumentation, Steuerung und Beurteilung medizinisch-technologischer Aufgaben in der Therapie mit ionisierender Strahlung und radioaktiven Stoffen einschließlich der technischen Auswertung und Beurteilung der Ergebnisse	300
III	Planung, Vorbereitung, Organisation, Durchführung, Dokumentation, Steuerung und Beurteilung von Maßnahmen des Strahlenschutzes und der Personensicherheit einschließlich Qualitäts-, Risiko-, Prozess- und Datenmanagement in der bildgebenden Diagnostik mit und ohne ionisierender Strahlung und in der Therapie mit ionisierender Strahlung sowie in der Diagnostik und Therapie mit radioaktiven Stoffen	1 000
IV	Intra- und interprofessionelles Kommunizieren und Handeln im beruflichen Handlungsfeld und Schnittstellenbereichen unter Berücksichtigung personen- und situationsspezifischer Kontexte	200
V	Ausrichtung, Begründung und Reflexion des eigenen Handelns und Beteiligung an der Berufsweiterentwicklung auf der Grundlage wissenschaftlicher Erkenntnisse und unter Berücksichtigung rechtlicher Vorgaben, ökonomischer und ökologischer Rahmenbedingungen und ethischer Wertehaltungen	160
	Stunden zur freien Verteilung	240
	Gesamtstundenumfang	2 600

Teil C: Medizinische Technologinnen für Funktionsdiagnostik und Medizinische Technologen für Funktionsdiagnostik

Kompetenzbereich		Stunden-anzahl
I	Planung, Vorbereitung, Organisation, Durchführung (Realisierung), Dokumentation, Steuerung und Beurteilung medizinisch-technologischer Aufgaben zur patientenzentrierten und störungsbildorientierten Funktionsdiagnostik der Sinnesorgane insbesondere des Hörens, Gleichgewichts, Riechens, Schmeckens, der Nase und des Gehirns, des Nervensystems und der Muskelfunktion, des Herz-Kreislauf- und Gefäßsystems und des respiratorischen Systems inklusive invasiver, allergologischer Funktionsdiagnostik und Kontrollen von zugehörigen Implantaten einschließlich Vorbefundung	1 640
II	Planung, Vorbereitung, Organisation, Durchführung, Dokumentation, Beurteilung und Weiterentwicklung von Maßnahmen des Qualitäts-, Risiko-, Prozess- und Datenmanagements in der Funktionsdiagnostik	270
III	Intra- und interprofessionelles Kommunizieren und Handeln in funktionsdiagnostischen Prozessen und Schnittstellenbereichen unter Berücksichtigung personen- und situationsspezifischer Kontexte	200
IV	Ausrichtung, Begründung und Reflexion des eigenen Handelns und Beteiligung an der Berufsweiterentwicklung auf der Grundlage wissenschaftlicher Erkenntnisse und unter Berücksichtigung rechtlicher Vorgaben, ökonomischer und ökologischer Rahmenbedingungen und ethischer Wertehaltungen	160
	Stunden zur freien Verteilung	130
	Gesamtstundenumfang	2 400

Teil D: Medizinische Technologinnen für Veterinärmedizin und Medizinische Technologen für Veterinärmedizin

Kompetenzbereich		Stunden-anzahl
I	Planung, Vorbereitung, Organisation, Durchführung, Dokumentation, Steuerung und Beurteilung biomedizinischer Analyseprozesse mittels biologischer, chemischer sowie physikalischer Methoden und Verfahren einschließlich Präanalytik und Postanalytik	1 820
II	Planung, Vorbereitung, Organisation, Durchführung, Dokumentation, Beurteilung und Weiterentwicklung des Qualitäts-, Risiko-, Prozess- und Datenmanagements in den biomedizinischen Leistungsprozessen einschließlich der Gewährleistung einer störungsfreien Analytik	200
III	Intra- und interprofessionelles Kommunizieren und Handeln in biomedizinischen Analyseprozessen und Schnittstellenbereichen unter Berücksichtigung personen- und situationsspezifischer Kontexte	160
IV	Ausrichtung, Begründung und Reflexion des eigenen Handelns und Beteiligung an der Berufsweiterentwicklung auf der Grundlage wissenschaftlicher Erkenntnisse und unter Berücksichtigung rechtlicher Vorgaben, ökonomischer und ökologischer Rahmenbedingungen und ethischer Wertehaltungen	160
	Stunden zur freien Verteilung	260
	Gesamtstundenumfang	2 600

Anlage 6
(zu § 4 Absatz 2 und 3 und § 5 Absatz 1)

Stundenverteilung im Rahmen der praktischen Ausbildung zur Medizinischen Technologin und zum Medizinischen Technologen

Teil A: Medizinische Technologinnen für Laboratoriumsanalytik und Medizinische Technologen für Laboratoriumsanalytik

Einsatzgebiete/Kompetenzbereiche (KB)	Stundenanzahl
Orientierungseinsatz innerhalb der Probezeit beim Träger der praktischen Ausbildung	120
Krankenhaus oder ambulante Einrichtung gemäß KB I.1, KB III und KB IV	1 000
Krankenhaus oder ambulante Einrichtung gemäß KB I.2, KB III und KB IV	300
Krankenhaus oder ambulante Einrichtung gemäß KB II, KB III und KB IV	160
Interprofessionelles Praktikum in geeigneten Einrichtungen	120
Stunden zur freien Verteilung	300
Gesamtstundenumfang	2 000

Teil B: Medizinische Technologinnen für Radiologie und Medizinische Technologen für Radiologie

Einsatzgebiete/Kompetenzbereiche (KB)	Stundenanzahl
Orientierungseinsatz innerhalb der Probezeit beim Träger der praktischen Ausbildung	120
Einsatzgebiet Radiologie entspricht: KB I, KB III, KB IV, KB V	700
Einsatzgebiet Strahlentherapie entspricht: KB II, KB III, KB IV, KB V	400
Einsatzgebiet Nuklearmedizin entspricht: KB I, KB II, KB III, KB IV, KB V	300
Interprofessionelles Praktikum in geeigneten Einrichtungen	160 (davon mindestens 80 Stunden in der Pflege)
Stunden zur freien Verteilung	320
Gesamtstundenumfang	2 000

Teil C: Medizinische Technologinnen für Funktionsdiagnostik und Medizinische Technologen für Funktionsdiagnostik

Einsatzgebiete/Kompetenzbereiche (KB)	Stundenanzahl
Orientierungseinsatz innerhalb der Probezeit beim Träger der praktischen Ausbildung	120
Sinnesorgane des Hörens, Gleichgewichts, Riechens, Schmeckens und der Nase inklusive allergologischer Funktionsdiagnostik (KB I, KB II.1, KB II.2, KB II.3, KB II.4, KB III, KB IV)	480
Sinnesorgan des Gehirns sowie der Funktionsdiagnostik des Nervensystems und der Muskelfunktion (KB I, KB II.1, KB II.2, KB II.3, KB II.4, KB III, KB IV)	480
Funktionsdiagnostik des Herz-Kreislaufsystems inklusive invasiver Funktionsdiagnostik und Kontrollen von Implantaten (KB I, KB II, KB III, KB IV)	280
Funktionsdiagnostik des Gefäßsystems (KB I, KB II.1, KB II.2, KB II.3, KB II.4, KB III, KB IV)	180
Funktionsdiagnostik des respiratorischen Systems inklusive allergologischer Funktionsdiagnostik (KB I, KB II, KB III, KB IV)	280
Interprofessionelles Praktikum in geeigneten Einrichtungen	160 (davon mindestens 80 Stunden in der Pflege)
Stunden zur freien Verteilung	220
Gesamtstundenumfang	2 200

Teil D: Medizinische Technologinnen für Veterinärmedizin und Medizinische Technologen für Veterinärmedizin

Einsatzgebiete/Kompetenzbereiche (KB)	Stundenanzahl
Orientierungseinsatz innerhalb der Probezeit beim Träger der praktischen Ausbildung	120
Veterinärmedizinische oder andere geeignete Einrichtung gemäß KB I.1, KB II.2, KB III und KB IV	1 000
Veterinärmedizinische oder andere geeignete Einrichtung zur Analyse von Lebensmitteln, sowie KB III und KB IV	300
Veterinärmedizinische oder andere geeignete Einrichtung gemäß KB II, KB III und KB IV	160
Interprofessionelles Praktikum in geeigneten Einrichtungen	120
Stunden zur freien Verteilung	300
Gesamtstundenumfang	2 000

Anlage 7
(zu § 17 Absatz 2 Nummer 1 Buchstabe b)

Bescheinigung über die Teilnahme
am theoretischen und praktischen Unterricht und an der praktischen Ausbildung

Name, Vorname

....

Geburtsdatum Geburtsort

....

hat in der Zeit vom .... bis ....

mit Erfolg an dem theoretischen und praktischen Unterricht sowie an der praktischen Ausbildung für

[...] Medizinische Technologinnen für Laboratoriumsanalytik oder Medizinische Technologen für Laboratoriumsanalytik

[...] Medizinische Technologinnen für Radiologie oder Medizinische Technologen für Radiologie

[...] Medizinische Technologinnen für Funktionsdiagnostik oder Medizinische Technologen für Funktionsdiagnostik

[...] Medizinische Technologinnen für Veterinärmedizin oder Medizinische Technologen für Veterinärmedizin

gemäß § 13 Absatz 3 des Gesetzes über die Berufe in der medizinischen Technologie in Verbindung mit § 1 der Ausbildungs- und Prüfungsverordnung für Medizinische Technologinnen und Medizinischen Technologen teilgenommen.

Die Ausbildung ist – nicht* – über die nach dem Gesetz über die Berufe in der medizinischen Technologie zulässigen Fehlzeiten hinaus – um .... Stunden* – unterbrochen worden.

Ort, Datum
.... (Stempel)

....
(Unterschrift oder qualifizierte elektronische Signatur der Schulleitung)

* Nichtzutreffendes streichen.

Anlage 8
(zu § 55 Absatz 1)

Die dem Prüfungsausschuss
vorsitzende Person

Zeugnis
über die staatliche Prüfung zum Führen der Berufsbezeichnung

„..“

Name, Vorname

....

Geburtsdatum Geburtsort

....

hat am .... die staatliche Prüfung für den Beruf nach § 1 Absatz 1 Nummer 1* – § 1 Absatz 1 Nummer 2* – § 1 Absatz 1 Nummer 3* – § 1 Absatz 1 Nummer 4* des Gesetzes über die Berufe in der medizinischen Technologie vor dem Prüfungsausschuss bei der

.... (Bezeichnung der Schule)
in .... bestanden.

Es wurden folgende Prüfungsnoten erteilt:

1. im schriftlichen Teil der staatlichen Prüfung „......................................“
2. im mündlichen Teil der staatlichen Prüfung „......................................“
3. im praktischen Teil der staatlichen Prüfung „......................................“

....

Gesamtnote der staatlichen Prüfung in Zahlen „......................................“
Gesamtnote der staatlichen Prüfung in Worten „..“

Ort, Datum

.... (Siegel)

....
(Unterschrift oder qualifizierte elektronische Signatur
der dem Prüfungsausschuss vorsitzenden Person)

* Nichtzutreffendes streichen.

Anlage 9
(zu § 58 Absatz 2)

Urkunde
über die Erlaubnis zum Führen der Berufsbezeichnung

Name, Vorname

....

Geburtsdatum .... Geburtsort ....

erhält auf Grund des § 1 Absatz 1 Nummer 1* – § 1 Absatz 1 Nummer 2* – § 1 Absatz 1 Nummer 3* – § 1 Absatz 1 Nummer 4* des Gesetzes über die Berufe in der medizinischen Technologie mit Wirkung vom heutigen Tage die Erlaubnis, die Berufsbezeichnung

„..“

zu führen.

Ort, Datum

.... (Siegel)

....
(Unterschrift oder qualifizierte elektronische Signatur)

* Nichtzutreffendes streichen.

Anlage 10
(zu § 70 Absatz 2)

Die dem Prüfungsausschuss
vorsitzende Person

Bescheinigung
über die staatliche Eignungsprüfung für

„...“

Name, Vorname

....

Geburtsdatum .... Geburtsort ....

hat am .... die staatliche Eignungsprüfung nach den §§ 63 ff. der Ausbildungs- und Prüfungsverordnung für Medizinische Technologinnen und Medizinische Technologen bestanden/nicht bestanden*.

Ort, Datum

.... (Siegel)

....

(Unterschrift oder qualifizierte elektronische Signatur
der dem Prüfungsausschuss vorsitzenden Person)

* Nichtzutreffendes streichen.

Anlage 11
(zu § 73 Absatz 2)

....
(Bezeichnung der Einrichtung)

Bescheinigung
über die Teilnahme am Anpassungslehrgang

Name, Vorname

....

Geburtsdatum Geburtsort

....

hat in der Zeit vom .... bis .... regelmäßig und mit Erfolg an dem Anpassungslehrgang teilgenommen, der nach den §§ 71 ff. der Ausbildungs- und Prüfungsverordnung für Medizinische Technologinnen und Medizinische Technologen von der zuständigen Behörde festgelegt wurde.

Ort, Datum

.... (Stempel)

....
(Unterschrift oder qualifizierte elektronische Signatur(en)
der Einrichtung)

Anlage 12
(zu § 88 Absatz 2)

Die dem Prüfungsausschuss
vorsitzende Person

Bescheinigung
über die staatliche Kenntnisprüfung für

„..“

Name, Vorname

....

Geburtsdatum ....

Geburtsort ....

hat am .... die staatliche Kenntnisprüfung nach den §§ 74 ff. der Ausbildungs- und Prüfungsverordnung für Medizinische Technologinnen und Medizinische Technologen bestanden/nicht bestanden*.

Ort, Datum

.... (Siegel)

....
(Unterschrift oder qualifizierte elektronische Signatur
der dem Prüfungsausschuss vorsitzenden Person)

* Nichtzutreffendes streichen.

Anlage 13
(zu § 95 Absatz 2)

....
(Bezeichnung der Einrichtung)

Bescheinigung
über die Teilnahme am Anpassungslehrgang

Name, Vorname

....

Geburtsdatum | Geburtsort

....

hat in der Zeit vom .... bis .... regelmäßig und mit Erfolg an dem Anpassungslehrgang teilgenommen, der nach den §§ 89 ff. der Ausbildungs- und Prüfungsverordnung für Medizinische Technologinnen und Medizinische Technologen von der zuständigen Behörde festgelegt wurde.

Das Abschlussgespräch hat er/sie bestanden/nicht bestanden*.

Ort, Datum
.... (Stempel)

....
(Unterschrift oder qualifizierte elektronische Signatur(en) der Einrichtung)

* Nichtzutreffendes streichen.

Anlage 14
(zu § 99d)

Urkunde
über die Erlaubnis zur partiellen Berufsausübung

Name, Vorname

....

Geburtsdatum Geburtsort

....

erhält auf Grund des § 53 des Gesetzes über die Berufe in der medizinischen Technologie mit Wirkung vom heutigen Tage die Erlaubnis zur partiellen Berufsausübung.

Folgende vorbehaltene Tätigkeiten werden von der Erlaubnis zur partiellen Berufsausübung umfasst (abschließende Aufzählung):

Die Ausübung des Berufs erfolgt unter der Berufsbezeichnung des Staates, in dem die Berufsqualifikation erworben wurde, sowie mit dem Hinweis auf den Namen dieses Staates und die oben genannte(n) vorbehaltene(n) Tätigkeit(en), wie folgt:

Es wird auf die Pflicht hingewiesen, den Dienstleistungsempfängern eindeutig den Umfang der beruflichen Tätigkeit anzugeben (Artikel 4f Absatz 5 Satz 3 der Richtlinie 2005/36/EG).

Ort, Datum

.... (Siegel)

....
(Unterschrift oder qualifizierte elektronische Signatur)

* Nichtzutreffendes streichen.

D.

Erläuterungen

Ausbildungs- und Prüfungsverordnung für Medizinische Technologinnen und Medizinische Technologen[1] (MT-Ausbildungs- und Prüfungsverordnung – MTAPrV)

vom 24.9.2021 (BGBl. I S. 4467),
zuletzt geändert durch Art. 8 G vom 12.12.2023 (BGBl. I Nr. 359)

Auf Grund des § 69 Absatz 1 des MT-Berufe-Gesetzes vom 24. Februar 2021 (BGBl. I S. 274) verordnet das Bundesministerium für Gesundheit:

Teil 1
Ausbildung

§ 1 Inhalt der Ausbildung

In der Ausbildung zur Medizinischen Technologin und zum Medizinischen Technologen sind der auszubildenden Person die in den Anlagen 1 bis 4 für den jeweiligen Beruf genannten Kompetenzen zu vermitteln.

Erläuterungen

In der Begründung zur Verordnung (BR-Drs. 635/21, S. 86 f.) wird zu dieser Vorschrift ausgeführt: 1

„Die zu erwerbenden Kompetenzen sind getrennt für die Berufe in der medizinischen Technologie (Laboratoriumsanalytik, Radiologie, Funktionsdiagnostik und Veterinärmedizin) in den Anlagen 1, 2, 3 und 4 aufgeführt. Die jeweils enthaltenen Kompetenzen beinhalten gemäß dem Deutschen Qualitätsrahmen für lebenslanges Lernen (DQR) Fachkompetenzen (Wissen und Fertigkeiten) sowie personale Kompetenzen (Sozialkompetenz und Selbstständigkeit).

---

1 Diese Verordnung dient der Umsetzung der Richtlinie 2005/36/EG des Europäischen Parlaments und des Rates vom 7. September 2005 über die Anerkennung von Berufsqualifikationen (ABl. L 255 vom 30.9.2005, S. 22; L 271 vom 16.10.2007, S. 18; L 93 vom 4.4.2008, S. 28; L 33 vom 3.2.2009, S. 49; L 305 vom 24.10.2014, S. 115), die zuletzt durch den Delegierten Beschluss (EU) 2020/548 (ABl. L 131 vom 24.4.2020, S. 1) geändert worden ist.

Bei der Entwicklung der Anlagen 1 bis 4 hat das Bundesministerium für Gesundheit auf die fachliche Expertise von ausgewiesenen Expertinnen und Experten zurückgegriffen. Die Kompetenzen konkretisieren für die einzelnen Berufe die jeweiligen Ausbildungsziele in § 8 des MT-Berufe-Gesetzes (allgemeines Ausbildungsziel) und in §§ 9 bis 12 des MT-Berufe-Gesetzes (berufsspezifische Ausbildungsziele). Die Ausbildungsziele beschreiben den staatlichen Auftrag zur Ausbildung von Medizinischen Technologinnen und Medizinischen Technologen für die Schulen sowie die Krankenhäuser, ambulanten Einrichtungen und weiteren Einrichtungen, die die Ausbildung durchführen. Inhalt und Gliederung der Ausbildung zur Medizinischen Technologin und zum Medizinischen Technologen müssen darauf ausgerichtet sein, dass die auszubildende Person die Ausbildungsziele erreicht.

Die in den Anlagen 1 bis 4 für die einzelnen Berufe aufgeführten Kompetenzen gliedern sich in verschiedene Kompetenzbereiche. Diese beziehen sich zum Teil unmittelbar auf die Tätigkeitsbereiche des jeweiligen Berufs, zum Teil beinhalten sie Querschnittskompetenzen, die im jeweiligen Beruf für die Berufsausübung generell erforderlich sind.

Hinsichtlich der Zusammenarbeit mit anderen Berufsgruppen, beispielweise Ärztinnen und Ärzten, lernen die Auszubildenden professionell sowie personen- und situationsspezifisch zu kommunizieren und zu handeln. Insbesondere die in Anlage 1 Kompetenzbereich I. Nummer 1 Buchstabe f, k und l aufgeführten Kompetenzen, erfordern eine Abstimmung mit dem verantwortlichen ärztlichen Personal.

Vor dem Hintergrund, lebenslanges Lernen als Teil der eigenen beruflichen Biographie zu verstehen (§ 8 Absatz 3 MT-Berufe-Gesetz), erwerben die Auszubildenden Kompetenzen um ihre berufliche Tätigkeit an aktuellen wissenschaftlichen und rechtlichen Grundlagen auszurichten. Diesbezüglich ist hinsichtlich der Kompetenzen in Anlage 1 Kompetenzbereich I. Nummer 1 Buchstabe g und j insbesondere die Richtlinie der Bundesärztekammer zur Qualitätssicherung laboratoriumsmedizinischer Untersuchungen in der jeweils geltenden Fassung zu berücksichtigen.“

§ 2 Gliederung der Ausbildung

(1) Die Ausbildung erfolgt im Wechsel von Abschnitten des theoretischen und praktischen Unterrichts und der praktischen Ausbildung.

(2) Der theoretische und praktische Unterricht und die praktische Ausbildung sind aufeinander abzustimmen.

Erläuterungen

In der Begründung zur Verordnung (BR-Drs. 635/21, S. 87) wird zu dieser Vorschrift ausgeführt: 1

„Zu Absatz 1

Nach Absatz 1 finden die Einheiten des theoretischen und praktischen Unterrichts und die praktische Ausbildung im Wechsel statt.

Zu Absatz 2

Absatz 2 regelt, dass neben dem zeitlichen Wechsel nach Absatz 1 auch die Inhalte des theoretischen und praktischen Unterrichts mit denen der praktischen Ausbildung abzustimmen sind. Eine Verengung der Abstimmung ausschließlich auf den Faktor Zeit ist hier nicht intendiert. Vielmehr ist der Kompetenzerwerb zu ermöglichen. Es soll sichergestellt werden, dass Unterricht und praktische Einsätze aufeinander aufbauen, so dass die Auszubildenden das im Unterricht Erlernte sinnvoll bei den praktischen Einsätzen anwenden können und umgekehrt.

Die Schule und der Träger der praktischen Ausbildung haben vor diesem Hintergrund das schulinterne Curriculum und den Ausbildungsplan abzustimmen (§ 24 Absatz 4 MT-Berufe-Gesetz). Grundlage der Abstimmung sind die Kooperationsvereinbarungen zwischen der Schule und dem Träger der praktischen Ausbildung. Sie haben hierbei die Vorgaben des MT-Berufe-Gesetzes und dieser Verordnung ebenso zu beachten wie einen eventuell nach § 24 Absatz 5 des MT-Berufe-Gesetzes bestehenden verbindlichen Lehrplan des Landes.“

§ 3 Theoretischer und praktischer Unterricht

(1) Während des theoretischen und praktischen Unterrichts sind für den jeweiligen Beruf die Kompetenzen zu vermitteln, die zur Erreichung der Ausbildungsziele nach den §§ 8 bis 12 des MT-Berufe-Gesetzes erforderlich sind.

(2) Der theoretische und praktische Unterricht wird für den jeweiligen Beruf in dem in § 13 Absatz 4 des MT-Berufe-Gesetzes festgelegten Umfang und gemäß der in Anlage 5 vorgesehenen Stundenverteilung durchgeführt.

(3) [1]Lehrformate, die selbstgesteuertes Lernen oder E-Learning beinhalten, können zielgerichtet bei der Konzeption des theoretischen und praktischen Unterrichts in einem angemessenen Umfang berücksichtigt werden. [2]Die Teilnahme an Lehrformaten nach Satz 1 ist von den Auszubildenden gegenüber der Schule nachzuweisen. [3]Das Nähere regeln die Länder.

Erläuterungen

1 Die Vorschrift ist gegenüber der ursprünglichen Fassung durch Beschluss des Bundesrates (BR-Drs. 635-21 (B), S. 1) in Abs. 3 geändert worden (s. dazu unten → Rn. 3).

2 In der Begründung zur Verordnung (BR-Drs. 635/21, S. 88) wird zu dieser Vorschrift in der ursprünglichen Fassung ausgeführt:

„Zu Absatz 1

Im Rahmen des theoretischen und praktischen Unterrichts sind den Auszubildenden die Kompetenzen der Anlagen 1, 2, 3 oder 4 zu vermitteln, die die Basis für die praktische Ausbildung bilden, um dort die für die Berufsausübung erforderliche Handlungssicherheit zu entwickeln. Gegenstand der Ausbildung ist die Förderung und Entwicklung der zur Berufsausübung notwendigen Fach-, Methoden-, Personal- und Sozialkompetenz.

Zu Absatz 2

Die Vorschrift bezieht sich auf den in § 13 Absatz 4 des MT-Berufe-Gesetzes für die einzelnen Berufe festgelegten Stundenumfang sowie die in Anlage 5 Teil A bis D getrennt für die Berufe in der medizinischen Technologie (Laboratoriumsanalytik, Radiologie, Funktionsdiagnostik und Veterinärmedizin) genannte Stundenverteilung. Die jeweilige Verteilung der Stunden auf die einzelnen Kompetenzbereiche stellt den Mindestumfang dar und ist für den theoretischen und praktischen Unterricht verbindlich.

Zu Absatz 3

Absatz 3 eröffnet den Schulen die Möglichkeit, den Unterricht auf Grundlage einer curricularen Einbindung in Form des Selbststudiums in einem angemessenen Umfang durchzuführen. Dabei sind die Möglichkeiten des E-Learning einzubinden. Dadurch soll auch zukünftigen Entwicklungen des E-Learning Rechnung getragen werden, ohne aber in einem zu weitgehenden Umfang auf die – gerade in der Ausbildung zu Gesundheitsberufen bedeutsame – persönliche Unterrichtsvermittlung durch berufserfahrene Aus-

bilderinnen und Ausbilder zu verzichten. Erfahrungen aus der Corona-Pandemie zeigen, wie wichtig es ist, in derartigen Situationen auf moderne, digitale Möglichkeiten zurückgreifen zu können. Sofern die Schule von der Möglichkeit des E-Learning Gebrauch macht, ist hierbei ein barrierefreier Zugang zu ermöglichen.

Nach Satz 2 regeln die Länder das Nähere. Dies bezieht sich insbesondere auf die Angemessenheit des Umfangs des selbstgesteuerten Lernens und des E-Learning. Dieser Umfang sollte 10 Prozent nicht überschreiten.

Die Teilnahme an Lehrformaten, die selbstgesteuertes Lernen oder E-Learning beinhalten, ist nach Satz 3 von den Auszubildenden gegenüber der Schule nachzuweisen."

Der Beschluss des Bundesrates (BR-Drs. 635/21 (B), S. 1) zur Änderung des Abs. 3 lautet: 3

„Zu § 3 Absatz 3 Satz 2 und 3

In § 3 Absatz 3 ist Satz 2 ist zu streichen und als neuer Satz 3 wortgleich anzufügen."

Zur Begründung (BR-Drs. 635/21 (B), S. 1 f.) wird ausgeführt:

„Die Verordnung ermächtigt die Länder zur näheren Ausgestaltung der Lehrformate, die selbstgesteuertes Lernen oder E-Learning beinhalten. Es erscheint vor dem Hintergrund dieser Ermächtigung sachdienlich, auch den Nachweis über die Teilnahme an elektronischen Lehrformaten den Ländern zu überlassen, damit diese den Nachweis an ihre länderspezifische Ausgestaltung anpassen können.

Die Länder halten zudem einen regelmäßigen Umfang der Lehrformate, die selbstgesteuertes Lernen und E-Learning beinhalten, von circa 25 Prozent für angemessen. E-Learning und selbstgesteuerte Lernformate werden aus den Erfahrungen der Corona-Pandemie heraus und in Verbindung mit den landesspezifischen Gegebenheiten der einzelnen Länder als essentieller Baustein für eine erfolgreiche Umsetzung der Reform erachtet. Dies ist zum einen darauf zurückzuführen, dass gerade Flächenländer einer möglichst breiten Anzahl an geeigneten Interessentinnen und Interessenten die Möglichkeit eröffnen müssen, eine medizinisch-technische Ausbildung zu absolvieren ohne aufgrund der großen Entfernungen zwischen der ausbildenden Schule und dem Wohnort interessierte und geeignete Auszubildende zu verlieren. Durch die – auch in Folge der getroffenen Maßnahmen in der Corona-Pandemie – weiter voranschreitende Erfahrung und Ausstattung der Schulen mit der erforderlichen Hardware zur Nutzung von E-Learning-Formaten, eröffnen sich für die Berufsausbildung neue, vielfältige Möglichkeiten. Diese Möglichkeiten sollen zukünftig rechtssicher genutzt werden können, um so dem Fachkräftemangel entgegen zu wirken. Die Corona-Pandemie hat gezeigt, wie wichtig eine flexibel ausgestaltete, ortunabhängige Wissensvermittlung ist, um einen sicheren Ablauf einer qualitativ hochwertigen Ausbildung zu gewährleisten. Gerade vor der Zielsetzung der Reform, nämlich die medizinisch-technische Ausbildung an die gegenwärtige Zeit anzupassen und die Attraktivität für junge Menschen zu steigern, halten die Länder die Möglichkeit für eine im Anteil gewichtige Berücksichtigung der selbstgesteuerten Lernformate und des E-Learning für angezeigt."

§ 4 Praktische Ausbildung

(1) [1]Während der praktischen Ausbildung sind für den jeweiligen Beruf die Kompetenzen zu vermitteln, die zur Erreichung der Ausbildungsziele nach den §§ 8 bis 12 des MT-Berufe-Gesetzes erforderlich sind. [2]Die auszubildende Person wird befähigt, die im theoretischen und praktischen Unterricht erworbenen Kompetenzen aufeinander zu beziehen, miteinander zu verbinden und weiterzuentwickeln, um die erforderlichen Handlungskompetenzen für die beruflichen Tätigkeiten zu erwerben.

(2) [1]Die praktische Ausbildung findet durch praktische Einsätze in Einrichtungen nach § 19 Absatz 1 des MT-Berufe-Gesetzes statt. [2]Sie wird für den jeweiligen Beruf in dem in § 13 Absatz 4 des MT-Berufe-Gesetzes festgelegten Umfang und gemäß der in Anlage 6 vorgesehenen Stundenverteilung durchgeführt.

(3) Innerhalb der Probezeit nach § 36 des MT-Berufe-Gesetzes ist ein in Anlage 6 genannter Orientierungseinsatz beim Träger der praktischen Ausbildung durchzuführen.

Erläuterungen

1 In der Begründung zur Verordnung (BR-Drs. 635/21, S. 88 f.) wird zu dieser Vorschrift ausgeführt:

*„**Zu Absatz 1***

Im Rahmen der praktischen Ausbildung ist sicherzustellen, dass die Auszubildenden Gelegenheit haben, die im theoretischen und praktischen Unterricht erworbenen Kompetenzen einzuüben und zu vertiefen, um so die erforderlichen praktischen Fertigkeiten zu entwickeln, die sie für eine Tätigkeit in den Berufen der medizinischen Technologie befähigen. Die Inhalte des theoretischen und praktischen Unterrichts fließen dabei in die praktische Ausbildung ein und dienen als Grundlage, um die für die Berufsausübung notwendigen Handlungskompetenzen zu entwickeln. Insgesamt sind in der praktischen Ausbildung diejenigen Kompetenzen zu vermitteln, die zur Erreichung der jeweiligen Ausbildungsziele erforderlich sind.

Zu Absatz 2

Satz 1 verweist hinsichtlich der praktischen Einsätze auf § 19 Absatz 1 des MT-Berufe-Gesetzes. Dementsprechend finden die praktischen Einsätze in Krankenhäusern, die zur Versorgung nach § 108 des SGB V zugelassen sind und in ambulanten Einrichtungen statt.

Praktische Einsätze in der medizinisch-technologischen Ausbildung in der Veterinärmedizin können darüber hinaus in hierfür geeigneten Einrichtungen stattfinden.

Satz 2 bezieht sich auf den in § 13 Absatz 4 des MT-Berufe-Gesetzes für die einzelnen Berufe festgelegten Stundenumfang sowie die in Anlage 6 Teil A bis D getrennt für die Berufe in der medizinischen Technologie (Laboratoriumsanalytik, Radiologie, Funktionsdiagnostik und Veterinärmedizin) genannte Verteilung der praktischen Einsätze auf die jeweiligen Tätigkeitsfelder und Kompetenzbereiche. Diese Verteilung stellt den Mindestumfang dar und ist für die praktischen Einsätze verbindlich.

In Anlage 6 sind für die einzelnen Berufe neben festgelegten Stunden für die jeweiligen Tätigkeitsfelder und Kompetenzbereiche auch Stunden zur freien Verteilung vorgesehen. Diese können je nach Schwerpunktsetzung der Schule oder des Trägers der praktischen Ausbildung verteilt werden. Das in der medizinisch-technologischen Ausbildung in der Radiologie zur freien Verteilung vorgesehene Stundenkontingent von 320 Stunden kann insbesondere den Einsatz in der Nuklearmedizin verlängern. So kann der regionalen Versorgungslage Rechnung getragen werden.

Zu Absatz 3

Es wird in Anlage 6 ein Orientierungseinsatz beim Träger der praktischen Ausbildung vorgesehen. Dieser hat einen Umfang von 120 Stunden. Der Orientierungseinsatz ist verpflichtend und innerhalb der Probezeit durchzuführen.

Nach § 36 Absatz 1 des MT-Berufe-Gesetzes sind die ersten sechs Monate des Ausbildungsverhältnis die Probezeit. Wenn sich aus tarifvertraglichen Regelungen eine andere Dauer ergibt, gilt diese (§ 36 Absatz 2 des MT-Berufe-Gesetzes).

Der Orientierungseinsatz kann am Beginn der Ausbildung oder nach einer ersten Phase des theoretischen und praktischen Unterrichts stattfinden. Er dient dazu, dass der Träger der praktischen Ausbildung die auszubildende Person während der Probezeit kennenlernt und ermöglicht der auszubildenden Person innerhalb der Probezeit einen Einblick in das Tätigkeitsprofil der Ausbildung und des Berufs.“

§ 5 Interprofessionelles Praktikum

(1) Teil der praktischen Ausbildung ist ein in Anlage 6 genanntes Interprofessionelles Praktikum.

(2) [1]Im Interprofessionellen Praktikum lernen die Auszubildenden das jeweilige Berufsfeld im Kontext des Versorgungsprozesses kennen. [2]Es beinhaltet insbesondere Tätigkeitsbereiche, die der jeweiligen Kerntätigkeit vorangehen oder folgen. [3]In der Ausbildung zur Medizinischen Technologin für Radiologie oder zum Medizinischen Technologen für Radiologie und in der Ausbildung zur Medizinischen Technologin für Funktionsdiagnostik oder zum Medizinischen Technologen für Funktionsdiagnostik beinhaltet das Interprofessionelle Praktikum auch grundpflegerische Aufgaben im jeweiligen Handlungsfeld.

(3) Der Träger der Einrichtung bestätigt die Teilnahme am Interprofessionellen Praktikum mit einer Teilnahmebescheinigung.

Erläuterungen

1 Die Vorschrift ist gegenüber der ursprünglichen Fassung durch Beschluss des Bundesrates (BR-Drs. 635/21 (B), S. 2) durch Anfügung des Abs. 3 geändert worden (s. dazu unten → Rn. 3).

2 In der Begründung zur Verordnung (BR-Drs. 635/21, S. 89 ff.) wird zu dieser Vorschrift in der ursprünglichen Fassung ausgeführt:

„***Zu Absatz 1***

Die Vorschrift bezieht sich auf das in Anlage 6 genannte Interprofessionelle Praktikum, das Teil der praktischen Ausbildung ist.

Der in der Ausbildungs- und Prüfungsverordnung für technische Assistenten in der Medizin verwendete Begriff ‚Krankenhauspraktikum' wird durch ‚Interprofessionelles Praktikum' ersetzt. Dies folgt daraus, dass die Ziele des Praktikums weiterentwickelt wurden.

Das Interprofessionelle Praktikum kann in den in § 19 Absatz 1 des MT-Berufe-Gesetzes genannten Einrichtungen durchgeführt werden, also in Krankenhäusern, die zur Versorgung nach § 108 des SGB V zugelassen sind, und in ambulanten Einrichtungen. In der medizinisch-technologischen Ausbildung in der Veterinärmedizin kann das Interprofessionelle Praktikum darüber hinaus in hierfür geeigneten Einrichtungen stattfinden.

Das Interprofessionelle Praktikum hat gemäß Anlage 6 folgenden Umfang:

- *120 Stunden in der medizinisch-technologischen Ausbildung in der Laboratoriumsanalytik und in der Veterinärmedizin,*
- *160 Stunden in der medizinisch-technologischen Ausbildung in der Radiologie und in der Funktionsdiagnostik.*

Beim Interprofessionellen Praktikum in der medizinisch-technologischen Ausbildung in der Radiologie und in der Funktionsdiagnostik sind mindestens 80 Stunden in der pflegerischen Versorgung durchzuführen. Wegen des Einbezugs der Pflege ist das Interprofessionelle Praktikum in diesen Ausbildungen länger.

Zu Absatz 2

In den Berufen des Gesundheitswesens ist die Interprofessionelle Zusammenarbeit unabdingbar und in zunehmendem Maße notwendig. Dies gilt besonders für die Berufe in der medizinischen Technologie, die an der Schnittstelle verschiedener Bereiche tätig sind. Vor diesem Hintergrund ist Ziel des Interprofessionellen Praktikums, dass die Auszubildenden das jeweilige Berufsfeld im Kontext des Versorgungsprozesses kennenlernen. Inhalte beziehen sich insbesondere auf Tätigkeitsbereiche, die der jeweiligen Kerntätigkeit vorangehen oder folgen. In der medizinisch-technologischen Ausbildung in der Radiologie und in der Funktionsdiagnostik sind zusätzlich grundpflegerische Aufgaben in das Interprofessionelle Praktikum einzubeziehen.

Das Interprofessionelle Praktikum kann in Form von Hospitationen stattfinden und insbesondere die nachfolgend aufgeführten Tätigkeiten und Bereiche umfassen.

In der medizinisch-technologischen Ausbildung in der Laboratoriumsanalytik:

- *Selbständige Gewinnung von Untersuchungsmaterialien wie zum Beispiel Blutentnahme und Abstriche, Mitwirkung bei der Gewinnung von Untersuchungsmaterialien durch ärztliches Personal, zum Beispiel Entnahme von Knochenmark und Gewebeproben sowie Liquorpunktionen, einschließlich präanalytischer Maßnahmen,*
- *Durchführung der patientennahen Laboratoriumsanalytik einschließlich Qualitätskontrolle, Wartung, präanalytischer Maßnahmen, Identitätssicherung sowie Arbeitsplatzvor- und -nachbereitung,*
- *Kennenlernen von Schnittstellen zwischen den Versorgungsbereichen, die einen Einfluss auf Arbeitsprozesse in einer Funktions- oder Fachabteilung haben, zum Beispiel Notaufnahme, Stationäre Versorgung, OP-Bereich, Blutdepot, Patientenaufnahme, Endoskopie oder Forensik.*

In der medizinisch-technologischen Ausbildung in der Radiologie und in der Funktionsdiagnostik:

- *Grundpflegerische Tätigkeiten, insbesondere Mitwirkung bei Grundverrichtungen des täglichen Lebens,*
- *Kennenlernen von Schnittstellen zwischen den Versorgungsbereichen, die einen Einfluss auf Arbeitsprozesse in einer Funktions- oder Fachabteilung haben, zum Beispiel Notaufnahme, OP-Bereich, Labore, Patientenaufnahme oder Endoskopie.*

In der medizinisch-technologischen Ausbildung in der Veterinärmedizin:

- *Einsätze an Stellen, in denen medizinische oder lebensmittelhygienische Untersuchungsmaterialien oder Umweltproben durch tierärztliches oder anderes Fachpersonal gewonnen werden, zum Beispiel Entnahme von Blut, Knochenmark und Gewebeproben sowie Liquorpunktionen, einschließlich präanalytischer Maßnahmen, Identitätssicherung sowie Arbeitsplatzvor- und -nachbereitung,*

- *Kennenlernen von Schnittstellen zwischen den Versorgungsbereichen, die einen Einfluss auf Arbeitsprozesse einer Funktions- oder Fachabteilung haben, zum Beispiel stationäre Versorgung in der Human- oder Veterinärmedizin, OP-Bereich, Patientenaufnahme, Tierpflege, Lebensmittelüberwachung, amtstierärztlicher Dienst oder Forensik."*

3 Der Beschluss des Bundesrates (BR-Drs. 635/21 (B), S. 2) zur Änderung des Abs. 3 lautet:

„Zu § 5 Absatz 3 – neu –

Dem § 5 ist folgender Absatz 3 anzufügen:

‚(3) Der Träger der Einrichtung bestätigt die Teilnahme am interprofessionellen Praktikum mit einer Teilnahmebescheinigung.'"

Zur Begründung (BR-Drs. 635/21 (B), S. 2) wird ausgeführt:

„Das interprofessionelle Praktikum hat zwar lediglich Hospitationscharakter, ist aber gemäß § 5 Absatz 1 MTAPrV dennoch ein verpflichtender Teil der praktischen Ausbildung, der vor Zulassung zur Abschlussprüfung von der dem Prüfungsausschuss vorsitzenden Person überprüft wird. Für diese Hospitation muss daher verpflichtend zumindest eine Teilnahmebescheinigung erstellt und vorgelegt werden. Mit einer Teilnahmebescheinigung kann die Überprüfung der Teilnahme am interprofessionellen Praktikum ermöglicht beziehungsweise erleichtert werden."

§ 6 Leistungseinschätzungen für praktische Einsätze

(1) Jede an der Ausbildung beteiligte Einrichtung hat die Leistung, die die auszubildende Person im Rahmen des bei ihr durchgeführten praktischen Einsatzes erbracht hat, qualifiziert einzuschätzen.

(2) Die beteiligte Einrichtung hat bei Beendigung des praktischen Einsatzes

1. **der auszubildenden Person die qualifizierte Leistungseinschätzung mitzuteilen und zu erläutern und**
2. **der Schule die qualifizierte Leistungseinschätzung und die Zeiten, die die auszubildende Person während des praktischen Einsatzes gefehlt hat, mitzuteilen.**

(3) Abweichend von Absatz 1 ist für das Interprofessionelle Praktikum nach § 5 keine Leistungseinschätzung vorzunehmen.

Erläuterungen

In der Begründung zur Verordnung (BR-Drs. 635/21, S. 91) wird zu dieser Vorschrift ausgeführt: 1

„***Zu Absatz 1***

Absatz 1 regelt, dass jede Einrichtung zu dem bei ihr durchgeführten praktischen Einsatz eine Leistungseinschätzung abzugeben hat. Diese muss durch eine Begründung qualifiziert werden. Grundlage der Leistungseinschätzung können objektive, gemeinsam mit der Schule erarbeitete Bewertungskriterien sein. Fehlzeiten sind als Teil der Leistungseinschätzung auszuweisen.

Auf Grundlage der Leistungseinschätzungen ermittelt die Schule gemäß § 7 Absatz 4 die Jahresnote für die praktischen Einsätze.

Zu Absatz 2

Die von der Einrichtung für den jeweiligen Praxiseinsatz zu erstellende Leistungseinschätzung dokumentiert die von der auszubildenden Person während des Einsatzes erbrachten Leistungen. Vor dem Hintergrund der pädagogischen Zielsetzung zur Erlangung der beruflichen Kompetenzen besteht die Pflicht zur Erläuterung der Leistungseinschätzung gegenüber der auszubildenden Person, so dass diese eine Rückmeldung zum Leistungsstand erhält (Nummer 1).

Die qualifizierte Leistungseinschätzung einschließlich der Fehlzeiten sind der Schule mitzuteilen (Nummer 2).

Zu Absatz 3

Absatz 3 regelt, dass für das Interprofessionelle Praktikum keine Leistungseinschätzung vorzunehmen ist. Grund dafür ist die kurze Dauer des Praktikums und sein Hospitationscharakter.“

§ 7 Jahreszeugnisse

(1) Für jedes Ausbildungsjahr muss die Schule der auszubildenden Person ein Jahreszeugnis ausstellen.

(2) Im Jahreszeugnis sind insbesondere anzugeben

1. **die Jahresnote als Gesamtnote für die im theoretischen und praktischen Unterricht erbrachten Leistungen,**
2. **die Jahresnote als Gesamtnote für die praktischen Einsätze,**
3. **etwaige Fehlzeiten während des theoretischen und praktischen Unterrichts und**
4. **etwaige Fehlzeiten während der praktischen Ausbildung.**

(3) Das Nähere zur Bildung der Jahresnoten regeln die Länder.

(4) [1]Die Jahresnote für die praktischen Einsätze wird von der Schule unter Berücksichtigung der qualifizierten Leistungseinschätzungen nach § 6 Absatz 1 festgelegt. [2]Ist ein praktischer Einsatz am Ende eines Ausbildungsjahres nicht beendet, so erfolgt die Berücksichtigung im nächsten Ausbildungsjahr. [3]Die Jahresnote für die praktischen Einsätze ist im Benehmen mit dem Träger der praktischen Ausbildung festzulegen.

Erläuterungen

1 Die Vorschrift ist gegenüber der ursprünglichen Fassung durch Beschluss des Bundesrates (BR-Drs. 635/21 (B), S. 2) in Abs. 3 geändert worden (s. dazu unten → Rn. 3).

2 In der Begründung zur Verordnung (BR-Drs. 635/21, S. 91 f.) wird zu dieser Vorschrift in der ursprünglichen Fassung ausgeführt:

„Zu Absatz 1

Die Regelung schreibt vor, dass die Schule für jedes Ausbildungsjahr ein Jahreszeugnis erstellt. Die dort enthaltenden Leistungsbewertungen sollen den pädagogischen Zweck erfüllen, den Auszubildenden einen Überblick über ihre Lernentwicklung und den Leistungsstand zu geben. Sie sind außerdem Maßstab dafür, ob die mit der Ausbildung verfolgten Ziele erfüllt werden.

Zu Absatz 2

Absatz 2 enthält Mindestvorgaben zu den Inhalten des Jahreszeugnisses. Neben der Jahresnote für den theoretischen und praktischen Unterricht und der Jahresnote für die praktischen Einsätze sind die jeweiligen Fehlzeiten getrennt auszuweisen. Darüber hinaus können weitere Angaben, wie beispielsweise die Einzelnoten für den theoretischen und praktischen Unterricht oder Einzelheiten der Leistungseinschätzungen für die praktischen Einsätze angegeben werden. Die konkrete Ausgestaltung des Zeugnisses ist Angelegenheit der Länder.

Zu Absatz 3

Absatz 3 beinhaltet die Vorgabe, wie die Jahresnote für den theoretischen und praktischen Unterricht gebildet wird. Hierzu werden die Einzelnoten der jeweiligen Lernbereiche herangezogen.

Zu Absatz 4

Die Jahresnote für die praktischen Einsätze legt die Schule fest. Dabei werden die für das Ausbildungsjahr erstellten qualifizierten Leistungseinschätzungen der einzelnen Einsätze besonders berücksichtigt. Nach Satz 2 erfolgt die Bewertung eines praktischen Einsatzes im Folgejahr, wenn dieser am Ende des Ausbildungsjahres nicht beendet ist. Bei der Festlegung der Jahresnote für die praktischen Einsätze ist das Benehmen mit dem Träger der praktischen Ausbildung herzustellen."

Der Beschluss des Bundesrates (BR-Drs. 635/21 (B), S. 2) zur Änderung des Abs. 3 lautet: 3

„Zu § 7 Absatz 3

§ 7 Absatz 3 ist wie folgt zu fassen:

‚(3) Das Nähere zur Bildung der Jahresnoten regeln die Länder.'"

Zur Begründung (BR-Drs. 635/21 (B), S. 2) wird ausgeführt:

„Die Leistungserhebung sowie die Bildung der Jahresnoten liegen in der Zuständigkeit der Länder. Um der Kultushoheit und den daraus folgenden landesspezifischen Besonderheiten Rechnung zu tragen, ist eine entsprechende Zuweisung der Regelungskompetenz nötig."

§ 8 Qualifikation der Praxisanleitung

(1) [1]Zur Praxisanleitung geeignet ist eine Person, die

1. über eine Erlaubnis zum Führen der Berufsbezeichnung
   a) nach § 1 Absatz 1 des MT-Berufe-Gesetzes oder
   b) nach § 1 Absatz 1 des MTA-Gesetzes in der bis zum 31. Dezember 2022 geltenden Fassung

in dem Beruf verfügt, in dem die Praxisanleitung durchgeführt werden soll,

2. über Berufserfahrung in dem jeweiligen Beruf von mindestens einem Jahr verfügt,
3. eine berufspädagogische Zusatzqualifikation im Umfang von mindestens 300 Stunden absolviert hat und
4. kontinuierlich berufspädagogische Fortbildungen im Umfang von mindestens 24 Stunden jährlich absolviert.

[2]Die Länder können den Zeitraum, in dem die berufspädagogischen Fortbildungen nach Satz 1 Nummer 4 zu absolvieren sind, auf bis zu drei Jahre verlängern. [3]Der Stundenumfang ist entsprechend zu erhöhen.

(2) [1]Auf Personen, die in dem Zeitraum vom 1. Januar 2021 bis zum 31. Dezember 2022 als praxisanleitende Personen tätig sind, ist Absatz 1 Satz 1 Nummer 2 und 3 nicht anzuwenden. [2]Gleiches gilt für Personen, die am 31. Dezember 2022 über Kompetenzen zur Ausübung der praxisanleitenden Tätigkeit verfügen oder auf der Grundlage des Gesetzes über technische Assistenten in der Medizin vom 2. August 1993 in der bis zum 31. Dezember 2022 geltenden Fassung als praxisanleitende Personen tätig waren. [3]Die Tätigkeit als praxisanleitende Person im Sinne des Satzes 1 und 2 ist gegenüber der zuständigen Behörde in geeigneter Form nachzuweisen.

(3) Abweichend von Absatz 1 kann die Praxisanleitung beim Interprofessionellen Praktikum nach § 5 von jeder Person durchgeführt werden, die zur jeweiligen Kompetenzvermittlung geeignet ist.

(4) Die Anforderungen des § 145 Absatz 2 Nummer 4 der Strahlenschutzverordnung vom 29. November 2018 (BGBl. I S. 2034, 2036), zuletzt geändert durch Artikel 83 des Gesetzes vom 10. August 2021 (BGBl. I S. 3436), bleiben unberührt.

Erläuterungen

1 Die Vorschrift ist gegenüber der ursprünglichen Fassung durch Beschluss des Bundesrates in Abs. 2 geändert worden (BR-Drs. 635/21 (B), S. 3) (s. dazu unten → Rn. 3). Weiter ist Abs. 4 angefügt worden (BR-Drs. 635/21 (B), S. 4) (s. dazu unten → Rn. 4).

2 In der Begründung zur Verordnung (BR-Drs. 635/21, S. 92 f.) wird zu dieser Vorschrift in der ursprünglichen Fassung ausgeführt:

„Die Vorschrift legt die erforderliche Qualifikation der Personen fest, die als praxisanleitende Person tätig werden.

Die geplante und strukturierte Durchführung der Praxisanleitung unterstützt die Auszubildenden und leistet einen wichtigen Beitrag zur Qualität der praktischen Ausbildung. Sie trägt auch wesentlich dazu bei, die Verknüpfung des im Unterricht Gelernten mit den beruflichen Anforderungen herzustellen. Die praxisanleitenden Personen sollen die Auszubildenden schrittweise an die berufsspezifischen Aufgaben heranführen. Die praxisanleitenden Personen sind direkte Kontaktpersonen für die Auszubildenden während ihrer praktischen Ausbildung. Zudem sind sie Ansprechpersonen der Schulen.

Zu Absatz 1

Satz 1 legt die persönlichen Anforderungen an die praxisanleitenden Personen fest.

Diese müssen selbst Medizinische Technologin oder Medizinischer Technologe für den Beruf sein, in dem die Praxisanleitung durchgeführt werden soll (Nummer 1 Buchstabe a). Auch Medizinisch-technische Assistentinnen und Medizinisch-technische Assistenten nach dem Gesetz über technische Assistenten in der Medizin können in ihrem jeweiligen Beruf als praxisanleitende Personen tätig werden (Nummer 1 Buchstabe b). Außerdem sind eine mindestens einjährige Berufserfahrung im jeweiligen Beruf (Nummer 2) und eine berufspädagogische Zusatzqualifikation im Umfang von mindestens 300 Stunden (Nummer 3) erforderlich. Die berufspädagogische Zusatzqualifikation kann dabei parallel zur Berufstätigkeit erworben werden. Schließlich muss die praxisanleitende Person kontinuierlich berufspädagogische Fortbildungen im Umfang von mindestens 24 Stunden jährlich absolvieren (Nummer 4). Nummer 3 und Nummer 4 stellen sicher, dass praxisanleitende Personen neben ihren fachlichen Qualifikationen über die zur Wahrnehmung ihrer anspruchsvollen Aufgaben in der Ausbildung erforderlichen pädagogischen Fähigkeiten verfügen und diese auf einem aktuellen Stand halten.

Satz 2 sieht vor, dass die Länder den Zeitraum, in dem die berufspädagogischen Fortbildungen zu absolvieren sind, auf bis zu drei Jahre verlängern können. Sie können also beispielsweise vorsehen, dass die praxisanleitenden Personen berufspädagogische Fortbildungen im Umfang von mindestens 72 Stunden in drei Jahren zu absolvieren haben. So kann die Fortbildungspflicht flexibilisiert und den Lebensumständen angepasst werden.

Zu Absatz 2

Absatz 2 sieht einen umfassenden Bestandsschutz für bereits in der Praxisanleitung tätige Personen vor. Es wäre nicht sachgerecht, auf diese erfahrenen Personen zu verzichten. Für diese Personen entfällt das Erfordernis der einjährigen Berufserfahrung im jeweiligen Beruf (Absatz 1 Nummer 2) und das Erfordernis einer berufspädagogischen Zusatzqualifikation (Absatz 1 Nummer 3). Diese können weiterhin als praxisanleitende Personen tätig werden, wenn sie selbst Medizinisch-technische Assistentinnen oder Medizinisch-technische Assistenten nach dem Gesetz über technische Assistenten in der Medizin sind (Nummer 1 Buchstabe b) und berufspädagogische

Fortbildungen im geforderten Umfang absolvieren (Absatz 1 Nummer 4, gegebenenfalls in Verbindung mit landesrechtlichen Regelungen nach Absatz 1 Satz 2).

Zu Absatz 3

Beim Interprofessionellen Praktikum kann die Praxisanleitung durch alle Personen erfolgen, die zur entsprechenden Kompetenzvermittlung geeignet sind. Dies können beispielsweise Ärztinnen oder Ärzte sein sowie Personen, die nach § 4 Absatz 3 der Pflegeberufe-Ausbildungs- und -Prüfungsverordnung für die Praxisanleitung qualifiziert sind.“

3 Der Beschluss des Bundesrates (BR-Drs. 635/21 (B), S. 3) zur Änderung des Abs. 2 lautet:

„Zu § 8 Absatz 2 Satz 1a – neu – und Satz 2

§ 8 Absatz 2 ist wie folgt zu ändern:

a) Nach Satz 1 ist folgender Satz einzufügen:
‚Gleiches gilt für Personen, die am 31. Dezember 2022 über Kompetenzen zur Ausübung der praxisanleitenden Tätigkeit verfügen oder auf der Grundlage des Gesetzes über technische Assistenten in der Medizin vom 2. August 1993 in der bis zum 31. Dezember 2022 geltenden Fassung als praxisanleitende Personen tätig waren.‘

b) In Satz 2 ist nach der Angabe ‚1‘ die Angabe ‚und 1a‘ einzufügen.“

Hinweis:

In der aktuellen Gesetzesfassung ist in Abs. 2 aus Satz 1a der Satz 2 geworden. In Satz 3 wird entsprechend auf Satz 1 und 2 verwiesen.

Zur Begründung (BR-Drs. 635/21 (B), S. 2) wird ausgeführt:

„Der Bestandsschutz gemäß § 8 Absatz 2 Satz 1 MTAPrV für Personen die als praxisanleitende Personen tätig sind ist in der vorgelegten Form bisher nicht weitgehend genug. Es ist nicht sachgerecht, die Ausnahmeregelung zu versagen, wenn eine vor dem 1. Januar 2021 praxisanleitende Person zum Beispiel aufgrund von Mutterschutz, Elternzeit oder aus ähnlichen Gründen nicht bis zum 31. Dezember 2022 tätig war. Die Einschränkung des Bestandsschutzes auf den Zeitraum vom 1. Januar 2021 bis zum 31. Dezember 2022 als harte Stichtagsregelung benachteiligt Personen, die in dem Zeitraum aus individuell nachvollziehbaren Gründen – zum Beispiel zur Wahrnehmung von Verpflichtungen im Rahmen der Familienarbeit – ihre praxisanleitende Tätigkeit nicht ausüben können. Die Ausübung der praxisanleitenden Tätigkeit wäre unter fachlichen Gesichtspunkten jedoch aufgrund der vorliegenden Kompetenzen möglich und sollte einen Bestandsschutz gemäß § 8 Absatz 2 MTAPrV auslösen.

Zudem ist für die neu eingeführte Praxisanleitung in den medizinisch-technischen Berufen ein Engpass zu erwarten. Aus diesem Grund ist die oben genannte Erweiterung notwendig, um einen umfassenden persönlichen Bestandsschutz zu ermöglichen und die Situation der in dieser Form neu eingeführten Praxisanleitung gerade zum Start der neuen Ausbildungen zu entspannen.“

Der Beschluss des Bundesrates (BR-Drs. 635/21 (B), S. 4) zur Änderung des Abs. 4 lautet: 4

„Zu § 8 Absatz 4 – neu –

Dem § 8 ist folgender Absatz anzufügen:

‚(4) Die Anforderungen des § 145 Absatz 2 Nummer 4 der Strahlenschutzverordnung vom 29. November 2018 (BGBl. I S. 2034, 2036), zuletzt geändert durch Artikel 83 des Gesetzes vom 10. August 2021 (BGBl. I S. 3436), bleiben unberührt.'"

Zur Begründung (BR-Drs. 635/21 (B), S. 4) wird ausgeführt:

„Die Regelungen zur Praxisanleitung nach § 8 MTAPrV können für die praktische Ausbildung zur Medizinischen Technologin für Radiologie und zum Medizinischen Technologen für Radiologie im Sinne einer Aufsicht über die praktische Arbeit der auszubildenden Personen als abschließend missverstanden werden.

Sofern auszubildenden Personen im Rahmen der Ausbildung die technische Durchführung bei der Anwendung ionisierender Strahlung oder radioaktiver Stoffe am Menschen übertragen wird, darf diese nach § 145 Absatz 2 Nummer 4 Strahlenschutzverordnung nur unter ständiger Aufsicht und Verantwortung eines Arztes mit Fachkunde im Strahlenschutz vorgenommen werden. Mit der Praxisanleitung nach § 8 MTAPrV wird diese Anforderung nicht erfüllt."

§ 9 Praxisbegleitung

[1]Für die praktische Ausbildung hat die Schule nach § 22 Nummer 5 und § 23 Absatz 1 des MT-Berufe-Gesetzes zu gewährleisten, dass eine Praxisbegleitung in angemessenem Umfang erfolgt. [2]Im Rahmen der Praxisbegleitung sollen für jede auszubildende Person insgesamt mindestens drei Besuche einer Lehrkraft in den Einrichtungen der praktischen Ausbildung erfolgen.

Erläuterungen

1 In der Begründung zur Verordnung (BR-Drs. 635/21, S. 93) wird zu dieser Vorschrift ausgeführt:

„Die Vorschrift konkretisiert die Anforderungen an die von der Schule zu leistende Praxisbegleitung. Dazu gehört eine Mindestanzahl von Besuchen einer Lehrkraft in den Einrichtungen der praktischen Ausbildung. Es sollen für jede auszubildende Person insgesamt mindestens drei Besuche erfolgen. Diese sind zeitlich sinnvoll auf die praktischen Einsätze zu verteilen. Die Lehrkräfte haben die Möglichkeit, die Besuche in den Ausbildungseinrichtungen so zu koordinieren und zu bündeln, dass mehrere Auszubildende in einer Einrichtung der praktischen Ausbildung besucht werden können.“

§ 10 Inhalt der Kooperationsvereinbarungen

(1) [1]In den Kooperationsvereinbarungen zwischen der Schule und dem Träger der praktischen Ausbildung ist die enge Zusammenarbeit hinsichtlich der Ausbildung der Auszubildenden zu regeln. [2]Ziel ist es, eine bestmögliche Verzahnung von theoretischem und praktischem Unterricht und praktischer Ausbildung zu gewährleisten.

(2) Die Kooperationsvereinbarungen müssen insbesondere Vorgaben enthalten

1. **zum Ausbildungsplan,**
2. **zu den Vereinbarungen, die der Träger der praktischen Ausbildung mit weiteren Einrichtungen abzuschließen hat, um die praktische Ausbildung sicherzustellen,**
3. **zur Durchführung der Praxisanleitung und**
4. **zur Durchführung der Praxisbegleitung.**

Erläuterungen

In der Begründung zur Verordnung (BR-Drs. 635/21, S. 93) wird zu dieser Vorschrift ausgeführt: 1

„Die Ausbildung zur Medizinischen Technologin und zum Medizinischen Technologen erfordert eine enge Zusammenarbeit der Schule und des Trägers der praktischen Ausbildung. Dazu sind die Schule und der Träger der praktischen Ausbildung nach § 22 Nummer 1 des MT-Berufe-Gesetzes verpflichtet, Kooperationsvereinbarungen zu schließen. § 10 konkretisiert diese Pflicht.

Absatz 1 bezieht sich darauf, dass Kooperationsvereinbarungen die enge Zusammenarbeit der Beteiligten zu regeln haben. Ziel ist, dass im Interesse der Auszubildenden ein fortlaufender und systematischer Austausch sichergestellt wird.

Absatz 2 gibt den Mindestinhalt der Kooperationsvereinbarungen vor.

§ 76 des MT-Berufe-Gesetzes, der den Abschluss und die Inhalte von Kooperationsvereinbarungen zur Finanzierung von Ausbildungskosten der Schulen regelt, bleibt von § 10 unberührt.“

Teil 2
Staatliche Prüfung

Abschnitt 1
Allgemeines und Organisatorisches

§ 11 Teile der staatlichen Prüfung

Die staatliche Prüfung besteht aus

1. **einem schriftlichen Teil,**
2. **einem mündlichen Teil und**
3. **einem praktischen Teil.**

Erläuterungen

1 In der Begründung zur Verordnung (BR-Drs. 635/21, S. 93) wird zu dieser Vorschrift ausgeführt:

„Die staatliche Prüfung über die berufliche Ausbildung zur Medizinischen Technologin oder zum Medizinischen Technologen gliedert sich in allen vier Berufen jeweils in einen schriftlichen, einen mündlichen und einen praktischen Teil. Gegenstand der staatlichen Prüfung zur Erlangung der jeweiligen Berufsbezeichnung nach § 1 Absatz 1 Nummer 1 bis 4 des MT-Berufe-Gesetzes sind die in den Anlagen 1 bis 4 aufgeführten Kompetenzen, die die Ausbildungsziele konkretisieren (§§ 8 bis 12 MT-Berufe-Gesetz).“

§ 12 Bildung und Zuständigkeit des Prüfungsausschusses

(1) An jeder Schule, die die Ausbildung durchführt, wird ein Prüfungsausschuss gebildet.

(2) Der Prüfungsausschuss ist für die ordnungsgemäße Durchführung der staatlichen Prüfung zuständig.

Erläuterungen

In der Begründung zur Verordnung (BR-Drs. 635/21, S. 94) wird zu dieser Vorschrift 1
ausgeführt:

„***Zu Absatz 1***

An Schulen, an denen zur Medizinischen Technologin und zum Medizinischen Technologen ausgebildet wird, ist ein Prüfungsausschuss zu bilden.

Zu Absatz 2

Die Vorschrift regelt, dass der Prüfungsausschuss für die ordnungsgemäße Durchführung der staatlichen Prüfung zuständig ist.“

§ 13 Zusammensetzung des Prüfungsausschusses

(1) Der Prüfungsausschuss besteht aus den folgenden Mitgliedern:

1. einer Vertreterin oder einem Vertreter der zuständigen Behörde oder einer anderen geeigneten Person, die von der zuständigen Behörde mit der Wahrnehmung dieser Aufgabe betraut worden ist, als dem Prüfungsausschuss vorsitzende Person,
2. der Schulleiterin oder dem Schulleiter oder einem für die Ausbildung zuständigen Mitglied der Schulleitung,
3. mindestens drei Fachprüferinnen oder Fachprüfern, von denen
   a) mindestens zwei Personen schulische Fachprüferinnen oder Fachprüfer sein müssen und
   b) mindestens eine Person eine praktische Fachprüferin oder ein praktischer Fachprüfer sein muss.

(2) Zur schulischen Fachprüferin oder zum schulischen Fachprüfer darf nur bestellt werden, wer an der Schule unterrichtet.

(3) Zur praktischen Fachprüferin oder zum praktischen Fachprüfer darf nur bestellt werden, wer zum Zeitpunkt der staatlichen Prüfung als praxisanleitende Person tätig ist

1. in der Einrichtung, die der Träger der praktischen Ausbildung ist, oder
2. in einer weiteren für die praktische Ausbildung geeigneten Einrichtung.

(4) Zu Fachprüferinnen und Fachprüfern sollen die Lehrkräfte und praxisanleitenden Personen bestellt werden, die die zu prüfenden Personen überwiegend unterrichtet oder ausgebildet haben.

(5) [1]Die zuständige Behörde bestellt die Mitglieder des Prüfungsausschusses sowie für jedes Mitglied mindestens ein Ersatzmitglied für den Fall der Verhinderung. [2]Die Mitglieder des Prüfungsausschusses nach Absatz 1 Nummer 2 und 3 schlägt die Schule vor.

Erläuterungen

1 Die Vorschrift ist gegenüber der ursprünglichen Fassung durch Beschluss des Bundesrates (BR-Drs. 635/21 (B), S. 4) in Abs. 1 geändert worden (s. dazu unten → Rn. 3).

2 In der Begründung zur Verordnung (BR-Drs. 635/21, S. 94 f.) wird zu dieser Vorschrift in der ursprünglichen Fassung ausgeführt:

*„**Zu Absatz 1***

Absatz 1 benennt die in den Prüfungsausschuss zu berufenen Mitglieder und die an sie zu stellenden Anforderungen. Der Prüfungsausschuss hat als Kollegialorgan keine eigenen Entscheidungskompetenzen, sondern dient insgesamt der Sicherstellung der ordnungsgemäßen Abläufe der Prüfung. Einzelnen Mitgliedern des Prüfungsausschusses werden durch diese Verordnung dann bestimmte Rollen bei den einzelnen Teilen der staatlichen Prüfung zugewiesen.

Nummer 1 sieht eine Vertreterin oder einen Vertreter der zuständigen Behörde als Mitglied des Prüfungsausschusses vor, welches gleichzeitig den Vorsitz des Prüfungsausschusses führt. Es besteht die Möglichkeit, dass auch eine andere geeignete Person von der zuständigen Behörde als Mitglied bestellt und mit dem Vorsitz betraut wird.

Nummer 2 sieht als Mitglied des Prüfungsausschusses die Schulleiterin oder den Schulleiter vor. Anstelle der Schulleiterin oder des Schulleiters kann auch, insbesondere an großen Schulen, ein für die Ausbildung zuständiges Mitglied der Schulleitung (zum Beispiel die jeweilige zuständige Fachbereichsleiterin oder der jeweilige zuständige Fachbereichsleiter) bestellt werden.

Nummer 3 benennt die in den Prüfungsausschuss zu berufenden Fachprüferinnen und Fachprüfer, von denen mindestens zwei Personen schulische Fachprüferin oder schulischer Fachprüfer und mindestens eine Person praktische Fachprüferin oder Fachprüfer sein muss.

Zu Absatz 2

Absatz 2 regelt, dass die in den Prüfungsausschuss zu berufenden Fachprüferinnen und Fachprüfer an der Schule unterrichten, an der die zu prüfende Person unterrichtet worden ist.

Zu Absatz 3

Die Fachprüferin oder der Fachprüfer muss im jeweiligen Beruf in der Praxisanleitung tätig sein und die dafür erforderlichen Voraussetzungen erfüllen und zugleich auch in der Einrichtung tätig sein, die Träger der praktischen Ausbildung oder eine weitere für die praktische Ausbildung geeignete Einrichtung ist. Damit wird insgesamt der Funktion der Praxisanleitung in der Ausbildung auch im Rahmen der Prüfung Rechnung getragen. Die praktischen Fachprüferinnen und die praktischen Fachprüfer sollen insbesondere in den praktischen Teil der Prüfung eingebunden werden.

Zu Absatz 4

Die Auswahl der Fachprüferinnen und Fachprüfer bestimmt sich zudem durch die zu prüfenden Kompetenzbereiche, in denen die Fachprüferinnen und Fachprüfer unterrichten, wobei der Begriff ‚überwiegend' nicht rein rechnerisch zu verstehen ist, sondern sich auch an anderen Kriterien orientieren kann. So kann für die Prüfung die Fachprüferin oder der Fachprüfer ausgewählt werden, die oder der in dem prüfungsrelevanten Kompetenzbereich zuletzt unterrichtet hat und damit maßgeblich an der Vorbereitung der Auszubildenden auf die Prüfung beteiligt war.

Zu Absatz 5

Die Mitglieder des Prüfungsausschusses werden von der zuständigen Behörde bestellt, die sich dabei hinsichtlich der Mitglieder nach Absatz 1 Nummer 2 und 3 auf Vorschläge der Schule stützt. Gleiches gilt für die Ersatzmitglieder für den Fall der Verhinderung, die für jedes Mitglied des Prüfungsausschusses zu bestellen sind. Damit aufgrund der gewachsenen Strukturen auch Schulen mit kleineren Ausbildungskohorten die Zusammenstellung des Prüfungsausschusses gelingt, kann ein Ersatzmitglied auch für mehrere Fachprüfer oder Fachprüferinnen bestellt werden. Im Vertretungsfall darf ein Ersatzmitglied aber nur ein Mitglied ersetzen."

3 Der Beschluss des Bundesrates (BR-Drs. 635/21 (B), S. 4) zur Änderung des Abs. 1 lautet:

„Zu § 13 Absatz 1 Nummer 3 erster Halbsatz und Buchstabe a

§ 32 Absatz 1,

§ 48 Absatz 3,

§ 67 Absatz 1,

§ 84 Absatz 1 und

§ 92 Absatz 1

In § 13 Absatz 1 Nummer 3 erster Halbsatz und in Buchstabe a, § 32 Absatz 1, § 48 Absatz 3, § 67 Absatz 1, § 84 Absatz 1 und § 92 Absatz 1 ist jeweils nach dem Wort ‚Fachprüferinnen' das Wort ‚und' durch das Wort ‚oder' zu ersetzen."

Zur Begründung (BR-Drs. 635/21 (B), S. 4 f.) wird ausgeführt:

„Das Bindewort ‚und' suggeriert, dass in jedem Fall beide Geschlechter vertreten sein müssen. Dies ist nicht immer zu gewährleisten und auch nicht zwingend notwendig.

Auch in den Ausbildungs- und Prüfungsverordnungen für andere Gesundheitsfachberufe (zum Beispiel PflAPrV) wird die Wortgruppe jeweils mit ‚oder' gebildet und sollte im Sinne einer einheitlichen Rechtssprache daher in der MTAPrV entsprechend formuliert werden."

§ 14 Bestimmung der einzelnen Fachprüferinnen und Fachprüfer für die einzelnen Prüfungsteile der staatlichen Prüfung

Die dem Prüfungsausschuss vorsitzende Person bestimmt auf Vorschlag der Schulleiterin oder des Schulleiters für jede Aufsichtsarbeit des schriftlichen Teils, für den mündlichen Teil und für jeden Prüfungsteil des praktischen Teils der staatlichen Prüfung jeweils

1. **die Fachprüferinnen und Fachprüfer sowie**
2. **deren Ersatzmitglieder.**

Erläuterungen

In der Begründung zur Verordnung (BR-Drs. 635/21, S. 95) wird zu dieser Vorschrift ausgeführt: 1

„Nach § 14 legt die dem Prüfungsausschuss vorsitzende Person auf Vorschlag der Schulleitung fest, welche Fachprüferinnen und Fachprüfer mit welchen Ersatzmitgliedern für die einzelnen Prüfungsbereiche des schriftlichen Teils der Prüfung und für den mündlichen und die Prüfungsteile des praktischen Teils der Prüfung vorgesehen sind. Hierbei sind die jeweilige fachliche Qualifikation der Fachprüferinnen und Fachprüfer für die Kompetenzbereiche zu berücksichtigen. Für jedes Mitglied soll im Interesse einer jederzeitigen Funktionsfähigkeit des Prüfungsausschusses mindestens ein Ersatzmitglied benannt werden. Das Ersatzmitglied muss dabei nicht aus derselben Ausbildungseinrichtung oder derselben Schule stammen."

§ 15 Teilnahme der dem Prüfungsausschuss vorsitzenden Person an Teilen der staatlichen Prüfung

[1]Die dem Prüfungsausschuss vorsitzende Person hat das Recht, an den einzelnen Teilen der staatlichen Prüfung teilzunehmen, ohne dass ihr ein Fragerecht zusteht. [2]Eine Verpflichtung zur Anwesenheit besteht nicht.

Erläuterungen

1 In der Begründung zur Verordnung (BR-Drs. 635/21, S. 95) wird zu dieser Vorschrift ausgeführt:

„§ 15 sieht vor, dass die dem Prüfungsausschuss vorsitzende Person an den einzelnen Teilen der Prüfung teilnehmen kann, um sich von der ordnungsgemäßen Durchführung der Prüfungen zu überzeugen. Eine Anwesenheitspflicht ergibt sich daraus nicht. Auch steht ihr kein Fragerecht zu.“

§ 16 Teilnahme von Sachverständigen sowie von Beobachterinnen und Beobachtern an der staatlichen Prüfung

(1) Die zuständige Behörde kann Sachverständige sowie Beobachterinnen und Beobachter zur Teilnahme an einzelnen oder allen Teilen der staatlichen Prüfung entsenden.

(2) Die Teilnahme an einer praktischen Prüfung unter Beteiligung von Patientinnen und Patienten ist nur zulässig, wenn die betroffenen Patientinnen und Patienten oder eine vertretungsberechtigte Person zuvor darin eingewilligt haben.

Erläuterungen

In der Begründung zur Verordnung (BR-Drs. 635/21, S. 95) wird zu dieser Vorschrift 1
ausgeführt:

*„**Zu Absatz 1***

Nach Absatz 1 kann die zuständige Behörde Sachverständige und Beobachter, zum Beispiel Lehrkräfte einer Schule, sofern sie nicht selbst Mitglied des Prüfungsausschusses sind, zur Teilnahme an einzelnen oder allen Prüfungsteilen entsenden.

Zu Absatz 2

Absatz 2 stellt klar, dass die Teilnahme an einer praktischen Prüfung unter Beteiligung von Patientinnen und Patienten nur mit Einwilligung dieser oder einer vertretungsberechtigten Person zulässig ist."

§ 17 Zulassung zur staatlichen Prüfung

(1) Auf Antrag der auszubildenden Person entscheidet die dem Prüfungsausschuss vorsitzende Person, ob die auszubildende Person zur staatlichen Prüfung zugelassen wird.

(2) Die Zulassung zur staatlichen Prüfung wird erteilt, wenn

1. die folgenden Nachweise vorliegen:
   a) ein Identitätsnachweis der auszubildenden Person in amtlich beglaubigter Abschrift,
   b) eine Bescheinigung über die regelmäßige und erfolgreiche Teilnahme am theoretischen und praktischen Unterricht sowie an der praktischen Ausbildung nach Anlage 7,
   c) die zum Zeitpunkt der Zulassung vorliegenden Jahreszeugnisse nach § 7,

2. die Durchschnittsnote der Jahreszeugnisse mindestens „ausreichend" ist und

3. die Fehlzeiten,
   a) die nach § 16 des MT-Berufe-Gesetzes auf die Dauer der Ausbildung anzurechnen sind, nicht überschritten worden sind oder
   b) die Verlängerung der Ausbildungsdauer nach § 17 des MT-Berufe-Gesetzes absolviert und nachgewiesen worden ist; der Nachweis wird entsprechend der Bescheinigung nach Nummer 1 Buchstabe b ausgestellt.

(3) In die Durchschnittsnote der Jahreszeugnisse nach Absatz 2 Nummer 2 fließen jeweils die Jahresnote des theoretischen und praktischen Unterrichts und die Jahresnote der praktischen Ausbildung der Jahreszeugnisse mit gleicher Gewichtung ein.

(4) [1]Die Entscheidung über die Zulassung zur staatlichen Prüfung wird der auszubildenden Person spätestens zwei Wochen vor Beginn der staatlichen Prüfung mitgeteilt. [2]Die Mitteilung erfolgt schriftlich oder elektronisch.

Erläuterungen

1 Die Vorschrift ist gegenüber der ursprünglichen Fassung durch Beschluss des Bundesrates in Abs. 2 vierfach geändert worden (BR-Drs. 635/21 (B), S. 5 bis 8) (s. dazu unten → Rn. 3 bis 6). Weiter soll nach der Anlage 6 eine Anlage 6a eingefügt werden (BR-Drs. 635/21 (B), S. 5 bis 6) (s. dazu unten → Rn. 3).

2 In der Begründung zur Verordnung (BR-Drs. 635/21, S. 96) wird zu dieser Vorschrift in der ursprünglichen Fassung ausgeführt:

„Zu Absatz 1

Die Entscheidung über die – von der auszubildenden Person zu beantragende – Zulassung zur Prüfung trifft auf Grund ihrer oder seiner Leitungsfunktion die dem Prüfungsausschuss vorsitzende Person. Die auszubildende Person hat einen Rechtsanspruch auf eine gebundene Entscheidung hinsichtlich der Zulassungserteilung, wenn die Voraussetzungen des Absatzes 2 vorliegen.

Zu Absatz 2

Absatz 2 regelt die Voraussetzungen, die für eine Zulassung zur staatlichen Prüfung erfüllt sein müssen. Die antragstellende Person hat unter anderem den schriftlich oder elektronisch geführten Ausbildungsnachweis nach § 33 Absatz 2 Nummer 5 des MT-Berufe-Gesetzes, die Jahreszeugnisse sowie einen Identitätsnachweis vorzulegen. Der Identitätsnachweis ist amtlich zu beglaubigen. Sofern die technischen Voraussetzungen vorhanden sind, kann der Identitätsnachweis auch elektronisch erfolgen. Liegen die geforderten Nachweise vor und sind die in § 16 des MT-Berufe-Gesetzes benannten Fehlzeiten nicht überschritten worden oder ist die Verlängerung der Ausbildungsdauer nach § 17 des MT-Berufe-Gesetzes absolviert und entsprechend nachgewiesen, hat die auszubildende Person einen Rechtsanspruch auf Zulassung.

Zu Absatz 3

Für die Zulassung ist die Durchschnittsnote der Jahreszeugnisse der drei Ausbildungsjahre, die mindestens ‚ausreichend' ergeben muss, von besonderer Relevanz, da sie Auskunft darüber gibt, ob im Durchschnitt die Ausbildungsziele durch die auszubildende Person erreicht worden sind. Absatz 3 regelt, dass die Jahresnoten mit gleicher Gewichtung in die Durchschnittsnote einfließen.

Zu Absatz 4

Die zuständige Behörde hat eine Bescheinigung über die absolvierte Verlängerung der Ausbildungsdauer nach Absatz 2 Nummer 3 Buchstabe b auszustellen.

Zu Absatz 5

Die Zulassung kann schriftlich oder elektronisch erfolgen und ist der zu prüfenden Person spätestens zwei Wochen vor Beginn der staatlichen Prüfung mitzuteilen. Die Mitteilung der Zulassung hat im Falle der elektronischen Übermittlung barrierefrei zu erfolgen."

Der Beschluss des Bundesrates (BR-Drs. 635/21 (B), S. 5 bis 8) enthält vier Änderungen des Abs. 2. 3

Die erste Änderung (BR-Drs. 635/21 (B), S. 5 f.) lautet:

„*Zu § 17 Absatz 2 Nummer 1 Buchstabe b und Anlage 6a – neu –*

a) In § 17 Absatz 2 Nummer 1 Buchstabe b sind nach dem Wort ‚Ausbildung' die Wörter ‚nach Anlage 6a' anzufügen.
b) Nach Anlage 6 ist folgende Anlage 6a einzufügen:

‚Anlage 6a (zu § 17 Absatz 2 Nummer 1 Buchstabe b)

Bescheinigung über die Teilnahme am theoretischen und praktischen Unterricht und an der praktischen Ausbildung […]'"

Hinweis:

Vom Abdruck der Anlage wird hier abgesehen. Die Anlage 6a ist in der MTAPrV zur Anlage 7 geworden.

Zur Begründung (BR-Drs. 635/21 (B), S. 6) wird ausgeführt:

„§ 17 Absatz 2 Nummer 1 MTAPrV regelt die Nachweise, die von der zu prüfenden Person bei der zuständigen Behörde für die Zulassung zur Prüfung einzureichen sind. Dazu gehört unter anderem auch eine Bescheinigung über die regelmäßige und erfolgreiche Teilnahme am theoretischen und praktischen Unterricht und an der praktischen Ausbildung.

Bisher fehlt die entsprechende Anlage zur Gestaltung der Teilnahmebescheinigung. Das mit der Änderung vorgeschlagene Muster entspricht dem Muster in der erst kürzlich verkündeten Ausbildung- und Prüfungsverordnung Anästhesietechnischer- und Operationstechnischer Assistenten (Anlage 5 ATA-OTA-APrV) beziehungsweise den Mustern in Ausbildung- und Prüfungsverordnungen für weitere Gesundheitsfachberufe.

Mit dem Einfügen der Bescheinigung als Anlage 6a der MTAPrV wird zudem die Unklarheit über die ausstellende Stelle (Schule) beseitigt."

4 Die zweite Änderung (BR-Drs. 635/21 (B), S. 7) lautet:

„Zu § 17 Absatz 2 Nummer 1 Buchstabe c

In § 17 Absatz 2 Nummer 1 ist der Buchstabe c zu streichen."

Zur Begründung (BR-Drs. 635/21 (B), S. 7) wird ausgeführt:

„§ 17 Absatz 2 Nummer 1 MTAPrV regelt die Nachweise, die von der zu prüfenden Person bei der zuständigen Behörde für die Zulassung zur Prüfung einzureichen sind. Dazu gehört unter anderem auch eine Bescheinigung über die regelmäßige und erfolgreiche Teilnahme am theoretischen und praktischen Unterricht und an der praktischen Ausbildung.

Bei Vorlage einer Bescheinigung über die regelmäßige und erfolgreiche Teilnahme am theoretischen und praktischen Unterricht sowie an der praktischen Ausbildung erübrigt sich die Vorlage des Ausbildungsnachweises. Die Schulen haben diesen vor Ausstellung der Bescheinigung bereits geprüft. Zudem ist der Ausbildungsnachweis auch nach dem Antrag auf Zulassung zur Prüfung fortzuführen. Mit der Streichung soll daher einem vermeidbaren personellen und organisatorischen Mehrbedarf vorgebeugt werden."

5 Die dritte Änderung (BR-Drs. 635/21 (B), S. 7) lautet:

„§ 17 Absatz 2 Nummer 1 Buchstabe d

§ 17 Absatz 2 Nummer 1 Buchstabe d ist wie folgt zu fassen:

‚d) die zum Zeitpunkt der Zulassung vorliegenden Jahreszeugnisse nach § 7,'"

Zur Begründung (BR-Drs. 635/21 (B), S. 7) wird ausgeführt:

„Aus der Begründung zu § 17 Absatz 3 MTAPrV geht hervor, dass hier von drei Jahreszeugnissen ausgegangen wird. Tatsächlich liegen aber zum Zeitpunkt der Zulassung zur staatlichen Prüfung in der Regel erst zwei Jahreszeugnisse vor. Es sollte

klargestellt werden, dass es in § 17 Absatz 2 Nummer 1 Buchstabe d MTAPrV nur um die Vorlage der Jahreszeugnisse gehen kann, die zum Zeitpunkt der Zulassung zur staatlichen Prüfung vorliegen."

Die vierte Änderung (BR-Drs. 635/21 (B), S. 8) lautet: 6

„Zu § 17 Absatz 2 Nummer 3 Buchstabe b und Absatz 4

§ 17 ist wie folgt zu ändern:

a) folgender Halbsatz ist anzufügen:
‚der Nachweis wird entsprechend der Bescheinigung nach Nummer 1 Buchstabe b ausgestellt.'
b) Absatz 4 ist zu streichen."

Zur Begründung (BR-Drs. 635/21 (B), S. 8) wird ausgeführt:

„§ 17 Absatz 2 Nummer 3 Buchstabe b MTAPrV regelt, dass die Zulassung zur staatlichen Prüfung des Absolvierens und Nachweisens einer nach § 17 des MT-Berufe-Gesetzes aufgegebenen Verlängerung der Ausbildungsdauer bedarf.

Durch die Ergänzung soll geregelt werden, wie der Nachweis zu erbringen ist und durch den Bezug zur von der Schule nach § 17 Absatz 2 Nummer 1 Buchstabe b MTAPrV auszustellenden Bescheinigung klarstellen, dass auch die Bescheinigung über die Verlängerung der Ausbildungsdauer von der Schule auszustellen ist. Nur diese besitzt die Information, ob die Verlängerung tatsächlich absolviert wurde. Würde es bei der vorgesehenen Ausstellung einer Bescheinigung durch die zuständige Behörde (vgl. § 17 Absatz 4 MTAPrV) bleiben, müsste diese erst eine entsprechende Information bei der Schule erfragen, um dann eine Bescheinigung auszustellen, die Voraussetzung für die Prüfungszulassung durch sie selbst ist. Insofern dient die Änderung auch der Entbürokratisierung."

§ 18 Prüfungstermine für die staatliche Prüfung

(1) [1]Für die zu prüfende Person muss die dem Prüfungsausschuss vorsitzende Person die Prüfungstermine im Benehmen mit der Schulleiterin oder dem Schulleiter festlegen. [2]Der Beginn der staatlichen Prüfung soll nicht früher als drei Monate vor dem Ende der Ausbildung liegen.

(2) Werden nach § 31 Absatz 2 bei einer Aufsichtsarbeit des schriftlichen Teils zentrale Aufgaben verwendet, so legt die zuständige Behörde für die Aufsichtsarbeit einen landeseinheitlichen Prüfungstermin fest.

(3) [1]Der zu prüfenden Person werden in der Regel die Prüfungstermine spätestens zwei Wochen vor Beginn der staatlichen Prüfung mitgeteilt. [2]Die Mitteilung erfolgt schriftlich oder elektronisch.

Erläuterungen

1 In der Begründung zur Verordnung (BR-Drs. 635/21, S. 96 f.) wird zu dieser Vorschrift ausgeführt:

„***Zu Absatz 1***

Die dem Prüfungsausschuss vorsitzende Person setzt auf Grund ihrer Leitungsfunktion die Prüfungstermine im Benehmen mit der Schulleitung fest. Dabei soll der Beginn der staatlichen Prüfung nicht früher als drei Monate vor dem Ende der Ausbildung liegen.

Zu Absatz 2

Bei zentralen Aufgaben wird von der zuständigen Behörde ein einheitlicher Prüfungstermin festgelegt. Dadurch kann gewährleistet werden, dass allen zu prüfenden Personen die gleichen Aufgaben mit den gleichen Schwierigkeitsgraden zum gleichen Zeitpunkt gestellt werden. Die zeitgleich durchzuführende Prüfung ist unabdingbar, weil nur so verhindert werden kann, dass sich die zu prüfenden Personen zeitlich späterer Prüfungen noch vor ihrer Prüfung über die Prüfungsaufgaben unterrichten und sich so einen Vorteil verschaffen können.

Zu Absatz 3

Die Prüfungstermine werden den zu prüfenden Personen gleichzeitig mit der Zulassung zur staatlichen Prüfung, und damit in der Regel zwei Wochen vor Beginn des ersten Teils der staatlichen Prüfung übermittelt. Auch in diesem Fall kann die Mitteilung schriftlich oder elektronisch erfolgen. Die Mitteilung der Prüfungstermine hat im Falle der elektronischen Übermittlung barrierefrei zu erfolgen.“

§ 19 Prüfungsort der staatlichen Prüfung

(1) Den schriftlichen und den mündlichen Teil der staatlichen Prüfung legt die zu prüfende Person in der Schule ab, an der sie die Ausbildung abschließt.

(2) Den praktischen Teil der staatlichen Prüfung legt die zu prüfende Person in der Einrichtung ab, die Träger der praktischen Ausbildung ist, oder in einer weiteren für die praktische Prüfung geeigneten Einrichtung.

(3) Die zuständige Behörde kann aus wichtigem Grund Ausnahmen von den Absätzen 1 und 2 zulassen.

(4) § 18 Absatz 3 gilt für die Mitteilung des Prüfungsortes entsprechend.

Erläuterungen

Die Vorschrift ist gegenüber der ursprünglichen Fassung durch Beschluss des Bundesrates (BR-Drs. 635/21 (B), S. 8 f.) in Abs. 2 geändert worden (s. dazu unten → Rn. 3). 1

In der Begründung zur Verordnung (BR-Drs. 635/21, S. 97) wird zu dieser Vorschrift in der ursprünglichen Fassung ausgeführt: 2

„Zu Absatz 1

Der schriftliche und der mündliche Teil der Prüfung sind an der Schule abzulegen, an der die Ausbildung abgeschlossen wird.

Zu Absatz 2

Der praktische Teil der Prüfung ist grundsätzlich beim Träger der praktischen Ausbildung durchzuführen. Er kann auch in einer weiteren für die praktische Ausbildung geeigneten Einrichtung stattfinden.

Zu Absatz 3

Die Behörde kann aus wichtigem Grund Ausnahmen von den Absätzen 1 und 2 zulassen. So kann der praktische Teil der Prüfung im Ausnahmefall beispielsweise auch an der Schule abgelegt werden.

Zu Absatz 4

Der Prüfungsort muss ebenfalls gemäß § 18 Absatz 3 mitgeteilt werden.“

Der Beschluss des Bundesrates (BR-Drs. 635/21 (B), S. 8) zur Änderung des Abs. 2 lautet: 3

„Zu § 19 Absatz 2

In § 19 Absatz 2 sind die Wörter ‚praktische Ausbildung‘ durch die Wörter ‚praktische Prüfung‘ zu ersetzen.“

Zur Begründung (BR-Drs. 635/21 (B), S. 8 f.) wird ausgeführt:

„In der Ausbildungs- und Prüfungsverordnung sollte die Möglichkeit eröffnet werden, den praktischen Teil der staatlichen Prüfung, der den Erwerb einer professionellen

Handlungskompetenz feststellen soll, bei Vorliegen der räumlich und apparativen Voraussetzungen auch in der Schule, an der die auszubildende Person die Ausbildung abschließt, durchzuführen. In sogenannten ‚Skills Labs' könnte sowohl das theoretische als auch das praktische Wissen fachgerecht geprüft werden. Aufgrund der, unter anderem pandemiebedingten, unterbesetzten Situation der Abteilungen und bei der Anzahl an Anforderungen für Untersuchungen ist es mitunter problematisch, dass Arbeitsplätze wie eine Röntgenabteilung oder ein Labor ausschließlich für Prüfungen blockiert werden. Hilfreich wäre es daher, wenn zumindest die Möglichkeit besteht, dass ein Teil der praktischen Prüfung in der Schule durchgeführt werden kann. Dies entspräche zudem den Möglichkeiten in anderen Gesundheitsfachberufen.

Der vom Verordnungsgeber eingefügte Halbsatz ‚in einer weiteren für die praktische Ausbildung geeigneten Einrichtung' eröffnet die Möglichkeit der Absolvierung von Teilen der praktischen Ausbildung in sogenannten ‚Skills Labs' nicht, da diese gerade keine für die praktische Ausbildung geeignete Einrichtungen darstellen. Vielmehr sind ‚Skills Labs' weitere für die praktische Prüfung geeignete Einrichtungen."

§ 20 Nachteilsausgleich

(1) Einer zu prüfenden Person mit Behinderung oder Beeinträchtigung wird bei der Durchführung der staatlichen Prüfung auf Antrag ein individueller Nachteilsausgleich gewährt.

(2) [1]Der Antrag auf Nachteilsausgleich ist über die Schule an die zuständige Behörde zu stellen. [2]Die Schule leitet den Antrag zusammen mit einer Stellungnahme an die zuständige Behörde weiter. [3]Der Antrag erfolgt spätestens mit dem Antrag auf Zulassung zur Prüfung schriftlich oder elektronisch.

(3) [1]Die zuständige Behörde kann von der antragstellenden Person ein ärztliches Attest oder andere geeignete Unterlagen verlangen, aus denen die leistungsbeeinträchtigende Auswirkung der Behinderung oder Beeinträchtigung hervorgeht. [2]Bei Bedarf kann ein amtsärztliches Attest verlangt werden.

(4) [1]Über die Gewährung des Antrags auf Nachteilsausgleich entscheidet die zuständige Behörde. [2]Bei ihrer Entscheidung berücksichtigt sie die besonderen Belange von zu prüfenden Personen mit Behinderung oder mit Beeinträchtigung, um deren Chancengleichheit bei der Durchführung der staatlichen Prüfung zu wahren.

(5) [1]Gewährt die zuständige Behörde den Nachteilsausgleich, so bestimmt sie individuell, in welcher geänderten Form die Prüfungsleistung zu erbringen ist. [2]Zur Festlegung der geänderten Form kann auch eine Verlängerung der Bearbeitungszeit gehören. [3]Die fachlichen Anforderungen an die staatliche Prüfung dürfen durch den Nachteilsausgleich nicht verändert werden.

(6) Ihre Entscheidung gibt die zuständige Behörde rechtzeitig und in geeigneter Weise der zu prüfenden Person bekannt.

Erläuterungen

Die Vorschrift ist gegenüber der ursprünglichen Fassung durch Beschluss des Bundesrates (BR-Drs. 635/21 (B), S. 9) in Abs. 2 Satz 3 geändert worden (s. dazu unten → Rn. 3). 1

In der Begründung zur Verordnung (BR-Drs. 635/21, S. 97 f.) wird zu dieser Vorschrift in der ursprünglichen Fassung ausgeführt: 2

„Die Prüfungen müssen für alle zu prüfenden Personen die gleichen Chancen eröffnen. Bei Menschen mit Behinderungen oder Beeinträchtigungen können zur Wahrung der Chancengleichheit individuell festzulegende Ausnahmen von den Prüfungsregularien erforderlich sein.

Zu Absatz 1

Absatz 1 macht deutlich, dass auf die besonderen Belange von zu prüfenden Personen mit Behinderungen oder Beeinträchtigungen Rücksicht zu nehmen ist. Für diese Personengruppe besteht einen Anspruch auf einen individuell zu bestimmenden Nachteilsausgleich, der die Chancengleichheit wahrt. Hinsichtlich des Begriffs der Behinderung orientiert sich diese Verordnung an § 2 des Neunten Buches Sozialgesetz-

buch (SGB IX), der den Behinderungsbegriff des Übereinkommens der Vereinten Nationen über die Rechte von Menschen mit Behinderungen (VN-BRK) umsetzt.

Zu Absatz 2

Um einen Anspruch auf Nachteilsausgleich geltend machen zu können, muss über die Schule bei der zuständigen Behörde ein entsprechender Antrag gestellt werden. Der Antrag muss spätestens mit dem Antrag auf Zulassung zur staatlichen Prüfung eingegangen sein.

Zu Absatz 3

Die zuständige Behörde kann für die Entscheidung über den Antrag auf Nachteilsausgleich ein amtsärztliches Attest oder andere geeignete Unterlagen fordern, aus denen die leistungsbeeinträchtigende Auswirkung der Behinderung oder Beeinträchtigung hervorgeht. Diese Unterlagen sind dann Grundlage für die Entscheidung über den Nachteilsausgleich.

Zu Absatz 4

Die Entscheidung darüber, ob und wenn ja in welcher Form ein Nachteilsausgleich gewährt wird, trifft die zuständige Behörde.

Zu Absatz 5

Absatz 5 stellt klar, dass sich aus Gründen der Chancengleichheit alle zu prüfenden Personen den gleichen fachlichen Anforderungen stellen müssen, so dass fachliche Vereinfachungen ausgeschlossen sind. Der Nachteilsausgleich kann jedoch zum Beispiel in Form einer Verlängerung der Prüfungszeit oder der Möglichkeit der Unterbrechung von Prüfungen gewährt werden.

Zu Absatz 6

Die Behörde hat ihre Entscheidung in geeigneter Weise bekanntzugeben. Kriterien hierfür sind die Rechtzeitigkeit vor Prüfungsbeginn und die Möglichkeit der Erfassbarkeit der Entscheidung durch die zu prüfende Person, die den Antrag gestellt hat.“

3 Der Beschluss des Bundesrates (BR-Drs. 635/21 (B), S. 9) zur Änderung des Abs. 2 Satz 3 lautet:

„Zu § 20 Absatz 2 Satz 3

In § 20 Absatz 2 Satz 3 sind nach dem Wort ‚erfolgt‘ die Wörter ‚spätestens mit dem Antrag auf Zulassung zur Prüfung‘ einzufügen.“

Zur Begründung (BR-Drs. 635/21 (B), S. 9) wird ausgeführt:

„§ 20 Absatz 2 MTAPrV regelt, wie der Antrag auf Nachteilsausgleich zu stellen ist. In der Begründung zu § 20 Absatz 2 MTAPrV ist dabei bereits ausgeführt, dass der Antrag spätestens mit dem Antrag auf Zulassung zur staatlichen Prüfung eingegangen sein müsse. Aus dem Wortlaut der Verordnung ergibt sich dies jedoch nicht. Die Ergänzung in der Formulierung des § 20 Absatz 2 Satz 3 MTAPrV dient daher der Rechtssicherheit und Klarstellung.“

Der in Abs. 1 verwendete **Behinderungsbegriff** wird in § 2 Abs. 1 SGB IX folgendermaßen definiert: 4

„Menschen mit Behinderungen sind Menschen, die körperliche, seelische, geistige oder Sinnesbeeinträchtigungen haben, die sie in Wechselwirkung mit einstellungs- und umweltbedingten Barrieren an der gleichberechtigten Teilhabe an der Gesellschaft mit hoher Wahrscheinlichkeit länger als sechs Monate hindern können. Eine Beeinträchtigung nach Satz 1 liegt vor, wenn der Körper- und Gesundheitszustand von dem für das Lebensalter typischen Zustand abweicht. Menschen sind von Behinderung bedroht, wenn eine Beeinträchtigung nach Satz 1 zu erwarten ist.“

§ 21 Rücktritt von der staatlichen Prüfung

(1) [1]Eine zu prüfende Person kann nach ihrer Zulassung aber vor Beginn der Prüfungshandlung zurücktreten

1. von einer Aufsichtsarbeit des schriftlichen Teils der staatlichen Prüfung,
2. vom mündlichen Teil der staatlichen Prüfung oder
3. von einem Prüfungsteil des praktischen Teils der staatlichen Prüfung.

[2]Sie hat den Grund für ihren Rücktritt unverzüglich der dem Prüfungsausschuss vorsitzenden Person schriftlich oder elektronisch mitzuteilen.

(2) Teilt die zu prüfende Person den Grund für den Rücktritt nicht unverzüglich mit, so ist der vom Rücktritt betroffene Bestandteil der staatlichen Prüfung nach Absatz 1 Nummer 1 bis 3 nicht bestanden.

(3) [1]Stellt die dem Prüfungsausschuss vorsitzende Person fest, dass ein wichtiger Grund für den Rücktritt vorliegt, so gilt der vom Rücktritt betroffene Bestandteil der staatlichen Prüfung nach Absatz 1 Nummer 1 bis 3 als nicht begonnen. [2]Bei Krankheit ist die Vorlage eines ärztlichen Attests zu verlangen.

(4) Stellt die dem Prüfungsausschuss vorsitzende Person fest, dass kein wichtiger Grund für den Rücktritt vorliegt, so ist der vom Rücktritt betroffene Bestandteil der staatlichen Prüfung nach Absatz 1 Nummer 1 bis 3 nicht bestanden.

Erläuterungen

1 In der Begründung zur Verordnung (BR-Drs. 635/21, S. 98) wird zu dieser Vorschrift ausgeführt:

„***Zu Absatz 1***

Die Vorschrift regelt den Rücktritt von der Prüfung. In den Nummern 1 bis 3 des Absatzes 1 werden die Bestandteile der staatlichen Prüfung definiert. Die einzelnen Aufsichtsarbeiten im schriftlichen Teil der staatlichen Prüfung sowie die einzelnen Prüfungsteile im praktischen Teil der staatlichen Prüfung sind einzelne Bestandteile. Der mündliche Teil der staatlichen Prüfung ist als Ganzes ein Bestandteil der staatlichen Prüfung, von dem nur als Ganzes zurückgetreten werden kann.

Ein Rücktritt von einem Bestandteil der Prüfung ist unverzüglich der dem Prüfungsausschuss vorsitzenden Person schriftlich oder elektronisch mitzuteilen und gleichzeitig zu begründen.

Zu Absatz 2

Teilt die zu prüfende Person die Gründe für den Rücktritt nicht unverzüglich mit, so gilt der betreffende Bestandteil der Prüfung als nicht bestanden.

Zu Absatz 3

Die dem Prüfungsausschuss vorsitzende Person entscheidet, wann ein wichtiger Grund (z. B. Krankheit oder auch eine schwere Erkrankung eines Familienangehörigen) als Voraussetzung für einen Rücktritt vorliegt. Im Rahmen dieser Entscheidung hat sie die Rücktrittsgründe einschließlich eventuell vorzulegender ärztlicher

Atteste sorgfältig zu prüfen. Liegt ein wichtiger Grund vor, so gilt der betroffene Bestandteil als nicht begonnen.

Zu Absatz 4

Absatz 4 bestimmt die Rechtsfolge, wenn kein wichtiger Grund für den Rücktritt vorliegt. Der betreffende Bestandteil der staatlichen Prüfung gilt dann als nicht bestanden.“

§ 22 Versäumnisse

[1]Versäumt eine zu prüfende Person einen Bestandteil der staatlichen Prüfung nach § 21 Absatz 1 Nummer 1 bis 3, ist § 21 entsprechend anzuwenden. [2]Der Abbruch eines Bestandteils der staatlichen Prüfung nach Beginn der Prüfungshandlung gilt als Versäumnis.

Erläuterungen

1 In der Begründung zur Verordnung (BR-Drs. 635/21, S. 99) wird zu dieser Vorschrift ausgeführt:

„Die Vorschrift bezieht sich auf den Fall, dass eine zu prüfende Person einen Bestandteil nach § 21 Absatz 1 Nummer 1 bis 3 der staatlichen Prüfung versäumt. Das Versäumnis kann sich also auf eine Aufsichtsarbeit des schriftlichen Teils der staatlichen Prüfung, den mündlichen Teil der staatlichen Prüfung sowie einen Prüfungsteil des praktischen Teils der staatlichen Prüfung beziehen. Der Abbruch eines Bestandteils der staatlichen Prüfung nach Beginn der Prüfungshandlung sowie die verspätete Abgabe gelten als Versäumnis. Die Rechtsfolgen gelten auch beim Versäumnis mehrerer Bestandteile.

Im Fall eines Versäumnisses ist § 21 entsprechend anwendbar. Die zu prüfende Person muss also den Grund für das Versäumnis unverzüglich der dem Prüfungsausschuss vorsitzenden Person schriftlich oder elektronisch mitteilen, und die dem Prüfungsausschuss vorsitzende Person muss prüfen, ob ein wichtiger Grund für das Versäumnis vorliegt. Wenn die dem Prüfungsausschuss vorsitzende Person feststellt, dass ein wichtiger Grund vorliegt, gilt der vom Versäumnis betroffene Bestandteil als nicht begonnen. Wenn die zu prüfende Person keinen Grund mitteilt oder der mitgeteilte Grund nicht als wichtiger Grund eingestuft wird, ist der vom Versäumnis betroffene Bestandteil der staatlichen Prüfung nicht bestanden. Für die weitere Durchführung der Prüfung gelten die Regelungen der Wiederholung in § 34, § 43 und § 53.“

§ 23 Störung der staatlichen Prüfung und Täuschungsversuch

(1) Hat eine zu prüfende Person die ordnungsgemäße Durchführung der staatlichen Prüfung in erheblichem Maß gestört oder eine Täuschung versucht, so kann die dem Prüfungsausschuss vorsitzende Person den betreffenden Bestandteil der staatlichen Prüfung nach § 21 Absatz 1 Nummer 1 bis 3 für nicht bestanden erklären.

(2) Bei einer erheblichen Störung ist eine solche Entscheidung nur bis zu dem Werktag zulässig, der auf jenen Tag folgt, an dem der letzte Teil der staatlichen Prüfung beendet worden ist.

(3) Bei einem Täuschungsversuch ist eine solche Entscheidung nur innerhalb von drei Jahren nach Abschluss der staatlichen Prüfung zulässig.

Erläuterungen

In der Begründung zur Verordnung (BR-Drs. 635/21, S. 99) wird zu dieser Vorschrift 1
ausgeführt:

„***Zu Absatz 1***

Absatz 1 regelt, dass die dem Prüfungsausschuss vorsitzende Person einen Bestandteil der staatlichen Prüfung nach § 21 Absatz 1 Nummer 1 bis 3 für nicht bestanden erklären kann, wenn eine zu prüfende Person die ordnungsgemäße Durchführung der staatlichen Prüfung in erheblichem Maße gestört oder eine Täuschung versucht hat.

Zu Absatz 2

Nach Absatz 2 darf eine Entscheidung über eine Störung nur bis zu dem Werktag getroffen werden, der auf jenen Tag folgt, an dem der letzte Teil der staatlichen Prüfung abgeschlossen wurde.

Zu Absatz 3

Sollte ein Teil der Prüfung aufgrund einer Täuschung für nicht bestanden erklärt werden, so ist dies innerhalb von drei Jahren zulässig. Dies ist sachgerecht, weil sich auch erst nach Abschluss der Prüfung eine Täuschung herausstellen kann.“

§ 24 Niederschrift

[1]Über die Prüfung ist eine Niederschrift zu fertigen, aus der Gegenstand, Ablauf und Ergebnisse der Prüfung sowie etwa vorkommende Unregelmäßigkeiten hervorgehen. [2]Die Niederschrift kann in schriftlicher oder elektronischer Form erfolgen.

Erläuterungen

1 In der Begründung zur Verordnung (BR-Drs. 635/21, S. 99) wird zu dieser Vorschrift ausgeführt:

„Die Niederschrift dient der Gewährleistung eines ordnungsgemäßen Prüfungsablaufs und sichert die möglicherweise notwendige Überprüfbarkeit des Prüfungsvorgangs auch noch zu einem späteren Zeitpunkt. Die Niederschrift kann alternativ zur schriftlichen Form auch elektronisch gefertigt und entsprechend qualifiziert elektronisch signiert werden."

§ 25 Vornoten

(1) [1]Vor Beginn der staatlichen Prüfung setzt die dem Prüfungsausschuss vorsitzende Person auf Vorschlag der Schule jeweils eine Vornote für den schriftlichen, den mündlichen und den praktischen Teil der staatlichen Prüfung fest. [2]Grundlage der Festsetzung sind die Jahreszeugnisse nach § 7.

(2) [1]Zur Festsetzung der Vornote für den schriftlichen Teil und den mündlichen Teil der staatlichen Prüfung ist das arithmetische Mittel aus den Zahlenwerten der Jahresnoten für den theoretischen und praktischen Unterricht zu berechnen. [2]Die Berechnung erfolgt auf zwei Stellen nach dem Komma ohne Rundung. [3]Dem berechneten Zahlenwert ist die entsprechende Note nach § 26 zuzuordnen. [4]Die zugeordnete Note ist sowohl die Vornote für den schriftlichen Teil als auch für den mündlichen Teil der staatlichen Prüfung.

(3) [1]Zur Festsetzung der Vornote für den praktischen Teil der staatlichen Prüfung ist das arithmetische Mittel aus den Zahlenwerten der drei Jahresnoten für die praktischen Einsätze zu berechnen. [2]Die Berechnung erfolgt auf zwei Stellen nach dem Komma ohne Rundung. [3]Dem berechneten Zahlenwert ist die entsprechende Note nach § 26 zuzuordnen. [4]Die zugeordnete Note ist die Vornote für den praktischen Teil der staatlichen Prüfung.

(4) Die Vornoten sind der zu prüfenden Person spätestens drei Werktage vor Beginn der staatlichen Prüfung mitzuteilen.

Erläuterungen

In der Begründung zur Verordnung (BR-Drs. 635/21, S. 99 f.) wird zu dieser 1
Vorschrift ausgeführt:

„Durch die Vornoten fließen während der Ausbildung erbrachte Leistungen der Auszubildenden in die Prüfungsergebnisse ein. So werden neben den punktuell unter besonderen Prüfungsbedingungen erbrachten Leistungen auch die während der Ausbildung erbrachten Leistungen in die Gesamtbetrachtung miteinbezogen.

Zu Absatz 1

Die dem Prüfungsausschuss vorsitzende Person setzt die Vornoten auf Vorschlag der Schule fest. Grundlage der Bildung der Vornoten sind die entsprechenden Jahresnoten der Jahreszeugnisse nach § 7 über die im Unterricht und in der praktischen Ausbildung erbrachten Leistungen.

Zu Absatz 2 und Absatz 3

Es wird die Festsetzung der Vornoten für den schriftlichen, mündlichen und praktischen Teil der staatlichen Prüfung geregelt.

Zu Absatz 4

Die Vornoten müssen im Interesse einer rechtzeitigen Unterrichtung der Auszubildenden spätestens drei Werktage vor Beginn der Prüfung mitgeteilt werden.“

§ 26 Benotung von Leistungen in der staatlichen Prüfung

Die in der staatlichen Prüfung erbrachten Leistungen werden wie folgt benotet:

Berechneter Zahlenwert	Note in Worten (Zahlenwert)	Notendefinition
1,00 bis 1,49	sehr gut (1)	eine Leistung, die den Anforderungen in besonderem Maß entspricht
1,50 bis 2,49	gut (2)	eine Leistung, die den Anforderungen voll entspricht
2,50 bis 3,49	befriedigend (3)	eine Leistung, die im Allgemeinen den Anforderungen entspricht
3,50 bis 4,49	ausreichend (4)	eine Leistung, die zwar Mängel aufweist, aber im Ganzen den Anforderungen noch entspricht
4,50 bis 5,49	mangelhaft (5)	eine Leistung, die den Anforderungen nicht entspricht, jedoch erkennen lässt, dass die notwendigen Grundkenntnisse vorhanden sind und die Mängel in absehbarer Zeit behoben werden können
5,50 bis 6,00	ungenügend (6)	eine Leistung, die den Anforderungen nicht entspricht und bei der selbst die Grundkenntnisse so lückenhaft sind, dass die Mängel in absehbarer Zeit nicht behoben werden können

Erläuterungen

1 In der Begründung zur Verordnung (BR-Drs. 635/21, S. 100) wird zu dieser Vorschrift ausgeführt:

„Für die Bewertung der Leistungen im schriftlichen, mündlichen und praktischen Teil der staatlichen Prüfung wird das Notensystem übernommen, das für allgemeinbildende Schulen und in anderen beruflichen Bildungsgängen üblich ist."

Abschnitt 2
Schriftlicher Teil der staatlichen Prüfung

§ 27 Inhalt des schriftlichen Teils der staatlichen Prüfung zur Medizinischen Technologin für Laboratoriumsanalytik oder zum Medizinischen Technologen für Laboratoriumsanalytik

(1) Im Fall der Ausbildung in der Laboratoriumsanalytik besteht der schriftliche Teil der staatlichen Prüfung aus zwei Aufsichtsarbeiten und erstreckt sich auf Kompetenzen aus folgenden Kompetenzbereichen der Anlage 1:

1. Kompetenzbereich I,
2. Kompetenzbereich II und
3. Kompetenzbereich IV.

(2) [1]Die erste Aufsichtsarbeit umfasst 240 Minuten und erstreckt sich schwerpunktmäßig auf Kompetenzen aus dem Kompetenzbereich I der Anlage 1. [2]Dabei können auch Kompetenzen aus dem Kompetenzbereich IV der Anlage 1 Berücksichtigung finden.

(3) [1]Die zweite Aufsichtsarbeit umfasst 120 Minuten und erstreckt sich schwerpunktmäßig auf Kompetenzen aus dem Kompetenzbereich II der Anlage 1. [2]Dabei können auch Kompetenzen aus dem Kompetenzbereich IV der Anlage 1 Berücksichtigung finden.

Erläuterungen

In der Begründung zur Verordnung (BR-Drs. 635/21, S. 100) sind der Vorschrift folgende Ausführungen zum **schriftlichen Teil der staatlichen Prüfung** vorangestellt: 1

„In diesem Abschnitt werden die Inhalte und die Durchführung des schriftlichen Teils der staatlichen Prüfung für die Berufe in der medizinischen Technologie geregelt. Im schriftlichen Teil werden anwendungsbezogenes und prozedurales Wissen einschließlich theoretischer Bezüge und Grundlagen überprüft. Die Aufgaben sind fallorientiert auszugestalten."

Die Vorschrift ist gegenüber der ursprünglichen Fassung durch Beschluss des Bundesrates (BR-Drs. 635/21 (B), S. 9 f.) in Abs. 2 Satz 2 und in Abs. 3 Satz 2 geändert worden. Die vorgenommenen Änderungen betreffen auch § 30 Abs. 2 Satz 2 und Abs. 3 Satz 2. Sie sind deshalb im Beschluss zusammengefasst worden (s. dazu unten → Rn. 4). 2

In der Begründung zur Verordnung (BR-Drs. 635/21, S. 100) wird zu dieser Vorschrift in der ursprünglichen Fassung ausgeführt: 3

„Zu Absatz 1

In den Nummern 1 bis 3 sind die Kompetenzbereiche aufgeführt, die Inhalt der Aufsichtsarbeiten des schriftlichen Teils sind. Zentral sind dabei die Kompetenzbereiche I und II, die den Kern der Tätigkeiten einer Medizinischen Technologin für Laboratoriumsanalytik oder eines Medizinischen Technologen für Laboratoriums-

analytik umfassen. Der Kompetenzbereich IV ist bei beiden Aufsichtsarbeiten angemessen zu berücksichtigen.

Zu Absatz 2

Die Vorschrift regelt die Dauer und die Inhalte der ersten Aufsichtsarbeit.

Zu Absatz 3

Die Vorschrift regelt die Dauer und die Inhalte der zweiten Aufsichtsarbeit.“

4 Der Beschluss des Bundesrates (BR-Drs. 635/21 (B), S. 9 f.) zur Änderung des Abs. 2 Satz 2 und des Abs. 3 Satz 2 (und entsprechend zur Änderung des § 30 Abs. 2 Satz 2 und des Abs. 3 Satz 2) lautet:

„Zu § 27 Absatz 2 Satz 2 – neu –,

Absatz 3 Satz 2 – neu – und

§ 30 Absatz 2 Satz 2 – neu –,

Absatz 3 Satz 2 – neu –

a) Dem § 27 Absatz 2 und Absatz 3 ist jeweils folgender Satz anzufügen: ‚Dabei können auch Kompetenzen aus dem Kompetenzbereich IV der Anlage 1 Berücksichtigung finden.‘
b) Dem § 30 Absatz 2 und Absatz 3 ist jeweils folgender Satz anzufügen: ‚Dabei können auch Kompetenzen aus dem Kompetenzbereich IV der Anlage 4 Berücksichtigung finden.‘“

Zur Begründung (BR-Drs. 635/21 (B), S. 10) wird ausgeführt:

„In den jeweiligen Absätzen 1 zu § 27 und § 30 MTAPrV ist geregelt, dass sich die Aufsichtsarbeiten auf die Kompetenzbereiche I, II und IV erstrecken. In den jeweiligen Absätzen 2 und 3 werden als Schwerpunkte jeweils nur die Kompetenzbereiche I und II genannt.

Offen ist dabei jeweils, ob Kompetenzen nach Kompetenzbereich IV der Anlage 1 (bei § 27 Absatz 2 und 3 MTAPrV) beziehungsweise nach Kompetenzbereich IV der Anlage 4 (bei § 30 Absatz 2 und 3 MTAPrV) in den jeweiligen Aufsichtsarbeiten ebenfalls – wenn auch nicht schwerpunktmäßig – abgeprüft werden oder ob die Prüfung von Kompetenzen nach den jeweiligen Kompetenzbereichen IV nur in einer der jeweils zwei Aufsichtsarbeiten (Absatz 2 oder 3) erfolgen soll.

Durch die Ergänzung wird klargestellt, dass eine Prüfung von Kompetenzen nach dem jeweiligen Kompetenzbereich IV der Anlage 1 beziehungsweise der Anlage 4 im Rahmen der ersten und zweiten Aufsichtsarbeit erfolgen kann.“

§ 28 Inhalt des schriftlichen Teils der staatlichen Prüfung zur Medizinischen Technologin für Radiologie oder zum Medizinischen Technologen für Radiologie

(1) Im Fall der Ausbildung in der Radiologie besteht der schriftliche Teil der staatlichen Prüfung aus zwei Aufsichtsarbeiten und erstreckt sich auf Kompetenzen aus folgenden Kompetenzbereichen der Anlage 2:

1. **Kompetenzbereich I,**
2. **Kompetenzbereich II und**
3. **Kompetenzbereich III.**

(2) [1]Die erste Aufsichtsarbeit umfasst 240 Minuten und erstreckt sich schwerpunktmäßig auf Kompetenzen aus den Kompetenzbereichen I und II der Anlage 2. [2]Gegenstand der ersten Aufsichtsarbeit ist mindestens eine Aufgabe

1. **aus der radiologischen Diagnostik oder anderer bildgebender Verfahren,**
2. **aus dem Bereich der Strahlentherapie und**
3. **aus dem Bereich der nuklearmedizinischen Diagnostik oder der nuklearmedizinischen Therapie.**

(3) Die zweite Aufsichtsarbeit umfasst 120 Minuten und erstreckt sich schwerpunktmäßig auf Kompetenzen aus dem Kompetenzbereich III der Anlage 2.

Erläuterungen

Die Vorschrift ist gegenüber der ursprünglichen Fassung durch Beschluss des Bundesrates (BR-Drs. 635/21 (B), S. 10 f.) in Abs. 2 Satz 2 geändert worden (s. dazu unten → Rn. 3). 1

In der Begründung zur Verordnung (BR-Drs. 635/21, S. 100 f.) wird zu dieser Vorschrift in der ursprünglichen Fassung ausgeführt: 2

„***Zu Absatz 1***

In den Nummern 1 bis 3 sind die Kompetenzbereiche aufgeführt, die Inhalt der Aufsichtsarbeiten des schriftlichen Teils sind. Die genannten Kompetenzbereiche I bis III umfassen den Kern der Tätigkeiten einer Medizinischen Technologin für Radiologie oder eines Medizinischen Technologen für Radiologie.

Zu Absatz 2

Die Vorschrift regelt die Dauer und die Inhalte der ersten Aufsichtsarbeit.

Zu Absatz 3

Die Vorschrift regelt die Dauer und die Inhalte der zweiten Aufsichtsarbeit.“

Der Beschluss des Bundesrates (BR-Drs. 635/21 (B), S.10) zur Änderung des Abs. 2 Satz 2 lautet: 3

„Zu § 28 Absatz 2 Satz 2

§ 28 Absatz 2 Satz 2 ist wie folgt zu fassen:

‚Gegenstand der ersten Aufsichtsarbeit ist mindestens eine Aufgabe

1. *aus der Radiologischen Diagnostik oder anderer bildgebender Verfahren,*
2. *aus dem Bereich der Strahlentherapie und*
3. *aus dem Bereich der nuklearmedizinischen Diagnostik oder der nuklearmedizinischen Therapie.'"*

Zur Begründung (BR-Drs. 635/21 (B), S. 10 f.) wird ausgeführt:

„§ 28 MTAPrV definiert Anforderungen an den Inhalt des schriftlichen Teils der staatlichen Prüfung zur Medizinischen Technologin für Radiologie oder zum Medizinischen Technologen für Radiologie. Hierzu gehören auch Festlegungen hinsichtlich der Aufteilung der Prüfungsaufgaben auf die Teilgebiete der zukünftigen Tätigkeiten.

Für die spätere Aufgabenwahrnehmung – der technischen Durchführung bei der Anwendung ionisierender Strahlung und radioaktiver Stoffe am Menschen – ist im Sinne des § 145 Absatz 2 der Verordnung zum Schutz vor der schädlichen Wirkung ionisierender Strahlung (StrlSchV) aus Artikel 1 der Verordnung vom 29. November 2018 (BGBl. I S. 2034, 2036 Nr. 41), zuletzt geändert durch Artikel 83 des Gesetzes vom 10. August 2021 (BGBl. I S. 3436), eine Fachkunde im Strahlenschutz erforderlich beziehungsweise ist diese im Rahmen der Ausbildung zu erwerben (vgl. bisherige Regelung nach MTA-Gesetz in § 145 Absatz 2 Nummer 2 StrlSchV in Verbindung mit § 47 Absatz 6 StrlSchV). Um das zweite Verfahren auch für den neu geschaffenen Ausbildungsberuf zu ermöglichen, sollten die Anforderungen möglichst vergleichbar mit denen sein, welche an den separaten Erwerb der Fachkunde im Strahlenschutz, zum Beispiel für Medizinphysik-Experten, gestellt werden.

Die MTAPrV legt die Mindestanforderungen an die Verteilung der Prüfungsaufgaben auf die Teilgebiete fest. Mit der gegenwärtigen Formulierung wird nicht sichergestellt, dass das wesentlichste Grundwissen in allen Teilgebieten bei jedem Auszubildenden zumindest stichprobenhaft geprüft wird.

In der MTAPrV werden sowohl die nuklearmedizinische Diagnostik als auch die nuklearmedizinische Therapie nur als Option für eine Aufgabe der ersten Aufsichtsarbeit genannt. Je nach Auswahl der Aufgaben kann dies dazu führen, dass der Bereich Nuklearmedizin in der Prüfung überhaupt nicht abgebildet wird. Angesichts des Umgangs mit offenen radioaktiven Stoffen mit den daraus resultierenden besonderen Expositionsrisiken durch Kontamination und Inkorporation ist dies nicht akzeptabel. Aufgrund der Ähnlichkeit des Aufgabenspektrums in der nuklearmedizinischen Diagnostik und Therapie ist die Auswahl einer der beiden Alternativen vertretbar.

Auch wird der nur optionalen Prüfung des Teilgebiets Strahlentherapie aufgrund der ungleich höheren Strahlenexposition der Patienten im Vergleich zu den anderen Verfahren mit großen Bedenken begegnet.

Nicht zuletzt sind die beiden Gebiete Nuklearmedizin und Strahlentherapie fachlich derart unterschiedlich, dass aus dem Bestehen der Prüfungsleistung auf einem Gebiet nicht auf eine ausreichende Befähigung in dem anderen Gebiet geschlossen werden kann. Die hinsichtlich der Aufgaben naturgemäß stichprobenhafte Prüfung in beiden Fächern soll ein Mindestmaß an Gewissheit schaffen, dass die auszubildenden Personen in den beiden mit besonderen Strahlenrisiken behafteten Teilgebieten Nuklearmedizin und Strahlentherapie die fachlichen Anforderungen erfüllen.

Die Fachkundeerteilung für andere Berufsgruppen beinhaltet hier eine klare Trennung der Teilgebiete mit separaten Nachweisen für die Erfüllung der Anforderungen (vgl. zum Beispiel Medizinphysik-Experten).

Aus diesen Gründen sollten die Teilgebiete Nuklearmedizin und Strahlentherapie stets im schriftlichen Teil der Prüfung jeweils mit mindestens einer Aufgabe vertreten sein. Die vorgeschlagene Änderung ist dabei nicht mit einem erhöhten Aufwand für die Ausbildungsstätten verbunden und sie stellt auch keine wesentliche Erhöhung der Anforderungen dar.“

§ 29 Inhalt des schriftlichen Teils der staatlichen Prüfung zur Medizinischen Technologin für Funktionsdiagnostik oder zum Medizinischen Technologen für Funktionsdiagnostik

(1) Im Fall der Ausbildung in der Funktionsdiagnostik besteht der schriftliche Teil der staatlichen Prüfung aus zwei Aufsichtsarbeiten und erstreckt sich auf Kompetenzen aus folgenden Kompetenzbereichen der Anlage 3:

1. **Kompetenzbereich I,**
2. **Kompetenzbereich II und**
3. **Kompetenzbereich IV.**

(2) [1]Die erste Aufsichtsarbeit umfasst 240 Minuten und erstreckt sich schwerpunktmäßig auf Kompetenzen aus den Kompetenzbereichen I und II der Anlage 3. [2]Gegenstand der ersten Aufsichtsarbeit ist mindestens ein funktionsdiagnostischer Prozess

1. **aus dem Bereich der Sinnesorgane oder aus dem Bereich des Nervensystems und der Muskelfunktion und**
2. **aus dem Bereich des Herz-Kreislauf- und Gefäßsystems und des respiratorischen Systems.**

[3]Dabei können auch Kompetenzen aus dem Kompetenzbereich IV der Anlage 3 Berücksichtigung finden.

(3) [1]Die zweite Aufsichtsarbeit umfasst 120 Minuten und erstreckt sich schwerpunktmäßig auf Kompetenzen aus den Kompetenzbereichen II und IV der Anlage 3. [2]Gegenstand der zweiten Aufsichtsarbeit sind zwei unterschiedliche funktionsdiagnostische Prozesse aus dem Kompetenzbereich I.

Erläuterungen

1 Die Vorschrift ist gegenüber der ursprünglichen Fassung durch Beschluss des Bundesrates (BR-Drs. 635/21 (B), S. 12) in Abs. 2 Satz 3 geändert worden (s. dazu unten → Rn. 3).

2 In der Begründung zur Verordnung (BR-Drs. 635/21, S. 101) wird zu dieser Vorschrift in der ursprünglichen Fassung ausgeführt:

„***Zu Absatz 1***

In den Nummern 1 bis 3 sind die Kompetenzbereiche aufgeführt, die Inhalt der Aufsichtsarbeiten des schriftlichen Teils sind. Zentral sind dabei die Kompetenzbereiche I und II, die den Kern der Tätigkeiten einer Medizinischen Technologin für Funktionsdiagnostik oder eines Medizinischen Technologen für Funktionsdiagnostik umfassen.

Zu Absatz 2

Die Vorschrift regelt die Dauer und die Inhalte der ersten Aufsichtsarbeit.

Zu Absatz 3

Die Vorschrift regelt die Dauer und die Inhalte der zweiten Aufsichtsarbeit.“

Der Beschluss des Bundesrates (BR-Drs. 635/21 (B), S. 12) zur Änderung des Abs. 2 Satz 3 lautet: 3

„Zu § 29 Absatz 2 Satz 3 – neu –

Dem § 29 Absatz 2 ist folgender Satz anzufügen:

‚Dabei können auch Kompetenzen aus dem Kompetenzbereich IV der Anlage 3 Berücksichtigung finden.'"

Zur Begründung (BR-Drs. 635/21 (B), S. 12) wird ausgeführt:

„In § 29 Absatz 1 MTAPrV ist geregelt, dass sich die Aufsichtsarbeiten auf die Kompetenzbereiche I, II und IV erstrecken. Absatz 3 regelt, dass sich die zweite Aufsichtsarbeit schwerpunktmäßig auf Kompetenzbereich II und IV erstreckt. Die erste Aufsichtsarbeit soll sich nach § 29 Absatz 2 MTAPrV schwerpunktmäßig auf Kompetenzbereich I und II erstrecken.

Offen ist dabei, ob Kompetenzen nach Kompetenzbereich IV der Anlage 3 in der ersten Aufsichtsarbeit ebenfalls – wenn auch nicht schwerpunktmäßig – abgeprüft werden sollen, oder ob die Prüfung von Kompetenzen nach dem Kompetenzbereichen IV der Anlage 3 nur in der in § 29 Absatz 3 MTAPrV geregelten zweiten Aufsichtsarbeit – und dort schwerpunktmäßig – erfolgen soll. Durch die Ergänzung wird klargestellt, dass eine Prüfung von Kompetenzen nach Kompetenzbereich IV der Anlage 3 auch im Rahmen der ersten Aufsichtsarbeit erfolgen kann."

§ 30 Inhalt des schriftlichen Teils der staatlichen Prüfung zur Medizinischen Technologin für Veterinärmedizin oder zum Medizinischen Technologen für Veterinärmedizin

(1) Im Fall der Ausbildung in der Veterinärmedizin besteht der schriftliche Teil der staatlichen Prüfung aus zwei Aufsichtsarbeiten und erstreckt sich auf Kompetenzen aus folgenden Kompetenzbereichen der Anlage 4:

1. Kompetenzbereich I,
2. Kompetenzbereich II und
3. Kompetenzbereich IV.

(2) [1]Die erste Aufsichtsarbeit umfasst 240 Minuten und erstreckt sich schwerpunktmäßig auf Kompetenzen aus dem Kompetenzbereich I der Anlage 4. [2]Dabei können auch Kompetenzen aus dem Kompetenzbereich IV der Anlage 4 Berücksichtigung finden.

(3) [1]Die zweite Aufsichtsarbeit umfasst 120 Minuten und erstreckt sich schwerpunktmäßig auf Kompetenzen aus dem Kompetenzbereich II der Anlage 4. [2]Dabei können auch Kompetenzen aus dem Kompetenzbereich IV der Anlage 4 Berücksichtigung finden.

Erläuterungen

1 Die Vorschrift ist gegenüber der ursprünglichen Fassung durch Beschluss des Bundesrates (BR-Drs. 635/21 (B), S. 9 f.) in Abs. 2 Satz 2 und in Abs. 3 Satz 2 geändert worden. Die vorgenommenen Änderungen betreffen auch § 27 Abs. 2 Satz 2 und Abs. 3 Satz 2. Sie sind deshalb im Beschluss zusammengefasst worden (s. dazu unten → Rn. 3).

2 In der Begründung zur Verordnung (BR-Drs. 635/21, S. 101) wird zu dieser Vorschrift in der ursprünglichen Fassung ausgeführt:

*„**Zu Absatz 1***

In den Nummern 1 bis 3 sind die Kompetenzbereiche aufgeführt, die Inhalt der Aufsichtsarbeiten des schriftlichen Teils sind. Zentral sind dabei die Kompetenzbereiche I und II, die den Kern der Tätigkeiten einer Medizinischen Technologin für Veterinärmedizin oder eines Medizinischen Technologen für Veterinärmedizin umfassen. Der Kompetenzbereich IV ist bei beiden Aufsichtsarbeiten angemessen zu berücksichtigen.

Zu Absatz 2

Die Vorschrift regelt die Dauer und die Inhalte der ersten Aufsichtsarbeit.

Zu Absatz 3

Die Vorschrift regelt die Dauer und die Inhalte der zweiten Aufsichtsarbeit.“

3 Der Beschluss des Bundesrates (BR-Drs. 635/21 (B), S. 9 f.) zur Änderung des Abs. 2 Satz 2 und des Abs. 3 Satz 2 (und entsprechend zur Änderung des § 27 Abs. 2 Satz 2 und des Abs. 3 Satz 2) lautet:

„Zu § 27 Absatz 2 Satz 2 – neu –,

Absatz 3 Satz 2 – neu – und

§ 30 Absatz 2 Satz 2 – neu –,

Absatz 3 Satz 2 – neu –

a) Dem § 27 Absatz 2 und Absatz 3 ist jeweils folgender Satz anzufügen: ‚Dabei können auch Kompetenzen aus dem Kompetenzbereich IV der Anlage 1 Berücksichtigung finden.‘
b) Dem § 30 Absatz 2 und Absatz 3 ist jeweils folgender Satz anzufügen: ‚Dabei können auch Kompetenzen aus dem Kompetenzbereich IV der Anlage 4 Berücksichtigung finden.‘“

Zur Begründung (BR-Drs. 635/21 (B), S. 10) wird ausgeführt:

„In den jeweiligen Absätzen 1 zu § 27 und § 30 MTAPrV ist geregelt, dass sich die Aufsichtsarbeiten auf die Kompetenzbereiche I, II und IV erstrecken. In den jeweiligen Absätzen 2 und 3 werden als Schwerpunkte jeweils nur die Kompetenzbereiche I und II genannt.

Offen ist dabei jeweils, ob Kompetenzen nach Kompetenzbereich IV der Anlage 1 (bei § 27 Absatz 2 und 3 MTAPrV) beziehungsweise nach Kompetenzbereich IV der Anlage 4 (bei § 30 Absatz 2 und 3 MTAPrV) in den jeweiligen Aufsichtsarbeiten ebenfalls – wenn auch nicht schwerpunktmäßig – abgeprüft werden oder ob die Prüfung von Kompetenzen nach den jeweiligen Kompetenzbereichen IV nur in einer der jeweils zwei Aufsichtsarbeiten (Absatz 2 oder 3) erfolgen soll.

Durch die Ergänzung wird klargestellt, dass eine Prüfung von Kompetenzen nach dem jeweiligen Kompetenzbereich IV der Anlage 1 beziehungsweise der Anlage 4 im Rahmen der ersten und zweiten Aufsichtsarbeit erfolgen kann.“

§ 31 Durchführung des schriftlichen Teils

(1) Die Aufgaben für die Aufsichtsarbeiten werden von der zuständigen Behörde auf Vorschlag der Schule ausgewählt.

(2) [1]Die zuständige Behörde kann zentrale Aufgaben für die Aufsichtsarbeiten vorgeben. [2]Die zentralen Aufgaben müssen unter Beteiligung von Schulen erarbeitet worden sein.

(3) [1]Die Aufsichtsarbeiten werden unter Aufsicht geschrieben. [2]Die Aufsichtsführenden werden von der Schulleitung bestellt.

(4) Die Aufsichtsarbeiten sind in der Regel an zwei Werktagen innerhalb einer Woche durchzuführen.

Erläuterungen

1 In der Begründung zur Verordnung (BR-Drs. 635/21, S. 101 f.) wird zu dieser Vorschrift ausgeführt:

„***Zu Absatz 1***

Die Aufgaben der Aufsichtsarbeiten werden von der zuständigen Behörde auf Vorschlag der Schulen ausgewählt.

Zu Absatz 2

Die zuständige Behörde kann zentrale Prüfungsaufgaben vorgeben, die bei allen in dem Zuständigkeitsbereich der Behörde stattfindenden schriftlichen Prüfungen zu verwenden sind. In diesem Fall ist es erforderlich, dass die zuständige Behörde einen landeseinheitlichen Prüfungstermin festlegt (§ 18 Absatz 2). Dadurch kann gewährleistet werden, dass allen zu prüfenden Personen die gleichen Aufgaben mit den gleichen Schwierigkeitsgraden gestellt werden. Dies erhöht die Vergleichbarkeit der Prüfungsergebnisse.

Zu Absatz 3

Die Arbeiten haben unter Aufsicht stattzufinden, die von der Schulleitung zu bestellen ist.

Zu Absatz 4

Die Aufsichtsarbeiten sollen in der Regel an zwei Tagen geschrieben werden, die regelmäßig, aber nicht zwingend innerhalb einer Woche liegen müssen.“

§ 32 Benotung und Note einer Aufsichtsarbeit

(1) Jede Aufsichtsarbeit wird von zwei Fachprüferinnen oder Fachprüfern benotet.

(2) Aus den Noten der Fachprüferinnen und Fachprüfer bildet die dem Prüfungsausschuss vorsitzende Person die Note für die einzelne Aufsichtsarbeit als das arithmetische Mittel der Noten der einzelnen Fachprüferinnen und Fachprüfer.

Erläuterungen

Die Vorschrift ist gegenüber der ursprünglichen Fassung durch Beschluss des Bundesrates (BR-Drs. 635/21 (B), S. 4) in Abs. 1 geändert worden (s. dazu unten → Rn. 3). 1

In der Begründung zur Verordnung (BR-Drs. 635/21, S. 102) wird zu dieser Vorschrift in der ursprünglichen Fassung ausgeführt: 2

„***Zu Absatz 1***

Jede Aufsichtsarbeit ist von zwei Fachprüferinnen und Fachprüfern zu benoten, die an der Schule unterrichten.

Zu Absatz 2

Sofern beide Fachprüferinnen und Fachprüfer zu dem Ergebnis kommen, dass beide Aufsichtsarbeiten mit mindestens ‚ausreichend' zu bewerten sind (vgl. § 33), bildet die dem Prüfungsausschuss vorsitzende Person die Note für die einzelne Aufsichtsarbeit aus den Noten der einzelnen Fachprüferinnen und Fachprüfer."

Der Beschluss des Bundesrates (BR-Drs. 635/21 (B), S. 4) zur Änderung des Abs. 1 lautet: 3

„*Zu § 13 Absatz 1 Nummer 3 erster Halbsatz und Buchstabe a*

§ 32 Absatz 1,

§ 48 Absatz 3,

§ 67 Absatz 1,

§ 84 Absatz 1 und

§ 92 Absatz 1

In § 13 Absatz 1 Nummer 3 erster Halbsatz und in Buchstabe a, § 32 Absatz 1, § 48 Absatz 3, § 67 Absatz 1, § 84 Absatz 1 und § 92 Absatz 1 ist jeweils nach dem Wort ‚Fachprüferinnen' das Wort ‚und' durch das Wort ‚oder' zu ersetzen."

Zur Begründung (BR-Drs. 635/21 (B), S. 4 f.) wird ausgeführt:

„Das Bindewort ‚und' suggeriert, dass in jedem Fall beide Geschlechter vertreten sein müssen. Dies ist nicht immer zu gewährleisten und auch nicht zwingend notwendig.

Auch in den Ausbildungs- und Prüfungsverordnungen für andere Gesundheitsfachberufe (zum Beispiel PflAPrV) wird die Wortgruppe jeweils mit ‚oder' gebildet und sollte im Sinne einer einheitlichen Rechtssprache daher in der MTAPrV entsprechend formuliert werden."

§ 33 Bestehen des schriftlichen Teils

(1) Eine Aufsichtsarbeit ist bestanden, wenn sie von beiden Fachprüferinnen und Fachprüfern jeweils mit mindestens „ausreichend“ benotet worden ist.

(2) Der schriftliche Teil der staatlichen Prüfung ist bestanden, wenn alle Aufsichtsarbeiten bestanden sind.

Erläuterungen

In der Begründung zur Verordnung (BR-Drs. 635/21, S. 102) wird zu dieser Vorschrift ausgeführt: 1

„Die Vorschrift regelt das Bestehen des schriftlichen Teils der staatlichen Prüfung.“

§ 34 Wiederholung von Aufsichtsarbeiten

(1) Wer eine Aufsichtsarbeit des schriftlichen Teils der staatlichen Prüfung nicht bestanden hat, kann sie einmal wiederholen.

(2) Für die Wiederholung ist ein Antrag der zu prüfenden Person bei der dem Prüfungsausschuss vorsitzenden Person erforderlich.

(3) Die Wiederholungsprüfung muss spätestens 15 Monate nach der letzten Prüfung abgeschlossen sein; Ausnahmen kann die zuständige Behörde in begründeten Fällen zulassen.

Erläuterungen

1 In der Begründung zur Verordnung (BR-Drs. 635/21, S. 102 f.) wird zu dieser Vorschrift ausgeführt:

„Die Vorschrift regelt die Voraussetzungen und Einzelheiten der Wiederholung der schriftlichen Prüfung. Sie ist auch wenn das Nichtbestehen Folge eines Rücktritts oder eines Versäumnisses einer Aufsichtsarbeit ist. Darüber hinaus ist sie anwendbar, wenn die dem Prüfungsausschuss vorsitzende Person eine Aufsichtsarbeit wegen eines Ordnungsverstoßes oder eines Täuschungsversuches für nicht bestanden erklärt.

Zu Absatz 1

Absatz 1 regelt, dass eine Wiederholung je Aufsichtsarbeit nur einmal zulässig ist.

Zu Absatz 2

Nach Absatz 2 erfolgt die Wiederholung auf Antrag der zu prüfenden Person.

Zu Absatz 3

Die zeitliche Befristung ist an die bisherige Regelung in § 7 Absatz 4 Satz 4 Ausbildungs- und Prüfungsverordnung für technische Assistenten in der Medizin angelehnt."

§ 35 Note für den schriftlichen Teil

(1) Für jede zu prüfende Person, die den schriftlichen Teil der staatlichen Prüfung bestanden hat, ermittelt die dem Prüfungsausschuss vorsitzende Person jeweils die Note für den schriftlichen Teil der staatlichen Prüfung.

(2) [1]In die Note fließt ein:

1. **der Zahlenwert der Note der ersten Aufsichtsarbeit mit 50 Prozent,**
2. **der Zahlenwert der Note der zweiten Aufsichtsarbeit mit 25 Prozent und**
3. **der Zahlenwert der Vornote für den schriftlichen Teil mit 25 Prozent.**

[2]Die Berechnung erfolgt auf zwei Stellen nach dem Komma ohne Rundung.

(3) Dem berechneten Zahlenwert ist die entsprechende Note nach § 26 zuzuordnen.

Erläuterungen

In der Begründung zur Verordnung (BR-Drs. 635/21, S. 103) wird zu dieser Vorschrift ausgeführt: 1

„***Zu Absatz 1***

Die Festsetzung der Note für den schriftlichen Teil der staatlichen Prüfung ist Aufgabe der dem Prüfungsausschuss vorsitzenden Person.

Zu Absatz 2

Absatz 2 regelt die Bildung der Gesamtnote für den schriftlichen Teil. Die Gesamtnote für den schriftlichen Teil der staatlichen Prüfung wird von der dem Prüfungsausschuss vorsitzenden Person aus dem arithmetischen Mittel der Noten der einzelnen Aufsichtsarbeiten und der Vornote gebildet. Die erste der beiden Aufsichtsarbeiten zählt im Verhältnis zur zweiten Aufsichtsarbeit zweifach.

Die jeweilige Vornote wird bei der Bildung der Note in allen Teilen der staatlichen Prüfung mit 25 Prozent berücksichtigt.

Zu Absatz 3

Nach Absatz 3 ist die in § 26 geregelte Notenskala bei der Berechnung und bei der Bildung der Note für die schriftliche Prüfung anzuwenden.“

Abschnitt 3
Mündlicher Teil der staatlichen Prüfung

§ 36 Inhalt des mündlichen Teils der staatlichen Prüfung zur Medizinischen Technologin für Laboratoriumsanalytik oder zum Medizinischen Technologen für Laboratoriumsanalytik

(1) Im Fall der Ausbildung in der Laboratoriumsanalytik besteht der mündliche Teil der staatlichen Prüfung aus einer komplexen Aufgabenstellung in Form der Bearbeitung einer Fallsituation.

(2) Der mündliche Teil erstreckt sich auf Kompetenzen aus folgenden Kompetenzbereichen der Anlage 1:

1. **Kompetenzbereich I,**
2. **Kompetenzbereich III und**
3. **Kompetenzbereich IV.**

Erläuterungen

1 In der Begründung zur Verordnung (BR-Drs. 635/21, S. 103) sind der Vorschrift folgende Ausführungen zum **mündlichen Teil der staatlichen Prüfung** vorangestellt:

„In diesem Abschnitt werden die Inhalte und die Durchführung des mündlichen Teils der staatlichen Prüfung für die Berufe in der medizinischen Technologie geregelt. Im mündlichen Teil werden die intra- und interprofessionelle Kommunikationsfähigkeit, die situative Handlungsfähigkeit und die professionelle Werthaltung überprüft. Daneben dient der mündliche Teil der Feststellung, ob die zu prüfende Person die Ausbildungsinhalte fachlich korrekt darstellen kann. Die zu prüfende Person hat anwendungsbereite berufliche Kompetenzen nachzuweisen. Daher besteht der mündliche Teil aus einer komplexen Aufgabenstellung in Form der Bearbeitung einer Fallsituation. Das Abfragen von Fachwissen reicht nicht aus.

Inhalte des mündlichen Teils sind bei allen Berufen in der medizinischen Technologie insbesondere diejenigen Kompetenzen, die auf Kommunikation und Reflexion ausgerichtet sind. Dabei sind Bezüge zu den jeweiligen Kerntätigkeiten der Medizinischen Technologinnen und der Medizinischen Technologen herzustellen.“

2 In der Begründung zur Verordnung (BR-Drs. 635/21, S. 104) wird zu dieser Vorschrift ausgeführt:

„Die Vorschrift regelt den Inhalt des mündlichen Teils der staatlichen Prüfung im Fall der Ausbildung in der Laboratoriumsanalytik.“

§ 37 Inhalt des mündlichen Teils der staatlichen Prüfung zur Medizinischen Technologin für Radiologie oder zum Medizinischen Technologen für Radiologie

(1) Im Fall der Ausbildung in der Radiologie besteht der mündliche Teil der staatlichen Prüfung aus einer komplexen Aufgabenstellung in Form der Bearbeitung einer Fallsituation.

(2) [1]Der mündliche Teil erstreckt sich auf Kompetenzen aus folgenden Kompetenzbereichen der Anlage 2:

1. **Kompetenzbereich IV und**
2. **Kompetenzbereich V.**

[2]Es sind Bezüge zu den Kompetenzbereichen I, II und III der Anlage 2 herzustellen.

Erläuterungen

In der Begründung zur Verordnung (BR-Drs. 635/21, S. 104) wird zu dieser Vorschrift ausgeführt: 1

„Die Vorschrift regelt den Inhalt des mündlichen Teils der staatlichen Prüfung im Fall der Ausbildung in der Radiologie."

§ 38 Inhalt des mündlichen Teils der staatlichen Prüfung zur Medizinischen Technologin für Funktionsdiagnostik oder zum Medizinischen Technologen für Funktionsdiagnostik

(1) Im Fall der Ausbildung in der Funktionsdiagnostik besteht der mündliche Teil der staatlichen Prüfung aus einer komplexen Aufgabenstellung in Form der Bearbeitung einer Fallsituation.

(2) [1]Der mündliche Teil erstreckt sich auf Kompetenzen aus folgenden Kompetenzbereichen der Anlage 3:

1. Kompetenzbereich III und
2. Kompetenzbereich IV.

[2]Es sind Bezüge zu den Kompetenzbereichen I und II der Anlage 3 herzustellen.

Erläuterungen

1 In der Begründung zur Verordnung (BR-Drs. 635/21, S. 104) wird zu dieser Vorschrift ausgeführt:

„Die Vorschrift regelt den Inhalt des mündlichen Teils der staatlichen Prüfung im Fall der Ausbildung in der Funktionsdiagnostik."

§ 39 Inhalt des mündlichen Teils der staatlichen Prüfung zur Medizinischen Technologin für Veterinärmedizin oder zum Medizinischen Technologen für Veterinärmedizin

(1) Im Fall der Ausbildung in der Veterinärmedizin besteht der mündliche Teil der staatlichen Prüfung aus einer komplexen Aufgabenstellung in Form der Bearbeitung einer Fallsituation.

(2) Der mündliche Teil erstreckt sich auf Kompetenzen aus folgenden Kompetenzbereichen der Anlage 4:

1. **Kompetenzbereich I,**
2. **Kompetenzbereich III und**
3. **Kompetenzbereich IV.**

Erläuterungen

In der Begründung zur Verordnung (BR-Drs. 635/21, S. 104) wird zu dieser Vorschrift ausgeführt: 1

„Die Vorschrift regelt den Inhalt des mündlichen Teils der staatlichen Prüfung im Fall der Ausbildung in der Veterinärmedizin.“

§ 40 Durchführung des mündlichen Teils

(1) Im mündlichen Teil der staatlichen Prüfung sind die zu prüfenden Personen einzeln oder zu zweit zu prüfen.

(2) [1]Der mündliche Teil soll für jede zu prüfende Person mindestens 30 Minuten und höchstens 45 Minuten dauern. [2]Eine angemessene Vorbereitungszeit unter Aufsicht ist zu gewährleisten.

(3) Der mündliche Teil wird von zwei schulischen Fachprüferinnen oder Fachprüfern abgenommen.

(4) Die dem Prüfungsausschuss vorsitzende Person kann die Anwesenheit von Zuhörerinnen und Zuhörern gestatten, wenn

1. im Fall
   a) der Einzelprüfung die zu prüfende Person dem zugestimmt hat oder
   b) der Prüfung zu zweit beide zu prüfende Personen dem zugestimmt haben und

2. ein berechtigtes Interesse besteht.

Erläuterungen

1 Die Vorschrift ist gegenüber der ursprünglichen Fassung durch Beschluss des Bundesrates (BR-Drs. 635/21 (B), S. 12 f.) in Abs. 3 geändert worden (s. dazu unten → Rn. 3).

2 In der Begründung zur Verordnung (BR-Drs. 635/21, S. 104) wird zur ursprünglichen Fassung dieser Vorschrift ausgeführt:

„***Zu Absatz 1***

In Absatz 1 wird die Anzahl der an einer mündlichen Prüfung teilnehmenden zu prüfenden Personen festgelegt. Um eine angemessene Prüfungssituation zu gewährleisten, wird die Anzahl der zu prüfenden Personen pro Prüfung auf maximal zwei Personen begrenzt.

Zu Absatz 2

Die Prüfungsdauer darf zwischen 30 und 45 Minuten betragen. Die Vorbereitungszeit ist nicht Teil der Prüfungszeit.

Zu Absatz 3

Die mündliche Prüfung findet vor drei Fachprüferinnen und Fachprüfern statt. Die dem Prüfungsausschuss vorsitzende Person nimmt an der Prüfung regelhaft nicht teil (§ 15).

Zu Absatz 4

Nach Absatz 4 kann Zuhörerinnen und Zuhörern bei berechtigtem Interesse die Anwesenheit bei der mündlichen Prüfung gestattet werden. Die störungsfreie Durchführung der Prüfung darf dadurch nicht gefährdet werden. Ein berechtigtes Interesse ist in der Regel anzunehmen, wenn es sich um Auszubildende oder Lehrkräfte der jeweiligen Schule handelt. Die Entscheidung über die Anwesenheit von Zuhörerinnen und Zuhörern trifft die dem Prüfungsausschuss vorsitzende Person mit Zustimmung der zu prüfenden Personen.“

Der Beschluss des Bundesrates (BR-Drs. 635/21 (B), S. 12) zur Änderung des Abs. 3 lautet: 3

„Zu § 40 Absatz 3

§ 40 Absatz 3 ist wie folgt zu fassen:

‚(3) Der mündliche Teil wird von zwei schulischen Fachprüferinnen oder Fachprüfern abgenommen.‘“

Zur Begründung (BR-Drs. 635/21 (B), S. 12 f.) wird ausgeführt:

„Die aktuelle Regelung fordert drei prüfende Personen, davon jeweils mindestens eine aus dem Bereich Schule und Praxis. Eine praxisanleitende Person bei den mündlichen Prüfungen einzubinden, dürfte im Vollzug schwierig sein, da die Fachkräfte in den Einrichtungen benötigt werden, darüber hinaus erscheint es auch pädagogisch als nicht notwendig, da die mündliche Prüfung vor allem die in der schulischen Ausbildung erworbenen Kompetenzen prüft.

Die Regelungen in § 42 MTAPrV zum Bestehen der mündlichen Prüfung eröffnen ein weiteres Problem. Da für das Bestehen des mündlichen Teils alle Fachprüferinnen und Fachprüfer mindestens die Bewertung ‚ausreichend‘ vergeben müssen, könnte die Konstellation entstehen, dass beide schulische Prüferinnen beziehungsweise Prüfer die Note ‚ausreichend‘ und die praktische Prüferin beziehungsweise der praktische Prüfer die Note ‚mangelhaft‘ vergeben.

Damit wäre die Situation geschaffen, dass eine prüfende Person, die nicht im Rahmen des praktischen und theoretischen Unterrichts eingesetzt war, eine Note bildet, die über die Notengebung der beteiligten Lehrkräfte hinweg auch noch über das Bestehen der Abschlussprüfung entscheidet. Eine Beteiligung der praktischen Prüferinnen und Prüfer ist daher auf den praktischen Teil der staatlichen Prüfung zu beschränken.“

§ 41 Benotung und Note für die im mündlichen Teil erbrachte Leistung

(1) Die im mündlichen Teil der staatlichen Prüfung erbrachte Leistung wird von den Fachprüferinnen und Fachprüfern benotet, von denen der mündliche Teil abgenommen worden ist.

(2) [1]Aus den einzelnen Noten der Fachprüferinnen und Fachprüfer bildet die dem Prüfungsausschuss vorsitzende Person die Note für die im mündlichen Teil der staatlichen Prüfung erbrachte Leistung als das arithmetische Mittel der Noten der einzelnen Fachprüferinnen und Fachprüfer. [2]Die Berechnung erfolgt auf zwei Stellen nach dem Komma ohne Rundung.

(3) [1]In die Note fließt ein

1. **der Zahlenwert der Note für die im mündlichen Teil der staatlichen Prüfung erbrachte Leistung mit 75 Prozent und**
2. **der Zahlenwert der Vornote für den mündlichen Teil mit 25 Prozent.**

[2]Die Berechnung erfolgt auf zwei Stellen nach dem Komma ohne Rundung.

(4) Dem berechneten Zahlenwert ist die entsprechende Note nach § 26 zuzuordnen.

Erläuterungen

1 In der Begründung zur Verordnung (BR-Drs. 635/21, S. 105) wird zu dieser Vorschrift ausgeführt:

„Zu Absatz 1

Die Leistung des mündlichen Teils der Prüfung ist von drei Fachprüferinnen und Fachprüfern zu benoten.

Zu Absatz 2

Absatz 2 regelt die Festlegung der Prüfungsnote der mündlichen Prüfung. Sofern alle Fachprüferinnen und Fachprüfer die in der mündlichen Prüfung erbrachte Prüfungsleistung mit ‚ausreichend' bewerten (§ 42), bildet die dem Prüfungsausschuss vorsitzende Person die Note als arithmetisches Mittel der Einzelnoten.

Zu Absatz 3

Die jeweilige Vornote wird bei der Bildung der Note in allen Teilen der staatlichen Prüfung mit 25 Prozent berücksichtigt

Die Berechnung des Zahlenwerts erfolgt auf zwei Stellen nach dem Komma.

Zu Absatz 4

Die in § 26 geregelte Notenskala ist bei der Berechnung und bei der Bildung der Note für den mündlichen Teil der Prüfung anzuwenden."

§ 42 Bestehen des mündlichen Teils

Der mündliche Teil der staatlichen Prüfung ist bestanden, wenn alle Fachprüferinnen und Fachprüfer die in der mündlichen Prüfung erbrachte Prüfungsleistung mit mindestens „ausreichend" bewerten.

Erläuterungen

1 In der Begründung zur Verordnung (BR-Drs. 635/21, S. 105) wird zu dieser Vorschrift ausgeführt:

„Voraussetzung für das Bestehen des mündlichen Teils der Prüfung ist, dass er im Ergebnis der Gesamtbetrachtung – bezogen auf die komplexe Aufgabenstellung in Form der Bearbeitung einer Fallsituation – von allen Fachprüferinnen und Fachprüfern mit mindestens ‚ausreichend' bewertet wird."

§ 43 Wiederholung des mündlichen Teils

(1) Wer den mündlichen Teil der staatlichen Prüfung nicht bestanden hat, kann ihn einmal wiederholen.

(2) Für die Wiederholung ist ein Antrag der zu prüfenden Person bei der dem Prüfungsausschuss vorsitzenden Person erforderlich.

(3) Die Wiederholungsprüfung muss spätestens 15 Monate nach der letzten Prüfung abgeschlossen sein; Ausnahmen kann die zuständige Behörde in begründeten Fällen zulassen.

Erläuterungen

1 In der Begründung zur Verordnung (BR-Drs. 635/21, S. 105) wird zu dieser Vorschrift ausgeführt:

„Die Vorschrift regelt die Voraussetzungen und Einzelheiten der Wiederholung der mündlichen Prüfung. Sie ist auch anzuwenden, wenn das Nichtbestehen Folge eines Rücktritts oder eines Versäumnisses des mündlichen Teils der staatlichen Prüfung ist. Darüber hinaus ist sie anwendbar, wenn die dem Prüfungsausschuss vorsitzende Person den mündlichen Teil der staatlichen Prüfung wegen eines Ordnungsverstoßes oder eines Täuschungsversuches für nicht bestanden erklärt.

Zu Absatz 1

Für die auszubildende Person besteht die Möglichkeit, den mündlichen Teil der staatlichen Prüfung, den sie nicht bestanden hat, einmal zu wiederholen.

Zu Absatz 2

Die Wiederholung hat die zu prüfende Person bei der dem Prüfungsausschuss vorsitzenden Person zu beantragen.

Zu Absatz 3

Die zeitliche Befristung ist an die bisherige Regelung in § 7 Absatz 4 Satz 4 Ausbildungs- und Prüfungsverordnung für technische Assistenten in der Medizin angelehnt.“

Abschnitt 4
Praktischer Teil der staatlichen Prüfung

§ 44 Inhalt und Ablauf des praktischen Teils der staatlichen Prüfung zur Medizinischen Technologin für Laboratoriumsanalytik oder zum Medizinischen Technologen für Laboratoriumsanalytik

(1) Im Fall der Ausbildung in der Laboratoriumsanalytik sind Inhalt des praktischen Teils der staatlichen Prüfung Kompetenzen in allen Kompetenzbereichen der Anlage 1.

(2) [1]Der praktische Teil besteht aus vier Prüfungsteilen. [2]Gegenstand des praktischen Teils sind:

1. **im ersten Prüfungsteil drei Prüfungsaufgaben zur polyvalenten medizinischen Biopathologie, wovon eine Prüfungsaufgabe durch eine Prüfungsaufgabe zur Molekulargenetik ersetzt werden kann,**
2. **im zweiten Prüfungsteil eine Prüfungsaufgabe zur Infektionsanalytik,**
3. **im dritten Prüfungsteil eine Prüfungsaufgabe zur Histologie und Zytologie und**
4. **im vierten Prüfungsteil eine Prüfungsaufgabe zur Steuerung und Überwachung des biomedizinischen Analyseprozesses aus dem Kompetenzbereich II.2 der Anlage 1.**

[3]Jeweils mindestens eine Prüfungsaufgabe ist unter Verwendung eines manuellen Verfahrens, eines automatisierten Verfahrens und eines digitalen Verfahrens durchzuführen.

(3) Jede Prüfungsaufgabe besteht aus:

1. **einem Vorbereitungsteil,**
2. **der praktischen Durchführung des Untersuchungsvorgangs einschließlich präanalytischer Implikationen und Postanalytik,**
3. **der Anfertigung einer strukturierten Aufzeichnung, die den Untersuchungsvorgang darstellt, und**
4. **einem Reflexionsgespräch.**

(4) Für den Vorbereitungsteil ist eine angemessene Zeit unter Aufsicht zu gewähren.

(5) Die Dauer der Reflexionsgespräche beträgt für alle Prüfungsaufgaben insgesamt höchstens 60 Minuten.

Erläuterungen

In der Begründung zur Verordnung (BR-Drs. 635/21, S. 106) sind der Vorschrift folgende Ausführungen zum **praktischen Teil der staatlichen Prüfung** vorangestellt: 1

„In diesem Abschnitt werden die Inhalte und die Durchführung des praktischen Teils der staatlichen Prüfung für die Berufe in der medizinischen Technologie geregelt. Im praktischen Teil werden die Fähigkeiten zur selbständigen Durchführung der Auf-

gaben im jeweiligen Beruf und die im Arbeitsprozess erforderlichen Fertigkeiten überprüft. Im praktischen Teil sollen die Anforderungen des jeweiligen Berufs in der medizinischen Technologie vollumfänglich anhand exemplarischer Prüfungsaufgaben geprüft werden. Daher sind Inhalte des praktischen Teils in allen Berufen alle jeweils in Anlage 1, 2, 3 oder 4 aufgeführten Kompetenzbereiche.

Der praktische Teil der staatlichen Prüfung besteht in allen vier Berufen der medizinischen Technologie jeweils aus vier Prüfungsteilen, die jeweils gesondert benotet werden. Um den praktischen Teil zu bestehen, muss die zu prüfende Person jeden Prüfungsteil bestehen. Bei Nichtbestehen eines Prüfungsteils wiederholt die zu prüfende Person jeweils nur diesen Prüfungsteil.

Im Sinne der Patientensicherheit muss die zu prüfende Person im praktischen Teil der staatlichen Prüfung zeigen, dass sie alle Tätigkeitsbereiche sicher beherrscht und in allen Teilen eine mindestens ausreichende Leistung erbringen."

2 In der Begründung zur Verordnung (BR-Drs. 635/21, S. 106 f.) wird zu dieser Vorschrift ausgeführt:

„Zu Absatz 1

Inhalt des praktischen Teils sind im Fall der Ausbildung in der Laboratoriumsanalytik Kompetenzen in allen Kompetenzbereichen der Anlage 1.

Zu Absatz 2

Nach Satz 1 besteht der praktische Teil aus vier Prüfungsteilen. In Satz 2 Nummer 1 bis 4 werden die Inhalte der Prüfungsteile festgelegt. Die Prüfungsaufgaben sollen die Tätigkeitsfelder der Medizinischen Technologinnen für Laboratoriumsanalytik und der Medizinischen Technologen für Laboratoriumsanalytik umfassend abdecken.

Dazu werden in Satz 3 zusätzliche Anforderungen an die Auswahl der Aufgaben gestellt. Von den in Satz 2 genannten Prüfungsaufgaben ist jeweils mindestens eine Prüfungsaufgabe unter Verwendung eines manuellen Verfahrens, eines automatisierten Verfahrens und eines digitalen Verfahrens durchzuführen. Die Prüfungsaufgaben sind prozessbasiert zu gestalten und sollen eine unterschiedliche Komplexität aufweisen.

Zu Absatz 3

Absatz 3 regelt den Ablauf des praktischen Teils. Jede Prüfungsaufgabe besteht aus einem Vorbereitungsteil, der praktischen Durchführung einschließlich präanalytischer Implikationen und Postanalytik, der Anfertigung einer strukturierten Aufzeichnung und einem Reflexionsgespräch.

Zu Absatz 4

Nach Absatz 4 ist eine angemessene Vorbereitungszeit unter Aufsicht zu gewähren. In dieser Zeit kann die zu prüfende Person die einzelnen Schritte des Untersuchungsvorgangs gedanklich vorbereiten.

Zu Absatz 5

Die Vorschrift regelt die Dauer der Reflexionsgespräche, die für alle Prüfungsaufgaben insgesamt höchstens 60 Minuten betragen darf. Die Reflexionsgespräche dienen dazu, dass die zu prüfende Person die von ihr durchgeführten Analyseprozesse erläutern und begründen kann. So kann sie nachweisen, dass sie in der Lage ist, ihr Handeln fachlich zu begründen, zu evaluieren und die Qualität der Analyseprozesse und -ergebnisse zu bewerten."

§ 45 Inhalt und Ablauf des praktischen Teils der staatlichen Prüfung zur Medizinischen Technologin für Radiologie oder zum Medizinischen Technologen für Radiologie

(1) Im Fall der Ausbildung in der Radiologie sind Inhalt des praktischen Teils der staatlichen Prüfung Kompetenzen in allen Kompetenzbereichen der Anlage 2.

(2) [1]Der praktische Teil besteht aus vier Prüfungsteilen. [2]Gegenstand des praktischen Teils sind:

1. **im ersten Prüfungsteil zwei Prüfungsaufgaben aus der radiologischen Diagnostik und anderen bildgebenden Verfahren,**
2. **im zweiten Prüfungsteil eine Prüfungsaufgabe aus der Strahlentherapie,**
3. **im dritten Prüfungsteil eine Prüfungsaufgabe aus der Nuklearmedizin und**
4. **im vierten Prüfungsteil eine Prüfungsaufgabe aus dem Bereich der physikalisch-technischen Aufgaben in der Dosimetrie und im Strahlenschutz.**

(3) [1]Im Rahmen des zweiten Prüfungsteils ist zusätzlich zur Durchführung der Prüfungsaufgabe eine Fallvorstellung zur technischen Durchführung des Bestrahlungsplans durchzuführen. [2]Für die Fallvorstellung ist der zu prüfenden Person eine angemessene Vorbereitungszeit unter Aufsicht einzuräumen.

(4) [1]Alle vier Prüfungsteile beinhalten ein Reflexionsgespräch. [2]Die Dauer des Reflexionsgesprächs beträgt im ersten und im zweiten Prüfungsteil jeweils höchstens 15 Minuten und im dritten und im vierten Prüfungsteil jeweils höchstens 10 Minuten.

Erläuterungen

1 In der Begründung zur Verordnung (BR-Drs. 635/21, S. 107) wird zu dieser Vorschrift ausgeführt:

*„**Zu Absatz 1***

Inhalt des praktischen Teils sind im Fall der Ausbildung in der Radiologie Kompetenzen in allen Kompetenzbereichen der Anlage 2.

Zu Absatz 2

Nach Satz 1 besteht der praktische Teil aus vier Prüfungsteilen. In Satz 2 Nummer 1 bis 4 werden die Inhalte der Prüfungsteile festgelegt. Die vier Prüfungsteile beziehen sich auf die vier Bereiche der vorbehaltenen Tätigkeiten, die in § 5 Absatz 2 des MT-Berufe-Gesetzes normiert sind. Die Prüfungsaufgaben sollen die Tätigkeitsfelder der Medizinischen Technologinnen für Radiologie und der Medizinischen Technologen für Radiologie umfassend abdecken.

Zu Absatz 3

Der zweite Prüfungsteil beinhaltet neben der Durchführung der Prüfungsaufgabe eine Fallvorstellung zur technischen Durchführung des Bestrahlungsplans. Die Fallvorstellung wird exemplarisch zu einer Prüfungsaufgabe durchgeführt. Die zu prüfende Person kann zeigen, dass sie vorgegebene Situationen umfassend bewerten und die erforderlichen Handlungsnotwendigkeiten ableiten kann. Für die Vorbereitung der Fallvorstellung ist der zu prüfenden Person eine angemessene Zeit unter Aufsicht einzuräumen.

Zu Absatz 4

Satz 1 regelt, dass in jedem Prüfungsteil ein Reflexionsgespräch durchzuführen ist. Die Reflexionsgespräche dienen dazu, dass die zu prüfende Person die von ihr durchgeführten Aufgaben erläutern und begründen kann. So kann sie nachweisen, dass sie in der Lage ist, ihr Handeln fachlich zu begründen, zu evaluieren und die Qualität der Aufgabendurchführung zu bewerten.

Satz 2 enthält die Dauer der Reflexionsgespräche für die einzelnen Prüfungsteile. Die Reflexionsgespräche werden für jeden Prüfungsteil gesondert durchgeführt."

§ 46 Inhalt und Ablauf des praktischen Teils der staatlichen Prüfung zur Medizinischen Technologin für Funktionsdiagnostik oder zum Medizinischen Technologen für Funktionsdiagnostik

(1) Im Fall der Ausbildung in der Funktionsdiagnostik sind Inhalt des praktischen Teils der staatlichen Prüfung Kompetenzen in allen Kompetenzbereichen der Anlage 3.

(2) [1]Der praktische Teil besteht aus vier Prüfungsteilen. [2]Gegenstand des praktischen Teils sind:

1. **im ersten Prüfungsteil eine Prüfungsaufgabe aus der Funktionsdiagnostik des Hörens und des Gleichgewichts,**
2. **im zweiten Prüfungsteil eine Prüfungsaufgabe aus der Funktionsdiagnostik des Gehirns, der Nerven oder der Muskelfunktion,**
3. **im dritten Prüfungsteil eine Prüfungsaufgabe aus der Funktionsdiagnostik des Herz-Kreislauf- und Gefäßsystems und**
4. **im vierten Prüfungsteil eine Prüfungsaufgabe aus der Funktionsdiagnostik des respiratorischen Systems.**

(3) [1]Der praktische Teil der staatlichen Prüfung besteht für jeden der vier Prüfungsteile jeweils aus der vollständigen Durchführung der funktionsdiagnostischen Untersuchung. [2]In einem der Prüfungsteile ist zusätzlich zur Prüfungsaufgabe eine Fallvorstellung durchzuführen. [3]Für die Fallvorstellung ist der zu prüfenden Person eine angemessene Vorbereitungszeit unter Aufsicht einzuräumen.

(4) Alle vier Prüfungsteile beinhalten ein Reflexionsgespräch mit einer Dauer von jeweils höchstens 15 Minuten.

Erläuterungen

1 In der Begründung zur Verordnung (BR-Drs. 635/21, S. 107 f.) wird zu dieser Vorschrift ausgeführt:

„***Zu Absatz 1***

Inhalt des praktischen Teils sind im Fall der Ausbildung in der Funktionsdiagnostik Kompetenzen in allen Kompetenzbereichen der Anlage 3.

Zu Absatz 2

Nach Satz 1 besteht der praktische Teil aus vier Prüfungsteilen. In Satz 2 Nummer 1 bis 4 werden die Inhalte der Prüfungsteile festgelegt. Diese beziehen sich auf die verschiedenen Bereiche, in denen Funktionsdiagnostik durchgeführt wird.

Zu Absatz 3

Nach Satz 1 ist in jedem der vier Prüfungsteile eine funktionsdiagnostische Untersuchung durchzuführen. Es ist jeweils eine vollständige Untersuchung durchzuführen; es werden keine Teilhandlungen abgeprüft.

Nach Satz 2 wird in einem Prüfungsteil zusätzlich eine Fallvorstellung durchgeführt. Die zu prüfende Person kann zeigen, dass sie vorgegebene Situation umfassend bewerten und die erforderlichen Handlungsnotwendigkeiten ableiten kann. Für die Vorbereitung der Fallvorstellung ist der zu prüfenden Person nach Satz 3 eine angemessene Zeit unter Aufsicht einzuräumen.

Zu Absatz 4

Die Vorschrift regelt, dass in jedem Prüfungsteil ein Reflexionsgespräch mit einer Dauer von höchstens 15 Minuten durchzuführen ist. Die Reflexionsgespräche dienen dazu, dass die zu prüfende Person die von ihr durchgeführten Aufgaben erläutern und begründen kann. So kann sie nachweisen, dass sie in der Lage ist, ihr Handeln fachlich zu begründen, zu evaluieren und die Qualität der Aufgabendurchführung zu bewerten. Die Reflexionsgespräche werden für jeden Prüfungsteil gesondert durchgeführt.“

§ 47 Inhalt und Ablauf des praktischen Teils der staatlichen Prüfung zur Medizinischen Technologin für Veterinärmedizin oder zum Medizinischen Technologen für Veterinärmedizin

(1) Im Fall der Ausbildung in der Veterinärmedizin sind Inhalt des praktischen Teils der staatlichen Prüfung Kompetenzen in allen Kompetenzbereichen der Anlage 4.

(2) [1]Der praktische Teil besteht aus vier Prüfungsteilen. [2]Gegenstand des praktischen Teils sind:

1. **im ersten Prüfungsteil drei Prüfungsaufgaben zur polyvalenten veterinärmedizinischen Biopathologie, wovon eine Prüfungsaufgabe durch eine Prüfungsaufgabe zur Molekulargenetik ersetzt werden kann,**
2. **im zweiten Prüfungsteil eine Prüfungsaufgabe zur Infektionsanalytik und Lebensmittelanalytik,**
3. **im dritten Prüfungsteil eine Prüfungsaufgabe zur Histologie und Reproduktionsmedizin mit Spermatologie und**
4. **im vierten Prüfungsteil eine Prüfungsaufgabe zur Steuerung und Überwachung des biomedizinischen Analyseprozesses aus dem Kompetenzbereich II.2 der Anlage 4.**

[3]Jeweils mindestens eine Prüfungsaufgabe ist unter Verwendung eines manuellen Verfahrens, eines automatisierten Verfahrens und eines digitalen Verfahrens durchzuführen.

(3) Jede Prüfungsaufgabe besteht aus:

1. **einem Vorbereitungsteil,**
2. **der praktischen Durchführung des Untersuchungsvorgangs einschließlich präanalytischer Implikationen und Postanalytik,**
3. **der Anfertigung einer strukturierten Aufzeichnung, die den Untersuchungsvorgang darstellt, und**
4. **einem Reflexionsgespräch.**

(4) Für den Vorbereitungsteil ist eine angemessene Zeit unter Aufsicht zu gewähren.

(5) Die Dauer der Reflexionsgespräche beträgt für alle Prüfungsaufgaben insgesamt höchstens 60 Minuten.

Erläuterungen

1 In der Begründung zur Verordnung (BR-Drs. 635/21, S. 108 f.) wird zu dieser Vorschrift ausgeführt:

„Die Vorschrift entspricht im Wesentlichen § 44, in dem der Inhalt und Ablauf des praktischen Teils im Fall der Ausbildung in der Laboratoriumsanalytik geregelt wird. Um den Besonderheiten der Tätigkeiten der Medizinischen Technologinnen für Veterinärmedizin und der Medizinischen Technologen für Veterinärmedizin Rechnung zu tragen, wird zusätzlich aufgenommen, dass eine Prüfungsaufgabe des prak-

tischen Teils in der Lebensmittelanalytik (Absatz 2 Satz 2 Nummer 2) sowie eine Prüfungsaufgabe in der Spermatologie (Absatz 2 Satz 2 Nummer 3) durchzuführen ist.

Zu Absatz 1

Inhalt des praktischen Teils sind im Fall der Ausbildung in der Veterinärmedizin Kompetenzen in allen Kompetenzbereichen der Anlage 4.

Zu Absatz 2

Nach Satz 1 besteht der praktische Teil aus vier Prüfungsteilen. In Satz 2 Nummer 1 bis 4 werden die Inhalte der Prüfungsteile festgelegt. Die Prüfungsaufgaben sollen die Tätigkeitsfelder der Medizinischen Technologinnen für Veterinärmedizin und der Medizinischen Technologen für Veterinärmedizin umfassend abdecken.

Dazu werden in Satz 3 zusätzliche Anforderungen an die Auswahl der Aufgaben gestellt. Von den in Satz 2 genannten Prüfungsaufgaben ist jeweils mindestens eine Prüfungsaufgabe unter Verwendung eines manuellen Verfahrens, eines automatisierten Verfahrens und eines digitalen Verfahrens durchzuführen. Die Prüfungsaufgaben sind jeweils prozessbasiert zu gestalten und sollten eine unterschiedliche Komplexität aufweisen.

Zu Absatz 3

Absatz 3 regelt den Ablauf des praktischen Teils. Jede Prüfungsaufgabe besteht aus einem Vorbereitungsteil, der praktischen Durchführung einschließlich präanalytischer Implikationen und Postanalytik, der Anfertigung einer strukturierten Aufzeichnung und einem Reflexionsgespräch.

Zu Absatz 4

Nach Absatz 4 ist eine angemessene Vorbereitungszeit unter Aufsicht zu gewähren. In dieser Zeit kann die zu prüfende Person die einzelnen Schritte des Untersuchungsvorgangs gedanklich vorbereiten.

Zu Absatz 5

Die Vorschrift regelt die Dauer der Reflexionsgespräche, die für alle Prüfungsaufgaben insgesamt höchstens 60 Minuten betragen darf. Die Reflexionsgespräche dienen dazu, dass die zu prüfende Person die von ihr durchgeführten Analyseprozesse erläutern und begründen kann. So kann sie nachweisen, dass sie in der Lage ist, ihr Handeln fachlich zu begründen, zu evaluieren und die Qualität der Analyseprozesse und -ergebnisse zu bewerten.“

§ 48 Durchführung des praktischen Teils

(1) [1]Die Prüfungsaufgaben des praktischen Teils werden auf Vorschlag der Schule durch die Fachprüferinnen und Fachprüfer bestimmt. [2]Wenn die Prüfung unter Einbezug einer Patientin oder eines Patienten durchgeführt wird, müssen die betroffene Patientin oder der betroffene Patient oder eine vertretungsberechtigte Person sowie die verantwortliche Ärztin oder der verantwortliche Arzt darin eingewilligt haben. [3]Hiervon bleiben für den praktischen Teil der Prüfung nach § 45 die Anforderungen des § 83 des Strahlenschutzgesetzes vom 27. Juni 2017 (BGBl. I S. 1966), zuletzt geändert durch Artikel 2 des Gesetzes vom 20. Mai 2021 (BGBl. I S. 1194), und des § 145 Absatz 2 Nummer 4 der Strahlenschutzverordnung vom 29. November 2018 (BGBl. I S. 2034, 2036), zuletzt geändert durch Artikel 83 des Gesetzes vom 10. August 2021 (BGBl. I S. 3436), unberührt.

(2) Im praktischen Teil ist jede zu prüfende Person einzeln zu prüfen.

(3) Der praktische Teil muss von zwei Fachprüferinnen oder Fachprüfern abgenommen werden, von denen mindestens eine Person praktische Fachprüferin oder praktischer Fachprüfer ist.

(4) [1]Der praktische Teil soll ohne Vorbereitungsteile einschließlich Fallvorstellungen und Reflexionsgesprächen höchstens 420 Minuten dauern. [2]Der praktische Teil kann aus organisatorischen Gründen unterbrochen werden und soll innerhalb von vier Wochen abgeschlossen werden.

Erläuterungen

1 Die Vorschrift ist gegenüber der ursprünglichen Fassung durch Beschluss des Bundesrates (BR-Drs. 635/21 (B), S. 13) in Abs. 1 geändert worden (s. dazu unten → Rn. 3). Weiter ist Abs. 3 geändert worden (BR-Drs. 635/21 (B), S. 4) (s. dazu unten → Rn. 4).

2 In der Begründung zur Verordnung (BR-Drs. 635/21, S. 109 f.) wird zu dieser Vorschrift in der ursprünglichen Fassung ausgeführt:

„Die Vorschrift regelt die Durchführung des praktischen Teils der staatlichen Prüfung für alle Berufe in der medizinischen Technologie.

Zu Absatz 1

Der Inhalt des praktischen Teils wird auf Vorschlag der Schule durch die Fachprüferinnen und Fachprüfer festgelegt. Wenn die Prüfung unter Einbezug einer Patientin oder eines Patienten durchgeführt wird, müssen die betroffene Patientin oder der betroffene Patient oder eine vertretungsberechtigte Person sowie die verantwortliche Ärztin oder der verantwortliche Arzt darin eingewilligt haben. Patientinnen und Patienten sollen nicht ohne oder gegen ihren Willen Mitwirkende einer Prüfung werden.

Zu Absatz 2

Es wird vorgegeben, dass die zu prüfenden Personen einzeln geprüft werden. Damit wird gewährleistet, dass die Kompetenzen der einzelnen zu prüfenden Person zur umfassenden Bewältigung der Aufgaben der Medizinischen Technologinnen und Medizinischen Technologen im jeweiligen Beruf und die damit verbundene Verantwortungsübernahme Gegenstand der Prüfung und Beurteilung sind. Bei einer Gruppenprüfung mit Beteiligung mehrerer zu prüfender Personen können die individuellen Anteile nicht zuverlässig bestimmt und nachgewiesen werden.

Zu Absatz 3

Der praktische Teil wird von zwei Fachprüferinnen und Fachprüfern durchgeführt, von denen mindestens eine Person praktische Fachprüferin oder praktischer Fachprüfer sein muss.

Zu Absatz 4

Satz 1 regelt 420 Minuten als Höchstdauer des praktischen Teils. Um die Organisation des praktischen Teils zu gewährleisten, kann der praktische Teil unterbrochen werden. Er soll innerhalb von vier Wochen abgeschlossen werden. Dieser Zeitraum entspricht den Regelungen in der bisherigen Ausbildungs- und Prüfungsverordnung für technische Assistenten in der Medizin. Er ist erforderlich, um die verschiedenen Prüfungsteile, die teilweise an unterschiedenen Orten stattfinden müssen, organisieren zu können.“

Der Beschluss des Bundesrates (BR-Drs. 635/21 (B), S. 13) zur Änderung des Abs. 1 lautet: 3

„Zu § 48 Absatz 1 Satz 3 – neu –

Dem § 48 Absatz 1 ist folgender Satz anzufügen:

‚Hiervon bleiben für den praktischen Teil der Prüfung nach § 45 die Anforderungen des § 83 des Strahlenschutzgesetzes vom 27. Juni 2017 (BGBl. I S. 1966), zuletzt geändert durch Artikel 2 des Gesetzes vom 20. Mai 2021 (BGBl. I S. 1194), und des § 145 Absatz 2 Nummer 4 der Strahlenschutzverordnung vom 29. November 2018 (BGBl. I S. 2034, 2036), zuletzt geändert durch Artikel 83 des Gesetzes vom 10. August 2021 (BGBl. I S. 3436), unberührt.‘“

Zur Begründung (BR-Drs. 635/21 (B), S. 13 f.) wird ausgeführt:

„Die für den Einbezug von Patienten in den praktischen Prüfungsteil erforderlichen Einwilligungen nach § 48 Absatz 1 Satz 2 MTAPrV (insbesondere der verantwortlichen Ärztin oder des verantwortlichen Arztes) sind im Hinblick auf geltende Vorschriften des Strahlenschutzgesetzes (StrlSchG) und der Strahlenschutzverordnung (StrlSchV) unzureichend.

§ 83 StrlSchG legt grundlegende Anforderungen an die Anwendung ionisierender Strahlung oder radioaktiver Stoffe am Menschen fest. Insbesondere erfordert die Anwendung ionisierender Strahlung und radioaktiver Stoffe am Menschen die vorherige rechtfertigende Indikation eines Arztes mit der erforderlichen Fachkunde im Strahlenschutz, das heißt die Abwägung des gesundheitlichen Nutzens der Strahlenexposition gegenüber dem Risiko einer Schädigung durch die Strahlenexposition (§ 83 Absatz 3 StrlSchG). Eine Strahlenexposition einer Person zu Demonstrations- oder

Prüfungszwecken ist völlig ausgeschlossen (ungeachtet der etwaigen Bereitschaft einer Person, sich für Zwecke der Prüfung zur Verfügung zu stellen).

Darüber hinaus bedarf es der Aufsicht eines Arztes mit Fachkunde im Strahlenschutz. Nach § 145 Absatz 2 Nummer 4 StrlSchV verbietet die StrlSchV nicht die Exposition von Patienten im Rahmen der technischen Durchführung durch in der Ausbildung befindliche MT-R. Zur Ausbildung gehört auch die Abschlussprüfung. Allerdings ist die technische Durchführung durch MT-R in Ausbildung nur unter ständiger Aufsicht und Verantwortung eines Arztes mit der erforderlichen Fachkunde im Strahlenschutz zulässig.

In den allgemeinen Vorschriften über die Zusammensetzung des Prüfungsausschusses nach §§ 12, 13, 14, 15 und 16 MTAPrV findet sich kein Hinweis auf eine erforderliche Beteiligung oder Mitwirkung eines Arztes mit Fachkunde im Strahlenschutz. Dies würde die generalisierenden nicht auf Berufssparten bezogenen Vorschriften unnötig verkomplizieren. Eine klare Trennung zwischen der eigentlichen Aufgabe als Prüfer und der Wahrnehmung von Aufgaben des Strahlenschutzes wäre an dieser Stelle schwer darstellbar. Daher erscheint es am übersichtlichsten, die empfohlene Ergänzung als Spezialfall für die ‚Radiologie-Prüfungen' nach § 45 MTAPrV dem § 48 Absatz 1 MTAPrV zur Durchführung der praktischen Prüfung anzufügen."

4 Der Beschluss des Bundesrates (BR-Drs. 635/21 (B), S. 4) zur Änderung des Abs. 3 lautet:

„Zu § 13 Absatz 1 Nummer 3 erster Halbsatz und Buchstabe a

§ 32 Absatz 1,

§ 48 Absatz 3,

§ 67 Absatz 1,

§ 84 Absatz 1 und

§ 92 Absatz 1

In § 13 Absatz 1 Nummer 3 erster Halbsatz und in Buchstabe a, § 32 Absatz 1, § 48 Absatz 3, § 67 Absatz 1, § 84 Absatz 1 und § 92 Absatz 1 ist jeweils nach dem Wort ‚Fachprüferinnen' das Wort ‚und' durch das Wort ‚oder' zu ersetzen."

Zur Begründung (BR-Drs. 635/21 (B), S. 4 f.) wird ausgeführt:

„Das Bindewort ‚und' suggeriert, dass in jedem Fall beide Geschlechter vertreten sein müssen. Dies ist nicht immer zu gewährleisten und auch nicht zwingend notwendig.

Auch in den Ausbildungs- und Prüfungsverordnungen für andere Gesundheitsfachberufe (zum Beispiel PflAPrV) wird die Wortgruppe jeweils mit ‚oder' gebildet und sollte im Sinne einer einheitlichen Rechtssprache daher in der MTAPrV entsprechend formuliert werden."

§ 49 Benotung, Note und Bestehen des praktischen Teils der staatlichen Prüfung zur Medizinischen Technologin für Laboratoriumsanalytik oder zum Medizinischen Technologen für Laboratoriumsanalytik

(1) Die im jeweiligen Prüfungsteil des praktischen Teils der staatlichen Prüfung erbrachte Leistung wird von den Fachprüferinnen und Fachprüfern benotet, von denen der praktische Teil abgenommen worden ist.

(2) Aus den einzelnen Noten der Fachprüferinnen und Fachprüfer bildet die dem Prüfungsausschuss vorsitzende Person die Note für die im jeweiligen Prüfungsteil erbrachte Leistung als das arithmetische Mittel der Noten der einzelnen Fachprüferinnen und Fachprüfer.

(3) [1]In die Note des praktischen Teils fließt ein:

1. **der Zahlenwert der Note für die im praktischen Teil erbrachte Leistung, der aus dem arithmetischen Mittel der vier Prüfungsteile gebildet wird, mit 75 Prozent, wobei der erste Prüfungsteil dreifach zu gewichten ist, und**
2. **der Zahlenwert der Vornote für den praktischen Teil mit 25 Prozent.**

[2]Die Berechnung erfolgt auf zwei Stellen nach dem Komma ohne Rundung.

(4) Dem berechneten Zahlenwert ist die entsprechende Note nach § 26 zuzuordnen.

(5) Der praktische Teil ist bestanden, wenn alle Fachprüferinnen und Fachprüfer ihren jeweiligen Prüfungsteil mit mindestens „ausreichend" bewerten.

Erläuterungen

In der Begründung zur Verordnung (BR-Drs. 635/21, S. 110) wird zu dieser Vorschrift ausgeführt: 1

„Zu Absatz 1

Die Prüfungsteile des praktischen Teils der staatlichen Prüfung sind von denjenigen Fachprüferinnen und Fachprüfern zu benoten, die die Prüfung durchgeführt haben.

Zu Absatz 2

Absatz 2 regelt die Festlegung der Prüfungsnote für die im praktischen Teil erbrachte Leistung. Die dem Prüfungsausschuss vorsitzende Person bewertet die erbrachten Leistungen nicht selbst, sondern berechnet die Note nach den Vorgaben des Absatzes 3.

Zu Absatz 3

Die Noten der vier Prüfungsteile fließen insgesamt zu 75 Prozent in die Note des praktischen Teils ein. Die stärkere Gewichtung des ersten Prüfungsteils ergibt sich daraus, dass dieser Prüfungsteil aus drei Prüfungsaufgaben besteht. Die jeweilige Vornote wird bei der Bildung der Note in allen Teilen der staatlichen Prüfung mit 25 Prozent berücksichtigt.

Die Berechnung des Zahlenwerts erfolgt auf zwei Stellen nach dem Komma.

Zu Absatz 4

Bei der Berechnung und bei der Bildung der Note für den praktischen Teil ist die in § 26 geregelte Notenskala anzuwenden.

Zu Absatz 5

Voraussetzung für das Bestehen des praktischen Teils ist, dass jeder der vier Prüfungsteile von allen Fachprüferinnen und Fachprüfern mit mindestens ‚ausreichend' benotet worden ist."

§ 50 Benotung, Note und Bestehen des praktischen Teils der staatlichen Prüfung zur Medizinischen Technologin für Radiologie oder zum Medizinischen Technologen für Radiologie

(1) Die im jeweiligen Prüfungsteil des praktischen Teils der staatlichen Prüfung erbrachte Leistung wird von den Fachprüferinnen und Fachprüfern benotet, von denen der praktische Teil abgenommen worden ist.

(2) Aus den einzelnen Noten der Fachprüferinnen und Fachprüfer bildet die dem Prüfungsausschuss vorsitzende Person die Note für die im jeweiligen Prüfungsteil des praktischen Teils erbrachte Leistung als das arithmetische Mittel der Noten der einzelnen Fachprüferinnen und Fachprüfer.

(3) [1]In die Note des praktischen Teils fließt ein:

1. **der Zahlenwert der Note für die im praktischen Teil erbrachte Leistung, der aus dem arithmetischen Mittel der vier Prüfungsteile gebildet wird, mit 75 Prozent, wobei der erste Prüfungsteil doppelt zu gewichten ist, und**
2. **der Zahlenwert der Vornote für den praktischen Teil mit 25 Prozent.**

[2]Die Berechnung erfolgt jeweils auf zwei Stellen nach dem Komma ohne Rundung.

(4) Dem berechneten Zahlenwert ist die entsprechende Note nach § 26 zuzuordnen.

(5) Der praktische Teil ist bestanden, wenn alle Fachprüferinnen und Fachprüfer ihren jeweiligen Prüfungsteil mit mindestens „ausreichend“ bewerten.

Erläuterungen

In der Begründung zur Verordnung (BR-Drs. 635/21, S. 110 f.) wird zu dieser Vorschrift ausgeführt: 1

*„**Zu Absatz 1***

Die Prüfungsteile des praktischen Teils der staatlichen Prüfung sind von denjenigen Fachprüferinnen und Fachprüfern zu benoten, die die Prüfung durchgeführt haben.

Zu Absatz 2

Absatz 2 regelt die Festlegung der Noten für die in den Prüfungsteilen erbrachte Leistung. Die dem Prüfungsausschuss vorsitzende Person bewertet die erbrachten Leistungen nicht selbst, sondern berechnet die Note nach den Vorgaben des Absatzes 3.

Zu Absatz 3

Die Noten der vier Prüfungsteile fließen insgesamt zu 75 Prozent in die Note des praktischen Teils ein. Die stärkere Gewichtung des ersten Prüfungsteils ergibt sich daraus, dass dieser Prüfungsteil aus zwei Prüfungsaufgaben besteht. Die jeweilige Vornote wird bei der Bildung der Note in allen Teilen der staatlichen Prüfung mit 25 Prozent berücksichtigt.

Die Berechnung des Zahlenwerts erfolgt auf zwei Stellen nach dem Komma.

Zu Absatz 4

Bei der Berechnung und bei der Bildung der Note für den praktischen Teil ist die in § 26 geregelte Notenskala anzuwenden.

Zu Absatz 5

Voraussetzung für das Bestehen des praktischen Teils ist, dass jeder der vier Prüfungsteile von allen Fachprüferinnen und Fachprüfern jeweils mit mindestens ‚ausreichend' benotet wird."

§ 51 Benotung, Note und Bestehen des praktischen Teils der staatlichen Prüfung zur Medizinischen Technologin für Funktionsdiagnostik oder zum Medizinischen Technologen für Funktionsdiagnostik

(1) Die im jeweiligen Prüfungsteil des praktischen Teils der staatlichen Prüfung erbrachte Leistung wird von den Fachprüferinnen und Fachprüfern benotet, von denen der praktische Teil abgenommen worden ist.

(2) Aus den einzelnen Noten der Fachprüferinnen und Fachprüfer bildet die dem Prüfungsausschuss vorsitzende Person die Note für die im jeweiligen Prüfungsteil des praktischen Teils erbrachte Leistung als das arithmetische Mittel der Noten der einzelnen Fachprüferinnen und Fachprüfer.

(3) [1]In die Note des praktischen Teils fließt ein:

1. **der Zahlenwert der Note für die im praktischen Teil erbrachte Leistung, der aus dem arithmetischen Mittel der vier Prüfungsteile gebildet wird, mit 75 Prozent und**
2. **der Zahlenwert der Vornote für den praktischen Teil mit 25 Prozent.**

[2]Die Berechnung erfolgt jeweils auf zwei Stellen nach dem Komma ohne Rundung.

(4) Dem berechneten Zahlenwert ist die entsprechende Note nach § 26 zuzuordnen.

(5) Der praktische Teil ist bestanden, wenn alle Fachprüferinnen und Fachprüfern ihren jeweiligen Prüfungsteil mit mindestens „ausreichend“ bewerten.

Erläuterungen

In der Begründung zur Verordnung (BR-Drs. 635/21, S. 111) wird zu dieser Vorschrift ausgeführt: 1

„Zu Absatz 1

Die Prüfungsteile des praktischen Teils der staatlichen Prüfung sind von denjenigen Fachprüferinnen und Fachprüfern zu benoten, die die Prüfung durchgeführt haben.

Zu Absatz 2

Absatz 2 regelt die Festlegung der Noten für die in den Prüfungsteilen erbrachte Leistung. Die dem Prüfungsausschuss vorsitzende Person bewertet die erbrachten Leistungen nicht selbst, sondern berechnet die Note nach den Vorgaben des Absatzes 3.

Zu Absatz 3

Die Noten der vier Prüfungsteile fließen insgesamt zu 75 Prozent in die Note des praktischen Teils ein. Alle vier Prüfungsteile werden gleich gewichtet. Die jeweilige Vornote wird bei der Bildung der Note in allen Teilen der staatlichen Prüfung mit 25 Prozent berücksichtigt.

Die Berechnung des Zahlenwerts erfolgt auf zwei Stellen nach dem Komma.

Zu Absatz 4

Bei der Berechnung und bei der Bildung der Note für den praktischen Teil ist die in § 26 geregelte Notenskala anzuwenden.

Zu Absatz 5

Voraussetzung für das Bestehen des praktischen Teils ist, dass jeder der vier Prüfungsteile von allen Fachprüferinnen und Fachprüfern jeweils mit mindestens ‚ausreichend' benotet wird."

§ 52 Benotung, Note und Bestehen des praktischen Teils der staatlichen Prüfung zur Medizinischen Technologin für Veterinärmedizin oder zum Medizinischen Technologen für Veterinärmedizin

(1) Die im jeweiligen Prüfungsteil des praktischen Teils der staatlichen Prüfung erbrachte Leistung wird von den Fachprüferinnen und Fachprüfern benotet, von denen der praktische Teil abgenommen worden ist.

(2) Aus den einzelnen Noten der Fachprüferinnen und Fachprüfer bildet die dem Prüfungsausschuss vorsitzende Person die Note für die im jeweiligen Prüfungsteil erbrachte Leistung als das arithmetische Mittel der Noten der einzelnen Fachprüferinnen und Fachprüfer.

(3) [1]In die Note des praktischen Teils fließt ein:

1. **der Zahlenwert der Note für die im praktischen Teil erbrachte Leistung, der aus dem arithmetischen Mittel der vier Prüfungsteile gebildet wird, mit 75 Prozent, wobei der erste Prüfungsteil dreifach gewichtet wird, und**
2. **der Zahlenwert der Vornote für den praktischen Teil mit 25 Prozent.**

[2]Die Berechnung erfolgt auf zwei Stellen nach dem Komma ohne Rundung.

(4) Dem berechneten Zahlenwert ist die entsprechende Note nach § 26 zuzuordnen.

(5) Der praktische Teil ist bestanden, wenn alle Fachprüferinnen und Fachprüfer ihren jeweiligen Prüfungsteil mit mindestens „ausreichend“ bewerten.

Erläuterungen

In der Begründung zur Verordnung (BR-Drs. 635/21, S. 111 f.) wird zu dieser Vorschrift ausgeführt: 1

„Zu Absatz 1

Die Prüfungsteile des praktischen Teils der staatlichen Prüfung sind von denjenigen Fachprüferinnen und Fachprüfern zu benoten, die die Prüfung durchgeführt haben.

Zu Absatz 2

Absatz 2 regelt die Festlegung der Prüfungsnote für die im praktischen Teil erbrachte Leistung. Die dem Prüfungsausschuss vorsitzende Person bewertet die gezeigten Leistungen nicht selbst, sondern berechnet die Note nach den Vorgaben des Absatzes 3

Zu Absatz 3

Die Noten der vier Prüfungsteile fließen insgesamt zu 75 Prozent in die Note des praktischen Teils ein. Die stärkere Gewichtung des ersten Prüfungsteils ergibt sich daraus, dass dieser Prüfungsteil aus drei Prüfungsaufgaben besteht. Die jeweilige Vornote wird bei der Bildung der Note in allen Teilen der staatlichen Prüfung mit 25 Prozent berücksichtigt.

Die Berechnung des Zahlenwerts erfolgt auf zwei Stellen nach dem Komma.

Zu Absatz 4

Bei der Berechnung und bei der Bildung der Note für den praktischen Teil ist die in § 26 geregelte Notenskala anzuwenden.

Zu Absatz 5

Voraussetzung für das Bestehen des praktischen Teils ist, dass jeder der vier Prüfungsteile von allen Fachprüferinnen und Fachprüfern mit mindestens ‚ausreichend' benotet worden ist."

§ 53 Wiederholung und zusätzlicher Praxiseinsatz

(1) Wer einen Prüfungsteil des praktischen Teils der staatlichen Prüfung nicht bestanden hat, kann ihn einmal wiederholen.

(2) Für die Wiederholung ist ein Antrag der zu prüfenden Person bei der dem Prüfungsausschuss vorsitzenden Person erforderlich.

(3) [1]Vor der Wiederholung hat die zu prüfende Person einen zusätzlichen Praxiseinsatz zu absolvieren. [2]Dauer und Inhalt des Praxiseinsatzes sind von der dem Prüfungsausschuss vorsitzenden Person zu bestimmen. [3]Die weitere Ausbildung darf einschließlich der für die Prüfung erforderlichen Zeit die Dauer von einem Jahr nicht überschreiten.

(4) Zur Wiederholung darf nur zugelassen werden, wer dem Antrag einen Nachweis über den zusätzlichen Praxiseinsatz beigefügt hat.

(5) Die Wiederholungsprüfung muss spätestens 15 Monate nach der letzten Prüfung abgeschlossen sein; Ausnahmen kann die zuständige Behörde in begründeten Fällen zulassen.

Erläuterungen

In der Begründung zur Verordnung (BR-Drs. 635/21, S. 112 f.) wird zu dieser Vorschrift ausgeführt: 1

„Die Vorschrift regelt die Wiederholung des praktischen Teils der staatlichen Prüfung für alle Berufe in der medizinischen Technologie. § 53 ist auch anzuwenden, wenn das Nichtbestehen Folge eines Rücktritts oder eines Versäumnisses ist. Darüber hinaus ist die Vorschrift anwendbar, wenn die dem Prüfungsausschuss vorsitzende Person einen Bestandteil der staatlichen Prüfung wegen eines Ordnungsverstoßes oder eines Täuschungsversuches für nicht bestanden erklärt.

Zu Absatz 1

Absatz 1 regelt, dass eine zu prüfende Person einen Prüfungsteil des praktischen Teils einmal wiederholen kann, wenn sie ihn nicht bestanden hat. Im Fall des Nichtbestehens kann die zu prüfende Person denjenigen Prüfungsteil wiederholen, den sie nicht bestanden hat.

Zu Absatz 2

Die Wiederholung hat die zu prüfende Person bei der dem Prüfungsausschuss vorsitzenden Person zu beantragen.

Zu Absatz 3

Hat die zu prüfende Person einen Prüfungsteil zu wiederholen, muss sie vor der Wiederholung einen zusätzlichen Praxiseinsatz absolvieren. Die Dauer und den Inhalt der zusätzlichen praktischen Ausbildung bestimmt die dem Prüfungsausschuss vorsitzende Person. Maßstab sind dabei die in der Prüfung festgestellten Defizite. Die vorsitzende Person berücksichtigt dabei auch, dass nach § 37 Absatz 2 Satz 2 des MT-Berufe-Gesetzes das Ausbildungsverhältnis im Falle des Nichtbestehens der Prüfung um längstens ein Jahr verlängert werden kann. Auch um ungerechtfertigte Verzögerungen zum Nachteil der zu prüfenden Person zu vermeiden, soll die zusätzliche Ausbildung einschließlich der für die Prüfung erforderlichen Zeit die Dauer von einem Jahr nicht überschreiten.

Zu Absatz 4

Voraussetzung für die Zulassung zur Wiederholung eines Prüfungsteils ist, dass die zu prüfende Person den zusätzlichen Praxiseinsatz nachweisen kann.

Zu Absatz 5

Die zeitliche Befristung ist an die bisherige Regelung in § 7 Absatz 4 Satz 4 Ausbildungs- und Prüfungsverordnung für technische Assistenten in der Medizin angelehnt."

Abschnitt 5
Abschluss des Prüfungsverfahrens

§ 54 Bestehen und Gesamtnote der staatlichen Prüfung

(1) Die staatliche Prüfung hat bestanden, wer alle drei Teile der staatlichen Prüfung bestanden hat.

(2) Für jede zu prüfende Person, die die staatliche Prüfung bestanden hat, bildet die dem Prüfungsausschuss vorsitzende Person die Gesamtnote der staatlichen Prüfung.

(3) [1]Die Gesamtnote der staatlichen Prüfung wird aus dem arithmetischen Mittel der drei Prüfungsteile gebildet. [2]Die Berechnung erfolgt auf zwei Stellen nach dem Komma ohne Rundung.

(4) [1]Dem berechneten Notenwert ist die entsprechende Note nach § 26 zuzuordnen. [2]Die zugeordnete Note ist die Gesamtnote der staatlichen Prüfung.

Erläuterungen

In der Begründung zur Verordnung (BR-Drs. 635/21, S. 113) wird zu dieser Vorschrift ausgeführt: 1

„Als Berufszulassungsprüfung dient die staatliche Prüfung der Feststellung, ob das Ausbildungsziel erreicht wurde und die Auszubildenden den Anforderungen des Berufs im Alltag genügen. Diese Befähigung weisen sie unter Anwendung sämtlicher in der Ausbildung erworbenen Kompetenzen in der abschließenden Prüfung nach.

Zu Absatz 1

In Absatz 1 wird das Bestehen der staatlichen Prüfung geregelt.

Zu Absatz 2

Die Vorschrift regelt die Ermittlung der Gesamtnote der staatlichen Prüfung.

Zu Absatz 3

Absatz 3 regelt die Bildung der Gesamtnote der staatlichen Prüfung einschließlich der Gewichtung der drei Prüfungsteile.

Zu Absatz 4

Nach Absatz 4 ist die in § 26 geregelte Notenskala bei der Berechnung und bei der Bildung der Gesamtnote der staatlichen Prüfung anzuwenden.“

§ 55 Zeugnis über die staatliche Prüfung

(1) Wer die staatliche Prüfung bestanden hat, erhält ein Zeugnis nach dem Muster der Anlage 8.

(2) Im Zeugnis sind insbesondere anzugeben

1. **die Note für den schriftlichen Teil der staatlichen Prüfung,**
2. **die Note für den mündlichen Teil der staatlichen Prüfung,**
3. **die Note für den praktischen Teil der staatlichen Prüfung und**
4. **die Gesamtnote der staatlichen Prüfung als Note in Worten und als Zahlenwert mit zwei Nachkommastellen.**

Erläuterungen

1 In der Begründung zur Verordnung (BR-Drs. 635/21, S. 113) wird zu dieser Vorschrift ausgeführt:

„***Zu Absatz 1***

Wer die staatliche Prüfung bestanden hat, dem ist ein Zeugnis von der zuständigen Behörde auszustellen. Absatz 1 bestimmt darüber hinaus, dass die Behörde das Zeugnis nach den Vorgaben der Anlage 7 zu erstellen hat.

Zu Absatz 2

Absatz 2 regelt, dass die Einzelnoten der drei Teile der staatlichen Prüfung und die Gesamtnote auf dem Zeugnis auszuweisen sind. Dabei handelt es sich nicht um eine abschließende Aufzählung.“

§ 56 Mitteilung bei Nichtbestehen der staatlichen Prüfung

Wer die staatliche Prüfung nicht bestanden hat, erhält von der dem Prüfungsausschuss vorsitzenden Person eine schriftliche oder elektronische Mitteilung, in der die Ergebnisse der staatlichen Prüfung angegeben sind.

Erläuterungen

In der Begründung zur Verordnung (BR-Drs. 635/21, S. 113) wird zu dieser Vorschrift ausgeführt: 1

„Wer die staatliche Prüfung nicht bestanden hat, wird darüber schriftlich oder elektronisch informiert. Die Mitteilung des Nichtbestehens der staatlichen Prüfung hat im Falle der elektronischen Übermittlung barrierefrei zu erfolgen. Damit die zu prüfende Person die Entscheidung nachvollziehen und überprüfen kann, sind die Prüfungsergebnisse anzugeben.“

§ 57 Aufbewahrung der Prüfungsunterlagen und Einsichtnahme

(1) [1]Die Aufsichtsarbeiten sind drei Jahre aufzubewahren. [2]Die übrigen Prüfungsunterlagen, einschließlich der Niederschrift nach § 24, sind zehn Jahre aufzubewahren.

(2) Nach Abschluss der staatlichen Prüfung ist der betroffenen Person auf Antrag Einsicht in die sie betreffenden Prüfungsunterlagen zu gewähren.

Erläuterungen

1 In der Begründung zur Verordnung (BR-Drs. 635/21, S. 114) wird zu dieser Vorschrift ausgeführt:

„***Zu Absatz 1***

In Absatz 1 wird bestimmt, dass Aufsichtsarbeiten drei Jahre, die Anträge auf Zulassung zur Prüfung und die Prüfungsniederschrift zehn Jahre aufzubewahren sind.

Zu Absatz 2

Absatz 2 enthält das Recht auf Einsicht in die Prüfungsunterlagen. Davon umfasst sind die Niederschrift, die schriftlichen Prüfungsarbeiten und ihre Bewertung, die Mitschriften der mündlichen und praktischen Prüfungen und sämtliche Anträge sowie die dazugehörenden Entscheidungen.“

Teil 3
Erlaubnisurkunde

§ 58 Ausstellung der Erlaubnisurkunde

(1) Bei der Erteilung der Erlaubnis zum Führen der Berufsbezeichnung nach § 1 Absatz 1 des MT-Berufe-Gesetzes stellt die zuständige Behörde eine Erlaubnisurkunde aus.

(2) Für die Erlaubnisurkunde ist das Muster der Anlage 9 zu verwenden.

Erläuterungen

In der Begründung zur Verordnung (BR-Drs. 635/21, S. 114) wird zu dieser Vorschrift ausgeführt: 1

„Absatz 1 bestimmt, dass zum Führen der Berufsbezeichnungen

- *Medizinische Technologin für Laboratoriumsanalytik oder Medizinischer Technologe für Laboratoriumsanalytik,*
- *Medizinische Technologin für Radiologie oder Medizinischer Technologe für Radiologie,*
- *Medizinische Technologin für Funktionsdiagnostik oder Medizinischer Technologe für Funktionsdiagnostik und*
- *Medizinische Technologin für Veterinärmedizin oder Medizinischer Technologe für Veterinärmedizin*

eine entsprechende Urkunde auszustellen ist.

Absatz 2 verweist auf das in Anlage 8 vorgeschriebene amtliche Muster für die Urkunde über die Erlaubnis zum Führen der Berufsbezeichnung."

Teil 4
Anerkennung ausländischer Berufsqualifikationen und erforderliche Anpassungsmaßnahmen

Abschnitt 1
Verfahren

§ 59 Frist der Behörde für die Bestätigung des Antragseingangs

Beantragt eine Person, die ihre Berufsqualifikation außerhalb des Geltungsbereichs des MT-Berufe-Gesetzes erworben hat, die Erlaubnis die Berufsbezeichnung nach § 1 Absatz 1 des MT-Berufe-Gesetzes für den jeweiligen Beruf zu führen, so bestätigt die zuständige Behörde ihr innerhalb eines Monats nach Eingang des Antrags den Antragseingang und teilt ihr gegebenenfalls mit, welche Unterlagen fehlen, um die erforderlichen Voraussetzungen nachzuweisen.

Erläuterungen

1 In der Begründung zur Verordnung (BR-Drs. 635/21, S. 114 f.) sind der Vorschrift folgende Ausführungen zu **Teil 4 – Anerkennung ausländischer Berufsqualifikationen und den erforderlichen Anpassungsmaßnahmen** vorangestellt:

„Dieser Teil enthält Einzelheiten zur Anerkennung von Berufsqualifikationen, die außerhalb des Geltungsbereichs des MT-Berufe-Gesetzes erworben wurden.

Die Definitionen der Begriffe Mitgliedstaat, Vertragsstaat, Drittstaat, gleichgestellter Staat und Herkunftsstaat in § 42 des MT-Berufe-Gesetzes sind auch für diese Verordnung anwendbar.“

2 In der Begründung zur Verordnung (BR-Drs. 635/21, S. 114 f.) wird zu dieser Vorschrift ausgeführt:

„Diese Vorschrift sowie § 61 regeln die Fristen für die Anerkennung der Gleichwertigkeit von ausländischen Berufsqualifikationen durch die zuständige Behörde. Die Frist für die Empfangsbestätigung des Antragseingangs beträgt einen Monat. Die zuständige Behörde muss außerdem innerhalb dieser Frist mitteilen, welche Unterlagen fehlen, die für den Nachweis der Erfüllung der Voraussetzungen zum Führen der Berufsbezeichnung ‚Medizinische Technologin oder Medizinischer Technologe‘ im jeweiligen Beruf erforderlich sind.

Die Vorschrift setzt Artikel 51 Absatz 1 der Richtlinie 2005/36/EG um.“

§ 60 Erforderliche Unterlagen

(1) Personen, die die Erlaubnis zum Führen einer der Berufsbezeichnungen nach § 1 Absatz 1 des MT-Berufe-Gesetzes aufgrund einer außerhalb des Geltungsbereichs des MT-Berufe-Gesetzes erworbenen Berufsqualifikation beantragen, haben dem Antrag folgende Unterlagen beizufügen:

1. eine tabellarische Aufstellung der absolvierten Ausbildungsgänge und der ausgeübten Erwerbstätigkeiten in deutscher Sprache,
2. einen Identitätsnachweis,
3. eine Bescheinigung über die erworbene Berufsqualifikation und die Ausbildungsnachweise, die den Erwerb dieser Berufsqualifikation belegen,
4. sofern vorhanden, eine Bescheinigung über die erworbene Berufserfahrung oder Nachweise über Kenntnisse und Fähigkeiten, die durch lebenslanges Lernen erworben worden sind,
5. eine Erklärung, dass bisher noch kein Antrag auf Feststellung der Gleichwertigkeit gestellt wurde, und
6. sofern vorhanden, einen Nachweis über die Kenntnisse der deutschen Sprache der antragstellenden Person.

(2) [1]Die Unterlagen nach Absatz 1 Nummer 2 bis 4 sind der zuständigen Behörde in Form von Abschriften vorzulegen oder elektronisch zu übermitteln. [2]Von den Unterlagen nach Absatz 1 Nummer 3 und 4 sind Übersetzungen in deutscher Sprache vorzulegen. [3]Darüber hinaus kann die zuständige Behörde von den Unterlagen nach Absatz 1 Nummer 2 und von allen nachgereichten Unterlagen Übersetzungen in deutscher Sprache verlangen. [4]Die Übersetzungen sind von einer öffentlich bestellten oder beeidigten Übersetzerin oder einem öffentlich bestellten oder beeidigten Übersetzer erstellen zu lassen.

(3) [1]Die zuständige Behörde kann abweichend von Absatz 2 eine andere Form für die vorzulegenden Dokumente zulassen. [2]Sie kann auf die Übersetzung der Unterlagen in deutscher Sprache verzichten sowie eine Übersetzung der Unterlagen in englischer Sprache zulassen.

(4) [1]Die zuständige Behörde kann die antragstellende Person auffordern, innerhalb einer angemessenen Frist Informationen zum Inhalt und zur Dauer der im Ausland absolvierten Berufsbildung sowie zu sonstigen Berufsqualifikationen vorzulegen, soweit dies zur Bewertung der Gleichwertigkeit erforderlich ist. [2]Soweit die Berufsbildung in einem Mitgliedstaat, in einem Vertragsstaat oder in einem gleichgestellten Staat absolviert wurde, kann sich die zuständige Behörde an die zuständige Stelle des Ausbildungsstaats wenden.

(5) [1]Bestehen begründete Zweifel an der Echtheit oder der inhaltlichen Richtigkeit der vorgelegten Unterlagen, kann die zuständige Behörde die antragstellende Person auffordern, innerhalb einer angemessenen Frist Originale, beglaubigte Abschriften oder weitere geeignete Unterlagen vorzulegen. [2]Bei Unterlagen, die in einem Mitgliedstaat, einem Vertragsstaat oder in einem gleichgestellten Staat ausgestellt oder anerkannt wurden, kann sich die zuständige Behörde im Fall begründeter Zweifel an der Echtheit der Unterlagen sowohl an die zuständige Stelle des Ausbildungs- oder Anerkennungsstaats wenden als auch die antrag-

stellende Person auffordern, beglaubigte Abschriften vorzulegen. [3]Eine solche Aufforderung hemmt nicht den Fristlauf nach § 61 Absatz 1.

(6) [1]Die antragstellende Person hat durch geeignete Unterlagen darzulegen, im Inland eine Erwerbstätigkeit ausüben zu wollen. [2]Geeignete Unterlagen sind insbesondere

1. der Nachweis einer Kontaktaufnahme mit potenziellen Arbeitgebern,
2. ein Geschäftskonzept oder
3. der Vermerk über eine Standortberatung der Zentralen Servicestelle Berufsanerkennung.

[3]Die zuständige Behörde darf nicht zwingend einen Vermerk über eine Standortberatung nach Satz 1 Nummer 3 fordern, wenn durch andere Unterlagen die Erwerbsabsicht dargelegt wurde. [4]Für antragstellende Personen mit Wohnsitz in einem Mitgliedstaat, in einem Vertragsstaat oder in einem gleichgestellten Staat sowie für Staatsangehörige dieser Staaten ist diese Darlegung entbehrlich, sofern keine besonderen Gründe gegen eine entsprechende Absicht sprechen.

Erläuterungen

1 Die Vorschrift ist gegenüber der ursprünglichen Fassung durch Beschluss des Bundesrates (BR-Drs. 635/21 (B), S. 14) in Abs. 1 geändert worden (s. dazu unten → Rn. 3).

2 In der Begründung zur Verordnung (BR-Drs. 635/21, S. 115) wird zu dieser Vorschrift in der ursprünglichen Fassung ausgeführt:

„Zu Absatz 1

Absatz 1 enthält die Vorgaben, welche Unterlagen für die Antragsbearbeitung und damit für die Erteilung der Erlaubnis zum Führen der Berufsbezeichnung nach § 1 Absatz 1 des MT-Berufe-Gesetzes für den jeweiligen Beruf notwendig sind.

Die Vorlage einer tabellarischen Aufstellung der absolvierten Ausbildungsgänge und der ausgeübten Erwerbstätigkeiten (Nummer 1) dient der Beurteilung der Gleichwertigkeit der Berufsqualifikation. Die Aufstellung wird benötigt, um gegebenenfalls entscheiden zu können, ob festgestellte wesentliche Unterschiede durch Kenntnisse und Fähigkeiten ausgeglichen werden können, die die antragstellende Person im Rahmen der Berufsausübung oder durch lebenslanges Lernen erworben hat.

Die Vorschrift orientiert sich an Artikel 50 in Verbindung mit Anhang VII der Richtlinie 2005/36/EG.

Zu Absatz 2

Die Vorschrift regelt, in welcher Form die Unterlagen nach Absatz 1 vorzulegen sind und in welchen Fällen die zuständige Behörde Übersetzungen in deutscher Sprache verlangen kann. Zudem sind Anforderungen an die Übersetzung enthalten.

Zu Absatz 3

Die zuständige Behörde kann Abweichungen von der in Absatz 2 geregelten Form zulassen.

Zu Absatz 4

Satz 1 regelt die Befugnis der zuständigen Behörde, definierte weitere Informationen anzufordern, soweit dies zur Bewertung der Gleichwertigkeit erforderlich ist. Unter den Voraussetzungen des Satzes 2 kann sich die zuständige Behörde diesbezüglich auch an die zuständige Stelle des Ausbildungsstaats wenden.

Zu Absatz 5

Sofern die zuständige Behörde begründete Zweifel an der Echtheit oder Richtigkeit der Unterlagen hat, kann sie von der antragstellenden Person die Vorlage weiterer Unterlagen verlangen, aus der sich die Echtheit oder Richtigkeit ergibt. Die erneute Vorlage muss innerhalb einer von der zuständigen Behörde festgelegten Frist erfolgen, die die notwendige Zeit zur Beschaffung der Unterlagen angemessen berücksichtigt.

Sofern es sich um Unterlagen handelt, die ein Mitgliedstaat der Europäischen Union oder ein weiterer Vertragsstaat des Abkommens über den Europäischen Wirtschaftsraum oder ein gleichgestellter Staat ausgestellt oder anerkannt hat, kann die zuständige Behörde eine Bestätigung der Authentizität oder beglaubigte Kopien der Unterlagen verlangen.

Zu Absatz 6

Nach Satz 1 muss die antragstellende Person die beabsichtigte Erwerbstätigkeit in einem Land durch geeignete Unterlagen darlegen. In Satz 2 werden beispielhaft, aber nicht abschließend, geeignete Unterlagen genannt. Für den in Satz 3 definierten Personenkreis gilt die Pflicht zur Darlegung der beabsichtigten Erwerbstätigkeit grundsätzlich nicht.“

Der Beschluss des Bundesrates (BR-Drs. 635/21 (B), S. 14) zur Änderung des Abs. 1 lautet: 3

„Zu § 60 Absatz 1 Nummer 4,

Nummer 5 und

Nummer 6 – neu –

§ 60 Absatz 1 ist wie folgt zu ändern:

a) In Nummer 4 ist das Wort ‚und‘ am Ende des Satzes zu streichen.
b) In Nummer 5 ist der Punkt durch ein Komma zu ersetzen und das Wort ‚und‘ anzufügen.
c) Nach Nummer 5 ist folgende Nummer 6 anzufügen:
‚6. ein Nachweis über die Kenntnisse der deutschen Sprache der antragstellenden Person.‘“

Zur Begründung (BR-Drs. 635/21 (B), S. 14) wird ausgeführt:

„Um das Vorliegen der Voraussetzung nach § 1 Absatz 2 Nummer 4 des MT-Berufe-Gesetzes zu prüfen, benötigt die zuständige Behörde entsprechende Nachweise, zum Beispiel ein Zertifikat einer Sprachschule oder eine Bescheinigung über eine Fachsprachprüfung.“

4 Die Vorschrift ist durch Art. 8 Nr. 2 PflStudStG (BGBl. 2023 I Nr. 359 vom 15.12.2023) in den **Abs. 1, 2, 3 und 6** geändert worden.

Zur Änderung in **Abs. 1 Nr. 6** wird in der Begründung des 14. Ausschusses (Gesundheitsausschuss, BT-Drs. 20/8901, S. 160) auf die ebenfalls durch das PflStudStG eingeführten entsprechenden Änderungen in § 43a Abs. 1 Satz 1 Nr. 6 PflAPrV/HebStPrV Bezug genommen und sodann auf die entsprechende Anpassung in § 60 Abs. 1 Nr. 6 MTAPrV verwiesen:

„Gemäß § 43a Absatz 1 Satz 1 Nummer 6 PflAPrV-E beziehungsweise § 43a Absatz 1 Satz 1 Nummer 6 HebStPrV-E ist dem Antrag auf Erteilen der Erlaubnis zum Führen der Berufsbezeichnung, der auf eine im Ausland erworbene entsprechende Ausbildung gestützt wird, ein Nachweis über die Kenntnisse der deutschen Sprache beizufügen. Diese Regelungen zielen vorrangig auf Anträge, die noch aus dem Ausland gestellt werden. Nachweise über die Kenntnisse der deutschen Sprache können in diesem Moment der Antragstellung in der Regel aber nicht mit dem für die Erlaubniserteilung erforderlichen Sprachniveau (B2) erbracht werden. Es ist zu befürchten, dass die Regelung dazu führt, dass Anträge auf Anerkennung künftig erst deutlich später als bisher gestellt werden, nämlich erst dann, wenn im Ausland (mindestens) ein B2-Sprachkurs absolviert worden ist.

Mit der Änderung wird geregelt, dass der Nachweis der erforderlichen Sprachkenntnis zum Zeitpunktpunkt [sic!] der Antragstellung nur vorzulegen ist, sofern dieser – entsprechend des Nachweises über erworbene Berufserfahrung in § 43a Absatz 1 Satz 1 Nummer 4 PflAPrV-E/HebStPrV – vorhanden ist.

Mit § 2 Nummer 4 PflBG beziehungsweise § 5 Absatz 2 Nummer 4 des Hebammengesetzes ist hinreichend sichergestellt, dass die für die Berufsausübung erforderlichen Sprachkenntnisse für die Erlaubniserteilung gegeben sein müssen und diese auch nachzuweisen sind.

Gleiches gilt für die Regelung der erforderlichen Unterlagen in § 60 MT-Ausbildungs- und Prüfungsverordnung. Die Norm wird entsprechend angepasst.“

5 Zur Änderung in **Abs. 2 Satz 4** kann ebenfalls auf die Begründung des 14. Ausschusses (Gesundheitsausschuss, BT-Drs. 20/8901, S. 167) verwiesen werden:

„Die Regelung stellt klar, dass Übersetzungen von nicht in deutscher Sprache vorliegenden Unterlagen von einer öffentlich bestellten oder beeidigten Übersetzerin oder einem öffentlich bestellten oder beeidigten Übersetzer erstellen zu lassen sind. Dolmetscherinnen und Dolmetscher werden grundsätzlich nur zur mündlichen Sprachenübertragung und zu derjenigen mittels Gebärdensprache herangezogen, nicht jedoch zur Übersetzung von Unterlagen.“

Zu den Änderungen in **Abs. 3** und **Abs. 6** wird in der Verordnungsbegründung (BR-Drs. 225/23, S. 126) zunächst allgemein ausgeführt: 6

„§ 60 der MT-Ausbildungs- und Prüfungsverordnung enthält bereits die Vorgaben, welche Unterlagen für die Antragsbearbeitung und damit für die Erteilung der Erlaubnis zum Führen der Berufsbezeichnung nach § 1 Absatz 1 des MT-Berufe-Gesetzes notwendig sind. Diese Vorgaben werden weiter flexibilisiert, um – im Zusammenhang mit einer mit der partiellen Berufserlaubnis verknüpften erweiterten Freizügigkeit innerhalb der EU – die Einwanderung von Fachkräften aus dem Ausland weiter zu vereinfachen und zu beschleunigen.“

Zur Änderung in **Abs. 3** (Anfügung eines Satzes 2) wird in der Verordnungsbegründung (BR-Drs. 225/23, S. 126) Folgendes ausgeführt: 7

„Die Vorschrift ist zum 1. Januar 2023 in Kraft getreten und wird nun dahingehend ergänzt, dass der zuständigen Behörde die Möglichkeit eingeräumt wird, auf eine Übersetzung der Unterlagen zu verzichten. Davon kann zum Beispiel Gebrauch gemacht werden, wenn ein Angehöriger der Stelle selbst die entsprechende Sprache beherrscht. Die zuständige Behörde kann auch eine Übersetzung in englischer Sprache annehmen.“

Zur Änderung in **Abs. 6** (Ersetzung der bisherigen Sätze 1 und 2) wird in der Verordnungsbegründung (BR-Drs. 225/23, S. 126) Folgendes ausgeführt: 8

„Die Aufzählung der Unterlagen zum Nachweis einer Erwerbstätigkeit werden aktualisiert. Die Anpassung dient unter anderem einer einfacheren und schnelleren Fachkräfteeinwanderung.“

§ 61 Frist der Behörde für die Entscheidung über den Antrag

(1) Die zuständige Behörde entscheidet kurzfristig über den Antrag, spätestens jedoch drei Monate nach Vorlage der vollständigen Unterlagen durch die antragstellende Person.

(2) Im Fall des § 81a des Aufenthaltsgesetzes soll die Entscheidung innerhalb von zwei Monaten erfolgen.

Erläuterungen

1 In der Begründung zur Verordnung (BR-Drs. 635/21, S. 116) wird zu dieser Vorschrift ausgeführt:

„***Zu Absatz 1***

Es wird eine Frist von drei Monaten für die Entscheidung über den Antrag nach § 1 Absatz 2 in Verbindung mit § 46 MT-Berufe-Gesetz geregelt.

Die Vorschrift setzt Artikel 51 Absatz 2 der Richtlinie 2005/36/EG um.

Zu Absatz 2

Absatz 2 enthält eine Frist von zwei Monaten für die Entscheidung über den Antrag. Dies gilt im Fall des § 81a des Aufenthaltsgesetzes. Sie wird parallel zu anderen reglementierten Berufen im Gesundheits- und Pflegebereich und zur Sicherung des besonderen Fachkräftebedarfs getroffen. Die Vorgabe, dass die Frist erst nach Vorlage aller erforderlichen Unterlagen bei der zuständigen Behörde beginnt, gilt auch für diese verkürzte Frist. Es handelt sich um eine Soll-Vorschrift, die auch der Sicherstellung des Patientenschutzes dient. Die zuständige Behörde muss in schwierigen Fällen mit erhöhtem Zeitbedarf die Möglichkeit haben, sachgerecht zu prüfen.“

§ 62 Bescheide bei Feststellung wesentlicher Unterschiede

(1) Stellt die Behörde hinsichtlich der Gleichwertigkeit der im Ausland erworbenen Berufsqualifikation wesentliche Unterschiede fest, so erteilt sie der antragstellenden Person einen rechtsmittelfähigen Bescheid.

(2) Der Bescheid enthält folgende Angaben:

1. **das Niveau der in Deutschland verlangten Berufsqualifikation und das Niveau der von der antragstellenden Person vorgelegten Berufsqualifikation gemäß der Klassifizierung in Artikel 11 der Richtlinie 2005/36/EG des Europäischen Parlaments und des Rates vom 7. September 2005 über die Anerkennung von Berufsqualifikationen (ABl. L 255 vom 30.9.2005, S. 22; L 271 vom 16.10.2007, S. 18; L 93 vom 4.4.2008, S. 28; L 33 vom 3.2.2009, S. 49; L 305 vom 24.10.2014, S. 115), die zuletzt durch den Delegierten Beschluss (EU) 2020/548 (ABl. L 131 vom 24.4.2020, S. 1) geändert worden ist, in der jeweils geltenden Fassung,**
2. **die Themenbereiche oder Ausbildungsbestandteile, bei denen wesentliche Unterschiede festgestellt worden sind,**
3. **eine inhaltliche Erläuterung der wesentlichen Unterschiede sowie eine Begründung, warum diese dazu führen, dass die antragstellende Person nicht in ausreichender Form über die Kenntnisse, Fähigkeiten und Kompetenzen verfügt, die in Deutschland erforderlich sind, um den angestrebten Beruf in der medizinischen Technologie auszuüben,**
4. **eine Begründung, warum die antragstellende Person die wesentlichen Unterschiede nicht nach § 48 des MT-Berufe-Gesetzes durch Kenntnisse, Fähigkeiten und Kompetenzen hat ausgleichen können, die sie im Rahmen ihrer nachgewiesenen Berufserfahrung oder durch lebenslanges Lernen erworben hat, und**
5. **die zum Ausgleich der festgestellten wesentlichen Unterschiede erforderlichen Anpassungsmaßnahmen nach Abschnitt 2 oder Abschnitt 3 dieses Teils.**

Erläuterungen

In der Begründung zur Verordnung (BR-Drs. 635/21, S. 116) wird zu dieser Vorschrift ausgeführt: 1

„Zu Absatz 1

Stellt die Behörde hinsichtlich der Gleichwertigkeit wesentliche Unterschiede fest, hat sie der antragstellenden Person einen rechtsmittelfähigen Bescheid auszustellen.

Zu Absatz 2

Es wird geregelt, welche Angaben der Bescheid zur Feststellung der wesentlichen Unterschiede notwendigerweise enthalten muss."

Abschnitt 2
Anpassungsmaßnahmen nach § 50 des MT-Berufe-Gesetzes

Unterabschnitt 1
Eignungsprüfung

§ 63 Zweck der Eignungsprüfung

In der Eignungsprüfung hat die zu prüfende Person nachzuweisen, dass sie über Kenntnisse, Fähigkeiten und Kompetenzen verfügt, die zum Ausgleich der von der zuständigen Behörde festgestellten wesentlichen Unterschiede erforderlich sind.

Erläuterungen

1 In der Begründung zur Verordnung (BR-Drs. 635/21, S. 116) sind der Vorschrift folgende Ausführungen zu den **Anpassungsmaßnahmen nach § 50 des MT-Berufe-Gesetzes** vorangestellt:

„Dieser Abschnitt gilt für antragstellende Personen, die eine Berufsqualifikation vorlegen, die in einem anderen Mitgliedstaat der Europäischen Union, in einem anderen Vertragsstaat oder in einem gleichgestellten Staat erworben worden ist. Er gilt auch für antragstellende Personen, deren Berufsqualifikation in einem Drittstaat, der kein gleichgestellter Staat ist, erworben worden und bereits in einem anderen Mitgliedsstaat der Europäischen Union, in einem anderen Vertragsstaat oder in einem gleichgestellten Staat anerkannt worden ist. Zugleich ist die Eignungsprüfung Anpassungsmaßnahme bei vorübergehender und gelegentlicher Dienstleistungserbringung."

2 In der Begründung zur Verordnung (BR-Drs. 635/21, S. 116) wird zu dieser Vorschrift ausgeführt:

„Die Eignungsprüfung dient dem Nachweis, dass die zu prüfende Person über die notwendigen Kompetenzen verfügt, um die von der Behörde festgestellten wesentlichen Unterschiede auszugleichen. Mit der Eignungsprüfung soll insbesondere festgestellt werden, dass ausreichende Kompetenzen vorhanden sind, um die vorbehaltenen Tätigkeiten nach § 5 des MT-Berufe-Gesetzes auszuüben."

§ 64 Eignungsprüfung als staatliche Prüfung

(1) Die Eignungsprüfung wird als staatliche Prüfung durchgeführt.

(2) [1]Zur Durchführung der Eignungsprüfung können die Länder die Prüfungsausschüsse der staatlichen Prüfung (§ 12 und § 13) und die Prüfungstermine der staatlichen Prüfung (§ 18) nutzen. [2]Sie haben sicherzustellen, dass die antragstellende Person die Eignungsprüfung innerhalb von sechs Monaten nach der Entscheidung nach § 50 Absatz 2 des MT-Berufe-Gesetzes ablegen kann.

(3) Soweit in diesem Unterabschnitt nichts anderes bestimmt ist, gelten für die Eignungsprüfung die §§ 15, 20 bis 24 und 57 entsprechend.

Erläuterungen

In der Begründung zur Verordnung (BR-Drs. 635/21, S. 116 f.) wird zu dieser Vorschrift ausgeführt: 1

„Zu Absatz 1

Absatz 1 legt fest, dass die Eignungsprüfung in Form einer staatlichen Prüfung stattfindet.

Zu Absatz 2

Nach Satz 1 können die Länder zur Durchführung der Eignungsprüfung die Prüfungsausschüsse und die Prüfungstermine der staatlichen Prüfung für die Auszubildenden zur Medizinischen Technologin und zum Medizinischen Technologen nutzen. Nach Satz 2 müssen die Länder gewährleisten, dass die antragstellende Person innerhalb von sechs Monaten, nachdem sie die Entscheidung getroffen hat, dass sie eine Eignungsprüfung absolvieren möchte, die Eignungsprüfung ablegen kann. Damit wird gewährleistet, dass die antragstellende Person zügig ihre Prüfung durchlaufen kann. Satz 2 setzt Artikel 14 Absatz 7 der Richtlinie 2005/36/EG um.

Zu Absatz 3

Absatz 3 erklärt § 15, § 20 bis § 24 und § 57 auf die Eignungsprüfung für anwendbar, soweit dieser Unterabschnitt nichts anderes regelt.“

§ 65 Inhalt der Eignungsprüfung

(1) Die Eignungsprüfung ist eine praktische Prüfung, die mit Prüfungsgesprächen verbunden ist.

(2) Die praktische Prüfung umfasst mindestens zwei und höchstens vier praktische Aufgabenstellungen aus dem jeweiligen Beruf.

(3) Jede Aufgabenstellung ist mit einem Prüfungsgespräch verbunden.

(4) [1]Die Prüfung jeder Aufgabenstellung soll nicht länger als 120 Minuten dauern. [2]Wenn die Prüfung unter Einbezug einer Patientin oder eines Patienten durchgeführt wird, müssen die betroffene Patientin oder der betroffene Patient oder eine vertretungsberechtigte Person sowie die verantwortliche Ärztin oder der verantwortliche Arzt darin eingewilligt haben. [3]Die Anforderungen des § 83 des Strahlenschutzgesetzes vom 27. Juni 2017 (BGBl. I S. 1966), zuletzt geändert durch Artikel 2 des Gesetzes vom 20. Mai 2021 (BGBl. I S. 1194), und des § 145 Absatz 2 Nummer 4 der Strahlenschutzverordnung vom 29. November 2018 (BGBl. I S. 2034, 2036), zuletzt geändert durch Artikel 83 des Gesetzes vom 10. August 2021 (BGBl. I S. 3436), bleiben unberührt.

(5) Die zuständige Behörde legt die Anzahl der Aufgabenstellungen, auf die sich die Prüfung erstreckt, und die Kompetenzen der Anlage 1, 2, 3 oder 4 gemäß den festgestellten wesentlichen Unterschieden fest.

Erläuterungen

1 Die Vorschrift ist gegenüber der ursprünglichen Fassung durch Beschluss des Bundesrates (BR-Drs. 635/21 (B), S. 14 f.) in Abs. 4 geändert worden (s. dazu unten → Rn. 3).

2 In der Begründung zur Verordnung (BR-Drs. 635/21, S. 117) wird zu dieser Vorschrift in der ursprünglichen Fassung ausgeführt:

„***Zu Absatz 1***

Absatz 1 regelt, dass die Eignungsprüfung aus einer praktischen Prüfung besteht, die mit Prüfungsgesprächen verbunden ist.

Zu Absatz 2

Im Rahmen der Eignungsprüfung werden mindestens zwei und höchstens vier praktische Aufgabenstellungen aus dem jeweiligen Beruf geprüft.

Zu Absatz 3

Jede der Aufgabenstellungen ist mit einem Prüfungsgespräch zu verbinden. Dadurch wird sichergestellt, dass der Prüfungsinhalt auch mündlich von der zu prüfenden Person erläutert werden kann.

Zu Absatz 4

Jede Aufgabenstellung soll mit einer Dauer von maximal 120 Minuten geprüft werden. Die zu prüfende Person hat anhand einer konkreten praktischen Aufgabe aus dem jeweiligen Beruf ihre Kenntnisse, Fähigkeiten und Kompetenzen nachzuweisen.

Zu Absatz 5

Absatz 5 enthält die Aufgabe der zuständigen Behörde, die Anzahl der Aufgabenstellungen sowie die zu prüfenden Inhalte festzulegen. Bei der Auswahl sind die von der Behörde festgestellten wesentlichen Unterschiede zu berücksichtigen."

Der Beschluss des Bundesrates (BR-Drs. 635/21 (B), S. 14) zur Änderung des Abs. 4 lautet: 3

„Zu § 65 Absatz 4 Satz 3 – neu –

Dem § 65 Absatz 4 ist folgender Satz anzufügen:

‚Die Anforderungen des § 83 des Strahlenschutzgesetzes vom 27. Juni 2017 (BGBl. I S. 1966), zuletzt geändert durch Artikel 2 des Gesetzes vom 20. Mai 2021 (BGBl. I S. 1194), und des § 145 Absatz 2 Nummer 4 der Strahlenschutzverordnung vom 29. November 2018 (BGBl. I S. 2034, 2036), zuletzt geändert durch Artikel 83 des Gesetzes vom 10. August 2021 (BGBl. I S. 3436), bleiben unberührt.'"

Zur Begründung (BR-Drs. 635/21 (B), S. 15) wird ausgeführt:

„Die Eignungsprüfung nach § 63 MTAPrV wird als Kombination von praktischen Prüfungsaufgaben mit jeweiligen Prüfungsgesprächen durchgeführt (§ 65 MTAPrV). Die für den Einbezug von Patienten in die praktische Prüfung erforderlichen Einwilligungen nach § 65 Absatz 4 Satz 2 MTAPrV (insbesondere der verantwortlichen Ärztin oder des verantwortlichen Arztes) sind im Hinblick auf geltende Vorschriften des Strahlenschutzgesetzes (StrlSchG) und der Strahlenschutzverordnung (StrlSchV) unzureichend.

§ 83 StrlSchG legt grundlegende Anforderungen an die Anwendung ionisierender Strahlung oder radioaktiver Stoffe am Menschen fest. Insbesondere erfordert die Anwendung ionisierender Strahlung und radioaktiver Stoffe am Menschen die vorherige rechtfertigende Indikation eines Arztes mit der erforderlichen Fachkunde im Strahlenschutz, das heißt die Abwägung des gesundheitlichen Nutzens der Strahlenexposition gegenüber dem Risiko einer Schädigung durch die Strahlenexposition (§ 83 Absatz 3 StrlSchG). Eine Strahlenexposition einer Person zu Demonstrations- oder Prüfungszwecken ist völlig ausgeschlossen (ungeachtet der etwaigen Bereitschaft einer Person, sich für Zwecke der Prüfung zur Verfügung zu stellen).

Darüber hinaus bedarf es der Aufsicht eines Arztes mit Fachkunde im Strahlenschutz. Nach § 145 Absatz 2 Nummer 4 StrlSchV verbietet die StrlSchV nicht die Exposition von Patienten im Rahmen der technischen Durchführung durch in der Ausbildung befindliche MT-R. Zur Ausbildung gehört auch die Abschlussprüfung. Allerdings ist die technische Durchführung durch MT-R in Ausbildung nur unter ständiger Aufsicht und Verantwortung eines Arztes mit der erforderlichen Fachkunde im Strahlenschutz zulässig.

Für die Eignungsprüfung wird auf die allgemeinen Vorschriften über die Zusammensetzung des Prüfungsausschusses nach §§ 12, 13, 14, 15 und 16 MTAPrV verwiesen. Hier findet sich kein Hinweis auf eine erforderliche Beteiligung oder Mitwirkung eines Arztes mit Fachkunde im Strahlenschutz. Dies würde die generalisierenden nicht auf Berufssparten bezogenen Vorschriften unnötig verkomplizieren. Eine klare Trennung zwischen der eigentlichen Aufgabe als Prüfer und der Wahrnehmung von Aufgaben des Strahlenschutzes wäre an dieser Stelle schwer darstellbar. Daher erscheint es am übersichtlichsten, die empfohlene Ergänzung als Spezialfall für Eignungsprüfungen nach § 63 ff. MTAPrV dem § 65 Absatz 4 MTAPrV zur Durchführung der praktischen Prüfung anzufügen.“

§ 66 Prüfungsort der Eignungsprüfung

(1) Die zuständige Behörde legt den jeweiligen Prüfungsort für die einzelnen Aufgabenstellungen der Eignungsprüfung fest.

(2) Prüfungsort soll eine Einrichtung sein, die nach § 19 des MT-Berufe-Gesetzes geeignet ist.

Erläuterungen

In der Begründung zur Verordnung (BR-Drs. 635/21, S. 116) wird zu dieser Vorschrift ausgeführt: 1

„Zu Absatz 1

Die zuständige Behörde hat den Prüfungsort für jede Aufgabenstellung der Eignungsprüfung festzulegen.

Zu Absatz 2

Nach Absatz 2 kommen als Prüfungsorte regelhaft solche in Betracht, die geeignete Einrichtungen im Sinne des § 19 des MT-Berufe-Gesetzes sind. Die zuständige Behörde kann die Schule vor ihrer Entscheidung einbeziehen.“

§ 67 Durchführung der Eignungsprüfung

(1) Die Eignungsprüfung wird von zwei Fachprüferinnen oder Fachprüfern abgenommen, von denen eine Person schulische Fachprüferin oder schulischer Fachprüfer und die andere Person praktische Fachprüferin oder praktischer Fachprüfer ist.

(2) Während der Eignungsprüfung sind den beiden Fachprüferinnen und Fachprüfern Nachfragen gestattet, die sich auf das praktische Vorgehen der zu prüfenden Person beziehen.

Erläuterungen

1 Die Vorschrift ist gegenüber der ursprünglichen Fassung durch Beschluss des Bundesrates (BR-Drs. 635/21 (B), S. 4) in Abs. 1 geändert worden (s. dazu unten → Rn. 3).

2 In der Begründung zur Verordnung (BR-Drs. 635/21, S. 118) wird zu dieser Vorschrift in der ursprünglichen Fassung ausgeführt:

„Zu Absatz 1

Absatz 1 legt fest, dass die Eignungsprüfung von einer schulischen Fachprüferin oder einem schulischen Fachprüfer und einer praktischen Fachprüferin oder einem praktischen Fachprüfer durchgeführt wird.

Zu Absatz 2

Nachfragen bezüglich des praktischen Vorgehens sind den Fachprüferinnen und Fachprüfern nach Absatz 2 gestattet."

3 Der Beschluss des Bundesrates (BR-Drs. 635/21 (B), S. 4) zur Änderung des Abs. 1 lautet:

„Zu § 13 Absatz 1 Nummer 3 erster Halbsatz und Buchstabe a

§ 32 Absatz 1,

§ 48 Absatz 3,

§ 67 Absatz 1,

§ 84 Absatz 1 und

§ 92 Absatz 1

In § 13 Absatz 1 Nummer 3 erster Halbsatz und in Buchstabe a, § 32 Absatz 1, § 48 Absatz 3, § 67 Absatz 1, § 84 Absatz 1 und § 92 Absatz 1 ist jeweils nach dem Wort ‚Fachprüferinnen' das Wort ‚und' durch das Wort ‚oder' zu ersetzen."

Zur Begründung (BR-Drs. 635/21 (B), S. 4 f.) wird ausgeführt:

„Das Bindewort ‚und' suggeriert, dass in jedem Fall beide Geschlechter vertreten sein müssen. Dies ist nicht immer zu gewährleisten und auch nicht zwingend notwendig.

Auch in den Ausbildungs- und Prüfungsverordnungen für andere Gesundheitsfachberufe (zum Beispiel PflAPrV) wird die Wortgruppe jeweils mit ‚oder' gebildet und sollte im Sinne einer einheitlichen Rechtssprache daher in der MTAPrV entsprechend formuliert werden."

§ 68 Bewertung und Bestehen der Eignungsprüfung

(1) Die in der Eignungsprüfung erbrachte Leistung ist von den beiden Fachprüferinnen und Fachprüfern zu bewerten, die die Eignungsprüfung abgenommen haben.

(2) Für jede Aufgabenstellung der Eignungsprüfung ist eine gesonderte Bewertung vorzunehmen.

(3) [1]Bewertet wird die Leistung entweder mit „bestanden“ oder mit „nicht bestanden“. [2]Mit „bestanden“ wird sie bewertet, wenn sie den Anforderungen genügt, also mindestens der Note „ausreichend (4)“ entspricht.

(4) Die Eignungsprüfung ist bestanden, wenn alle Fachprüferinnen und Fachprüfer jede Aufgabenstellung mit „bestanden“ bewerten.

Erläuterungen

1 In der Begründung zur Verordnung (BR-Drs. 635/21, S. 118) wird zu dieser Vorschrift ausgeführt:

*„**Zu Absatz 1***

Absatz 1 regelt, dass die Fachprüferinnen und Fachprüfer, die die Prüfung durchgeführt haben, auch die Bewertung vornehmen.

Zu Absatz 2

Nach Absatz 2 ist jede Aufgabenstellung gesondert zu bewerten.

Zu Absatz 3

Bewertet wird die Leistung entweder mit ‚bestanden‘ oder mit ‚nicht bestanden‘. Mit ‚bestanden‘ wird sie bewertet, wenn sie mindestens der Note ‚ausreichend (4)‘ entspricht. Mit ‚nicht bestanden‘ wird sie bewertet, wenn sie der Note ‚mangelhaft (5)‘ oder ‚ungenügend (6)‘ entspricht

Zu Absatz 4

Absatz 4 regelt, dass die Eignungsprüfung bestanden ist, wenn jede Aufgabenstellung mit ‚bestanden‘ bewertet worden ist. Sobald eine Fachprüferin oder ein Fachprüfer eine Aufgabenstellung mit ‚nicht bestanden‘ bewertet, ist die Eignungsprüfung nicht bestanden.“

§ 69 Wiederholung

(1) Wer eine Aufgabenstellung der Eignungsprüfung nicht bestanden hat, darf sie einmal wiederholen.

(2) Für die Wiederholung ist ein Antrag der zu prüfenden Person bei der dem Prüfungsausschuss vorsitzenden Person erforderlich.

Erläuterungen

In der Begründung zur Verordnung (BR-Drs. 635/21, S. 118) wird zu dieser Vorschrift ausgeführt: 1

„*Jede Aufgabenstellung der Eignungsprüfung, die nicht bestanden wurde, darf auf Antrag einmal wiederholt werden.*“

§ 70 Bescheinigung

(1) Die dem Prüfungsausschuss vorsitzende Person hat der Person, die die Eignungsprüfung bestanden hat, eine Bescheinigung auszustellen.

(2) Für die Bescheinigung ist das Muster der Anlage 10 zu verwenden.

Erläuterungen

1 In der Begründung zur Verordnung (BR-Drs. 635/21, S. 118) wird zu dieser Vorschrift ausgeführt:

„Über das Bestehen der Eignungsprüfung ist von der dem Prüfungsausschuss vorsitzenden Person eine Bescheinigung nach dem Muster der Anlage 9 auszustellen."

Unterabschnitt 2
Anpassungslehrgang

§ 71 Ziel und Inhalt des Anpassungslehrgangs

(1) Ziel des Anpassungslehrgangs ist es, die von der zuständigen Behörde festgestellten wesentlichen Unterschiede auszugleichen (Lehrgangsziel).

(2) Die zuständige Behörde legt die Dauer und die Inhalte des Anpassungslehrgangs so fest, dass das Lehrgangsziel erreicht werden kann.

Erläuterungen

In der Begründung zur Verordnung (BR-Drs. 635/21, S. 118 f.) wird zu dieser Vorschrift ausgeführt: 1

„***Zu Absatz 1***

Ziel des Anpassungslehrgangs ist es, dass die von der zuständigen Behörde festgestellten wesentlichen Unterschiede zwischen den im Ausland erworbenen Kompetenzen, Kenntnisse und Fähigkeiten der dort erworbenen Berufsqualifikation und der für die in Deutschland für die Ausübung erforderlichen Kompetenzen, Kenntnisse und Fähigkeiten für die Berufe in der medizinischen Technologie ausgeglichen werden.

Zu Absatz 2

Nach Absatz 2 legt die zuständige Behörde eine angemessene Dauer des Anpassungslehrgangs fest. Über das Bestehen der Eignungsprüfung ist von der dem Prüfungsausschuss vorsitzenden Person eine Bescheinigung nach dem Muster der Anlage 9 auszustellen.“

§ 72 Durchführung des Anpassungslehrgangs

(1) [1]Im Anpassungslehrgang wird der jeweilige Beruf unter der Verantwortung einer Person, die über die Erlaubnis zum Führen der jeweiligen Berufsbezeichnung verfügt, ausgeübt. [2]Die Berufsausübung wird entsprechend dem Lehrgangsziel begleitet durch

1. **theoretischen und praktischen Unterricht,**
2. **eine praktische Ausbildung mit theoretischer Unterweisung oder**
3. **theoretischen und praktischen Unterricht und eine praktische Ausbildung mit theoretischer Unterweisung.**

(2) Der theoretische und praktische Unterricht wird an Einrichtungen nach § 18 des MT-Berufe-Gesetzes oder an von der zuständigen Behörde als vergleichbar anerkannten Einrichtungen durchgeführt.

(3) Die praktische Ausbildung wird an Einrichtungen nach § 19 des MT-Berufe-Gesetzes oder an von der zuständigen Behörde als vergleichbar anerkannten Einrichtungen durchgeführt.

(4) An der theoretischen Unterweisung sollen praxisanleitende Personen, die die Voraussetzungen des § 8 erfüllen, in angemessenem Umfang beteiligt werden.

Erläuterungen

1 In der Begründung zur Verordnung (BR-Drs. 635/21, S. 119) wird zu dieser Vorschrift ausgeführt:

„***Zu Absatz 1***

Absatz 1 beschreibt den Anpassungslehrgang. Kennzeichnend ist, dass im Rahmen des Anpassungslehrgangs theoretischer und praktischer Unterricht oder eine praktische Ausbildung mit theoretischer Unterweisung oder beides stattfindet.

Zu Absatz 2

Absatz 2 gibt vor, dass der theoretische und praktische Unterricht an Schulen, die die Mindestanforderungen in § 18 des MT-Berufe-Gesetzes erfüllen, oder in vergleichbaren Einrichtungen durchgeführt wird.

Zu Absatz 3

Für die praktische Ausbildung wird festgelegt, dass diese nur an Einrichtungen, die nach § 19 des MT-Berufe-Gesetzes geeignet sind, oder in vergleichbaren Einrichtungen durchgeführt wird. Hierdurch soll sichergestellt werden, dass auch bei der Durchführung der Praxisbezug gewährleistet ist und die vergleichbaren zukünftigen Einsatzorte einbezogen werden.

Zu Absatz 4

Durch die angemessene Beteiligung praxisanleitender Personen an der theoretischen Unterweisung wird der Praxisbezug sichergestellt.“

§ 73 Bescheinigung

(1) Die Einrichtung, die den Anpassungslehrgang durchgeführt hat, hat der Person, die ihn absolviert hat, eine Bescheinigung auszustellen.

(2) Für die Bescheinigung ist das Muster der Anlage 11 zu verwenden.

Erläuterungen

In der Begründung zur Verordnung (BR-Drs. 635/21, S. 119) wird zu dieser Vorschrift ausgeführt: 1

„Über die Teilnahme am Anpassungslehrgang ist eine Bescheinigung nach dem Muster der Anlage 10 auszustellen."

Abschnitt 3
Anpassungsmaßnahmen nach § 51 des MT-Berufe-Gesetzes

Unterabschnitt 1
Kenntnisprüfung

§ 74 Zweck der Kenntnisprüfung

Die Kenntnisprüfung dient der Feststellung, dass die zu prüfende Person über die Kenntnisse, Fähigkeiten und Kompetenzen verfügt, die zur Ausübung des jeweiligen Berufs erforderlich sind.

Erläuterungen

1 In der Begründung zur Verordnung (BR-Drs. 635/21, S. 119) wird zu dieser Vorschrift ausgeführt:

„In der Vorschrift wird der Zweck der Kenntnisprüfung bestimmt. Dieser besteht in der Feststellung der für die Ausübung des jeweiligen Berufes in der medizinischen Technologie (Laboratoriumsanalytik, Radiologie, Funktionsdiagnostik oder Veterinärmedizin) erforderlichen Kenntnisse, Fähigkeiten und Kompetenzen."

§ 75 Kenntnisprüfung als staatliche Prüfung

(1) Die Kenntnisprüfung wird als staatliche Prüfung durchgeführt.

(2) 1Zur Durchführung der Kenntnisprüfung können die Länder die Prüfungsausschüsse der staatlichen Prüfung (§ 12 und § 13) und die Prüfungstermine der staatlichen Prüfung (§ 18) nutzen. 2Sie haben sicherzustellen, dass die antragstellende Person die Kenntnisprüfung innerhalb von sechs Monaten nach der Entscheidung nach § 51 Absatz 2 des MT-Berufe-Gesetzes ablegen kann.

(3) Soweit in diesem Unterabschnitt nichts anderes bestimmt ist, gelten für die Kenntnisprüfung die §§ 15, 20 bis 24 und 57 entsprechend.

Erläuterungen

In der Begründung zur Verordnung (BR-Drs. 635/21, S. 119 f.) wird zu dieser Vorschrift ausgeführt: 1

*„**Zu Absatz 1***

Absatz 1 legt fest, dass die Kenntnisprüfung in Form einer staatlichen Prüfung stattfindet.

Zu Absatz 2

Nach Satz 1 können die Länder zur Durchführung der Kenntnisprüfung die Prüfungsausschüsse und die Prüfungstermine der staatlichen Prüfung für die Auszubildenden zur Medizinischen Technologin und zum Medizinischen Technologen nutzen. Nach Satz 2 müssen die Länder gewährleisten, dass die antragstellende Person innerhalb von sechs Monaten, nachdem sie die Entscheidung getroffen hat, dass sie eine Kenntnisprüfung absolvieren möchte, die Kenntnisprüfung ablegen kann. Damit wird gewährleistet, dass die antragstellende Person zügig ihre Prüfung durchlaufen kann.

Zu Absatz 3

Absatz 3 erklärt § 15, § 20 bis § 24 und § 57 auf die Kenntnisprüfung für anwendbar, soweit dieser Unterabschnitt nichts anderes regelt.“

§ 76 Teile der Kenntnisprüfung

Die Kenntnisprüfung besteht aus

1. **einem mündlichen Teil und**
2. **einem praktischen Teil.**

Erläuterungen

1 In der Begründung zur Verordnung (BR-Drs. 635/21, S. 120) wird zu dieser Vorschrift ausgeführt:

„Die Kenntnisprüfung umfasst einen mündlichen und einen praktischen Teil."

§ 77 Inhalt des mündlichen Teils der Kenntnisprüfung

(1) Im Fall einer Person, die die Erlaubnis zum Führen der Berufsbezeichnung Medizinische Technologin für Laboratoriumsanalytik oder Medizinischer Technologe für Laboratoriumsanalytik beantragt hat, erstreckt sich der mündliche Teil der Kenntnisprüfung auf die Kompetenzbereiche I und II der Anlage 1.

(2) Im Fall einer Person, die die Erlaubnis zum Führen der Berufsbezeichnung Medizinische Technologin für Radiologie oder Medizinischer Technologe für Radiologie beantragt hat, erstreckt sich der mündliche Teil der Kenntnisprüfung auf die Kompetenzbereiche I, II und III der Anlage 2.

(3) Im Fall einer Person, die die Erlaubnis zum Führen der Berufsbezeichnung Medizinische Technologin für Funktionsdiagnostik oder Medizinischer Technologe für Funktionsdiagnostik beantragt hat, erstreckt sich der mündliche Teil der Kenntnisprüfung auf die Kompetenzbereiche I und II der Anlage 3.

(4) Im Fall einer Person, die die Erlaubnis zum Führen der Berufsbezeichnung Medizinische Technologin für Veterinärmedizin oder Medizinischer Technologe für Veterinärmedizin beantragt hat, erstreckt sich der mündliche Teil der Kenntnisprüfung auf die Kompetenzbereiche I und II der Anlage 4.

(5) Der mündliche Teil der Kenntnisprüfung soll für jede zu prüfende Person mindestens 45 Minuten und höchstens 60 Minuten dauern.

Erläuterungen

In der Begründung zur Verordnung (BR-Drs. 635/21, S. 120) wird zu dieser Vorschrift ausgeführt: 1

„Die Absätze 1 bis 4 legen für die einzelnen Berufe die Inhalte des mündlichen Teils der Kenntnisprüfung nach § 51 Absatz 1 Nummer 1 des MT-Berufe-Gesetzes fest.

Absatz 5 bestimmt die Dauer des mündlichen Teils der Kenntnisprüfung, die mindestens 45 Minuten und höchstens 60 Minuten je zu prüfender Person beträgt.“

§ 78 Prüfungsort des mündlichen Teils der Kenntnisprüfung

(1) Die zuständige Behörde legt den Prüfungsort des mündlichen Teils der Kenntnisprüfung fest.

(2) Prüfungsort soll eine Einrichtung sein, die nach § 18 des MT-Berufe-Gesetzes geeignet ist.

Erläuterungen

1 In der Begründung zur Verordnung (BR-Drs. 635/21, S. 120) wird zu dieser Vorschrift ausgeführt:

„§ 78 regelt, dass die Behörde den Prüfungsort festzulegen hat. Als Prüfungsorte kommen neben den geeigneten Einrichtungen im Sinne des § 18 des MT-Berufe-Gesetzes auch weitere staatlich anerkannte Einrichtungen in Betracht."

§ 79 Durchführung des mündlichen Teils der Kenntnisprüfung

Der mündliche Teil der Kenntnisprüfung wird von zwei schulischen Fachprüferinnen oder Fachprüfern abgenommen.

Erläuterungen

Die Vorschrift ist gegenüber der ursprünglichen Fassung durch Beschluss des Bundesrates (BR-Drs. 635/21 (B), S. 16) geändert worden (s. dazu unten → Rn. 3). 1

In der Begründung zur Verordnung (BR-Drs. 635/21, S. 120) wird zu dieser Vorschrift in der ursprünglichen Fassung ausgeführt: 2

„§ 79 enthält Regelungen zu den Fachprüferinnen und Fachprüfern, die die Prüfung abnehmen. Unter den drei Fachprüferinnen und Fachprüfern muss eine schulische Fachprüferin oder ein schulischer Fachprüfer sowie eine praktische Fachprüferin oder ein praktischer Fachprüfer sein. Die dritte Person kann schulische Fachprüferin oder schulischer Fachprüfer oder praktische Fachprüferin oder praktischer Fachprüfer sein.“

Der Beschluss des Bundesrates (BR-Drs. 635/21 (B), S. 16) zur Änderung der Vorschrift lautet: 3

„Zu § 79 und

§ 92 Absatz 1

a) § 79 ist wie folgt zu fassen:

‚§ 79

Durchführung des mündlichen Teils der Kenntnisprüfung

Der mündliche Teil der Kenntnisprüfung wird von zwei schulischen Fachprüferinnen oder Fachprüfern abgenommen.‘

b) In § 92 Absatz 1 ist das Wort ‚drei‘ durch das Wort ‚zwei‘ zu ersetzen und das Wort ‚mindestens‘ ist jeweils zu streichen.“

Zur Begründung (BR-Drs. 635/21 (B), S. 16) wird ausgeführt:

„Der mündliche Teil der Kenntnisprüfung soll nach der neuen MTAPrV von drei (statt zuvor zwei) Fachprüferinnen und Fachprüfern abgenommen werden. Auch das Abschlussgespräch nach Absolvieren des Anpassungslehrgangs soll nun von drei (statt zuvor zwei) Fachprüferinnen und Fachprüfern abgenommen werden.

Die Besetzung mit drei statt zwei Fachprüferinnen und Fachprüfern weicht von der ‚üblichen‘ Kommissionsbesetzung in den Pflege- und Gesundheitsfachberufen ab. Bei der (praktischen) Eignungsprüfung und bei der praktischen Kenntnisprüfung sind nach wie vor zwei Fachprüferinnen und Fachprüfer vorgesehen.

Fachliche Gründe für die höhere Zahl an Prüferinnen und Prüfern sind zunächst – auch aus der Begründung der Verordnung – nicht ersichtlich. Ein Grund kann auch nicht im aufgegebenen Stichentscheidungsrecht der/des Prüfungsvorsitzenden liegen. Denn auch bei zwei Prüferinnen und Prüfern kann es nicht mehr zu Pattsituationen kommen, da für ein Bestehen der Prüfung nun Einstimmigkeit vorausgesetzt wird.

Für die Praxis stellen die nunmehr erforderlichen drei Prüferinnen und Prüfer eine deutliche Hürde dar. Die Besetzung von Prüfungskommissionen ist bereits unter den aktuellen Voraussetzungen mitunter eine Herausforderung, da die Fachprüferinnen und Fachprüfer für die Abnahme der Prüfung von ihren übrigen Aufgaben freizustellen sind. Die Beibehaltung von zwei Prüferinnen und Prüfern würde die Situation zumindest nicht weiter verschärfen.

Darüber hinaus ist die Beteiligung einer praktischen Fachprüferin oder eines praktischen Fachprüfers am mündlichen Teil der Kenntnisprüfung weder erforderlich noch für die Organisation und Durchführung förderlich. Entsprechend sind für den mündlichen Teil der Kenntnisprüfung nur schulische Fachprüfer und Fachprüferinnen vorzusehen."

§ 80 Bewertung und Bestehen des mündlichen Teils der Kenntnisprüfung

(1) Die im mündlichen Teil der Kenntnisprüfung erbrachte Leistung ist von den Fachprüferinnen und Fachprüfern zu bewerten, von denen der mündliche Teil der Kenntnisprüfung abgenommen worden ist.

(2) [1]Bewertet wird die Leistung entweder mit „bestanden“ oder mit „nicht bestanden“. [2]Mit „bestanden“ wird sie bewertet, wenn sie den Anforderungen genügt, also mindestens der Note „ausreichend (4)“ entspricht.

(3) Der mündliche Teil der Kenntnisprüfung ist bestanden, wenn alle Fachprüferinnen und Fachprüfer die erbrachte Leistung mit „bestanden“ bewerten.

Erläuterungen

In der Begründung zur Verordnung (BR-Drs. 635/21, S. 120 f.) wird zu dieser Vorschrift ausgeführt: 1

„Zu Absatz 1

Absatz 1 regelt, dass die Fachprüferinnen und Fachprüfer, die die Prüfung durchgeführt haben, auch die Bewertung vornehmen.

Zu Absatz 2

Bewertet wird die Leistung entweder mit ‚bestanden‘ oder mit ‚nicht bestanden‘. Mit ‚bestanden‘ wird sie bewertet, wenn sie mindestens der Note ‚ausreichend (4)‘ entspricht. Mit ‚nicht bestanden‘ wird sie bewertet, wenn sie der Note ‚mangelhaft (5)‘ oder ‚ungenügend (6)‘ entspricht.

Zu Absatz 3

Absatz 3 regelt, dass der mündliche Teil der Kenntnisprüfung dann bestanden ist, wenn die Leistung von allen Fachprüferinnen und Fachprüfern mit bestanden bewertet worden ist. Sobald eine Fachprüferin oder ein Fachprüfer die erbrachte Leistung mit ‚nicht bestanden‘ bewertet, ist der mündliche Teil der Kenntnisprüfung nicht bestanden.“

§ 81 Wiederholung des mündlichen Teils der Kenntnisprüfung

(1) Wer den mündlichen Teil der Kenntnisprüfung nicht bestanden hat, darf ihn einmal wiederholen.

(2) Für die Wiederholung ist ein Antrag der zu prüfenden Person bei der dem Prüfungsausschuss vorsitzenden Person erforderlich.

Erläuterungen

1 In der Begründung zur Verordnung (BR-Drs. 635/21, S. 121) wird zu dieser Vorschrift ausgeführt:

„§ 81 enthält eine Regelung zu den Wiederholungsmöglichkeiten des mündlichen Teils der Kenntnisprüfung. Er kann auf Antrag einmal wiederholt werden."

§ 82 Inhalt des praktischen Teils der Kenntnisprüfung

(1) Der praktische Teil der Kenntnisprüfung besteht aus mindestens zwei und höchstens vier Aufgabenstellungen aus dem jeweiligen Beruf.

(2) Die zuständige Behörde legt die Anzahl der Aufgabenstellungen und die Kompetenzbereiche der Anlage 1, 2, 3 oder 4, auf die sich der praktische Teil der Kenntnisprüfung erstreckt, fest.

(3) [1]Die Prüfung jeder Aufgabenstellung soll nicht länger als 120 Minuten dauern. [2]Sie ist als Prüfung einer konkreten praktischen Aufgabenstellung aus dem jeweiligen Beruf auszugestalten. [3]Wenn die Prüfung unter Einbezug einer Patientin oder eines Patienten durchgeführt wird, müssen die betroffene Patientin oder der betroffene Patient oder eine vertretungsberechtigte Person sowie die verantwortliche Ärztin oder der verantwortliche Arzt darin eingewilligt haben. [4]Die Anforderungen des § 83 des Strahlenschutzgesetzes vom 27. Juni 2017 (BGBl. I S. 1966), zuletzt geändert durch Artikel 2 des Gesetzes vom 20. Mai 2021 (BGBl. I S. 1194), und des § 145 Absatz 2 Nummer 4 der Strahlenschutzverordnung vom 29. November 2018 (BGBl. I S. 2034, 2036), zuletzt geändert durch Artikel 83 des Gesetzes vom 10. August 2021 (BGBl. I S. 3436), bleiben unberührt.

Erläuterungen

Die Vorschrift ist gegenüber der ursprünglichen Fassung durch Beschluss des Bundesrates (BR-Drs. 635/21 (B), S. 17 f.) in Abs. 3 geändert worden (s. dazu unten → Rn. 3). 1

In der Begründung zur Verordnung (BR-Drs. 635/21, S. 121) wird zu dieser Vorschrift in der ursprünglichen Fassung ausgeführt: 2

„Die Vorschrift legt Einzelheiten des praktischen Teils der Kenntnisprüfung nach § 51 Absatz 1 Nummer 1 des MT-Berufe-Gesetzes fest.

Zu Absatz 1

Absatz 1 regelt den Umfang des praktischen Teils der Kenntnisprüfung, die aus mindestens zwei und höchstens vier Aufgabenstellungen besteht.

Zu Absatz 2

Absatz 2 enthält den Auftrag an die zuständige Behörde, die Anzahl der Aufgabenstellungen und die zu prüfenden Inhalte für den praktischen Teil der Kenntnisprüfung festzulegen.

Zu Absatz 3

Absatz 3 legt fest, dass die Prüfung jeder Aufgabenstellung höchstens 120 Minuten dauern darf.“

Der Beschluss des Bundesrates (BR-Drs. 635/21 (B), S. 17) zur Änderung des Abs. 4 lautet: 3

„Zu § 82 Absatz 3 Satz 4 – neu –

Dem § 82 Absatz 3 ist folgender Satz anzufügen:

‚Die Anforderungen des § 83 des Strahlenschutzgesetzes vom 27. Juni 2017 (BGBl. I S. 1966), zuletzt geändert durch Artikel 2 des Gesetzes vom 20. Mai 2021 (BGBl. I S. 1194), und des § 145 Absatz 2 Nummer 4 der Strahlenschutzverordnung vom 29. November 2018 (BGBl. I S. 2034, 2036), zuletzt geändert durch Artikel 83 des Gesetzes vom 10. August 2021 (BGBl. I S. 3436), bleiben unberührt.'"

Zur Begründung (BR-Drs. 635/21 (B), S. 17 f.) wird ausgeführt.

„Die für den Einbezug von Patienten in den praktischen Teil der Kenntnisprüfung nach § 74 MTAPrV erforderlichen Einwilligungen nach § 82 Absatz 3 Satz 3 MTAPrV (insbesondere der verantwortlichen Ärztin oder des verantwortlichen Arztes) sind im Hinblick auf geltende Vorschriften des Strahlenschutzgesetzes (StrlSchG) und der Strahlenschutzverordnung (StrlSchV) unzureichend.

§ 83 StrlSchG legt grundlegende Anforderungen an die Anwendung ionisierender Strahlung oder radioaktiver Stoffe am Menschen fest. Insbesondere erfordert die Anwendung ionisierender Strahlung und radioaktiver Stoffe am Menschen die vorherige rechtfertigende Indikation eines Arztes mit der erforderlichen Fachkunde im Strahlenschutz, das heißt die Abwägung des gesundheitlichen Nutzens der Strahlenexposition gegenüber dem Risiko einer Schädigung durch die Strahlenexposition (§ 83 Absatz 3 StrlSchG). Eine Strahlenexposition einer Person zu Demonstrations- oder Prüfungszwecken ist völlig ausgeschlossen (ungeachtet der etwaigen Bereitschaft einer Person, sich für Zwecke der Prüfung zur Verfügung zu stellen).

Darüber hinaus bedarf es der Aufsicht eines Arztes mit Fachkunde im Strahlenschutz. Nach § 145 Absatz 2 Nummer 4 StrlSchV verbietet die StrlSchV nicht die Exposition von Patienten im Rahmen der technischen Durchführung durch in der Ausbildung befindliche MT-R. Zur Ausbildung gehört auch die Abschlussprüfung. Allerdings ist die technische Durchführung durch MT-R in Ausbildung nur unter ständiger Aufsicht und Verantwortung eines Arztes mit der erforderlichen Fachkunde im Strahlenschutz zulässig.

Für die Kenntnisprüfung wird auf die allgemeinen Vorschriften über die Zusammensetzung des Prüfungsausschusses nach §§ 12, 13, 14, 15 und 16 MTAPrV verwiesen. Hier findet sich kein Hinweis auf eine erforderliche Beteiligung oder Mitwirkung eines Arztes mit Fachkunde im Strahlenschutz. Dies würde die generalisierenden nicht auf Berufssparten bezogenen Vorschriften unnötig verkomplizieren. Eine klare Trennung zwischen der eigentlichen Aufgabe als Prüfer und der Wahrnehmung von Aufgaben des Strahlenschutzes wäre an dieser Stelle schwer darstellbar. Daher erscheint es am übersichtlichsten, die empfohlene Ergänzung als Spezialfall für Kenntnisprüfungen nach § 74 ff. MTAPrV dem § 82 Absatz 3 MTAPrV zur Durchführung der praktischen Prüfung anzufügen."

§ 83 Prüfungsort des praktischen Teils der Kenntnisprüfung

(1) Die zuständige Behörde legt die Prüfungsorte für die einzelnen Aufgabenstellungen des praktischen Teils der Kenntnisprüfung fest.

(2) Prüfungsort soll eine Einrichtung sein, die nach § 19 des MT-Berufe-Gesetzes geeignet ist.

Erläuterungen

In der Begründung zur Verordnung (BR-Drs. 635/21, S. 121) wird zu dieser Vorschrift ausgeführt: 1

„***Zu Absatz 1***

Absatz 1 regelt die Zuständigkeit der zuständigen Behörde für die Festlegung der Prüfungsorte.

Zu Absatz 2

In Absatz 2 wird bestimmt, dass der praktische Teil der Kenntnisprüfung an nach § 19 des MT-Berufe-Gesetzes geeigneten Einrichtungen durchgeführt werden soll."

§ 84 Durchführung des praktischen Teils der Kenntnisprüfung

(1) Der praktische Teil der Kenntnisprüfung wird von zwei Fachprüferinnen oder Fachprüfern abgenommen, von denen eine Person schulische Fachprüferin oder schulischer Fachprüfer und die andere Person praktische Fachprüferin oder praktischer Fachprüfer ist.

(2) Während des praktischen Teils der Kenntnisprüfung sind den beiden Fachprüferinnen und Fachprüfern Nachfragen gestattet, die sich auf das praktische Vorgehen der zu prüfenden Person beziehen.

Erläuterungen

1 Die Vorschrift ist gegenüber der ursprünglichen Fassung durch Beschluss des Bundesrates (BR-Drs. 635/21 (B), S. 4) in Abs. 1 geändert worden (s. dazu unten → Rn. 3).

2 In der Begründung zur Verordnung (BR-Drs. 635/21, S. 121) wird zu dieser Vorschrift in der ursprünglichen Fassung ausgeführt:

„Zu Absatz 1

Absatz 1 legt fest, dass der praktische Teil der Kenntnisprüfung von einer schulischen Fachprüferin oder einem schulischen Fachprüfer und einer praktischen Fachprüferin oder einem praktischen Fachprüfer durchgeführt wird.

Zu Absatz 2

Den Fachprüferinnen und Fachprüfern sind nach Absatz 2 Nachfragen bezüglich des praktischen Vorgehens der zu prüfenden Person gestattet."

3 Der Beschluss des Bundesrates (BR-Drs. 635/21 (B), S. 4) zur Änderung des Abs. 1 lautet:

„Zu § 13 Absatz 1 Nummer 3 erster Halbsatz und Buchstabe a

§ 32 Absatz 1,

§ 48 Absatz 3,

§ 67 Absatz 1,

§ 84 Absatz 1 und

§ 92 Absatz 1

In § 13 Absatz 1 Nummer 3 erster Halbsatz und in Buchstabe a, § 32 Absatz 1, § 48 Absatz 3, § 67 Absatz 1, § 84 Absatz 1 und § 92 Absatz 1 ist jeweils nach dem Wort ‚Fachprüferinnen' das Wort ‚und' durch das Wort ‚oder' zu ersetzen."

Zur Begründung (BR-Drs. 635/21 (B), S. 4 f.) wird ausgeführt:

„Das Bindewort ‚und' suggeriert, dass in jedem Fall beide Geschlechter vertreten sein müssen. Dies ist nicht immer zu gewährleisten und auch nicht zwingend notwendig.

Auch in den Ausbildungs- und Prüfungsverordnungen für andere Gesundheitsfachberufe (zum Beispiel PflAPrV) wird die Wortgruppe jeweils mit ‚oder' gebildet und sollte im Sinne einer einheitlichen Rechtssprache daher in der MTAPrV entsprechend formuliert werden."

§ 85 Bewertung und Bestehen des praktischen Teils der Kenntnisprüfung

(1) Die im praktischen Teil der Kenntnisprüfung erbrachte Leistung ist von den beiden Fachprüferinnen und Fachprüfern zu bewerten, die den praktischen Teil abgenommen haben.

(2) Für jede Aufgabenstellung des praktischen Teils der Kenntnisprüfung ist eine gesonderte Bewertung vorzunehmen.

(3) [1]Bewertet wird die Leistung entweder mit „bestanden“ oder mit „nicht bestanden“. [2]Mit „bestanden“ wird sie bewertet, wenn sie den Anforderungen genügt, also mindestens der Note „ausreichend (4)“ entspricht.

(4) Der praktische Teil der Kenntnisprüfung ist bestanden, wenn alle Fachprüferinnen und Fachprüfer jede Aufgabenstellung mit „bestanden“ bewerten.

Erläuterungen

1 In der Begründung zur Verordnung (BR-Drs. 635/21, S. 122) wird zu dieser Vorschrift ausgeführt:

„Zu Absatz 1

Absatz 1 regelt, dass die Fachprüferinnen und Fachprüfer, die die Prüfung durchgeführt haben, auch die Bewertung vornehmen.

Zu Absatz 2

Nach Absatz 2 ist jede Aufgabenstellung gesondert zu bewerten.

Zu Absatz 3

Die Leistung wird entweder mit ‚bestanden‘ oder mit ‚nicht bestanden‘ bewertet. Mit ‚bestanden‘ wird sie bewertet, wenn sie mindestens der Note ‚ausreichend (4)‘ entspricht. Mit ‚nicht bestanden‘ wird sie bewertet, wenn sie der Note ‚mangelhaft (5)‘ oder ‚ungenügend (6)‘ entspricht.

Zu Absatz 4

Absatz 4 regelt, dass der praktische Teil der Kenntnisprüfung dann bestanden ist, wenn alle Aufgabenstellungen mit bestanden bewertet worden sind. Sobald eine Fachprüferin oder ein Fachprüfer eine Aufgabenstellung mit ‚nicht bestanden‘ bewertet, ist der praktische Teil der Kenntnisprüfung nicht bestanden.“

§ 86 Wiederholung des praktischen Teils der Kenntnisprüfung

(1) Wer eine Aufgabenstellung des praktischen Teils der Kenntnisprüfung nicht bestanden hat, darf sie einmal wiederholen.

(2) Für die Wiederholung ist ein Antrag der zu prüfenden Person bei der dem Prüfungsausschuss vorsitzenden Person erforderlich.

Erläuterungen

In der Begründung zur Verordnung (BR-Drs. 635/21, S. 122) wird zu dieser Vorschrift ausgeführt: 1

„§ 86 enthält eine Regelung, zu den Wiederholungsmöglichkeiten des praktischen Teils der Kenntnisprüfung. Danach kann jede Aufgabenstellung auf Antrag einmal wiederholt werden."

§ 87 Bestehen der Kenntnisprüfung

Die Kenntnisprüfung hat bestanden, wer den mündlichen und den praktischen Teil der Kenntnisprüfung bestanden hat.

Erläuterungen

1 In der Begründung zur Verordnung (BR-Drs. 635/21, S. 122) wird zu dieser Vorschrift ausgeführt:

„Nach § 87 ist Voraussetzung für den erfolgreichen Abschluss der Kenntnisprüfung, dass die zu prüfende Person den mündlichen und praktischen Prüfungsteil bestanden hat."

§ 88 Bescheinigung

(1) Die dem Prüfungsausschuss vorsitzende Person hat der Person, die die Kenntnisprüfung bestanden hat, eine Bescheinigung auszustellen.

(2) Für die Bescheinigung ist das Muster der Anlage 12 zu verwenden.

Erläuterungen

In der Begründung zur Verordnung (BR-Drs. 635/21, S. 122) wird zu dieser Vorschrift ausgeführt: 1

„Die dem Prüfungsausschuss vorsitzende Person stellt über das Bestehen der Kenntnisprüfung eine Bescheinigung nach dem in Anlage 11 dieser Verordnung vorgegebenen Muster aus.“

Unterabschnitt 2
Anpassungslehrgang

§ 89 Ziel und Inhalt des Anpassungslehrgangs

(1) Ziel des Anpassungslehrgangs ist, dass die antragstellende Person die Kenntnisse, Fähigkeiten und Kompetenzen erwirbt, die zur Ausübung des jeweiligen Berufs erforderlich sind (Lehrgangsziel).

(2) Die zuständige Behörde legt die Dauer und die Inhalte des Anpassungslehrgangs so fest, dass das Lehrgangsziel erreicht werden kann.

Erläuterungen

1 In der Begründung zur Verordnung (BR-Drs. 635/21, S. 122 f.) wird zu dieser Vorschrift ausgeführt:

*„**Zu Absatz 1***

Absatz 1 legt als Ziel des Anpassungslehrgangs fest, dass die zu prüfende Person die Kenntnisse, Fähigkeiten und Kompetenzen zur Ausübung des jeweiligen Berufs in der medizinischen Technologie erwirbt. Ob die antragstellende Person dieses Ziel erreicht hat, wird in einer Prüfung in Form eines Abschlussgespräches überprüft. Das Abschlussgespräch ist Bestandteil des Anpassungslehrgangs.

Teil des Anpassungslehrgangs ist eine Prüfung in Form eines Abschlussgespräches. Mit dem Abschlussgespräch wird festgestellt, ob die antragstellende Person das Lehrgangsziel erreicht hat (siehe § 90 Absatz 5).

Zu Absatz 2

Nach Absatz 2 legt die zuständige Behörde Dauer und Inhalt des Anpassungslehrgangs unter Berücksichtigung des Lehrgangsziels fest.“

§ 90 Durchführung des Anpassungslehrgangs

(1) [1]Im Anpassungslehrgang wird der jeweilige Beruf unter der Verantwortung einer Person, die über die Erlaubnis zum Führen der jeweiligen Berufsbezeichnung verfügt, ausgeübt. [2]Die Berufsausübung wird entsprechend dem Lehrgangsziel begleitet durch

1. **theoretischen und praktischen Unterricht,**
2. **eine praktische Ausbildung mit theoretischer Unterweisung oder**
3. **theoretischen und praktischen Unterricht und eine praktische Ausbildung mit theoretischer Unterweisung.**

(2) Der theoretische und praktische Unterricht wird an Einrichtungen nach § 18 des MT-Berufe-Gesetzes oder an von der zuständigen Behörde als vergleichbar anerkannten Einrichtungen durchgeführt.

(3) Die praktische Ausbildung wird an Einrichtungen nach § 19 des MT-Berufe-Gesetzes oder an von der zuständigen Behörde als vergleichbar anerkannten Einrichtungen durchgeführt.

(4) An der theoretischen Unterweisung sollen praxisanleitende Personen, die die Voraussetzungen des § 8 erfüllen, in angemessenem Umfang beteiligt werden.

(5) Der Anpassungslehrgang schließt mit einer Prüfung in Form eines Abschlussgesprächs ab.

(6) Soweit in diesem Unterabschnitt nichts anderes bestimmt ist, gelten für das Abschlussgespräch die §§ 15, 20 bis 24 und 57 entsprechend.

Erläuterungen

In der Begründung zur Verordnung (BR-Drs. 635/21, S. 123) wird zu dieser Vorschrift ausgeführt: 1

„Absätze 1 bis 4 der Vorschrift regeln die Durchführung des Anpassungslehrgangs nach § 51 des MT-Berufe-Gesetzes gleichlautend zu den Regelungen § 72, die für den Anpassungslehrgang nach § 50 des MT-Berufe-Gesetzes gelten. Absatz 5 regelt ergänzend das Abschlussgespräch als Bestandteil des Anpassungslehrgangs nach § 51 des MT-Berufe- Gesetzes.

Zu Absatz 1

Absatz 1 beschreibt den Anpassungslehrgang. Kennzeichnend ist, dass im Rahmen des Anpassungslehrgangs theoretischer und praktischer Unterricht oder eine praktische Ausbildung mit theoretischer Unterweisung oder beides stattfindet.

Zu Absatz 2

Absatz 2 gibt vor, dass der theoretische und praktische Unterricht an Schulen, die die Mindestanforderungen in § 18 des MT-Berufe-Gesetzes erfüllen, oder in vergleichbaren Einrichtungen durchgeführt wird.

Zu Absatz 3

Für die praktische Ausbildung wird festgelegt, dass diese nur an Einrichtungen, die nach § 19 des MT-Berufe-Gesetzes geeignet sind, oder in vergleichbaren Einrichtungen durchgeführt wird. Hierdurch soll sichergestellt werden, dass auch bei der Durchführung der Praxisbezug gewährleistet ist und die vergleichbaren zukünftigen Einsatzorte einbezogen werden.

Zu Absatz 4

Durch die angemessene Beteiligung praxisanleitender Personen an der theoretischen Unterweisung wird der Praxisbezug sichergestellt.

Zu Absatz 5

Der Anpassungslehrgang wird mit einer Prüfung in Form eines Abschlussgesprächs abgeschlossen.

Zu Absatz 6

Absatz 6 erklärt § 15, § 20 bis § 24 und § 57 auf das Abschlussgespräch für anwendbar, soweit dieser Unterabschnitt nichts anderes regelt."

§ 91 Ziel und Inhalt des Abschlussgesprächs

(1) Mit dem Abschlussgespräch wird überprüft, ob die antragstellende Person das Lehrgangsziel des Anpassungslehrgangs erreicht hat.

(2) Inhalt des Abschlussgesprächs sind die im Anpassungslehrgang vermittelten Kenntnisse, Fähigkeiten und Kompetenzen.

Erläuterungen

In der Begründung zur Verordnung (BR-Drs. 635/21, S. 123) wird zu dieser Vorschrift ausgeführt: 1

„Absatz 1 beschreibt als Ziel des Abschlussgesprächs, die Überprüfung, ob die antragstellende Person das Lehrgangsziel nach § 89 Absatz 1 erreicht hat, ob sie also diejenigen Kenntnisse, Fähigkeiten und Kompetenzen erworben hat, die zur Ausübung des jeweiligen Berufs in der medizinischen Technologie erforderlich sind. Dementsprechend bestimmt Absatz 2, dass Inhalt des Abschlussgesprächs, die im Anpassungslehrgang vermittelten Kenntnisse, Fähigkeiten und Kompetenzen sind, also die von der zuständigen Behörde zum Ausgleich der festgestellten Unterschiede bestimmten Inhalte des Anpassungslehrgangs.“

§ 92 Durchführung des Abschlussgesprächs

(1) Das Abschlussgespräch wird von zwei Fachprüferinnen oder Fachprüfern abgenommen, von denen eine Person schulische Fachprüferin oder schulischer Fachprüfer und eine Person praktische Fachprüferin oder praktischer Fachprüfer ist.

(2) Während des Abschlussgesprächs sind den Fachprüferinnen und Fachprüfern Nachfragen gestattet.

Erläuterungen

1 Die Vorschrift ist gegenüber der ursprünglichen Fassung durch Beschluss des Bundesrates (BR-Drs. 635/21 (B), S. 4 und S. 16) in Abs. 1 zweifach geändert worden (s. dazu unten → Rn. 3 und 4).

2 In der Begründung zur Verordnung (BR-Drs. 635/21, S. 124) wird zu dieser Vorschrift in der ursprünglichen Fassung ausgeführt:

*„**Zu Absatz 1***

Absatz 1 regelt, dass das Abschlussgespräch von drei Fachprüferinnen und Fachprüfern abgenommen wird, von denen eine Person schulische Fachprüferin oder schulischer Fachprüfer und eine Person praktische Fachprüferin oder praktischer Fachprüfer ist. Insbesondere im Fall der Durchführung des Anpassungslehrgangs nach § 90 Absatz 1 Nummer 1 kann die dritte Person eine schulische Fachprüferin oder ein schulischer Fachprüfer sein.

Zu Absatz 2

Nach Absatz 2 sind den Fachprüferinnen und Fachprüfern Nachfragen gestattet."

3 Der Beschluss des Bundesrates (BR-Drs. 635/21 (B), S. 4) zur Änderung des Abs. 1 lautet:

„Zu § 13 Absatz 1 Nummer 3 erster Halbsatz und Buchstabe a

§ 32 Absatz 1,

§ 48 Absatz 3,

§ 67 Absatz 1,

§ 84 Absatz 1 und

§ 92 Absatz 1

In § 13 Absatz 1 Nummer 3 erster Halbsatz und in Buchstabe a, § 32 Absatz 1, § 48 Absatz 3, § 67 Absatz 1, § 84 Absatz 1 und § 92 Absatz 1 ist jeweils nach dem Wort ‚Fachprüferinnen' das Wort ‚und' durch das Wort ‚oder' zu ersetzen."

Zur Begründung (BR-Drs. 635/21 (B), S. 4 f.) wird ausgeführt:

„Das Bindewort ‚und' suggeriert, dass in jedem Fall beide Geschlechter vertreten sein müssen. Dies ist nicht immer zu gewährleisten und auch nicht zwingend notwendig.

Auch in den Ausbildungs- und Prüfungsverordnungen für andere Gesundheitsfachberufe (zum Beispiel PflAPrV) wird die Wortgruppe jeweils mit ‚oder' gebildet und sollte im Sinne einer einheitlichen Rechtssprache daher in der MTAPrV entsprechend formuliert werden."

Die weitere Änderung des Abs. 1 durch Beschluss des Bundesrates (BR-Drs. 635/21 (B), S. 16) lautet: 4

„Zu § 79 und

§ 92 Absatz 1

a) § 79 ist wie folgt zu fassen:

‚§ 79

Durchführung des mündlichen Teils der Kenntnisprüfung

Der mündliche Teil der Kenntnisprüfung wird von zwei schulischen Fachprüferinnen oder Fachprüfern abgenommen.'

b) In § 92 Absatz 1 ist das Wort ‚drei' durch das Wort ‚zwei' zu ersetzen und das Wort ‚mindestens' ist jeweils zu streichen."

Zur Begründung (BR-Drs. 635/21 (B), S. 16) wird ausgeführt:

„Der mündliche Teil der Kenntnisprüfung soll nach der neuen MTAPrV von drei (statt zuvor zwei) Fachprüferinnen und Fachprüfern abgenommen werden. Auch das Abschlussgespräch nach Absolvieren des Anpassungslehrgangs soll nun von drei (statt zuvor zwei) Fachprüferinnen und Fachprüfern abgenommen werden.

Die Besetzung mit drei statt zwei Fachprüferinnen und Fachprüfern weicht von der ‚üblichen' Kommissionsbesetzung in den Pflege- und Gesundheitsfachberufen ab. Bei der (praktischen) Eignungsprüfung und bei der praktischen Kenntnisprüfung sind nach wie vor zwei Fachprüferinnen und Fachprüfer vorgesehen.

Fachliche Gründe für die höhere Zahl an Prüferinnen und Prüfern sind zunächst – auch aus der Begründung der Verordnung – nicht ersichtlich. Ein Grund kann auch nicht im aufgegebenen Stichentscheidungsrecht der/des Prüfungsvorsitzenden liegen. Denn auch bei zwei Prüferinnen und Prüfern kann es nicht mehr zu Pattsituationen kommen, da für ein Bestehen der Prüfung nun Einstimmigkeit vorausgesetzt wird.

Für die Praxis stellen die nunmehr erforderlichen drei Prüferinnen und Prüfer eine deutliche Hürde dar. Die Besetzung von Prüfungskommissionen ist bereits unter den aktuellen Voraussetzungen mitunter eine Herausforderung, da die Fachprüferinnen und Fachprüfer für die Abnahme der Prüfung von ihren übrigen Aufgaben freizustellen sind. Die Beibehaltung von zwei Prüferinnen und Prüfern würde die Situation zumindest nicht weiter verschärfen.

Darüber hinaus ist die Beteiligung einer praktischen Fachprüferin oder eines praktischen Fachprüfers am mündlichen Teil der Kenntnisprüfung weder erforderlich noch für die Organisation und Durchführung förderlich. Entsprechend sind für den mündlichen Teil der Kenntnisprüfung nur schulische Fachprüfer und Fachprüferinnen vorzusehen."

§ 93 Bewertung und erfolgreiches Absolvieren des Anpassungslehrgangs

(1) Die im Abschlussgespräch erbrachte Leistung ist von den Fachprüferinnen und Fachprüfern zu bewerten.

(2) [1]Das Abschlussgespräch wird entweder mit „bestanden" oder mit „nicht bestanden" bewertet. [2]Mit „bestanden" wird die Leistung bewertet, wenn sie den Anforderungen genügt und damit mindestens der Note „ausreichend (4)" entspricht.

(3) Der Anpassungslehrgang wurde erfolgreich absolviert, wenn die im Abschlussgespräch erbrachte Leistung von allen Fachprüferinnen und Fachprüfern mit „bestanden" bewertet worden ist.

Erläuterungen

1 In der Begründung zur Verordnung (BR-Drs. 635/21, S. 124) wird zu dieser Vorschrift ausgeführt:

„Zu Absatz 1

Absatz 1 bestimmt, dass die Fachprüferinnen und Fachprüfer die Leistung bewerten.

Zu Absatz 2

Die Leistung im Abschlussgespräch wird entweder mit ‚bestanden' oder mit ‚nicht bestanden' bewertet. Mit ‚bestanden' wird sie bewertet, wenn sie mindestens der Note ‚ausreichend (4)' entspricht. Mit ‚nicht bestanden' wird sie bewertet, wenn sie der Note ‚mangelhaft (5)' oder ‚ungenügend (6)' entspricht.

Zu Absatz 3

Nach Absatz 3 ist der Anpassungslehrgang erfolgreich absolviert, wenn die im Abschlussgespräch erbrachte Leistung von allen Fachprüferinnen und Fachprüfern mit ‚bestanden' bewertet worden ist. Sobald eine Fachprüferin oder ein Fachprüfer die erbrachte Leistung mit ‚nicht bestanden' bewertet, ist das Abschlussgespräch nicht bestanden."

§ 94 Verlängerung und Wiederholung des Anpassungslehrgangs

(1) Hat eine Person den Anpassungslehrgang nicht erfolgreich absolviert, entscheiden die Fachprüferinnen und Fachprüfer über eine angemessene Verlängerung des Anpassungslehrgangs.

(2) [1]Eine Verlängerung ist nur einmal zulässig. [2]Der Verlängerung folgt ein weiteres Abschlussgespräch.

(3) Wird das Abschlussgespräch nach der Verlängerung mit „nicht bestanden" bewertet, darf die antragstellende Person den Anpassungslehrgang einmal wiederholen.

Erläuterungen

In der Begründung zur Verordnung (BR-Drs. 635/21, S. 124) wird zu dieser Vorschrift ausgeführt: 1

„Zu Absatz 1

Wird beim Abschlussgespräch festgestellt, dass die antragstellende Person den Anpassungslehrgang ohne Erfolg absolviert hat, wird der Lehrgang verlängert und ein erneutes Abschlussgespräch geführt. Die Fachprüferinnen und Fachprüfer entscheiden über die Dauer der Verlängerung.

Zu Absatz 2

Der Anpassungslehrgang darf einmal verlängert werden. Die Verlängerung schließt mit einem erneuten Abschlussgespräch.

Zu Absatz 3

Nach einem nicht bestandenen Abschlussgespräch darf der Anpassungslehrgang einmal wiederholt werden."

§ 95 Bescheinigung

(1) Die Einrichtung, die den Anpassungslehrgang durchgeführt hat, hat der Person, die ihn absolviert hat, eine Bescheinigung auszustellen.

(2) Für die Bescheinigung ist das Muster der Anlage 13 zu verwenden.

Abschnitt 4 Nachweise der Zuverlässigkeit und der gesundheitlichen Eignung durch Inhaberinnen und Inhaber von Berufsqualifikationen aus einem anderen Mitgliedstaat, einem anderen Vertragsstaat oder einem gleichgestellten Staat

Erläuterungen

1 In der Begründung zur Verordnung (BR-Drs. 635/21, S. 124) wird zu dieser Vorschrift ausgeführt:

„Über die Teilnahme am Anpassungslehrgang ist eine Bescheinigung nach dem Muster der Anlage 12 auszustellen.“

Abschnitt 4
Nachweise der Zuverlässigkeit und der gesundheitlichen Eignung durch Inhaberinnen und Inhaber von Berufsqualifikationen aus einem anderen Mitgliedstaat, einem anderen Vertragsstaat oder einem gleichgestellten Staat

§ 96 Nachweise der Zuverlässigkeit

(1) [1]Eine Person, die über eine Berufsqualifikation aus einem anderen Mitgliedstaat, einem anderen Vertragsstaat oder einem gleichgestellten Staat verfügt und die eine Erlaubnis zum Führen der Berufsbezeichnung nach § 1 Absatz 1 Nummer 1, 2, 3 oder 4 des MT-Berufe-Gesetzes beantragt, kann zum Nachweis, dass bei ihr die in § 1 Absatz 2 Nummer 2 des MT-Berufe-Gesetzes genannte Voraussetzung vorliegt, eine von der zuständigen Behörde ihres Herkunftsstaates ausgestellte entsprechende Bescheinigung oder einen von einer solchen Behörde ausgestellten Strafregisterauszug vorlegen. [2]Wenn ein solcher Nachweis nicht vorgelegt werden kann, kann die antragstellende Person einen gleichwertigen Nachweis vorlegen.

(2) Hat die für die Erteilung der Erlaubnis zuständige Behörde berechtigte Zweifel an einem der in Absatz 1 genannten Dokumente, so kann sie von der zuständigen Behörde des Herkunftsstaates eine Bestätigung verlangen, aus der sich ergibt, dass der antragstellenden Person die Ausübung des Berufs, der einem der im MT-Berufe-Gesetz geregelten Berufe entspricht, nicht aufgrund eines schwerwiegenden standeswidrigen Verhaltens oder einer Verurteilung wegen strafbarer Handlungen dauerhaft oder vorübergehend untersagt worden ist.

(3) Hat die für die Erteilung der Erlaubnis zuständige Behörde Kenntnis von Tatsachen, die außerhalb des Geltungsbereichs des MT-Berufe-Gesetzes eingetreten sind und im Hinblick auf die Voraussetzungen des § 1 Absatz 2 Nummer 2 des MT-Berufe-Gesetzes von Bedeutung sein können, so hat sie

1. die zuständige Stelle des Herkunftsstaates über diese Tatsachen zu unterrichten und
2. die zuständige Stelle des Herkunftsstaates zu bitten,
   a) diese Tatsachen zu überprüfen und
   b) ihr das Ergebnis und die Folgerungen, die die zuständige Stelle des Herkunftsstaates hinsichtlich der von ihr ausgestellten Bescheinigungen und Nachweise daraus zieht, mitzuteilen.

(4) Werden von der zuständigen Stelle des Herkunftsstaates innerhalb von zwei Monaten weder die in Absatz 1 genannten Bescheinigungen oder Strafregisterauszüge ausgestellt, noch die nach den Absätzen 2 oder 3 nachgefragten Bestätigungen oder Mitteilungen gemacht, kann die antragstellende Person sie ersetzen durch Vorlage einer Bescheinigung über

1. die Abgabe einer eidesstattlichen Erklärung gegenüber der zuständigen Behörde des Herkunftsstaates oder
2. die Abgabe einer feierlichen Erklärung, wenn es in dem Herkunftsstaat keine eidesstattliche Erklärung gibt.

Erläuterungen

1 In der Begründung zur Verordnung (BR-Drs. 635/21, S. 125) wird zu dieser Vorschrift ausgeführt:

„Nach § 1 Absatz 2 Nummer 2 des MT-Berufe-Gesetzes ist Voraussetzung für die Erteilung der Erlaubnis zum Führen der Berufsbezeichnung Medizinische Technologin oder Medizinischer Technologe im jeweiligen Beruf, dass sich die antragstellende Person nicht eines Verhaltens schuldig gemacht hat, aus dem sich ihre Unzuverlässigkeit zur Ausübung des Berufs ergibt.

§ 96 gilt für Personen, die mit einer Berufsqualifikation aus einem anderen Mitgliedstaat, einem anderen Vertragsstaat oder einem gleichgestellten Staat eine Erlaubnis zum Führen der Berufsbezeichnung Medizinische Technologin oder Medizinischer Technologe im jeweiligen Beruf nach § 1 Absatz 1 des MT-Berufe-Gesetzes beantragen. Die Vorschrift regelt, wie die genannten Personen die Voraussetzungen des § 1 Absatz 2 des MT-Berufe-Gesetzes nachweisen können.

Die Vorschrift orientiert sich an Artikel 50 Absatz 1 in Verbindung mit Anhang VII Nummer 1 Buchstabe d der Richtlinie 2005/36/EG.

Zu Absatz 1

Nach Absatz 1 kann die antragstellende Person eine Bescheinigung oder einen Strafregisterauszug des Herkunftsstaates vorlegen. Wenn ein solcher Nachweis nicht vorgelegt werden kann, kann ein gleichwertiger Nachweis vorgelegt werden.

Zu Absatz 2

Absatz 2 regelt das Vorgehen der für die Erteilung der Erlaubnis zuständigen Behörde für den Fall, dass diese berechtigte Zweifel an einem der nach Absatz 1 vorgelegten Dokumente hat. Die Vorschrift orientiert sich an Artikel 50 Absatz 3a der Richtlinie 2005/36/EG.

Zu Absatz 3

Absatz 3 enthält Vorschriften für den Fall, dass die zuständige Behörde von Tatsachen Kenntnis hat, die außerhalb des Geltungsbereiches des MT-Berufe-Gesetzes eingetreten sind und im Hinblick auf die Voraussetzungen des § 1 Absatz 2 Nummer 2 des MT-Berufe-Gesetzes von Bedeutung sein können.

Zu Absatz 4

Nach Absatz 4 können Dokumente, die von der zuständigen Stelle des Herkunftsstaates nicht oder nicht rechtzeitig ausgestellt werden, durch eidesstattliche Erklärungen oder feierliche Erklärungen, wenn es in dem Herkunftsstaat keine eidesstattlichen Erklärungen gibt, ersetzt werden.“

§ 97 Nachweise der gesundheitlichen Eignung

(1) Eine Person, die über eine Berufsqualifikation aus einem anderen Mitgliedstaat, einem anderen Vertragsstaat oder einem gleichgestellten Staat verfügt und die eine Erlaubnis zum Führen der Berufsbezeichnung nach § 1 Absatz 1 des MT-Berufe-Gesetzes beantragt, kann zum Nachweis, dass bei ihr die in § 1 Absatz 2 Nummer 3 des MT-Berufe-Gesetzes genannte Voraussetzung vorliegt, einen entsprechenden Nachweis ihres Herkunftsstaates vorlegen.

(2) Wird im Herkunftsstaat ein solcher Nachweis nicht verlangt, ist eine von einer zuständigen Behörde dieses Staates ausgestellte Bescheinigung anzuerkennen, aus der sich ergibt, dass die in § 1 Absatz 2 Nummer 3 des MT-Berufe-Gesetzes genannte Voraussetzung erfüllt ist.

Erläuterungen

In der Begründung zur Verordnung (BR-Drs. 635/21, S. 125 f.) wird zu dieser Vorschrift ausgeführt: 1

„Nach § 1 Absatz 2 Nummer 3 des MT-Berufe-Gesetzes ist Voraussetzung für die Erteilung der Erlaubnis zum Führen der Berufsbezeichnung Medizinische Technologin oder Medizinischer Technologe im jeweiligen Beruf, dass die antragstellende Person nicht in gesundheitlicher Hinsicht zur Ausübung des Berufs ungeeignet ist.

§ 97 regelt den Nachweis der gesundheitlichen Eignung durch Personen, die mit einer Berufsqualifikation aus einem anderen Mitgliedstaat, einem anderen Vertragsstaat oder einem gleichgestellten Staat eine Erlaubnis zum Führen der Berufsbezeichnung nach § 1 Absatz 1 des MT-Berufe-Gesetzes beantragen.

Die Vorschrift orientiert sich an Artikel 50 Absatz 1 in Verbindung mit Anhang VII Nummer 1 Buchstabe e der Richtlinie 2005/36/EG.

Zu Absatz 1

Nach Absatz 1 kann der Nachweis über die gesundheitliche Eignung durch den Nachweis erbracht werden, mit dem die Voraussetzung der gesundheitlichen Eignung zur Berufsausübung im Herkunftsstaat nachgewiesen worden ist.

Zu Absatz 2

Für den Fall, dass der Herkunftsstaat einen solchen Nachweis nicht verlangt, genügt eine von der zuständigen Behörde des Herkunftsstaates ausgestellt Bescheinigung darüber, dass die Person in gesundheitlicher Hinsicht nicht ungeeignet ist."

§ 98 Aktualität von Nachweisen

Die Nachweise nach den §§ 96 und 97 dürfen von der zuständigen Behörde der Beurteilung nur zugrunde gelegt werden, wenn zum Zeitpunkt der Antragsstellung der Zeitpunkt, zu dem die Nachweise ausgestellt worden sind, höchstens drei Kalendermonate zurückliegt.

Erläuterungen

1 In der Begründung zur Verordnung (BR-Drs. 635/21, S. 126) wird zu dieser Vorschrift ausgeführt:

„Die Vorschrift regelt die Aktualität der in den §§ 96 und 97 genannten Nachweise. Der Ausstellungszeitpunkt darf höchstens drei Monate zurückliegen.

Die Vorschrift orientiert sich an Artikel 50 Absatz 1 Unterabsatz 2 der Richtlinie 2005/36/EG.“

Abschnitt 5
Verfahren bei der Erbringung von Dienstleistungen durch Inhaberinnen und Inhaber von Berufsqualifikationen aus einem anderen Mitgliedstaat der Europäischen Union oder einem anderen Vertragsstaat des Abkommens über den Europäischen Wirtschaftsraum

§ 99 Verfahren bei der Erbringung von Dienstleistungen

(1) Die zuständige Behörde prüft die Berufsqualifikation der meldenden Person nach § 58 des MT-Berufe-Gesetzes und teilt der meldenden Person spätestens einen Monat nach vollständigem Eingang der in § 55 des MT-Berufe-Gesetzes genannten Meldung und Dokumente ihre Entscheidung mit, ob sie zur Erbringung der Dienstleistung berechtigt ist oder die meldende Person eine Eignungsprüfung ablegen muss.

(2) [1]Ist der zuständigen Behörde eine Prüfung innerhalb eines Monats nach Eingang der Meldung und der Dokumente in Ausnahmefällen nicht möglich, unterrichtet sie die meldende Person innerhalb dieser Frist über die Gründe der Verzögerung. [2]Die der Verzögerung zugrundeliegenden Schwierigkeiten werden binnen eines Monats nach dieser Mitteilung behoben. [3]Die Entscheidung nach § 58 des MT-Berufe-Gesetzes ergeht binnen zwei Monaten nach Behebung der der Verzögerung zugrundeliegenden Schwierigkeiten.

(3) Bleibt eine Mitteilung nach den Absätzen 1 oder 2 binnen der genannten Fristen aus, darf die Dienstleistung erbracht werden.

Erläuterungen

In der Begründung zur Verordnung (BR-Drs. 635/21, S. 126 f.) wird zu dieser Vorschrift ausgeführt: 1

*„**Zu Absatz 1***

Absatz 1 regelt, dass innerhalb von einem Monat die zuständige Behörde die Entscheidung getroffen haben muss, ob die meldende Person zur Dienstleistungserbringung berechtigt ist oder andernfalls eine Eignungsprüfung belegen muss. Die Entscheidung und die Mitteilung darüber müssen innerhalb eines Monats nach vollständigem Eingang aller Unterlagen erfolgen.

Zu Absatz 2

Absatz 2 regelt den Ausnahmefall, dass sich die Entscheidung der Behörde über die Berechtigung zur Erbringung von Dienstleistungen im konkreten Einzelfall verzögert. Sollte es der zuständigen Behörde aufgrund besonderer Umstände nicht möglich sein, die einmonatige Frist nach Absatz 1 einzuhalten, muss sie die meldende Person über die Gründe der Verzögerung innerhalb dieser einmonatigen Frist unterrichten. Innerhalb eines Monats nach dieser Unterrichtung muss die zuständige Behörde die für die Verzögerung verantwortlichen Schwierigkeiten beheben. Innerhalb von zwei Monaten, nachdem die Schwierigkeiten behoben worden sind, hat die Behörde eine Entscheidung zu treffen und der meldenden Person mitzuteilen.

Zu Absatz 3

Erhält die meldende Person weder eine Mitteilung nach Absatz 1 noch eine Mitteilung nach Absatz 2 innerhalb der dort genannten Fristen, greift eine Erteilungsfiktion mit der Folge, dass die Dienstleistung erbracht werden darf. Sämtliche Fristen dieses Paragraphen beruhen auf Artikel 7 Absatz 4 der Richtlinie 2005/36/EG.“

Abschnitt 6
Verfahren zur Erteilung der Erlaubnis zur partiellen Berufsausübung nach § 53 des MT-Berufe-Gesetzes

§ 99a Frist der Behörde für die Bestätigung des Antragseingangs

Beantragt eine Person eine Erlaubnis zur partiellen Berufsausübung nach § 53 des MT-Berufe-Gesetzes, so bestätigt die zuständige Behörde ihr innerhalb eines Monats nach Eingang des Antrags den Antragseingang und teilt ihr gegebenenfalls mit, welche Unterlagen fehlen, um die erforderlichen Voraussetzungen nachzuweisen.

Erläuterungen

Die Vorschrift wurde durch Art. 8 Nr. 3 PflStudStG (BGBl. 2023 I Nr. 359 vom 15.12.2023) neu eingeführt. In der Verordnungsbegründung (BR-Drs. 225/23, S. 126 f.) wird hierzu Folgendes ausgeführt: 1

„[…] § 99a regelt die Frist für die Empfangsbestätigung des Antragseingangs, welche einen Monat beträgt. Die zuständige Behörde muss außerdem innerhalb dieser Frist mitteilen, welche Unterlagen fehlen, die für den Nachweis der Erfüllung der Voraussetzungen für die Erlaubnis zur partiellen Berufsausübung erforderlich sind. Die Vorschrift setzt Artikel 4f Absatz 3 in Verbindung mit Artikel 51 Absatz 1 der Richtlinie 2005/36/EG um.“

§ 99b Erforderliche Unterlagen

(1) Personen, die die Erlaubnis zur partiellen Berufsausübung nach § 53 des MT-Berufe-Gesetzes aufgrund einer außerhalb des Geltungsbereichs des MT-Berufe-Gesetzes erworbenen Berufsqualifikation beantragen, haben dem Antrag folgende Unterlagen beizufügen:

1. eine tabellarische Aufstellung der absolvierten Ausbildungsgänge und der ausgeübten Erwerbstätigkeiten in deutscher Sprache,
2. einen Identitätsnachweis,
3. eine Bescheinigung über eine Berufsqualifikation, aus der sich ergibt, dass die Berufsqualifikation erforderlich ist für die Ausübung einer beruflichen Tätigkeit in einem anderen Mitgliedstaat, in einem anderen Vertragsstaat oder in einem gleichgestellten Staat, die im Bereich einer der Berufe nach dem MT-Berufe-Gesetz liegt, sowie die Ausbildungsnachweise, die den Erwerb dieser Berufsqualifikation belegen,
4. sofern vorhanden, eine Bescheinigung über die erworbene Berufserfahrung oder Nachweise über Kenntnisse und Fähigkeiten, die durch lebenslanges Lernen erworben worden sind,
5. eine Erklärung, dass bisher noch kein Antrag auf Feststellung der Gleichwertigkeit gestellt wurde, und
6. einen Nachweis über die Kenntnisse der deutschen Sprache der antragstellenden Person.

(2) [1]Die Unterlagen nach Absatz 1 Nummer 2 bis 4 sind der zuständigen Behörde in Form von Abschriften vorzulegen oder elektronisch zu übermitteln. [2]Von den Unterlagen nach Absatz 1 Nummer 3 und 4 sind Übersetzungen in deutscher Sprache vorzulegen. [3]Darüber hinaus kann die zuständige Behörde von allen nachgereichten Unterlagen Übersetzungen in deutscher Sprache verlangen. [4]Die Übersetzungen sind von einer öffentlich bestellten oder beeidigten Übersetzerin oder einem öffentlich bestellten oder beeidigten Übersetzer erstellen zu lassen.

(3) [1]Die zuständige Behörde kann abweichend von Absatz 2 eine andere Form für die vorzulegenden Dokumente zulassen. [2]Sie kann auf die Übersetzung der Unterlagen in deutscher Sprache verzichten sowie eine Übersetzung der Unterlagen in englischer Sprache zulassen.

(4) [1]Die zuständige Behörde kann die antragstellende Person auffordern, innerhalb einer angemessenen Frist Informationen zum Inhalt und zur Dauer der im Ausland absolvierten Berufsbildung sowie zu sonstigen Berufsqualifikationen vorzulegen, soweit dies zur Bewertung der Voraussetzungen nach § 53 Absatz 1 des MT-Berufe-Gesetzes erforderlich ist. [2]Die zuständige Behörde kann sich an die zuständige Stelle des Ausbildungsstaats wenden.

(5) [1]Bestehen begründete Zweifel an der Echtheit oder der inhaltlichen Richtigkeit der vorgelegten Unterlagen, kann die zuständige Behörde die antragstellende Person auffordern, innerhalb einer angemessenen Frist Originale, beglaubigte Abschriften oder weitere geeignete Unterlagen vorzulegen. [2]Bei Unterlagen, die in einem Mitgliedstaat, einem Vertragsstaat oder einem gleichgestellten Staat aus-

gestellt oder anerkannt wurden, kann sich die zuständige Behörde im Fall begründeter Zweifel an der Echtheit der Unterlagen sowohl an die zuständige Stelle des Ausbildungs- oder Anerkennungsstaats wenden als auch die antragstellende Person auffordern, beglaubigte Abschriften vorzulegen. [3]Eine solche Aufforderung hemmt nicht den Fristlauf nach § 99c.

(6) [1]Die antragstellende Person hat durch geeignete Unterlagen darzulegen, im Inland eine Erwerbstätigkeit ausüben zu wollen. [2]Geeignete Unterlagen sind insbesondere

1. **der Nachweis einer Kontaktaufnahme mit potenziellen Arbeitgebern,**
2. **ein Geschäftskonzept oder**
3. **der Vermerk über eine Standortberatung der Zentralen Servicestelle Berufsanerkennung.**

[3]Die zuständige Behörde darf nicht zwingend einen Vermerk über eine Standortberatung nach Satz 1 Nummer 3 fordern, wenn durch andere Unterlagen die Erwerbsabsicht dargelegt wurde. [4]Für antragstellende Personen mit Wohnsitz in einem Mitgliedstaat, in einem Vertragsstaat oder in einem gleichgestellten Staat sowie für Staatsangehörige dieser Staaten ist diese Darlegung entbehrlich, sofern keine besonderen Gründe gegen eine entsprechende Absicht sprechen.

(7) Die §§ 96 bis 98 gelten entsprechend.

Erläuterungen

Die Vorschrift wurde durch Art. 8 Nr. 3 PflStudStG (BGBl. 2023 I Nr. 359 vom 15.12.2023) neu eingeführt. In der Verordnungsbegründung (BR-Drs. 225/23, S. 127) wird zu **Abs. 1** Folgendes ausgeführt: 1

„§99b Absatz 1 enthält die Vorgaben, welche Unterlagen für die Antragsbearbeitung und damit für die Erteilung der Erlaubnis zur partiellen Berufsausübung notwendig sind."

In der Verordnungsbegründung (BR-Drs. 225/23, S. 127) wird zu **Abs. 2** Folgendes ausgeführt: 2

„§ 99b Absatz 2 regelt, in welcher Form die Unterlagen nach § 99b Absatz 1 vorzulegen sind und in welchen Fällen die zuständige Behörde Übersetzungen in deutscher Sprache verlangen kann. Zudem sind Anforderungen an die Übersetzung enthalten."

In der Verordnungsbegründung (BR-Drs. 225/23, S. 127) wird zu **Abs. 3** Folgendes ausgeführt: 3

„Nach § 99b Absatz 3 kann die zuständige Behörde Abweichungen von der in § 99b Absatz 2 geregelten Form zulassen. Strengere Formvorgaben sind jedoch nicht zulässig. Der zuständigen Behörde wird auch die Möglichkeit eingeräumt, auf eine Übersetzung der Unterlagen zu verzichten. Davon kann zum Beispiel Gebrauch gemacht werden, wenn ein Angehöriger der Stelle selbst die entsprechende Sprache beherrscht. Weiterhin kann die zuständige Behörde auch eine Übersetzung in englischer Sprache annehmen."

4 In der Verordnungsbegründung (BR-Drs. 225/23, S. 127) wird zu **Abs. 4** Folgendes ausgeführt:

„§ 99b Absatz 4 Satz 1 regelt die Befugnis der zuständigen Behörde, definierte weitere Informationen anzufordern, soweit dies zur Bewertung des Vorliegens der Voraussetzungen nach § 53 des MT-Berufe-Gesetzes erforderlich ist. Unter den Voraussetzungen des § 99b Absatz 4 Satz 2 kann sich die zuständige Behörde diesbezüglich auch an die zuständige Stelle des Ausbildungsstaats wenden."

5 In der Verordnungsbegründung (BR-Drs. 225/23, S. 127) wird zu **Abs. 5** Folgendes ausgeführt:

„§ 99b Absatz 5 regelt, dass sofern die zuständige Behörde begründete Zweifel an der Echtheit oder Richtigkeit der Unterlagen hat, sie von der antragstellenden Person die Vorlage weiterer Unterlagen verlangen kann, aus der sich die Echtheit oder Richtigkeit ergibt. Als begründet gelten Zweifel der zuständigen Behörde auch dann, wenn sie auf vermehrte Feststellungen von unechten oder inhaltlich falschen Unterlagen aus einem Ausbildungsstaat beruhen, die in einem engen zeitlichen Zusammenhang stehen. Die erneute Vorlage muss innerhalb einer von der zuständigen Behörde festgelegten Frist erfolgen, die die notwendige Zeit zur Beschaffung der Unterlagen angemessen berücksichtigt.

Sofern es sich um Unterlagen handelt, die ein Mitgliedstaat der Europäischen Union oder ein weiterer Vertragsstaat des Abkommens über den Europäischen Wirtschaftsraum oder ein gleichgestellter Staat ausgestellt oder anerkannt hat, kann sich die zuständige Stelle auch direkt an die Behörden des Herkunftslandes wenden."

6 In der Verordnungsbegründung (BR-Drs. 225/23, S. 127) wird zu **Abs. 6** Folgendes ausgeführt:

„Nach § 99b Absatz 6 Satz 1 muss die antragstellende Person die beabsichtigte Erwerbstätigkeit in einem Land durch geeignete Unterlagen darlegen. Hierfür werden beispielhaft, aber nicht abschließend, geeignete Unterlagen genannt. Für den in § 99b Absatz 6 Satz 3 definierten Personenkreis gilt die Pflicht zur Darlegung der beabsichtigten Erwerbstätigkeit grundsätzlich nicht."

7 In der Verordnungsbegründung (BR-Drs. 225/23, S. 127) wird zu **Abs. 7** Folgendes ausgeführt:

„Nach § 99b Absatz 7 gelten die Vorschriften für die Nachweise der Zuverlässigkeit und der gesundheitlichen Eignung durch Inhaberinnen und Inhaber von Ausbildungsnachweisen aus einem anderen Mitgliedstaat der Europäischen Union oder einem anderen Vertragsstaat des Abkommens über den Europäischen Wirtschaftsraum entsprechend."

§ 99c Frist der Behörde für die Entscheidung über den Antrag

Die zuständige Behörde entscheidet kurzfristig über den Antrag, spätestens jedoch drei Monate nach Vorlage der vollständigen Unterlagen durch die antragstellende Person.

Erläuterungen

1 Die Vorschrift wurde durch Art. 8 Nr. 3 PflStudStG (BGBl. 2023 I Nr. 359 vom 15.12.2023) neu eingeführt. In der Verordnungsbegründung (BR-Drs. 225/23, S. 127) wird hierzu Folgendes ausgeführt:

„§ 99c regelt eine Frist von drei Monaten für die Entscheidung über den Antrag nach § 53 des MT-Berufe-Gesetzes. Die Vorschrift beruht auf Artikel 4f Absatz 3 in Verbindung mit Artikel 51 Absatz 2 der Richtlinie 2005/36/EG.“

§ 99d Frist der Behörde für die Bestätigung des Antragseingangs

Bei der Ausstellung der Erlaubnis zur partiellen Berufsausübung nach § 53 des MT-Berufe-Gesetzes ist das Muster nach Anlage 14 zu verwenden.

Erläuterungen

1 Die Vorschrift wurde durch Art. 8 Nr. 3 PflStudStG (BGBl. 2023 I Nr. 359 vom 15.12.2023) neu eingeführt. In der Verordnungsbegründung (BR-Drs. 225/23, S. 127) wird hierzu Folgendes ausgeführt:

„Nach § 99d ist für die Erlaubnis zur partiellen Berufsausübung nach § 53 des MT-Berufe-Gesetzes das vorgeschriebene amtliche Muster nach Anlage 14 zu verwenden."

2 In der Verordnungsbegründung (BR-Drs. 225/23, S. 128) wird zur neu eingefügten Anlage 14 Folgendes ausgeführt:

„Für die Erteilung der Erlaubnis zur partiellen Berufsausübung nach § 53 des MT-Berufe-Gesetzes ist das aus Anlage 14 (zu § 99d MTAPrV) ersichtliche Muster zu verwenden. In der Erlaubnis werden die vorbehaltenen Tätigkeiten abschließend aufgelistet, auf die sich die Erlaubnis zur partiellen Berufsausübung erstreckt. Es wird auch die Berufsbezeichnung des Herkunftsstaates festgehalten. Des Weiteren wird jeder Inhaber einer solchen Erlaubnis auf seine Pflicht hingewiesen, Dienstleistungsempfängern gegenüber eindeutig den Umfang der beruflichen Tätigkeit anzugeben."

Abschnitt 7
Verfahren zur Erteilung einer Genehmigung zur Dienstleistungserbringung im Rahmen einer partiellen Berufsausübung

§ 99e Erforderliche Unterlagen

(1) Personen, die eine Genehmigung nach § 59a des MT-Berufe-Gesetzes aufgrund einer außerhalb des Geltungsbereichs des MT-Berufe-Gesetzes erworbenen Berufsqualifikation beantragen, haben dem Antrag folgende Unterlagen beizufügen:

1. eine tabellarische Aufstellung der absolvierten Ausbildungsgänge und der ausgeübten Erwerbstätigkeiten in deutscher Sprache,
2. einen Nachweis ihrer Identität sowie Staatsangehörigkeit,
3. eine Bescheinigung, aus der sich ergibt, dass zum Zeitpunkt der Vorlage der Bescheinigung die antragstellende Person in einem Beruf, dessen Tätigkeit der Tätigkeit einem der Berufe nach dem MT-Berufe-Gesetz nur partiell entspricht, rechtmäßig in einem anderen Mitgliedstaat, in einem anderen Vertragsstaat oder in einem gleichgestellten Staat niedergelassen ist,
4. eine Bescheinigung über eine Berufsqualifikation, aus der sich ergibt, dass die Berufsqualifikation erforderlich ist für die Ausübung dieses Berufs in einem anderen Mitgliedstaat, in einem anderen Vertragsstaat oder in einem gleichgestellten Staat, sowie die Ausbildungsnachweise, die den Erwerb dieser Berufsqualifikation belegen,
5. sofern vorhanden, eine Bescheinigung über die erworbene Berufserfahrung oder Nachweise über Kenntnisse und Fähigkeiten, die durch lebenslanges Lernen erworben worden sind,
6. eine Erklärung, dass bisher noch kein Antrag auf Feststellung der Gleichwertigkeit gestellt wurde, und
7. einen Nachweis über die Kenntnisse der deutschen Sprache der antragstellenden Person.

(2) Im Fall von § 59a Absatz 1 Satz 2 Nummer 2 Buchstabe b des MT-Berufe-Gesetzes hat die antragstellende Person zusätzlich einen Nachweis in beliebiger Form darüber vorzulegen, dass dieser Beruf während der vorhergehenden zehn Jahre mindestens ein Jahr lang in einem oder mehreren Mitgliedstaaten, Vertragsstaaten oder gleichgestellten Staaten rechtmäßig ausgeübt worden ist.

(3) [1]Die Unterlagen nach Absatz 1 Nummer 2 bis 5 sowie Absatz 2 sind der zuständigen Behörde in Form von Abschriften vorzulegen oder elektronisch zu übermitteln. [2]Von den Unterlagen nach Absatz 1 Nummer 3 bis 5 sowie Absatz 2 sind Übersetzungen in deutscher Sprache vorzulegen. [3]Darüber hinaus kann die zuständige Behörde von allen nachgereichten Unterlagen Übersetzungen in deutscher Sprache verlangen. [4]Die Übersetzungen sind von einer öffentlich bestellten oder beeidigten Übersetzerin oder einem öffentlich bestellten oder beeidigten Übersetzer erstellen zu lassen.

(4) [1]Die zuständige Behörde kann abweichend von Absatz 3 eine andere Form für die vorzulegenden Dokumente zulassen. [2]Sie kann auf die Übersetzung der Unterlagen in deutscher Sprache verzichten sowie eine Übersetzung der Unterlagen in englischer Sprache zulassen.

(5) § 99b Absatz 4, 5 Satz 1 und 2 und Absatz 7 gilt entsprechend.

Erläuterungen

1 Die Vorschrift wurde durch Art. 8 Nr. 3 PflStudStG (BGBl. 2023 I Nr. 359 vom 15.12.2023) neu eingeführt. In der Verordnungsbegründung (BR-Drs. 225/23, S. 128) wird zu **Abs. 1** Folgendes ausgeführt:

„§ 99e Absatz 1 enthält die Vorgaben, welche Unterlagen für die Antragsbearbeitung und damit für die Erteilung der Genehmigung der Dienstleistungserbringung im Rahmen einer partiellen Berufsausübung notwendig sind."

2 In der Verordnungsbegründung (BR-Drs. 225/23, S. 128) wird zu **Abs. 2** Folgendes ausgeführt:

„Nach § 99e Absatz 2 bedarf es zusätzlich zu den Unterlagen nach § 99e Absatz 1 einen Nachweis in beliebiger Form darüber, dass der Beruf, indem die antragstellende Person in einem anderen Mitgliedstaat, in einem anderen Vertragsstaat oder einem gleichgestellten Staat rechtmäßig niedergelassen ist, während der vorhergehenden zehn Jahre mindestens ein Jahr lang in einem oder mehreren Mitgliedstaaten, Vertragsstaaten oder gleichgestellten Staaten rechtmäßig ausgeübt worden ist. Dieser Nachweis ist dann erforderlich, wenn der Beruf in dem anderen Mitgliedstaat, in dem anderen Vertragsstaat oder in dem gleichgesellten Staat, in dem die antragstellende Person rechtmäßig niedergelassen ist, nicht reglementiert ist."

3 In der Verordnungsbegründung (BR-Drs. 225/23, S. 128) wird zu **Abs. 3** Folgendes ausgeführt:

„§ 99e Absatz 3 regelt, in welcher Form die Unterlagen nach § 99e Absatz 1 und Absatz 2 vorzulegen sind und in welchen Fällen die zuständige Behörde Übersetzungen in deutscher Sprache verlangen kann. Zudem sind Anforderungen an die Übersetzung enthalten."

4 In der Verordnungsbegründung (BR-Drs. 225/23, S. 128) wird zu **Abs. 4** Folgendes ausgeführt:

„Nach § 99e Absatz 4 kann die zuständige Behörde Abweichungen von der in § 99e Absatz 3 geregelten Form zulassen. Strengere Formvorgaben sind jedoch nicht zulässig. Der zuständigen Behörde wird auch die Möglichkeit eingeräumt, auf eine Übersetzung der Unterlagen zu verzichten. Davon kann zum Beispiel Gebrauch gemacht werden, wenn ein Angehöriger der Stelle selbst die entsprechende Sprache beherrscht. Weiterhin kann die zuständige Behörde auch eine Übersetzung in englischer Sprache annehmen."

In der Verordnungsbegründung (BR-Drs. 225/23, S. 128) wird zu **Abs. 5** Folgendes ausgeführt: 5

„§ 99e Absatz 5 bestimmt die entsprechend anwendbaren Vorschriften. Dies betrifft unter anderem die Befugnis der zuständigen Behörde, definierte weitere Informationen anzufordern, soweit dies zur Bewertung des Vorliegens der Voraussetzungen des § 59a des MTBerufe-Gesetzes erforderlich ist. Sofern die zuständige Behörde begründete Zweifel an der Echtheit oder Richtigkeit der Unterlagen hat, kann sie von der antragstellenden Person die Vorlage weiterer Unterlagen verlangen, aus der sich die Echtheit oder Richtigkeit ergibt. Auch die Vorschriften für die Nachweise der Zuverlässigkeit und der gesundheitlichen Eignung durch Inhaberinnen und Inhaber von Ausbildungsnachweisen aus einem anderen Mitgliedstaat der Europäischen Union oder einem anderen Vertragsstaat des Abkommens über den Europäischen Wirtschaftsraum gelten entsprechend.“

Teil 5
Übergangs- und Schlussvorschriften

§ 100 Übergangsvorschrift

(1) Für Ausbildungen in den Berufen der technischen Assistenz in der Medizin, die vor dem 31. Dezember 2022 begonnen worden sind, ist bis zum 31. Dezember 2026 die Ausbildungs- und Prüfungsverordnung für technische Assistenten in der Medizin in der bis zum 31. Dezember 2022 geltenden Fassung nach Maßgabe der folgenden Absätze anzuwenden.

(2) [1]Hinsichtlich § 1 Absatz 1 der Ausbildungs- und Prüfungsverordnung für technische Assistenten in der Medizin in der bis zum 31. Dezember 2022 geltenden Fassung gilt, dass Lehrformate, die selbstgesteuertes Lernen oder E-Learning beinhalten, zielgerichtet bei der Konzeption des theoretischen und praktischen Unterrichts in einem angemessenen Umfang berücksichtigt werden können. [2]Die Teilnahme an Lehrformaten nach Satz 1 ist von den Auszubildenden gegenüber der Schule nachzuweisen. [3]Das Nähere regeln die Länder.

(3) [1]Im schriftlichen Teil der Prüfung ist, wenn die Prüfung nach dem 30. September 2023 durchgeführt wird, jede Aufsichtsarbeit von zwei Fachprüferinnen oder Fachprüfern zu benoten. [2]Aus den Noten der Fachprüferinnen oder Fachprüfer bildet die dem Prüfungsausschuss vorsitzende Person die Note für die einzelne Aufsichtsarbeit als das arithmetische Mittel der Noten der einzelnen Fachprüferinnen oder Fachprüfer unter Berücksichtigung des zeitlichen Umfangs der jeweiligen Aufsichtsarbeit. [3]Die Berechnung erfolgt auf zwei Stellen nach dem Komma ohne Rundung. [4]Dem berechneten Zahlenwert ist die entsprechende Note nach § 26 zuzuordnen.

(4) [1]Im mündlichen Teil der Prüfung wird, wenn die Prüfung nach dem 30. September 2023 durchgeführt wird, jedes Fach von zwei Fachprüferinnen oder Fachprüfern benotet. [2]Die dem Prüfungsausschuss vorsitzende Person ist berechtigt, am mündlichen Teil der Prüfung teilzunehmen; ihr steht kein Fragerecht zu. [3]Die dem Prüfungsausschuss vorsitzende Person bildet aus den Noten der Fachprüferinnen oder Fachprüfer die Note für das einzelne Fach als das arithmetische Mittel der Noten der einzelnen Fachprüferinnen oder Fachprüfer sowie die Prüfungsnote für den mündlichen Teil der Prüfung als das arithmetische Mittel der Noten der einzelnen Fächer. [4]Die Berechnung erfolgt auf zwei Stellen nach dem Komma ohne Rundung. [5]Dem berechneten Zahlenwert ist die entsprechende Note nach § 26 zuzuordnen.

(5) [1]Im praktischen Teil der Prüfung ist, wenn die Prüfung nach dem 30. September 2023 durchgeführt wird, die dem Prüfungsausschuss vorsitzende Person berechtigt, am praktischen Teil der Prüfung teilzunehmen; ihr steht kein Fragerecht zu. [2]Aus den Noten der Fachprüferinnen oder Fachprüfer bildet die dem Prüfungsausschuss vorsitzende Person die Note für jedes einzelne Fach als das arithmetische Mittel der Noten der einzelnen Fachprüferinnen oder Fachprüfer sowie die Prüfungsnote für den praktischen Teil der Prüfung als das arithmetische Mittel der Noten der einzelnen Fächer. [3]Die Berechnung erfolgt auf zwei

Stellen nach dem Komma ohne Rundung. [4]Dem berechneten Zahlenwert ist die entsprechende Note nach § 26 zuzuordnen.

(6) Hinsichtlich der Anerkennungsregelungen nach § 25a und § 25b der Ausbildungs- und Prüfungsverordnung für technische Assistenten in der Medizin in der bis zum 31. Dezember 2022 geltenden Fassung gilt, dass, wenn die Prüfung nach dem 30. September 2023 durchgeführt wird, die dem Prüfungsausschuss vorsitzende Person zum Zweck der Entscheidung über das Bestehen während der Prüfung anwesend sein muss; ihr steht ein Fragerecht zu.

Erläuterungen

Die Vorschrift ist durch Art. 15 der Verordnung zur Modernisierung der Prüfungsverfahren im Recht der Heilberufe (Heilberufe-Prüfungsrechtmodernisierungsverordnung) (BGBl. 2023 I Nr. 148 vom 13.6.2023) geändert worden. Die Verordnung ist am 1.10.2023 in Kraft getreten (Art. 16 der Verordnung). Die Änderungen betreffen die Fassung der bisherigen Vorschrift als Abs. 1 und die Hinzufügung von Abs. 2 bis 6. 1

In der Begründung zur Verordnung (BR-Drs. 81/23, S. 74) wird zu **Abs. 1** Folgendes ausgeführt: 2

„Aufgrund der Übergangsvorschrift ist die Ausbildungs- und Prüfungsverordnung für technische Assistenten in der Medizin (MTA-APrV) bis zum 31. Dezember 2026 für Ausbildungsjahrgänge, die vor dem 31. Dezember 2022 ihre Ausbildung nach dem alten Recht begonnen haben, anwendbar. Um auch für diese Ausbildungsjahrgänge eine rechtssatzmäßige Prüfung zu gewährleisten, ist es erforderlich, die Anwendung der MTAPrV mit den entsprechenden Maßgaben zu versehen."

In der Begründung zur Verordnung (BR-Drs. 81/23, S. 75) wird zu **Abs. 2** Folgendes ausgeführt: 3

„Die Regelung eröffnet den Schulen die Möglichkeit, den Unterricht auf Grundlage einer curricularen Einbindung in Form des selbstgesteuerten Lernens oder des E-Learnings in einem angemessenen Umfang, der zehn Prozent nicht überschreiten sollte, durchzuführen. Dabei ist weiterhin das Erreichen des jeweiligen Ausbildungsziels unter Gewährleistung der Ausbildungsqualität sicherzustellen.

Mit der Ermöglichung des selbstgesteuerten Lernens und des E-Learnings soll zukünftigen Entwicklungen der Digitalisierung Rechnung getragen werden, ohne aber in einem zu weitgehenden Umfang auf die – gerade in der Ausbildung zu Heilberufen bedeutsame – persönliche Unterrichtsvermittlung durch berufserfahrene Ausbilderinnen und Ausbilder zu verzichten. Die Erfahrungen aus der aktuellen Corona-Pandemie haben gezeigt, wie wichtig es ist, in derartigen Situationen auf moderne, digitale Möglichkeiten zurückgreifen zu können. Insbesondere im Fall des praktischen Unterrichts muss jedoch auch sichergestellt sein, dass das Ausbildungsziel durch die Methoden des E-Learnings in gleicher Weise erreicht wird wie durch Unterrichtsveranstaltungen, die in Präsenz durchgeführt werden.

E-Learning umfasst den Einsatz und die Nutzung PC- bzw. netzgestützter Medien und Technologien, die den Kompetenzerwerb und das Lernen unterstützen. E-Learning umfasst alle Lernformen, die eine zeitgleiche korporale Präsenz der Studierenden oder Auszubildenden und der lehrenden Person an der Hochschule oder Gesundheitsfachschule durch einen synchronen, elektronisch oder digital gestützten Austausch ersetzen oder ergänzen.

Sofern die Schule von der Möglichkeit des E-Learnings Gebrauch macht, ist hierbei die Barrierefreiheit zu ermöglichen.

Selbstgesteuertes Lernen ist auf ein Ziel ausgerichtet, das durch ein Modul oder Curriculum beschrieben wird und ist weiter dadurch gekennzeichnet, dass die lernende Person den Lernort und die Aufteilung des Zeiteinsatzes im Hinblick auf die digital oder analog eingesetzten Lernmittel entsprechend der Aufgabenstellung in Abstimmung mit der lehrenden Person selbst auswählen kann.

Die Teilnahme an Lehrformaten, die selbstgesteuertes Lernen oder E-Learning beinhalten, ist entsprechend nachzuweisen."

4 In der Begründung zur Verordnung (BR-Drs. 81/23, S. 75) wird zu **Abs. 3** Folgendes ausgeführt:

„Für den schriftlichen Teil der Prüfung wird bestimmt, dass jede Aufsichtsarbeit von zwei Fachprüferinnen oder Fachprüfern zu benoten ist. Damit wird die exakte Anzahl der Prüferinnen und Prüfer rechtssatzmäßig festgelegt.

Die Note für die einzelne Aufsichtsarbeit bildet die oder der Vorsitzende des Prüfungsausschusses unter Verwendung des arithmetischen Mittels aus den einzelnen Noten der Fachprüferinnen oder Fachprüfer. Damit wird das Verfahren im Falle von Bewertungsdifferenzen der Fachprüferinnen und Fachprüfer beim schriftlichen Teil der Prüfung rechtssatzmäßig festgelegt.

Die Berechnung erfolgt auf zwei Stellen nach dem Komma ohne Rundung. Dem hieraus gebildeten Zahlenwert ist die entsprechende Note nach § 26 zuzuordnen."

5 In der Begründung zur Verordnung (BR-Drs. 81/23, S. 75 f.) wird zu **Abs. 4** Folgendes ausgeführt:

„Für den mündlichen Teil der Prüfung wird bestimmt, dass jedes Fach von zwei Fachprüferinnen oder Fachprüfern abgenommen und benotet wird. Damit wird die exakte Anzahl der Prüferinnen und Prüfer rechtssatzmäßig festgelegt. Eine Person kann Prüferin oder Prüfer in mehreren Fächern sein.

Die oder der Vorsitzende ist nunmehr lediglich noch berechtigt, am mündlichen Teil der Prüfung teilzunehmen, ohne sich an der Prüfung zu beteiligen und ohne dass ihr oder ihm ein Fragerecht zusteht. Mit der Regelung wird gewährleistet, dass die Prüfungsleistung alleine durch die Fachprüferinnen oder Fachprüfer abgenommen und bewertet wird, welche die Leistung persönlich, unmittelbar und vollständig zur Kenntnis genommen haben. Die oder der Vorsitzende des Prüfungsausschusses hat weiterhin jederzeit die Möglichkeit, der Prüfung beizuwohnen und somit die ordnungsgemäße Durchführung der staatlichen Prüfung zu kontrollieren und sicherzustellen.

Die Note für jedes einzelne Fach der mündlichen Prüfung bildet die oder der Vorsitzende des Prüfungsausschusses unter Verwendung des arithmetischen Mittels aus den einzelnen Noten der Fachprüferinnen oder Fachprüfer. Damit wird das Verfahren im Falle von Bewertungsdifferenzen der Fachprüferinnen und Fachprüfer beim mündlichen Teil der Prüfung rechtssatzmäßig festgelegt. Die Prüfungsnote für den mündlichen Teil der Prüfung wird als das arithmetische Mittel der Noten der einzelnen Fächer gebildet. Eine eigene Bewertung der Prüfungsleistung durch die oder den Vorsitzenden des Prüfungsausschusses ist nicht vorgesehen, da die Anwesenheit während der gesamten Prüfung nicht gewährleistet ist.

Die Berechnung erfolgt auf zwei Stellen nach dem Komma ohne Rundung. Dem hieraus gebildeten Zahlenwert ist die entsprechende Note nach § 26 zuzuordnen."

In der Begründung zur Verordnung (BR-Drs. 81/23, S. 76) wird zu **Abs. 5** Folgendes 6
ausgeführt:

„Die oder der Vorsitzende ist nunmehr lediglich noch berechtigt, am praktischen Teil der Prüfung teilzunehmen, ohne sich an der Prüfung zu beteiligen und ohne dass ihr oder ihm ein Fragerecht zusteht. Mit der Regelung wird gewährleistet, dass die Prüfungsleistung alleine durch die Fachprüferinnen oder Fachprüfer abgenommen und bewertet wird, welche die Leistung persönlich, unmittelbar und vollständig zur Kenntnis genommen haben. Die oder der Vorsitzende des Prüfungsausschusses hat weiterhin jederzeit die Möglichkeit, der Prüfung beizuwohnen und somit die ordnungsgemäße Durchführung der staatlichen Prüfung zu kontrollieren und sicherzustellen.

Die Note für jedes einzelne Fach der praktischen Prüfung bildet die oder der Vorsitzende des Prüfungsausschusses unter Verwendung des arithmetischen Mittels aus den einzelnen Noten der Fachprüferinnen oder Fachprüfer. Damit wird das Verfahren im Falle von Bewertungsdifferenzen der Fachprüferinnen oder Fachprüfer beim praktischen Teil der Prüfung rechtssatzmäßig festgelegt. Die Prüfungsnote für den praktischen Teil der Prüfung wird unter Verwendung des arithmetischen Mittels aus den Noten der einzelnen Fächer gebildet. Die Berechnung erfolgt auf zwei Stellen nach dem Komma ohne Rundung. Dem hieraus gebildeten Zahlenwert ist die entsprechende Note nach § 26 zuzuordnen.

Eine eigene Bewertung der Prüfungsleistung durch die oder den Vorsitzenden des Prüfungsausschusses ist nicht vorgesehen, da die Anwesenheit während der gesamten Prüfung nicht gewährleistet ist."

In der Begründung zur Verordnung (BR-Drs. 81/23, S. 76) wird zu **Abs. 6** Folgendes 7
ausgeführt:

„Nach höchstrichterlicher Rechtsprechung muss der oder die Vorsitzende des Prüfungsausschusses die Leistung persönlich, unmittelbar und vollständig zur Kenntnis nehmen, um eine selbständige, eigenverantwortliche Bewertungsentscheidung zu treffen. Die vorliegende Regelung sieht daher nun vor, dass die vorsitzende Person im Falle von Bewertungsdifferenzen zwischen den beiden Fachprüferinnen und Fachprüfern ein Stichentscheidungsrecht inne hat, für das sie die Prüfungsleistung insofern selbst wahrgenommen haben und damit während der Prüfung anwesend gewesen sein muss."

§ 101 Inkrafttreten, Außerkrafttreten

(1) Diese Verordnung tritt am 1. Januar 2023 in Kraft.

(2) Die Ausbildungs- und Prüfungsverordnung für technische Assistenten in der Medizin vom 25. April 1994 (BGBl. I S. 922), die zuletzt durch Artikel 35 des Gesetzes vom 15. August 2019 (BGBl. I S. 1307) geändert worden ist, tritt am 31. Dezember 2022 außer Kraft.

Erläuterungen

1 In der Begründung zur Verordnung (BR-Drs. 635/21, S. 127) wird zu dieser Vorschrift ausgeführt:

„Die Vorschrift regelt das Inkrafttreten der Ausbildungs- und Prüfungsverordnung für Medizinische Technologinnen und Medizinische Technologen sowie das Außerkrafttreten der bisher geltenden Ausbildungs- und Prüfungsverordnung für technische Assistenten in der Medizin.“

Anlagen

Hinweis des Verlages: Die Anlagen 1 bis 14 finden sich beim Abdruck des Textes der MTAPrV in Teil C.

Stichwortverzeichnis